Hinh

W0305830

29 . . 2000

David Poysti
Die Gemeinde als geistliche
Großfamilie. Die Hauskirchen-
bewegung in Deutschland
in: Freikirchenforschung
Nr 22/2013, 259 S., 19.80 €

www.hoffnungdeutschland.de
www.simplechurch.eu

Drs. D. & R. Kuhl
Wilhelmstraße 4
D-45219 Essen
Tel. 02054 / 93 92 53

Wolfgang Simson

Häuser, die die Welt verändern

Wenn Kirchenhäuser zu Hauskirchen werden

C & P / Koinonia

Deutsche Ausgabe:
ISBN 3-928093-12-6 (C & P Verlag, Emmelsbüll)

Schweizer Ausgabe:
ISBN 3-906644-38-3 (Koinonia-Verlag, Rothrist)

Titelgestaltung: Heidenreich Kommunikationsdesign, Haltern
Druck: Schönbach, Erzhausen

Inhalt

Häuser, die die Welt verändern

Wenn Kirchenhäuser zu Hauskirchen werden

Zu schön um wahr zu sein?

Der Traum von einer Gemeinde, die nicht nur eine Botschaft hat, sondern eine Botschaft ist

Ich bin als Sohn eines ungarischen Vaters im „christlichen" Deutschland aufgewachsen, wo an jeder Ecke eine Kirche steht. Immer habe ich gespürt, dass es doch irgendetwas Aufregendes an der Gemeinde geben müsse, die Jesus vor 2.000 Jahren gegründet hat und über die ich im Neuen Testament lese – aber irgendwie konnte ich es nicht entdecken!

Zusammen mit vielen Freunden und Kollegen habe ich von einer Gemeinde geträumt, die so einfach ist wie „Eins – Zwei – Drei" und trotzdem dynamisch; von etwas Explosivem, das in der Lage ist die Welt und unsere Wohnviertel auf den Kopf zu stellen. Die Gemeinde der Nachfolger von Jesus als eine übernatürliche Erfindung, von Gott ausgestattet mit der Gabe der Unsterblichkeit. Gemeinde als ein Werkzeug, sich gegenseitig zu Jüngern zu machen und das Leben von Jesus Christus aufeinander abzufärben. Gemeinde als etwas wirklich Ganzheitliches, wo Vieles zusammenkommt: Gnade und Grapefruits, Liebe und Lachen, Freude und Fruchtbonbons, Vergebung und Vergnügen, Power und – ja, warum eigentlich nicht – auch ein bisschen Papier.

Gnade und Grapefruits, Liebe und Lachen, Freude und Fruchtbonbons, Vergebung und Vergnügen, Power und – ja, warum eigentlich nicht – auch ein bisschen Papier.

Gemeinde als etwas, das nicht ungeheuer viel Geld braucht und ohne fromme Rhetorik, Kontrolle und Manipulation, ja sogar ohne charismatische Helden auskommt; etwas, das zutiefst nicht-religiös ist und die Menschen gerade deswegen tief erregen kann. Ein Ort, an dem Menschen vor lauter Staunen den Mund nicht mehr zubekommen und an dem gelernt werden kann, wie man lebt. Gemeinde, die nicht nur eine Botschaft hat, sondern eine Botschaft ist. Etwas, was sich unaufhaltsam wie ein Virus ausbreitet, alles infiziert, was mit ihr in Berührung kommt, bis die ganze Erde mit der Erkenntnis Gottes bedeckt ist wie mit einem globalen Meer. Gemeinde, deren Kraft von ihrem Hersteller stammt, der sie mit einem genialen geistlichen genetischen Code ausgerüstet hat – eine Art himmlische DNS –, der ihr erlaubt, Werte vom Himmel auf die Erde zu übertragen und diese hier zu reproduzieren. Dadurch werden nicht nur Wasser zu Wein, sondern auch Atheisten zu Aposteln, Polizisten zu Propheten, Lastwagenfahrer zu Lehrern, Postboten zu Pastoren und würdevolle Dorfälteste zu strahlenden Evangelisten.

Diese Gemeinde, so träumte ich, ist wie eine geistliche Großfamilie – organisch, nicht organisiert; beziehungsorientiert, nicht formell; sie hat eine verfolgungssichere Struktur, in der nichts unmöglich ist. Sie gewinnt an Format, indem sie weint; sie breitet sich auch unter dem Teppich aus, kann in der Wüste blühen, unter Wasser atmen, im Dunkeln sehen und sich im Chaos spontan vervielfältigen.

> *Diese Gemeinde gewinnt an Format, indem sie weint; sie breitet sich auch unter dem Teppich aus, kann in der Wüste blühen, unter Wasser atmen, im Dunkeln sehen und sich im Chaos spontan vervielfältigen.*

Gemeinde, die sich wie die zwei Fische und fünf Brote in den Händen von Jesus vermehrt, wo die Väter ihre Herzen den Söhnen zuwenden und die Söhne sich zu den Vätern kehren, wo die Menschen die eigentlichen Ressourcen sind und in der nur ein einziger Name groß herauskommt: *das Lamm Gottes.*

15 Thesen zur Re-Inkarnation der Kirche

Kirche, wie wir sie kennen,
verhindert Kirche, wie Gott sie will

Gott verändert die Kirche und dies wird wiederum die Welt verändern. Millionen von Christen in aller Welt spüren, dass sich eine neue und verblüffende Reformation anbahnt. Sie sagen: „Kirche, wie wir sie kennen, verhindert Kirche, wie Gott sie will." Erstaunlich viele Christen scheinen zu spüren, dass Gott ihnen dasselbe sagen will. Dadurch entsteht ein kollektives neues Bewusstsein für eine Jahrtausende alte Offenbarung, ein gemeinsames spirituelles Echo.

Ich bin überzeugt, dass die folgenden 15 Thesen einen Teil dessen wiedergeben, „was der Geist den Gemeinden heute sagt". Für manche ist das nur eine faustgroße Wolke an Elias Horizont; andere stehen schon mitten im Regen.

1. Christentum als ein Lebensstil, nicht eine Abfolge religiöser Veranstaltungen

Noch bevor sie Christen genannt wurden, gab man den Nachfolgern von Jesus Christus den Namen „Der Weg". Einer der Gründe war, dass sie buchstäblich den Weg gefunden hatten, wie man lebt. Das Herzstück der christlichen Kirche wird nicht angemessen reflektiert in einer Serie religiöser Veranstaltungen in speziell für Gottesbegegnungen reservierten kirchlichen Räumen, die von professionellen Klerikern angeboten werden. Es geht vielmehr um den prophetischen Lebensstil der Nachfolger von Jesus Christus im Alltag, die als spirituelle erweiterte Großfamilien Antworten auf Fragen leben, die die Gesellschaft stellt – und zwar an dem Ort, wo es am meisten zählt: zu Hause.

2. Das „Kathegogen"-System verändern

Die Orthodoxe und Katholische Kirche haben nach der Zeit Konstantins des Großen im vierten Jahrhundert ein religiöses System ausgebildet und sanktioniert, das aus einem „christlichen" Tempel (der Kathedrale) sowie einem Gottesdienst-Grundmuster bestand, das der jüdischen Synagoge nachempfunden war. Damit wurde ein nicht ausdrücklich von Gott offenbartes religiöses System, die „Kathegoge", die Mischform von Kathedrale und Synagoge, zur Kopiervorlage der Gottesdienste aller folgenden Zeiten. Gefärbt von heidnischem griechischen Gedankengut, das etwa zwischen heilig und säkular trennt, bekam das Kathegogen-Konzept die Funktion eines „Schwarzen Loches", das fast alle gesellschaftsverändernden Energien der Kirchen im Ansatz aufsaugte und die Christenheit für Jahrhunderte mit sich selbst absorbierte.

Die Freikirchen befreiten dieses System vom Staat, die Baptisten tauften es, die Quäker haben es trockengelegt, die Heilsarmee steckte es in eine Uniform, die Pfingstler salbten und die Charismatiker erneuerten es, aber bis heute hat es niemand wirklich verändert.

Luther hat zwar den Inhalt des Evangeliums reformiert, die Strukturen und äußeren Formen von „Kirche" ließ er bemerkenswert unberührt. Die Freikirchen befreiten dieses kirchliche System vom Staat, die Baptisten tauften es, die Quäker haben es trockengelegt, die Heilsarmee steckte es in eine Uniform, die Pfingstler salbten und die Charismatiker erneuerten es, aber bis heute hat es niemand wirklich *verändert*. Genau dafür ist die Zeit jetzt gekommen.

3. Die Dritte Reformation

Dadurch, dass er das Evangelium von der Erlösung „nur durch die Gnade und den Glauben" wiederentdeckte, hat Luther eine Reformation ausgelöst – eine Reformation der Theologie. Ab Ende des 17. Jahrhunderts kam es in Erneuerungsbewegungen wie dem Pietismus zur Wiederentdeckung einer neuen persönlichen Beziehung des Einzelnen zu Gott. Dies führte zu einer Reformation der Spiritualität, der Zweiten Reformation. Nun geht Gott einen Schritt weiter und rührt die Grundformen der Kirche an. Damit löst er eine Dritte Reformation aus, eine Reformation der Strukturen.

4. Von Kirchenhäusern zu Hauskirchen

Seit den Zeiten des Neuen Testaments gibt es so etwas wie das „Haus Gottes" nicht mehr. Gott lebt nicht in Tempeln, erbaut von menschlichen Händen. Die Kirche, das ist das Volk Gottes. Die Kirche ist aus diesem Grunde genau dort zu Hause, wo Menschen zu Hause sind: in Wohnhäusern. Dort teilen die Nachfolger von Christus das Leben miteinander in der Kraft des Geistes Gottes, essen zusammen, zögern oft nicht einmal, Privatbesitz zu verkaufen und materiellen und spirituellen Segen mit anderen Menschen zu teilen; sie lehren einander mitten im Lebensvollzug, wie man sich als Mensch am besten in die geistlichen Grundgesetze Gottes einfügt – und zwar nicht durch professorale Lehrvorträge, sondern dynamisch, im Frage- und Antwortstil. Dort beten sie, taufen und prophezeien füreinander. Dort können sie die Masken fallen lassen und sogar Sünden bekennen, weil sie eine neue kollektive Identität dadurch gewinnen, dass sie sich gegenseitig lieben, obwohl sie sich kennen, und einander ständig neu annehmen und vergeben.

5. Die Kirche muss erst schrumpfen, bevor sie wachsen kann

Die meisten christlichen Gemeinden sind einfach zu groß, um wirklichen Platz für Gemeinschaft zu bieten. So wurden sie zu „Gemeinden ohne Gemeinschaft". Die Gemeinden des Neuen Testaments waren in aller Regel kleine Gruppen, typischerweise etwa 15 bis 20 Menschen. Wachstum geschah nicht durch additives Aufblähen zu großen, stationären und kathedralenfüllenden Kirchengemeinden mit 20 bis 300 Personen, sondern durch multiplikatives Breitenwachstum mit Bewegungscharakter. Hauskirchen teilten sich, wenn sie die organische Grenze von etwa 15 bis 20 Personen erreicht hatten. Dieses multiplikative Wachstum an der Basis ermöglichte es den Christen, auch zu stadtweiten Feierversammlungen wie etwa in Salomos Tempelhallen in Jerusalem zusammenzukommen.

Die typische christliche Gemeinde heute ist ein trauriger Kompromiss: Sie ist, statistisch gesehen, keine Hauskirche mehr, aber auch noch keine Feierveranstaltung.

Die typische christliche Gemeinde heute ist, damit verglichen, ein trauriger Kompromiss: sie ist, statistisch gesehen, keine Hauskirche mehr, aber auch noch keine Feierveranstaltung. Damit verpasst sie zwei von ihrem Erfinder in sie hineingedachte Dynamiken: die organisch-relationale Familienatmosphäre und die elektrisierende Großveranstaltung mit Sogwirkung.

6. Vom Ein-Pastoren-System zur Team-Struktur

Hauskirchen werden nicht etwa von einem Pastor geleitet, sondern von einem Ältesten wie von einem weisen und realitätsverbundenen Hausvater begleitet. Die lokalen Hauskirchen werden zu Bewegungen vernetzt durch die organische Verbindung der Ältesten mit dem sogenannten fünffältigen Dienst (Apostel, Propheten, Pastoren, Evangelisten und Lehrer), die „von Haus zu Haus" durch die Gemeinden zirkulieren wie in einem gesunden Blutkreislaufsystem. Hierbei kommt den apostolisch und prophetisch begabten Menschen eine grundlegende Rolle zu (Eph. 4,11-12; Eph. 2,20).

Pastoren sind zwar ein wichtiger Teil des ganzen Teams, können aber nicht mehr als ein Fragment darin sein, „die Heiligen zum Dienst zu befähigen". Ihr Dienst muss durch die anderen vier Dienste ergänzt werden, sonst erleiden die Gemeinden durch die einseitige spirituelle Diät nicht nur geistliche Mangelkrankheiten, sondern auch die Pastoren selbst können nichts Wesentliches bewegen und sind gehindert in ihrer Berufung aufzugehen.

7. Die richtigen Teile – falsch zusammengebaut

Bei einem Puzzlespiel kommt es darauf an, dass die Teile nach der richtigen Vorlage zusammengebaut werden, sonst stimmt nicht nur das Gesamtbild nicht, sondern auch die einzelnen Teile ergeben keinen Sinn. Im Christentum stehen uns alle Teile zur Verfügung, aber wir bauen sie aus Tradition, Machtdenken und religiösem Eifer fast immer falsch zusammen. Wie es H_20 in den drei Aggregatzuständen Eis, Wasser und Dampf gibt, sind auch die Dienstgaben (Eph. 4,11-12), wie etwa die des Pastors, in drei Formen vorhanden, aber oft in der falschen Form und am falschen Ort. Sie sind durch kirchlichen Klerikalismus zu Eis gefroren, existieren als klares Wasser oder sind in die Unverbindlichkeit hinein verdampft.

Im Christentum stehen uns wie bei einem Puzzle alle Teile zur Verfügung, aber wir bauen sie aus Tradition, Machtdenken und religiösem Eifer fast immer falsch zusammen.

So wie man Blumen am besten mit Wasser begießt, müssen auch die fünf gemeindefördernden Dienste des Apostels, Propheten, Pastors, Evangelisten und Lehrers zu neuen – und kirchlich sehr alten – Formen zurückfinden, damit das ganze System zu blühen beginnt und der Einzelne seinen sinnvollen Platz im Ganzen findet. Deshalb muss und kann die Kirche nicht das Rad der Geschichte zurückdrehen, aber sie muss zur Originalvorlage zurückkehren.

8. Aus den Händen kirchlicher Bürokraten zum Priestertum aller Gläubigen

Neutestamentliche Gemeinden wurden niemals von einem einzelnen „heiligen Mann" oder gar „Pfarrherrn" geleitet, der stellvertretend für andere mit Gott in besonderer Verbindung steht und relativ passive religiöse Konsumenten regelmäßig abspeist wie ein neutestamentlicher Moses. Das Christentum hat den Priesterstand als vermittelnde Pufferzone zwischen Gott und Mensch von heidnischen Religionen – oder bestenfalls dem Judentum – übernommen.

Die strenge Professionalisierung der Kirche seit den Tagen Konstantin des Großen hat nun lange genug als Fluch auf der Kirche gelastet und das Volk Gottes künstlich in infantilisierte Laien und professionellen Klerus aufgeteilt. Nach dem Neuen Testament gibt es „nur einen Gott und nur einen Mittler zwischen Gott und den Menschen, den Mensch Jesus Christus" (1. Tim. 2,5). Gott hält seinen Segen zurück, wenn sich religiöse Profis zwischen ihn und das Volk drängen. Der Tempelvorhang ist zerrissen und Gott ermöglicht es allen Menschen, direkt durch Jesus Christus, den einzigen Weg und Fürsprecher, Zugang zu ihm zu finden. Sie müssen nicht mehr mittelbar und indirekt durch Vertreter einer religiösen Kaste Kontakt zu ihm halten. Um das mittlerweile seit 500 Jahren von der Ersten Reformation beschworene „Priestertum aller Gläubigen" in die Praxis umzusetzen, wird sich das derzeitige System einer professionalisierten und bürokratisierten Kirche völlig verändern müssen – oder in der religiösen Bedeutungslosigkeit versinken.

Bürokratie ist die teuflischste aller Verwaltungsformen, da sie im Grunde nur zwei Fragen stellt: Ja oder Nein. Es gibt darin kaum Raum für Spontaneität, Humanität und echtes, abwechslungsreiches Leben. Diese Strukturform mag für politische oder ökonomische Unternehmungen angebracht sein, aber nicht für das Christentum. Gott scheint dabei zu sein, sein Volk aus der babylonischen Gefangenschaft kirchlicher Bürokraten und religiöser Machtmenschen zu befreien und die Kirche wieder zum Allgemeingut zu machen, indem er sie in die Hände gewöhnlicher Menschen legt, die durch Gott zu Außergewöhnlichem berufen sind und die, wie in alten Tagen, vielleicht immer noch nach Fisch, Parfüm oder Revolution riechen.

9. Von organisierten zu organischen Formen des Christentums

Der „Leib Christi" ist Bildsprache für ein zutiefst organisches Wesen und nicht für einen organisierten Mechanismus. Kirche besteht auf der Lokalebene aus einer Vielzahl von geistlichen Großfamilien, die organisch zu einem Netz verbunden sind. Die Art, wie die einzelnen Gemeinden miteinander verbunden sind, ist ein integraler Bestandteil der Botschaft des Ganzen. Aus einem Maximum an Organisation mit einem Minimum an Organismus muss wieder ein Minimum an Organisation mit einem Maximum an Organismus werden. Zu viel Organisation hat bislang oft den Organismus „Leib Christi" wie eine Zwangsjacke erstickt – aus Angst, dass etwas schief gehen könnte. Doch Angst ist das Gegenteil von Glaube und damit nicht gerade eine christliche Tugend, auf der Gott seine Kirche aufbauen wollte. Angst will kontrollieren – Glaube kann vertrauen. Kontrolle mag daher gut sein, aber Vertrauen ist besser.

Aus einem Maximum an Organisation mit einem Minimum an Organismus muss wieder ein Minimum an Organisation mit einem Maximum an Organismus werden.

Der Leib Christi wurde von Gott solchen Menschen zu treuen Händen anvertraut, die eine besondere charismatische Begabung haben: Sie können glauben, dass Gott die Dinge auch dann noch unter Kontrolle hat, wenn sie sie selbst schon längst verloren haben. Politischer Ökumenismus und denominationelle Hierarchien haben in der Vergangenheit durchaus ihre Chance gehabt, sich zu bewähren, doch ohne Erfolg. Heute ist es nötig, regionale und nationale Netzwerke zu schaffen, die auf Vertrauen basieren, damit sich wieder organische Formen von Christentum entwickeln können.

10. Christen beten Gott an, nicht ihre Gottesdienste

Von außen betrachtet stellt sich das Christentum für viele so dar: Heilige Leute gehen zu heiliger Stunde an einem heiligen Tag in ein heiliges Gebäude, um an einem heiligen Ritual teilzunehmen, zelebriert von einem heiligen Mann in heiligen Kleidern, gegen eine heilige Gebühr. Da diese regelmäßigen *performance*-orientierten Veranstaltungen – genannt „Gottesdienst" – viel organisatorisches Talent und erheblichen Verwaltungsaufwand erfordern, haben sich formalistische Rituale und institutionalisierte Verhaltensmuster schnell zu religiösen Traditionen verfestigt. Statistisch gesprochen ist der traditionelle ein- bis zweistündige Sonntagsgottesdienst in Größenordnungen zwischen 20 und 300 Besuchern äußerst ressourcen-hungrig und produziert trotzdem nur sehr wenig Frucht in Form von Menschen, die als Jünger von Jesus bereit sind, ihr Leben zu ändern. Wirtschaftlich gesprochen ist der traditionelle Gottesdienst eine Struktur, die sehr viel Aufwand fordert, doch nur wenig Ertrag bringt.

In der Geschichte hat der Wunsch der Menschen, Gott „richtig" anzubeten, zu peinlichem Denominationalismus, Konfessionalismus und Nominalismus geführt. Dieser Ansatz übersieht, dass Christen aufgerufen sind „im Geist und in der Wahrheit" anzubeten – und nicht in kleinen und großen Kathedralen altgewohnte Lieder abzusingen. Diese Veranstaltungsmentalität, die sich darin gefällt, das sprichwörtliche Amen in der Kirche zu wiederholen, übersieht, dass alles Leben pulsiert, sich ständig ändert und buchstäblich informell ist.

Wenn das Christentum „der Weg des Lebens" ist, dann ist es in seinem Wesen informell und spontan, und wir tun ihm durch religiöse Wiederholungsrituale nur Gewalt an. Das Christentum muss sich abwenden vom Zelebrieren eindrucksvoller Schauspielkunst in kirchlichen Räumen und wieder beginnen, eindrucksvoll im Alltag zu leben. Das dient Gott wirklich.

11. Nicht länger das Volk in die Kirche bringen, sondern die Kirche zum Volk

Die Kirche verwandelt sich wieder zurück von einer Komm-Struktur zu einer Geh-Struktur. Eine der Folgen ist, dass man nicht länger versucht die Menschen in die Kirche zu bringen, sondern die Kirche zu den Menschen. Die Mission der Kirche wird nie ihr Ziel erreichen, wenn sie lediglich zur bestehenden Struktur hinzuaddiert. Sie wird nur multiplikativ geschehen können, durch das sauerteigartige Ausbreiten der Gemeinden, auch unter Bevölkerungsgruppen, die Jesus Christus noch nicht kennen.

12. Das Abendmahl wird als echte Mahlzeit wiederentdeckt

Kirchliche Tradition hat es fertig gebracht, das Abendmahl in homöopathischer Form zu „feiern", mit einigen Tropfen Wein, einem geschmacklosen Keks und einem traurigen Gesicht. Das christliche „Herrenmahl" ist jedoch eine gehaltvolle Mahlzeit mit symbolischer Bedeutung, nicht ein symbolisches Mahl mit gehaltvoller Bedeutung. Gott bringt die Christen wieder weg von den Messen, zurück zum Tisch, zurück zum Essen.

13. Von Denominationen zur Stadtkirche

Jesus rief eine Bewegung ins Leben – und was kam, waren religiöse Firmen mit globalen Ketten, die ihre jeweiligen Marken des Christentums vermarkteten und zueinander in Konkurrenz traten. Durch diese Aufteilung in Markennamen hat der größte Teil des Protestantismus seine Stimme in der Welt verloren und ist politisch unbedeutend geworden. Viele Kirchen sind mehr besorgt um traditionelle Spezialitäten und religiöse Binnenzwiste als darum, mit anderen Christen ein gemeinsames Bekenntnis vor der Welt abzulegen.

Jesus hat die Menschen nie gebeten sich in Denominationen zu organisieren. In den frühen Tagen der Kirche hatten die Christen eine doppelte Identität: Sie waren die Nachfolger von Jesus Christus, vertikal zu Gott bekehrt; und zweitens fanden sie sich zusammen auf der Basis der Geografie, wo sie sich vor Ort auch zueinander bekehrten und Gemeindebewegungen bildeten. Sie schlossen sich nicht nur zu Nachbarschafts- oder Hauskirchen zusammen, wo sie ihr Leben im Alltag miteinander teilten, sondern gaben – so weit es die jeweiligen politischen Umstände ermöglichten – auch ihrer neuen kollektiven Identität in Christus Ausdruck, indem sie sich zu stadtweiten oder regionalen Feiergottesdiensten trafen. Dort feierten sie ihr Einssein als Gemeindebewegung der Region bzw. der Stadt und demonstrierten ein gemeinsames Bekenntnis vor der Welt.

Gott ruft die Christenheit zu diesen Dimensionen zurück. Die Rückkehr zum biblischen Modell der „Stadtkirche" – also neue Glaubwürdigkeit der Hauskirchen in den Wohnvierteln, verbunden mit stadtweiten bzw. regionalen Feiergottesdiensten, wo alle Christen einer Region regelmäßig zusammenkommen – fördert nicht nur die kollektive Identität und spirituelle Glaubwürdigkeit der Christen, sondern verleiht der Kirche auch politisches Gewicht und wird das Aufsehen erregen, das die christliche Botschaft verdient.

Wird dies nur wieder zu einer neuen Denomination führen ??!

14. Eine verfolgungssichere Mentalität

Jesus, das Haupt aller Christen, hat man gekreuzigt. Heute sind seine Nachfolger so sehr mit ihren Positionen und ihrer respektablen Rolle in Wirtschaft, Politik und Gesellschaft beschäftigt – oder, noch schlimmer: sie sind derart unchristlich angepasst und ruhig –, dass man sie fast gar nicht mehr bemerkt.

„Gesegnet seid ihr, wenn euch die Menschen um meinetwillen schmähen und verfolgen", sagt Jesus (Mt. 5,11). Biblisches Christentum ist eine Bedrohung für heidnische Gottlosigkeit und Sünde, für eine Welt, die übermannt worden ist von Habsucht, Materialismus, Eifersucht und der Tendenz, aber auch wirklich alles zu glauben, solange es nicht in der Bibel steht. Das hat zur gesellschaftlichen Akzeptanz von Verhaltensweisen in den Bereichen Moral, Sex, Geld und Macht geführt, die nur noch mit der Dimension des Dämonischen erklärbar sind. Das heute geläufige Christentum ist dazu bislang kein Kontrastprogramm, sondern in vielen Ländern einfach zu harmlos und zu nett, um verfolgungswürdig zu sein.

Wenn Christen jedoch damit beginnen, neutestamentliche Werte wiederzuentdecken, das daraus resultierende Leben zu führen und zum Beispiel Sünde unverschämt beim Namen nennen, wird die Umwelt tief im Kern ihres Gewissens getroffen und reagiert, wie gehabt, entweder mit Bekehrung oder Verfolgung. Statt sich in bequemen Zonen vermeintlich religiöser Freiheit Nester zu bauen, haben sich Christen wieder darauf vorzubereiten, als die Hauptangeklagten und schwarzen Schafe entdeckt zu werden, die dem weltweiten Humanismus, der modernen Sklaverei der Unterhaltung und der unverhüllten Anbetung des Ich, dem falschen Zentrum des Universums, nur im Wege stehen. Aus diesem Grunde werden erweckte Christen sehr schnell den fundamentalistischen Liberalismus und die „repressive Toleranz" einer Welt zu spüren bekommen, die ihre absoluten Normen verloren hat, weil sie sich weigerte, ihren Schöpfer-Gott mit seinen absoluten Standards anzuerkennen.

Im Zusammenhang mit der wachsenden Ideologisierung, Privatisierung und Spiritualisierung von Politik und Wirtschaft werden Christen früher als sie glauben wieder ihre Chance bekommen, gemeinsam mit Jesus die Anklagebank der Wohlfühlgesellschaft zu drücken. Sie tun gut, sich schon heute auf die Zukunft vorzubereiten, indem sie eine verfolgungssichere Mentalität entwickeln und konsequenterweise eine verfolgungssichere Struktur aufbauen.

15. Die Kirche kommt nach Hause

Wo ist der einfachste Ort für einen Menschen, heilig zu sein? Er versteckt sich hinter einer großen Kanzel und predigt, gekleidet in heilige Roben, einer gesichtslosen Masse heilige Worte und verschwindet danach in sein Büro. Und was ist der schwierigste und deshalb bedeutungsvollste Ort für einen Menschen, heilig zu sein? Zu Hause, in der Gegenwart seiner Familie, wo alles, was er sagt und tut, einem automatischen geistlichen Lackmustest unterworfen und mit der Realität abgeglichen wird. Dort ist alles fromme Pharisäertum hoffnungslos zum Sterben verurteilt.

Von der Verwurzelung in der Familie als offenkundigem Ort des Versagens sind breiteste Teile des Christentums in heilige Hallen geflohen, wo man künstliche Messen weitab des Alltags zelebriert. Gott ist jedoch dabei, die *Häuser* als Gottesdienstorte wieder für sich zu gewinnen. Damit kehrt die Kirche wieder zu ihren eigenen Wurzeln zurück, dorthin, wo sie herkommt, zu einer Hauskirchenbewegung. Die Kirche kommt dadurch buchstäblich nach Hause. In der letzten Phase der Menschheitsgeschichte, kurz vor der Rückkehr von Jesus Christus, schließt sich der Kreis der Kirchengeschichte.

Wenn Christen aus allen sozialen Schichten und Kulturen, allen Lebenslagen und Denominationen ein deutliches Echo von dem in ihrem Geist spüren, was Gottes Geist der Gemeinde sagt, beginnen sie buchstäblich, wie ein Leib zu funktionieren, global zu hören und lokal zu handeln. Sie werden aufhören Gott darum zu bitten zu segnen, was sie tun, und anfangen zu tun, was Gott segnet. Sie werden sich in der eigenen Nachbarschaft zu Hauskirchen zusammenfinden und sich zu regionalen oder stadtweiten Feiergottesdiensten treffen.

Auch Sie sind eingeladen, sich dieser offenen Bewegung anzuschließen und Ihren eigenen Beitrag zu leisten. Dadurch wird wahrscheinlich auch Ihr Haus zu einem Haus, das die Welt verändert.

Warum und für wen dieses Buch geschrieben wurde

Ein Ruf zur Mobilmachung an alle gewöhnlichen Christen, die zu Außergewöhnlichem berufen sind

Dieses Buch ist das Produkt vieler Menschen in vielen verschiedenen Ländern und es bündelt die Lernerfahrungen einer Vielzahl von Christen, die auf ganz unterschiedliche Weise Gott dienen. Ich habe es über einen Zeitraum von zwei Jahren hinweg recherchiert: in Kolumbien, den USA, Deutschland, der Schweiz, England, dem Sudan, Jordanien, Ägypten, Zypern, Saudi-Arabien, Dubai, Indien, Sri Lanka, Bangladesch, Korea, China und der Mongolei. Ich habe diese Thesen mit einer Vielzahl von Pastoren, Missionaren und christlichen Verantwortungsträgern diskutieren können. Was mich aber am meisten bewegt hat war, den „ganz normalen Christen" intensiv zuzuhören, von ihren Träumen und Erfahrungen zu lernen. Ich bin überaus dankbar für all die inspirierenden Momente, in denen ich ihre Geschichten hören konnte, wo wir diskutierten und gemeinsam Tee tranken. Ich bin zudem von einer so großen Anzahl von Büchern und Materialien inspiriert worden, dass sie einfach zu zahlreich sind, um sie alle zu nennen.

Jesus hat seinen Nachfolgern im Missionsbefehl aufgetragen, alle Völker zu Jüngern zu machen. Es verbreitet sich bei Christen immer mehr die Einsicht, dass dies nur dadurch geschehen wird, dass es eine christliche Gemeinde – ein Schaufenster Gottes – in Reichweite eines jeden Menschen auf diesem Planeten gibt. Die Gemeinde – die geheime und kraftvolle Gemeinschaft der Erlösten – muss wieder zu einem Ort werden, an dem Menschen buchstäblich den Leib Christi *sehen* – und zwar dort, wo sie seine Schönheit so praktisch wie möglich spüren können: auf dem Boden der Realität, nebenan, unmöglich zu übersehen, weil man jeden Tag damit konfrontiert wird.

Der Prozess, darauf hinzuarbeiten, dass die Bevölkerung ganzer Nationen mit christlichen Gemeinden „durchsäuert" wird – und dadurch mit dem Evangelium in Kontakt kommt –, nennt man *Saturation Church Planting*: so viele Gemeinden entstehen, wie notwendig sind, um einen ausreichenden Sättigungsgrad zu erreichen. In einer wachsenden Zahl von Nationen scheint das der Weg zu sein, den der Heilige Geist wählt, um das ganze Volk Gottes zu mobilisieren, auf dieses ultimative Ziel hin zusammenzuarbeiten. Das Wort *saturation* bedeutet Sättigung, also der Vorgang, etwas bis zum Rande zu füllen, einen kritischen Punkt zu erreichen.

Gott ist ein Gott der Nationen und er denkt in globalen Bahnen. Wir werden schnell sehen, dass es einfach nicht genug ist, hier und da einige neue Gemeinden zu gründen. Was ist wirklich der Preis dafür, wenn ganze Nationen zu Jüngern gemacht werden, mit ihren Millionen von Einwohnern, Tausenden von Dörfern, mit alten heidnischen – oder noch schlimmer: pseudo-christlichen – Traditionen und Sitten und beachtlichen geistlichen Kräften, in einer Welt voller Armut und Verstädterung, einer nicht mehr fassbaren Vielfalt an Meinungen, Hautfarben, Kasten, Clans, Stämmen und Sprachgruppen?

Viele haben mir gesagt, oft genug mit Tränen in den Augen, dass ihre Nation niemals durch etwas Künstliches verwandelt wird. Was meinten sie mit dem Hinweis auf etwas „Künstliches"? Zum Beispiel, dass Menschen für einen flüchtigen Moment durch eine abgekürzte Version des Evangeliums angesprochen werden, durch einen evangelistischen Blitzkrieg oder durch die Ausprägung christlicher Gemeinden, wie es sie im jeweiligen Kontext seit 5, 50 oder 500 Jahren gibt. Nichts weniger als die leibhafte Gegenwart des auferstandenen Christus in jedem Wohnviertel und jedem Dorf in jedem Winkel jeder Nation der Welt wird nötig sein. Er ist gekommen um unter den Menschen zu leben – und er ist geblieben, in veränderter Form, nicht mehr als sandalentragender Jesus von Nazareth, sondern als seine Gemeinde.

Das ist der Grund, weshalb wir nicht nur ein wenig evangelisieren können, sondern mit aller Entschlossenheit gemeindegründende Bewegungen initiieren und fördern sollten, die ihrerseits gemeindegründende Bewegungen auslösen. Bis dann eines Tages der Moment kommt, wo es keinen Freiraum mehr für Missverständnisse über das Evangelium gibt, wo ein Mensch der Gegenwart von Jesus in seiner selbstgewählten Gestalt, der christlichen Gemeinde, einfach nicht mehr mühelos ausweichen kann.

Dieses Buch beschäftigt sich daher mit der Frage: Welche Art von Gemeinde wird zu diesem Ziel führen? Und wie gründen wir diese Art von Gemeinden?

Dieses Buch will dreierlei:

1. Es ist ein *Visions-Statement* in dem Sinn, dass es versucht, der Vision, der Hoffnung und den Träumen zahlloser Christen auf dem Globus nach einer neutestamentlichen Gemeinde Ausdruck zu verleihen. „Visionäre" Bücher haben aber fast notwendigerweise die Tendenz, dass Neues zunächst in groben Pinselstrichen gezeichnet werden muss und manchmal komplexe Dinge bewusst einfach dargestellt werden. Ich tue das nicht, um simplifizierend an gewachsenen Realitäten vorbeizugehen. Deren bin ich mir nur zu gut bewusst. Aber ich vertraue darauf, dass Gott Menschen berufen wird, die besser als ich dazu begabt sind, diejenigen Feinheiten in das vorgestellte Gesamtbild einzuzeichnen, die ich hier auslassen will oder muss.
2. Es ist ein *Manifest* in dem Sinne, dass es eine dreifache Überzeugung zusammenfasst: ohne Rückkehr zur biblischen Schlichtheit von Hauskirchen, ohne ein ermächtigendes Zusammenwirken des fünffältigen Dienstes von Aposteln, Propheten, Hirten, Lehrern und Evangelisten und ohne einen strategischen Prozess des bevölkerungsumgreifenden Gemeindegründens als gemeinsame konzertierte Anstrengung des gesamten Leibes Christi werden wir den Missionsbefehl nicht erfüllen können. Die Anzahl der heute lebenden Menschen – mehr als sechs Milliarden – macht fast 25 Prozent der Anzahl aller Menschen aus, die über die ganze bekannte Menschheitsgeschichte hin jemals gelebt haben. Wenn es also je einen guten Moment für die Wiederentdeckung der neutestamentlichen Gemeinde geben sollte, um ganze Nationen zu Jüngern zu machen, dann ist dieser Zeitpunkt jetzt.
3. Drittens ist das Buch eine *Anleitung zum Gründen von Hauskirchen*. Jede Firma weiß, dass es weise ist, zuerst ein funktionierendes Modell, einen Prototypen zu entwickeln, bevor die Massenproduktion eines Artikels anläuft. Wenn wir wissen, welche Art von Gemeinde wir brauchen, dann wird es uns auch leichter fallen, diese zu gründen und zu multiplizieren.

Warum keine Modelle?

Ich habe in diesem Buch der verständlichen Verlockung widerstanden, eine Vielzahl von Hauskirchenmodellen zu beschreiben, die wir als Kopiervorlage benutzen können. Ich glaube nicht an geistliche Fotokopier-Mentalität. Kapieren ist wirkungsvoller und authentischer als kopieren. Statt geistliche Erfolgsrezepte anderer abzukupfern, halte ich es für natürlicher, wenn Sie dem nachspüren, was Gott als Umsetzung organischer Gemeindeformen an Ihrem Ort für Sie bestimmt hat. Diesen kreativen Prozess möchte ich Ihnen auf keinen Fall ersparen.

Es ist viel wichtiger, zentrale geistliche Prinzipien zu erfassen und zu verinnerlichen, als ein x-fach erprobtes 5-Stufen-Modell zu übernehmen und nachzubauen. Statt die geistlichen Erfolgsstorys anderer zu importieren, fände ich es natürlicher, wenn wir alle nach Wegen suchen würden, die Gott für uns und unsere Regionen vorbereitet hat. Was er uns offenbaren will, muss nicht dem, was er anderen offenbart hat, wie ein Ei dem anderen gleichen.

Viele Menschen suchen nach einer bewährten, narrensicheren Methode, die eine genügend große Zahl an Vorgängern bereits ausprobiert und getestet hat, bevor sie selbst ein „Glaubenswagnis" eingehen und es ihnen gleichtun. Diese „narrensichere" Mentalität, die sich oft als besonders bodenständiger Realitätssinn ausgibt, ist ein sehr geistlich klingender Weg, seine eigene Furcht vor dem Neuen und Unbekannten zu verbergen. Doch Furcht ist das Gegenteil von Glaube.

Statt geistliche Erfolgsrezepte anderer abzukupfern, halte ich es für natürlicher, wenn Sie dem nachspüren, was Gott als Umsetzung organischer Gemeindeformen an Ihrem Ort für Sie bestimmt hat.

Eines der Geheimnisse der Nachfolger von Christus ist, dass es Männer und Frauen sind, die nicht erst überwältigendes akademisches und statistisches Datenmaterial benötigen, bevor sie etwas tun, sondern im Glauben und – darf ich ein unbequemes Wort sagen – im Gehorsam dem folgen, was ihnen Christus aufträgt. Ohne Wenn und Aber, ohne endlose und stets immer noch nicht genügende Beweise für Erfahrungen zu fordern, die sie selbst eben noch nicht gemacht haben.

Hauskirchen in Europa?

Manche denken bei Hauskirchen an eine „chinesische Kirchenform", doch ich will an dieser Stelle wenigstens kurz darauf hinweisen, dass Hauskirchen in Europa keineswegs ein exotischer Fremdkörper waren, sind, noch jemals sein werden.

1. Hauskirchen sind eine gute alte europäische Tradition. Nach den griechischen und römischen Hauskirchen des ersten und zweiten Jahrhunderts und vielen sporadisch auftretenden nachkonstantinischen Laienbewegungen war es vor allem die den neutestamentlichen Galatern verwandte keltische Bewegung, die Europa christianisierte (Patrick, Gallus, Bonifatius etc.). Das ganzheitliche geistliche Konzept der Kelten lag sehr dicht bei den hier beschriebenen Hauskirchen. Organische Hauskirchen waren also schon seit frühester Zeit Teil der europäischen Geistesgeschichte und stellen keineswegs etwas völlig Neues dar. Die Tatsache, dass die keltische Bewegung von der Katholischen Kirche im sechsten bis neunten Jahrhundert vereinnahmt wurde, gehört zu den großen kirchengeschichtlichen Tragödien unseres Kontinents.

2. Fast alle Gemeindeneugründungen in Europa gingen und gehen heute noch durch organische Phasen hauskirchlicher Existenz. Viele Christen erinnern sich mit einer gewissen Wehmut an die spontanen Anfangsmonate oder „die guten alten Gründerjahre" zurück. Das Problem ist weniger, dass in Europa Hauskirchlichkeit nicht erlebt, sondern in der jüngeren Vergangenheit diese Kirchenform nicht genügend gewürdigt und aktiv gesucht wurde.

3. Eine Reihe von Kirchenverbänden (z. B. einige „Brüder"-Bewegungen) oder evangelistische Strömungen, etwa die Alpha-Kurse, praktizieren viele – wenn auch durchaus nicht immer alle – Elemente des Hauskirchen-Christentums. Darin liegt ein Teil ihres Erfolges begründet.

4. Es gab in jüngster Vergangenheit – und gibt auch heute – hauskirchliche Bewegungen in Europa; so hat beispielsweise vor einigen Jahrzehnten ein französischer Christ aus dem Elsass allein in Norddeutschland etwa 30 Hauskirchen gegründet. Hauskirchen hängen sich selbst normalerweise nicht an die große Glocke, daher fallen sie nur Wenigen auf.

5. Es gibt bereits jetzt viele unabhängige Hauskirchen, die in den letzten Jahren in erstaunlich vielen Häusern entstanden sind;

nach meinen Informationen entstehen ständig neue. Sie sind aber in der Regel (noch) nicht in einer regionalen Bewegung organisiert.

Und was ist mit den bestehenden Strukturen?

Niemand lebt in einem Vakuum und viele von uns sind in kirchlichen oder denominationellen Strukturen aufgewachsen oder leben zumindest in Gegenden mit einer mehr oder minder lebendigen Kirchengeschichte. Es wird uns nicht möglich sein, das Rad der Geschichte einfach zurückzudrehen. Aber nirgendwo in der Bibel werden wir aufgefordert, den Status Quo als unveränderlich hinzunehmen. Wir sollen vollkommen sein, wie unser Vater im Himmel vollkommen ist (Mt. 5,48). Dieses Buch wurde nicht geschrieben um den Eindruck zu vermitteln, dass die Hauskirche der einzig mögliche Weg ist Kirche zu leben. Es geht vielmehr um die Perspektive, was geschehen muss, damit ganze Nationen unüberhörbar in die Nachfolge von Christus gerufen und somit „Völker zu Jüngern gemacht werden". Aus diesem für Sie vielleicht zunächst ungewöhnlichen Blickwinkel wird sehr schnell deutlich, dass dieses Ziel niemals erreicht werden kann, wenn wir nicht entweder selbst radikal zu neutestamentlichen Gemeindedynamiken zurückfinden, oder aber zumindest für andere den Raum schaffen, dass sie es tun können, ohne ihnen dabei im Wege zu stehen.

Die Kirche sollte immer genau das sein wollen, wozu sie von ihrem Schöpfer erfunden worden ist – und von einer gewissen heiligen Unzufriedenheit umgetrieben sein.

Die missionarische Perspektive unterscheidet sich in der Regel von der Haltung, eine gewisse Kirchentradition aufrechterhalten zu wollen, oder davon, theologisch und theoretisch über die Natur der Kirche zu spekulieren. Wenn Hauskirchen tatsächlich eine gültige Form von Kirche sind – und das behaupte ja nicht nur ich, sondern davon spricht das Neue Testament deutlich –, dann tun wir gut daran, dies zu akzeptieren und in unserem persönlichen Umfeld entweder in die Praxis umzusetzen oder wenigstens zuzulassen. Hauskirchen haben, wie wir später sehen werden, in missionarischer Hinsicht ein geradezu explosives Potenzial – verglichen mit dem, was wir von Landes- und Freikirchen traditioneller Prägung gewöhnt sind.

Ich bin davon überzeugt, dass Gott durch die bestehenden Kirchenstrukturen der Welt unendlichen Segen vermittelt, das Leben unzähliger Menschen nachhaltig verwandelt hat und dadurch viel Gutes entstanden ist und auch in Zukunft noch entstehen wird. Aber die Kirche sollte sich niemals zufrieden mit dem abfinden, was derzeit ist. Sie sollte immer genau das sein wollen, wozu sie von ihrem Schöpfer erfunden worden ist – und von einer gewissen heiligen Unzufriedenheit umgetrieben sein.

Ich bin davon überzeugt, dass es Kirchen in allen Farbschattierungen und Variationen gibt und sie immer eine Mischung zwischen Gottes Werk und menschlichem Handeln darstellen – einschließlich der Hauskirchen! Dieses stets unterschiedliche Gemeinschaftsprojekt zwischen Fleisch und Geist – genannt Kirche – wird uns begleiten, solange wir leben. Ich bin allerdings ebenso überzeugt, dass jeder Christ in der Verantwortung steht, sich immer wieder so nahe wie möglich zum geistlichen Ende des hier möglichen Spektrums zu neigen und menschliches Handeln – oder eben Fleisch, wie das Neue Testament dies etwas unverblümter nennt! – immer neu am Wort Gottes zu messen und, wo nötig, zu korrigieren. Die Dinge des Geistes in der Kraft des Fleisches zu tun ist unmöglich. Kirche, das ist eine Erfindung Gottes. Deshalb ist sie menschlich eben nicht „machbar", fabrizierbar, herstellbar. Sie entsteht, wo wir uns als Menschen Gott zur Verfügung stellen und wir menschlichen Junior-Partner mit Gott als Senior-Partner darin zusammenarbeiten, die gesamte Schöpfung durch die gesamte Kirche zurück zu ihrem Schöpfer zu rufen.

Gott macht Wasser zu Wein, kann durch einen Esel sprechen, Wasser aus einem Felsen entspringen lassen und, das Erstaunlichste von allem, ganz normale Menschen für seine Ziele gebrauchen.

Es gibt Hoffnung. Gott hat eine souveräne Art, das Menschenunmögliche möglich zu machen. Er macht Wasser zu Wein, kann durch einen Esel sprechen, Wasser aus einem Felsen entspringen lassen und, das Erstaunlichste von allem, ganz normale Menschen für seine Ziele gebrauchen. Dieses Buch fordert niemanden auf, ein träumerisches Ideal von Kirche zu entwerfen und in romantischen Farben auszumalen, um es dann aus der Distanz zu bewundern. Es geht darum, persönlich ein Echo auf das zu geben, wozu Gott uns möglicherweise alle in diesen Tagen aufruft. Ich habe versucht, so deutlich wie mir möglich, zu sagen, was es ist, das Gott aus seiner Kirche machen will und zu welcher Bestimmung er seine Leute beruft.

Ich bin bereit, mich selbst, so gut ich kann, lokal und global dieser Herausforderung zu stellen, auch wenn ich manchmal denke, dass ich in vielerlei Hinsicht nicht gerade sehr geeignet dafür bin. Aber solche menschlichen Unzulänglichkeiten scheinen ja Gott geschichtlich gesehen regelrecht herauszufordern. Wie vielleicht andere auch, trage ich meine eigenen kirchlichen Hypotheken mit mir herum, sehe alles etwas gefärbt durch die Brillengläser der eigenen Erfahrungen und habe persönliche Macken aller Art.

Ich bin mir schmerzhaft dessen bewusst, dass dieses Buch nur ein unfertiger Beitrag zu diesem Thema ist. Aber ein in mancher Hinsicht unzureichendes Buch, das veröffentlicht wird, ist sicher immer noch besser als das perfekte Buch, das ich wohl nie schreiben werde. Vielleicht sehen Sie, wie ich selber, die Unfertigkeit und Fragmenthaftigkeit eines solchen Beitrags als Teil der Botschaft: *deus semper major:* Gott ist immer größer – als wir denken. Ja, wir haben da etwas ganz Unglaubliches am Horizont gesehen. Und ja, es scheint nur ein Teil dessen zu sein, was es noch alles zu sehen gibt.

Nicht in erster Linie für Pastoren

Dieses Buch wendet sich – und darum bitte ich an dieser Stelle um Verständnis – ausdrücklich *nicht in erster Linie* an Pastoren. Das hat gewichtige kirchengeschichtliche und strategische Gründe, die jeder meiner Pastorenkollegen nach der Lektüre des Buches sicher nachvollziehen kann. Das Buch wendet sich an vier Personengruppen gleichermaßen, von denen ich glaube, dass sie es sind, die die Zukunft der Kirche gestalten werden:

❶ *An Frauen.* Mehr als 50 Prozent der Christenheit besteht aus Frauen, die in den institutionalisierten Kirchen oft wenig Chancen haben wirklich aufzublühen, nur wenig Möglichkeiten, ihre Dienste einzubringen. Oft durften sie lediglich Quotenplätze in der männerdominierten und durchorganisierten Welt der Freikirchen und Landeskirchen wahrnehmen. Als Mütter von Kleinkindern standen sie lange genug windelnwechselnd am Rand des Geschehens. Frauen gehören jedoch mitten hinein ins Gemeindegeschehen; und wenn das im bestehenden kirchlichen System nicht gelingt, so müssen nicht die Frauen, sondern es muss das System ausgetauscht werden.

❷ *An Familienväter.* Junge Familien – und deren Väter – sind statistisch gesehen Mangelware im kirchlichen System der letzten 1.600 Jahre. Ich bin überzeugt, dass unverantwortlich viel Ältestenpotenzial an den Familienvätern verloren geht, die den harmonischen Dreiklang zwischen Beruf, Familie und Gemeindemitarbeit nicht schaffen. Was wäre aber, wenn das Zentrum der Gemeinde wieder in die Familien hineinverlegt würde? Dann würden statt kirchlicher Profis die Familienväter mit ihren Begabungen ins Zentrum des Geschehens rücken und die Kirche würde wieder Teil des Alltags werden. Und genau das scheint Gott vorzuhaben.

3. *An den fünffältigen Dienst.* Viele, die spüren, dass sie von Gott zu einem pastoralen, apostolischen, prophetischen, evangelistischen oder lehrhaften Dienst berufen sind, merken, dass sie irgendwie nicht wirklich ins kirchliche System passen. Sie fühlen sich allein, unter- oder überfordert, leiden unter kirchlichem Erwartungsdruck, fühlen sich missverstanden – kurz, sie suchen nach der rechten Vorlage, um sich als Puzzlestück in ein größeres Ganzes sinnvoll und mit echter Begeisterung einzubringen. Hauskirchenbewegungen bieten nach meiner Überzeugung genau diese Möglichkeit.

4. *An Pastoren,* und zwar an solche, denen es wichtiger ist, das Reich Gottes zu fördern, als nur weitere Impulse für ihre eigenen Gemeinden zu bekommen. Wenn Sie als Pastor dieses Buch lesen, werden Sie sich möglicherweise schnell vor Weggabelungen wiederfinden. Sie werden merken, dass Sie als Pastor *arbeiten,* aber vielleicht gar keiner *sind.* Oder sie merken, dass Sie zwar von Gott zu einem Hirtendienst berufen sind, aber eine Struktur brauchen, in der Sie weniger arbeiten und mehr bewirken können, wo Sie ihrem pastoralen Herzschlag freien Lauf lassen können, ohne ständig an der Struktur der eigenen Kirche anzuecken. Genau das könnte die Hauskirchenbewegung für Sie leisten.

Am wichtigsten ist mir, dass dieses Buch diejenigen Menschen inspiriert, ermutigt und anspornt, die Gottes Instrumente dafür sein wollen, in dieser letzten Phase der Menschheitsgeschichte eine geistliche Ernte einzufahren. Wie uns viele Propheten sagen, wird das eine Generation der Gesichtslosen sein, Menschen ohne Ruhm, Titel und Ehre, die sich in die Bewegung Gottes auf Erden einfach einklinken und somit ihrer Bestimmung nachkommen.

> *Die Leiter von morgen werden eine Generation der Gesichtslosen sein, Menschen ohne Ruhm, Titel und Ehre, die sich in die Bewegung Gottes auf Erden einfach einklinken und somit ihrer Bestimmung nachkommen.*

Sie werden das unter allen möglichen Bedingungen tun: unter Verfolgung oder als Interviewgast in Talkshows (was ist eigentlich schlimmer?), unter unsäglichen Schwierigkeiten oder auf roten Teppichen wandelnd, verachtet oder bewundert, belächelt oder konsultiert, betrogen oder geehrt, indiziert oder zitiert, gefoltert oder bekränzt, bekannt oder unbekannt, mit Premierstatus-Karten der führenden Airlines oder barfuß reisend.

Mit anderen Worten: Dies ist ein Ruf zur Mobilmachung an alle gewöhnlichen Nachfolger von Jesus, die durch ihre demütige und selbstverleugnende Art zu Außergewöhnlichem berufen sind und von Gott ermächtigt werden, diese Erde mit einer Woge von Hauskirchen zu überziehen, die die Gegenwart, Schönheit und Wahrheit von Jesus Christus so nachhaltig vermitteln, wie Wasser das Meer bedeckt.

Kapitel 1

Die Wiedererfindung der Kirche

Hat Gott Kirche doch ganz anders gemeint?

Es ist ein interessantes Phänomen: Niemals in der Geschichte gab es eine Zeit, in der christliche Gemeinden in aller Welt zahlenmäßig derartig stark wuchsen. Statistiken von Missionswissenschaftlern besagen, dass derzeit jede Woche 2.000 bis 3.000 neue Gemeinden entstehen. Die evangelikale Christenheit ist, so Zahlen der weltweiten Evangelischen Allianz, von etwa 150 Millionen im Jahr 1974 auf etwa 650 Millionen im Jahr 1998 angewachsen. Damit sind evangelikale Christen, sagen Missionsfachleute wie C. Peter Wagner oder Ralph Winter, zur derzeit schnellstwachsenden Minorität der Welt geworden.

Und doch ist zu einer Zeit, in der die Freude oder gar das Triumphieren über das Wachstum vieler Gemeinden groß ist, das Maß an Unzufriedenheit mit der „Kirche so wie wir sie kennen" noch größer geworden. Wir hören von vielen Menschen, die „zu Christus finden" und wir freuen uns. Doch wir erfahren normalerweise nicht, wie viele davon jemals verbindliche Mitglieder christlicher Gemeinden werden und bleiben. Noch weniger hören wir über den lautlosen Exodus von Menschen, die mit Freudentränen durch die Vordertür der Gemeinden hereinspaziert sind und mit Tränen der Enttäuschung durch die Hintertür wieder verschwinden. Sie wurden zwar geworben, aber nicht integriert; sie sind interessiert, aber nie verbindlich geworden; man hat sie, bildlich gesprochen, „geerntet", aber nie wirklich „in die Scheune gebracht". Sie wurden berührt, aber nicht transformiert. Sie haben nur einen kurzen Blick auf die Christenheit geworfen

Wir hören von vielen Menschen, die „zu Christus finden". Doch wir erfahren nicht, wie viele davon jemals verbindliche Mitglieder christlicher Gemeinden werden und bleiben.

und sich, nach einem ersten Blick hinter die Kulissen, enttäuscht wieder abgewandt.

Gott Ja – Kirche Nein

In Interviews, die Anfang der 90er Jahre in Amsterdam durchgeführt wurde, stellte man Jugendlichen die Frage, ob sie an Gott interessiert seien. 100 Prozent antworteten mit Ja. Dann fragte man sie, ob sie an der Kirche interessiert seien, und 99 Prozent antworteten mit Nein. Ich erinnere mich, dass die meisten Pastoren, die von dieser Studie gehört hatten, zu verstehen gaben, dass mit den Jugendlichen in Amsterdam etwas nicht stimmen könne – denn wenn die Jugendlichen wirklich nach Gott suchen würden, dann würden sie doch in unsere Kirchen kommen.

Heute würde ich, vielleicht zögernd, eine andere Möglichkeit in Betracht ziehen. Vielleicht haben die Jugendlichen in Amsterdam der Kirche einige wichtige Dinge zu sagen und wir waren einfach unwillig auf sie zu hören. Vielleicht sind wir so sehr in unsere eigenen Traditionen verliebt, dass wir fast nicht mehr in der Lage sind, aus unserer sicheren Distanz heraus wirklich den Puls der Welt zu spüren und zu verstehen.

Nichtgetaufte Christen

Eine weitere Studie, die vor einem Jahrzehnt von Herbert E. Hoefer, dem früheren Direktor des Gurukul Theological College (Madras, Indien) durchgeführt wurde, zeigte, dass in Madras, einer Stadt mit etwa acht Millionen Einwohnern, insgeheim mehr als 200.000 „nichtgetaufte Christusgläubige" leben, wie Hoefer sie nennt. Diese wachsende Zahl von Menschen würden sich selbst zwar als Christen bezeichnen, gehen aber aus einer Reihe von Gründen nicht in eine Kirche. Einer der Gründe für diese Kirchenverweigerung ist dies: Sie geben an, dass sie von Jesus angezogen werden, sich aber von den Kirchen abgestoßen fühlen.

Sie können ein Experiment machen. Fragen Sie eine beliebige Person, die noch kein Christ ist, was ihr bei dem Namen „christliche Gemeinde" einfällt. Die Chancen sind erdrückend groß, dass es Ihnen nicht gefallen wird, was Sie zu hören bekommen. Es ist erstaunlich, wie gut viele Christen ihre eigene tiefe Frustration über die christliche Gemeinde verbergen oder überspielen können. „Schau auf Jesus, nicht auf die Kirche!", sagen sie. Und wir spüren sofort, dass mit diesem fromm klingenden Statement etwas nicht stimmt.

In den Kirchen und Missionswerken herrscht an vielen Orten fieberhafte Aktivität wie nie zuvor. Aber auch die Zahl der Pastoren, die entmutigt von Gemeinde zu Gemeinde ziehen, sich um ein Sabbatjahr (Ruhejahr) bemühen oder ganz aus dem Dienst ausscheiden, ist so hoch wie nie zuvor. Ganz zu schweigen von den vielen „ganz normalen Christen", die ihren Gemeinden den Rücken kehren, ohne je zurückzukommen. Ich bin zahllosen Christen begegnet, die mir erzählten, dass ihr Leben nach dem Ausprobieren von diesem und jenem neuen Modell von Kirche, Erweckung, von Geisteserfahrungen der ersten, zweiten oder dritten Art, nach dem Besuch dieses „lebensverändernden Seminars" oder jener „gesalbten Konferenz" noch immer letztlich genauso grau und trist ist wie zuvor. Und dasselbe gilt für ihre Gemeinden. Sie stehen vor der Wahl, diesem Prozess innerlich zu kündigen oder einfach – durch fast unberechtigte Hoffnung oder dem Fehlen einer Alternative motiviert – weiter dranzubleiben.

Die Krise der Mission ist eine Krise der Gemeinde

„Ich mag keine Bücher über Mission", sagt Stephen Gaukroger, Präsident der Baptist Union of England and Wales, in seinem Vorwort zu Patrick Johnstones Buch „The Church is Bigger than You Think". „Da lese ich normalerweise, was ich ja sowieso schon weiß, und hinterher fühle ich mich umso schuldiger, dass ich nicht mehr tue." Traditionelle Mission will Menschen dazu ermutigen, „(Geld) zu geben, (selber) zu gehen oder (andere) zu senden". Aber oft hinterlassen solche Appelle einen faden Nachgeschmack, weil man nie weiß, ob man denn jetzt wirklich genug gegangen ist, gesendet oder wenigstens gespendet hat. Patrick Johnstone drückt es so aus:

„Wir leben in einer Zeit, in der unser Verständnis von den Strukturen der Kirche von einer unzureichenden Theologie und von verzerrten Verhaltensmustern geprägt ist, die wir aus der Vergangenheit geerbt haben. Wenigen ist klar, wie schwerwiegend die Folgen dieser verzerrten Wahrnehmung auf das Leben der christlichen Gemeinde sind. Wir finden schnell heraus, dass es nicht viel bringt, wenn man den Gemeinden mit Donnerstimme vom Missionsbefehl predigt oder versucht, den Menschen auf öffentlichen Vorträgen ins Gewissen zu reden. Wir müssen feststellen, dass die Gemeinden eine Denkweise und eine Weltanschauung übernommen haben, die Mission völlig ausgeschlossen hat."

Für mich ist es allerdings nicht überraschend, dass Gemeinden, die nicht auf einem apostolisch-prophetischen Fundament aufgebaut sind, keine apostolische oder prophetische Mentalität entwickeln (Eph. 2,20). Das ist zu erwarten gewesen. Die Krise der traditionellen Mission ist eine Krise der Gemeinde. Wenn Mission der natürliche Herzschlag der apostolisch denkenden Gemeinde ist, dann geht es nicht etwa darum, bei einigen missionarischen Programmen mitzumachen, sondern darum, dass Gottes Gnade immer dazu führt, dass Menschen aus Prinzip genauso denken und handeln wie Gott selbst, nämlich apostolisch. Sonst laufen wir Gefahr, Mission als vorgegebenes Muss zu erleben, als eine gewisse Gesetzlichkeit, und unser Gewissen durch Spenden und minimalistische Anteilnahme am Leben einiger Missionare zu beruhigen.

Das Kernproblem der Mission ist jedoch das derzeit noch gängige Gemeindeverständnis. Wenn Gemeinde uns hier „zu Hause" nicht begeistert, was sollen denn die armen Missionare „da draußen" verkündigen? Ein träumerisches Ideal? Wenn in den Gemeinden ein gewisses Quäntchen Gnade fehlt, schleicht sich sofort eine kleine Überdosis Gesetzlichkeit ein. Oft geschieht das genau da, wo apostolische und prophetische Elemente fehlen und die Gemeinden gleich reihenweise geistliche Mangelkrankheiten entwickelt haben, die auch von den pflichtbewusstesten theologischen Lehrern, wunderbarsten Pastoren und mutigsten Evangelisten nicht überwunden werden können.

Ich werde später zeigen, dass in dem Maße, wie Kirche sich neu versteht und findet, dies zu einer völligen Wiederbelebung der Mission führen wird. „Wenn die Kirche ihre Mission verwirft, hört sie auf Kirche zu sein", sagt Donald Miller. Aber wenn die Kirche wieder zur Kirche wird, indem sie ihre apostolische und prophetische Natur erfasst, dann wird sie auch wieder Gottes Instrument darin werden, ganze Wohnviertel und Nationen zu Jüngern zu machen. Auch einzelne Gemeinden können von Gott im Geist globaler Partnerschaft gebraucht werden ihr Öl auf anderer Leute Feuer zu gießen, so dass das Licht zunimmt und die Welt denjenigen sehen kann, den sie schon viel zu lange übersehen hat: Jesus Christus, das Licht der Welt.

Der „Kirchengraben"

Viele Pastoren wissen es, manche sagen es sogar offen: „Die Gemeinde, über die ich predige, ist sehr anders als die Gemeinde, zu der ich predige. Deswegen predige ich ja." Wenn selbst Pastoren die Spannung zwischen Soll und Ist-Zustand der Gemeinden – den Kirchengraben – so klar spüren, was sollen dann erst neubekehrte Christen mit ihrem noch ganz frischen Sensorium und ihren wachen und erwartungsvollen Sinnen sagen?

„In den Tagen der evangelistischen Teestuben", sagt der englische Gemeindegründer Terry Virgo, „gab es Konferenzen darüber, wie man den schrecklichen Graben zwischen der Teestube und der christlichen Gemeinde überbrücken kann. Neubekehrten Christen sollte dadurch geholfen werden, mit toten, formellen und irrelevanten Gottesdiensten umzugehen. Man hatte ihnen versucht klar zu machen, dass diese kalte, ewig gleiche Monotonie in Wirklichkeit Ausdruck der überschäumenden Lebensfreude von Gottes Volk ist. Einige haben sogar die Einrichtung sogenannter Überbrückungs- oder Eingliederungshäuser vorgeschlagen, die auf halbem Weg zwischen Teestube und Kirche sein sollten, um Menschen auf die Kirche vorzubereiten".

In der Entstehungszeit der Willow Creek Community Church in Chicago, einer Gemeinde, die „Sucher-orientierte Gottesdienste" anbietet – Gottesdienste also, die auf ein Publikum zugeschnitten sind, das erst noch auf der Suche nach Gott ist –, war man sich des Kirchengrabens sehr bewusst. Menschen wurden fasziniert von Jesus, aber waren enttäuscht von der Kirche. Man spürte, dass man für Menschen, die noch keine Christen waren, die aber am Evangelium interessiert sind, einen spannungsfreien und wenig peinlichen Raum, einen „sicheren Ort für eine gefährliche Botschaft" einrichten sollte. Damals hatte die Willow-Crew etwas humorvoll, aber durchaus mit ernsten Untertönen, einen siebenstufigen Evangelisationsplan diskutiert:

1. Verbringe qualitativ gute Zeiten mit Noch-Nicht-Christen.
2. Schütze sie vor der Gemeinde.
3. Erkläre diesen neuen Freunden das Evangelium von Jesus Christus.
4. Schütze sie vor der Gemeinde.
5. Führe sie zu einer persönlichen Beziehung mit Jesus.
6. Schütze sie vor der Gemeinde.
7. Wenn sie ein bisschen gereift und stabil genug sind, sogar einen Kulturschock zu verkraften, dann bringe sie zum erstenmal in einen christlichen Gottesdienst.

Wer geht wem nach?

Ein amerikanischer Missionar erzählte mir einmal, wie eine Gemeinde in Mitteleuropa von etwa 200 Gottesdienstbesuchern Nichtchristen zu einem besonderen evangelistischen Anlass mit einem Spezialthema einladen wollte. Mit Hilfe von viel Werbung kamen tatsächlich 50 Erstbesucher in die Gemeinderäume. „Natürlich kamen nur ganz wenige von denen am nächsten Sonntag zum Gottesdienst wieder", sagte mir der Missionar. „Aber wir gehen ihnen nach."

Ich war erstaunt. Wenn 50 Noch-Nicht-Christen einen christlichen Anlass besuchen und danach ziemlich unbeeindruckt wieder weggehen und alles andere als elektrisiert von dieser Begegnung sind, warum zieht denn dann die Gemeinde nicht die Konsequenzen? Sollte sie nicht auf den Knien liegen und versuchen herauszufinden, was ganz offensichtlich fürchterlich schief gelaufen ist, wenn so viele Menschen mit ihr in Berührung kommen und ziemlich ungerührt die Szene wieder verlassen? Sollte es nicht viel eher so sein, dass die Gemeinde sich selbst nachgeht, *follow up* an sich selbst treibt und die eigenen Mängel nachbereitet, anstatt unbeeindruckte und gleichgültige Erstbesucher noch weiter mit geistlichen Verkaufstechniken zu belästigen? Können wir es uns nach 1.700 Jahren nachkonstantinischem Christentum tatsächlich noch immer leisten darüber zu diskutieren, wie wir die Welt verändern können und selbst stets die Gleichen bleiben?

Vielleicht sollten wir auf den Rat von Pastor Rick Warren hören. In seinem Buch „Kirche mit Vision" empfiehlt er, dass wir „aufhören sollten Gott ständig darum zu bitten, das zu segnen, was wir tun, und anfangen, das zu tun, was Gott segnet".

Die Dritte Reformation

Der deutsche Gemeindeaufbauforscher Christian A. Schwarz hat darauf hingewiesen, dass wir uns heute in der Phase einer Dritten Reformation befinden. Die erste Reformation geschah im 16. Jahrhundert, als Martin Luther den Kern des Evangeliums wiederentdeckte: Errettung durch den Glauben, allein durch Gnade, allein die Bibel. Es war eine Reformation der Theologie.

Zur Zweiten Reformation kam es Ende des 17., Anfang des 18. Jahrhundert, als vom Pietismus beeinflusste Bewegungen die Möglichkeit einer persönlichen Beziehung, einer spirituellen Intimität mit Christus wiederentdeckten. Das führte zu einer Reformation der Spiritualität, die auf den leidenschaftlich gebeugten Knien vor einem liebevollen und persönlichen „Heiland" geboren wurde und Auftakt zu einer völligen neuen missionarischen Ära war.

Doch auch damals wurde, um das bekannte Gleichnis von Jesus zu erwähnen, noch immer fleißig neuer Wein in alte Schläuche gefüllt und neue Stoffstücke auf alte Kleider genäht. Das kirchliche und gottesdienstliche System der Römisch-Katholischen Kirche war den alttestamentlichen Tempel- und später den jüdischen Synagogen-zentrierten Gottesdienstformen bis hin zum Ablauf sehr treu geblieben, einschließlich Weihrauch, Priester, speziellen Abteilungen für Laien und den Klerus und einem Altar. Luthers Reform betraf den Gehalt des Evangeliums, aber er veränderte nicht die Grundstruktur der „Gottesdienste". Die „Gottesdienste" sind immer noch im Wesentlichen Vorstellungen für Besucher, typischerweise formelle und liturgische religiöse Veranstaltungen, bei denen viele Zuschauer und überwiegend passive Konsumenten einigen wenigen sehr aktiven religiösen Spezialisten für ihr Programm die nötige Kulisse bieten. Doch genau dies scheint sich heute zu ändern.

Können wir es uns nach 1.700 Jahren nachkonstantinischem Christentum tatsächlich noch immer leisten darüber zu diskutieren, wie wir die Welt verändern können und selbst stets die Gleichen bleiben?

Der dritte und letzte Teil der Reformation ist daher eine Reformation der Struktur. Es geht hier nicht um einige kosmetische Änderungen und Farbtupfer am Bestehenden, sondern um einen neuen-alten, im Kern neutestamentlichen und nicht alttestamentlichen Gesamtansatz von Gemeinde mit für viele zunächst nicht absehbaren Konsequenzen. Das könnte bedeuten, dass wir entweder in vielerlei Hinsicht noch einmal von vorne anfangen müssen – oder den eingeschlagenen Weg nun auch konsequent bis zu seinem Ende beschreiten. Reformation war noch nie billig zu haben. Ich möchte versuchen, das in einigen Bildern zu verdeutlichen:

Große Schlitten während der Ölkrise

Während der Ölkrise in den 70er Jahren war es recht schwierig, hubraumstarke Auto zu verkaufen, weil die benzinschluckenden Schlitten schnell ins Geld gingen. Autohersteller kratzten sich den Kopf und blickten nervös auf die vielen unverkäuflichen Wagen, die sich in ihren Lagerhallen ansammelten. Das erinnert mich an die Lage der Gemeinden in einer ganzen Reihe von Ländern. Ist das Modell von

Gemeinde, das wir am Markt anbieten, einfach zu groß und zu teuer? Haben wir zwar die „garantiert richtige" Gemeinde, nur eine falsche Welt? Oder braucht „der Markt" tatsächlich ein anderes Produkt?

Verstopftes Fließband

Ich vergleiche manchmal die Situation der Gemeindegründung in einigen Nationen mit einem verstopften Fließband. Das Produkt (neue Gemeinden) scheint sich außerordentlich schwer zu verkaufen und sitzt buchstäblich am Ende des Fließbandes fest und verstopft es, weil es einfach nicht genug Kunden gibt, die begeistert oder barmherzig genug sind, den Ladenhüter zu erwerben. Die Folge: das System fährt herunter, die Arbeit geht nur noch zentimeterweise voran und Kunden wie Mitarbeiter werden immer frustrierter. Könnte es sein, dass wir zu Spezialisten darin geworden sind, neue Fließbänder herzustellen, aber nicht genug Aufmerksamkeit und Sorgfalt verwendet haben, unser Produkt zu überprüfen und effektive Prototypen zu entwickeln? Ein solches Verhalten wäre der Tod jeder Firma. Ist es bei der Kirche wirklich so anders?

Das Puzzle lösen

Stellen Sie sich einen 6-jährigen Jungen vor, der sein neues Puzzlespiel auspackt und sofort versucht, die Teile zusammenzufügen. Aus dem Karton hat er eine Originalvorlage gefischt, die ein rotes Rennauto darstellt. „Wie wunderbar", denkt er, „ich liebe rote Rennautos!" Ganz aufgeregt macht er sich daran, die Teile des Puzzles nach der Vorlage zusammenzubasteln. Aber aus irgendeinem Grunde passen die Stücke nicht so zusammen, wie sie seiner Meinung nach sollten. Er versucht ein bisschen mit überzeugendem Druck nachzuhelfen, kneift hier eine Ecke ab und schummelt dort ein wenig, aber irgendetwas stimmt bei der Sache nicht. Schließlich kommt die Rettung in Gestalt seines Vaters. Der erkennt das Problem sofort, nimmt das Bild mit dem wunderschönen roten Rennauto – und dreht es herum! Und siehe da, auf der anderen Seite ist ein Apfelbaum abgebildet. „Das ist das richtige Original", klärt er seinen Sohn auf. „Das rote Rennauto ist bloß die Werbung für ein anderes Puzzle." Der Junge atmet erleichtert auf, trauert noch einige Sekunden um das Rennauto und versucht nun, die Teile nach der „neuen" Originalvorlage zusammenzufügen – und tatsächlich, nach wenigen Minuten ist er fertig. Was hatte vorher nicht gestimmt? Er hatte zwar all die richtigen Teile, aber die falsche Vorlage.

Geistliche Fotokopiergeräte

Könnte es sein, dass dies die Situation großer Teile des heutigen Christentums beschreibt? Wir haben alle richtigen Teile: das Wort Gottes, Menschen, Häuser, Gebet, Motivation, Geld. Aber könnte es nicht sein, dass das Unvorstellbare geschehen ist und wir alle diese Einzelteile serienmäßig nach einem falschen Original von Kirche zusammenbauen? Nach der Vorlage eines von allen heiß geliebten roten Rennautos? Hat uns ein Bösewicht auf skrupellose Weise eine unpraktische Kopiervorlage untergeschoben? Und nun stehen wir vor unseren geistlichen Kopiergeräten (sprich theologischen Ausbildungsstätten, Bibelschulen, Seminaren, Verlagen, Schulungsprogrammen etc.), drücken wie gebannt den grünen Kopierknopf und warten darauf, dass aus dem Papierauffangfach Kopien erscheinen von dem, was wir als garantiert biblisches, kanonisiertes, sanktioniertes, geschichtsträchtiges Original aus erster Hand betrachten?

Ich kann mir vorstellen, dass Satan, der Feind der Christenheit, keinerlei Probleme hat mit den frenetischen Evangelisations- und Missionsbemühungen unserer Tage, solange wir schön brav weiter Kopien unseres „roten Rennautos" – unseres traditionellen Kirchenmodells – machen, einem kirchlichen System, das nicht ernsthaft genug die satanischen Ansprüche an die Menschheit in Frage stellt. Vielleicht ist deshalb die Zeit gekommen, aufzuhören immer nur an der Oberfläche der Welt zu kratzen, und Gott den Raum zu geben, Kirche noch einmal neu zu bilden – buchstäblich wiederzuerfinden, wenn das nötig ist. Dies kann damit beginnen, dass wir unsere eigenen Kopiervorlagen überprüfen und unsere vermeintlichen Originale einmal umdrehen.

Aufhören mit der Kirche anzufangen

Die meisten Leser dieses Buches werden entweder in einer bestimmten Kirche aufgewachsen sein oder sich später entschlossen haben, der einen oder anderen „Kirche" im Sinne von Denomination beizutreten. Das bringt mit sich, dass wir unbewusst das Christentum – und auch die Bibel – durch die mitgelieferten Brillen unserer geistlichen Sippe sehen, interpretieren und an „unserer Art zu glauben" messen. Aber welche Tradition ist die richtige? Der argentinische Evangelist Juan Carlos Ortiz hat es einmal so ausgedruckt: „Es gibt mehr als 22.000 Denominationen auf der Welt. Wie glücklich bist du zu schätzen, dass du ausgerechnet in der richtigen bist?!" Seither ist nicht nur die Zahl der Denominationen auf zwischen 24.000 und 30.000 angewachsen, sondern viele Christen beginnen zu verstehen, dass die meisten wirklichen Probleme der Kirchen nicht außerhalb, sondern im eigenen System begründet sind, d. h. in der traditionellen und lieb gewonnenen Art und Weise, wie wir Kirche verstehen und praktizieren.

Wem soll man die Schuld geben?

„Unsere Regale sind voller christlicher Bücher und Videos. Wir haben Kirchen an jeder wichtigen Straße, mehr Mitarbeiter als je zuvor, große Sonntagsschulabteilungen, Zellsysteme und Seminare über Mega- und Metakirchen. Wir haben christliche Abziehbilder fürs Auto, politische Aktionsgruppen, große Missionswerke – und inmitten all dessen haben wir fast jeden Einfluss in jeder größeren Stadt Nordamerikas verloren", sagt Ted Haggard, Pastor der New Life Church in Colorado Springs, in seinem Buch „Primary Purpose – Making It Hard for People to Go to Hell from Your City". Er fährt fort: „Anstatt unsere eigenen Methoden zu überprüfen und unsere Effektivität in Frage zu stellen, versuchen wir uns aus der Verantwortung für die ewige Verdammnis der Menschen in unserer Umgebung zu ziehen, indem wir andere für unsere eigene geistliche Wirkungslosigkeit verantwortlich machen."

Ein westliches Modell von Kirche für die ganze Welt?

Obwohl es etwa 240 Nationen auf der Welt gibt, haben wir in den letzten Jahrhunderten erlebt, wie im Wesentlichen nur vier Länder mit unglaublicher Mühe und großem Aufwand ihre jeweiligen Modelle von Kirche in alle Welt exportiert haben. Es sind dies Deutschland, Großbritannien, die USA und Italien. Die meisten Kirchen und christlichen Bewegungen haben heute noch immer ihre Zentrale in einem dieser vier Länder oder sie sind wenigstens immer noch stark mit ihnen verbunden (und von ihnen beeinflusst).

Ich stelle keinesfalls den Segen der missionarischen Ära in Frage, die von diesen vier Ländern geprägt wurde. Dennoch möchte ich darauf hinweisen, dass dies zu einer der größten Monopolisierungen von Kirche rund um den Erdball geführt hat. Ein Modell von Kirche – und zwar ein westliches – ist zur globalen kirchlichen Standardversion geworden und hat dadurch dem weltweiten Christentum seinen Stempel aufgedrückt. Der bekannte amerikanische Autor Gene Edwards beklagt dies beredt in einem Buch mit dem Titel „The Americanization of Christianity".

Mir geht es hier eigentlich nicht um Vorwürfe an die Adresse des Westens, sondern um die Tatsache, dass Jesus ein Asiate war. Es sollte uns auch zu denken geben, dass ausgerechnet die vier missionarischen Weltmächte in Weltkriegen einander an die Kehle gingen und ihre Söhne vor den Augen der Welt gegenseitig abschossen. Wir können nicht so tun, als habe die weltweite Glaubwürdigkeit der „christlichen Länder" darunter nicht gelitten. Dazu kommt noch ein Drittes: Geld, Rhetorik, Materialien und sogar eine gutgeölte Missionsmaschinerie können niemals ein Ersatz dafür sein, dass es nur Gott allein ist – und keine noch so kirchliche Tradition –, der ein Volk dazu berufen und ermächtigen kann, einen bestimmten Auftrag in der Welt auszuführen.

Obwohl es etwa 240 Nationen auf der Welt gibt, haben wir in den letzten Jahrhunderten erlebt, wie im Wesentlichen nur vier Länder mit unglaublicher Mühe und großem Aufwand ihre jeweiligen Modelle von Kirche in alle Welt exportiert haben. Es sind dies Deutschland, Großbritannien, die USA und Italien.

Ich bin überzeugt, dass wir uns längst nicht mehr in der „kolonialen Phase" der Mission befinden, sondern in der Phase der „nationalen Mission" stehen, einer Ära also, in der jede Nation ihre eigenen Modelle und Formen von Gemeinde entwickeln darf, anstatt durch leicht angepasste Importmodelle, die zudem oft noch fremdfinanziert sind, das Land kulturell zu überfrachten. Diese Re-Inkarnation, Neufleischwerdung von Gemeinde, findet oft genug auf den Knien von Menschen statt, die in ihrem Land vor Gott liegen, ihre eigenen Tränen vergießen und darum ringen, dass Christus in ihrer Zeit und ihrer Kultur Gestalt gewinnt, in Gemeindeformen, die lokal erfunden sind und deswegen keine Anpassungsschwierigkeiten haben. Und in diesem Moment kommt sogar dem „christlichen Westen" eine neue Rolle zu: Er kann im Geist eines „gekreuzigten Kolonialismus", dem glatten Gegenteil von geistlichem Imperialismus, Denominationalismus und messianisch-naiver Exportmentalität, sorgfältig versuchen, etwas Öl auf das Feuer der Nationen zu gießen.

Die traditionelle Kirche – das größte Hindernis für den Glauben?

In einer 1994 in Schottland durchgeführten Studie unter dem Titel „Hindernisse für den Glauben" sagt John Campbell, Evangelisationsberater der Church of Scotland, „haben viele angegeben, dass eine der größten Barrieren dafür, an Gott zu glauben, die Kirche selbst ist". Wenn das System das Problem ist, dann ist selbst unsere beste Lösung immer wieder Teil des Problems. Auch der hingebungsvollste, energiegeladenste, visionärste, leidenschaftlichste und erweckteste Christ steckt dann in einem System gefangen, das seine Energien gnadenlos aufsaugt und ihn schließlich unterwirft. Der Weg nach vorne besteht deshalb nicht darin, kleine Änderungen und moderne Anpassungen an der Kirche, wie wir sie kennen, vorzunehmen, sondern in einer viel radikaleren Wiederentdeckung der wahren Natur, des ursprünglichen Wesens dessen, was Kirche ursprünglich meinte. Der schnellste Weg die Entkirchlichten zu erreichen mag deshalb darin bestehen, die „Kirche zu entkirchlichen".

Der schnellste Weg die Entkirchlichten zu erreichen besteht darin, die „Kirche zu entkirchlichen".

Pfarrer Bob Hopkins, einer der Initiatoren der Anglican Church Planting Initiative in England, hat empfohlen, „aufzuhören ständig mit der Kirche anzufangen". Das Problem ist, dass wir die Kirche und ihre derzeitige Form als etwas absolut Gegebenes akzeptieren und deshalb voreingenommen sind gegenüber jedem neuen Gedanken, der scheinbar nicht ins System passt. Vielleicht sollten wir das heutige kirchliche System und die überkommenen Gottesdienstformen nicht mehr in allen Fällen als gegeben hinnehmen. Wir können und sollen das Rad der Geschichte nicht zurückdrehen, aber keiner wird demjenigen ernsthaft böse sein können, der mit seinem Auto umkehrt, wenn er feststellt, dass er in eine Sackgasse geraten ist. Könnte es sein, dass Gott durch die Geschichte hindurch lange gewartet hat, immer bereit, die richtigen Antworten zu geben, wenn nur irgendjemand mutig genug ist, die richtigen Fragen zu stellen? Und könnte es sein, dass Hauskirchen das fehlende Glied in der Kette sind zwischen Spiritualität und Gesellschaft, zwischen Jesus und seinem Leib, zwischen Himmel und Erde?

Stolperstein oder Schatztruhe?

Jesus vergleicht das Reich Gottes einmal mit einem Mann, der beim Pflügen eines Feldes einen Schatz findet (Mt. 13,44). Dann geht er, verkauft alles, was er hat, und kauft das Feld, einschließlich des Schatzes. Was zuerst wie ein ärgerlicher Stolperstein aussah, ein richtiger Felsbrocken am falschen Ort, der das harmonische Pflügen, die gewohnte Alltagsroutine nur zu unterbrechen schien, entpuppte sich als unglaublicher Schatz.

Könnte es mit der liturgischen und programmgetriebenen Routine einer christlichen Gemeinde nicht genauso gehen? Vielleicht hat Gott auch Ihnen einen vermeintlichen Stolperstein in den Weg gelegt, der sich bei näherem Zusehen als der größte Fund Ihres Lebens herausstellt? Ich möchte nicht versäumen Sie ein wenig vorzuwarnen: Das könnte Ihnen durchaus passieren, wenn Gott zu Ihnen auf seine eigene Weise über Hauskirchen spricht. Vielleicht sind die Antworten auf unsere geheimsten und tiefsten Fragen gar nicht weit weg, sie warten nur darauf, dass man über sie stolpert; vielleicht sind sie verborgen hinter einer Tür, von der keiner glaubt, dass sie überhaupt existiert. Vielleicht finden wir solche Antworten als Resultat eines fast unerträglichen Leidens am Status Quo oder weil wir ernsthaft und systematisch gesucht haben und nun fündig werden. Vielleicht ist für Sie der Gedanke an Hauskirchen buchstäblich noch „un-denkbar", ungehört und daher unerhört, etwas, was zunächst beinahe häretisch klingt, aber klarer und klarer wird, wenn wir uns durch den Nebel der Geschichte und Tradition nach vorne bewegen und unsere Bibeln in ganz neuem Licht betrachten.

Wie auch immer Ihre eigene Geschichte sei, nehmen Sie einen guten Rat aus dem Gleichnis vom Schatz im Acker mit: Wenn Sie den Schatz entdecken, gehen Sie nicht auf den Marktplatz und verkündigen Sie dort Ihren Fund. Verbergen Sie ihn im Acker, gehen Sie hin und verkaufen alles, was Sie haben, dann kaufen Sie den Acker und tun, was immer Gott Ihnen zeigen wird.

Die „Re-Inkarnation" der Kirche

Viele Gemeinden, die sich nach Erneuerung und Erweckung sehnen – oder wenigstens nach ein bisschen frischem Wind und Veränderung –, neigen dazu zu übersehen, dass man nicht zu einer neuen Qualität in der Kirche gelangen kann, indem man lediglich die Formen ändert. Der Management-Guru Tom Peters sagt es so:

> *„Erneuerung und Reformation ist out, Revolution ist in. Eine Firma braucht nicht wirklich einen CEO – einen Chief Executive Officer –, sondern einen CDO – einen Chief Destruction Officer –, der regelmäßig blockierende Traditionen enttarnt und abbaut, weil es viel einfacher ist, nach einem neuen Muster zu arbeiten als ein veraltetes zu überarbeiten und zu erneuern."*

Eine Kirche dadurch verwandeln zu wollen, dass einige äußere Formen verändert werden, ist ungefähr so intelligent wie wenn jemand dadurch einen Mentalitätswandel bei sich herbeiführen möchte, indem er sich ein neues Kleidungsstück anzieht, oder wie jemand, der verhindern will, dass er ins Kino geht, indem er von nun an nur noch rückwärts läuft. Ein neues Visions-Statement, schöne Ziele, traumhafte Formulierungen oder andere kosmetische Änderungen ohne eine radikale Reform des internen genetischen Codes werden nur zu mehr Frustration führen.

Wer ein Stück neuen Stoff auf ein altes Tuch näht, ist schlecht beraten, sagt Jesus. Erweckung und Reformation beginnt oft mit einer radikalen Wiederentdeckung des Wesens, der Kernsubstanz von Kirche, der neutestamentlichen DNS, dem übernatürlichen genetischen Code, dem Evangelium, das Gott in die Gemeinde hineingelegt hat. Dieser genetische Code, dieses Vererbungsmuster, muss wieder inkarniert werden, Fleisch werden. Das wird dazu führen, dass das von Gott hineingelegte Wachstumspotenzial frei werden kann (Markus 4,26). Dieses geistliche Saatgut ist, wie jedes Weizenkorn, ausgerüstet und fähig, seine eigene endgültige Struktur und Form von innen her zu entwickeln, ohne ständige Lehrvorträge von außen; es entfaltet sich gemäß einer von Gott veranlagten inneren Vorlage, es entpackt sich selbst, wie ein komprimiertes Computerprogramm. Genau dadurch wird Kirche buchstäblich re-inkarniert, sie wird wieder neu Fleisch.

Der fruchtbare Boden für dieses Geschehen ist der Erdboden der Nationen und Volksgruppen dieser Welt. Das Resultat der ersten Inkarnation der Kirche in neutestamentlichen Zeiten war die Hauskirchenbewegung, die Jerusalem in vielleicht weniger als zwei Jahren erobert hat wie ein unaufhaltsamer Virus. Was wird eine Re-Inkarnation von Hauskirchen in unserer Zeit bewirken?

Biotische Prinzipien

Fast alle Lebensformen basieren auf der Multiplikation organischer Zellen. Unbegrenztes additives oder lineares Wachstum verstößt gegen Schöpfungsprinzipien, Multiplikation *ist* hingegen ein Schöpfungsprinzip. Mein Freund Christian Schwarz hat studiert, was er „biotische Prinzipien" nennt, Prozesse und Muster, die innerhalb Gottes Schöpfung zu finden sind und nach denen organisches Leben abläuft. Das hat ihn dazu geführt, einen Arbeitsansatz zu entwickeln, den er „natürliche Gemeindeentwicklung" nennt. Viele Einsichten stammen aus der Biologie bzw. der Landwirtschaft, wo Wachstum nach ursprünglichen und kreativen Mustern geschieht, nicht nach von Menschen erfundenen künstlichen Produktionsmechanismen. Diese biotischen Prinzipien stehen in deutlichem Kontrast zu den „technokratischen" Methoden, nach denen Maschinen funktionieren. Der Unterschied zwischen beiden Ansätzen ist so groß wie der Unterschied zwischen einem Roboter und einem Menschen. Das eine ist eine Maschine, das andere ein lebender Organismus. Das Maschinen- oder Robotermodell mag sehr gut in der Welt der Technik funktionieren, wird aber in der Welt des biotischen, organischen Wachstums kläglich versagen.

Wenn wir erkennen, dass die christliche Gemeinde eine Schöpfung Gottes ist, der Leib Christi, ein „biotischer" Organismus, dann müssen wir uns hüten mit technischen Erfolgsrezepten dieses Lebewesen steuern oder manipulieren zu wollen.

Wenn wir erkennen, dass die christliche Gemeinde eine Schöpfung Gottes ist, der Leib Christi, ein „biotischer" Organismus, dann müssen wir uns hüten mit technischen Erfolgsrezepten dieses Lebewesen steuern oder manipulieren zu wollen. Wir sollten vielmehr nach den natürlichen, organischen Prinzipien Ausschau halten, die Gott in seine eigene Schöpfung hineingelegt hat. Wenn wir diese organischen, biotischen Prinzipien untersuchen, werden wir beobachten können, dass oft mit einem Minimum an Energie ein Maximum an Resultaten erreicht wird – und zwar gemäß eines Wachstumsautomatismus', der von Gott auch in die Gemeinde als seine Schöpfung hineingelegt worden ist. Dies kann helfen zu verhindern, dass wir Kirche fabrizieren – also technisch herstellen – und öffnet Wege, damit Kirche von Gottes Geist gemäß Gottes Prinzipien Gestalt gewinnt. Wir bauen umsonst an der Kirche, wenn wir nur menschlichen Mustern oder Formeln folgen, selbst wenn sie uns in der Form von guten und vermeintlich heiligen Traditionen zu treuen Händen anvertraut wurden. Einige Beispiele für biotische Prinzipien sind:

- *Vernetzung:* Das bedeutet, dass die Art, wie die einzelnen Teile eines Organismus miteinander in Verbindung stehen, wichtiger ist als die Teile selbst. Alle gesunden organischen Zellen arrangieren sich eben nicht nach einem Chaosprinzip, per Zufall, sondern in der Regel gemäß eines schöpfungsmäßigen, eingebauten Musters, bei dem alle Zellen in einer definierten Beziehung zueinander stehen. Im Blick auf Gemeindewachstum oder Multiplikation bedeutet das, dass kein Einzelaspekt isoliert von anderen Aspekten gesehen werden sollte.

- *Multiplikation:* Unbegrenztes Höhen-Wachstum ist kein Ideal der Natur – aber Multiplikation schon. Die wahre Frucht eines Apfelbaumes ist nicht ein Apfel, sondern ein weiterer Apfelbaum. Die wahre Frucht einer Gemeinde sind nicht Bekehrte, sondern andere Gemeinden, die ihrerseits weitere Gemeinden hervorbringen.
- *Energieumwandlung:* Dieses Prinzip besagt, dass bereits existierende – auch negative – Kräfte positiv in Richtung auf ein angestrebtes Ziel genutzt werden können. Dies ist z. B. der Mechanismus, den sich der Arzt bei Schutzimpfungen zunutze macht: Durch den Impfprozess können gesundheitsbedrohende Kräfte zu gesundheitsfördernden umgewandelt werden. Viele christliche Gemeinden benutzen allerdings viel lieber die „Boxer-Methode", der zufolge eigene Energien erst dazu verwendet werden, einen Angriff von außen abzublocken und auf Null zu bringen und dann, in einem zweiten Schlag, erneut mit weiterer Energie die eigene Botschaft ans Ziel zu bringen.

Wie man die 20er Barriere durchbricht

Der Gemeindeaufbau-Forscher Bill M. Sullivan hat ein Buch mit dem Titel „Ten Steps to Breaking the 200 Barrier" geschrieben, zu Deutsch etwa „10 Schritte zum Durchbrechen der 200er Barriere". Der sehr verständliche Grundansatz von Sullivan passt ideologisch nahtlos in die Hauptströmung der Gemeindewachstumsbewegung der 70er und 80er Jahre: Gute Gemeinden werden groß, sehr gute werden sehr groß. Was immer eine „gesunde" Gemeinde vom Wachstum abhält, wird als Barriere identifiziert, die folglich überwunden werden muss.

Die Idee der 200er Barriere ist einfach. Statistisch gesprochen hören die meisten christlichen Gemeinden bei einer Besucherzahl von zwischen 100 und 300 Personen auf zu wachsen, im Schnitt bei etwa 200. Dafür gibt es kulturelle, soziologische und sogar architektonische Gründe. Viel wichtiger jedoch ist ein strukturelles Problem, das bei traditionellen Einpastoren-Gemeinden regelrecht eingebaut ist: der typische Pastor kann sich nur um eine begrenzte Anzahl von Personen wirklich persönlich kümmern. Ein Pastor mag zwar viel Platz in seinem Terminkalender haben, aber der Platz in seinem Herzen ist beschränkt – und diejenigen, die das als erste merken, sind die Schäfchen am Rande der Gemeinde.

Als Folge dessen kommt die Gemeinde in aller Regel beim Erreichen dieser für viele unsichtbaren Grenze zum Stillstand, weil sie eben die „200er Barriere" erreicht hat. Ich möchte hier allerdings anmerken, dass es eine noch sehr viel wichtigere Barriere gibt, die die christlichen Gemeinden überwinden sollten: die „20er Barriere". Wie überwinden wir sie?

Die unsichtbare Linie zwischen organisiertem und organischem Christentum

Jede Familienzusammenkunft lehrt uns, dass es durchaus möglich ist, enge Gemeinschaft zu pflegen, ohne über die Maßen strukturiert zu sein. Familien können qualitativ gute Zeit miteinander verbringen, auch ohne Zeremonienmeister, einem Wort der Begrüßung, einem speziellen Lied, einem Vortrag vom Vater und einem Dankeswort von Mutter. Diese Dinge braucht man bei Hochzeiten und anderen Feierlichkeiten, aber im Alltag wirken sie eher komisch. Kirche ist eben keine künstliche Vorstellung, sondern gehört in den Alltag, gerade weil sie „der Weg des Lebens ist", ein Lebensstil.

Nun gibt es in jeder Kultur eine sehr interessante Zahlengrenze, bei der eine Zusammenkunft aufhört informell zu sein und formell zu werden beginnt; eine Grenze, an der eine Gruppe aufhört organisch zu sein und anfängt organisiert werden zu müssen. An diesem Punkt überschreitet man die Grenze vom spontanen zum liturgischen, zum geplanten, durch Tagesordnungspunkte geregelten Ablauf einer Zusammenkunft. Ich nenne diese wichtige Linie die „20er Barriere", weil in vielen Kulturkreisen diese Grenze bei etwa 20 Personen erreicht wird. Darunter fühlen sich die Menschen noch familiär und verhalten sich informell, ungekünstelt, normal, ohne eine Notwendigkeit dafür zu sehen, alles zu organisieren und zu planen.

Auch ein Organismus hat eine gewisse Struktur. Ich plädiere hier keineswegs für die Abschaffung von Ordnung als solcher. Aber im Unterschied zu organisierten Veranstaltungen, die typischerweise „von außen", von Vorneherein geplant und strukturiert sind, ist ein Organismus von innen her strukturiert. Das Verhalten eines Organismus entsteht durch innere Veranlagung und die jeweilige Reaktion auf die sich ändernde Umwelt, während bei einem organisierten Ereignis der Ablauf zuvor festgelegt wird.

Diese Beobachtung ist sehr wichtig für unsere Frage nach dem, was Kirche ist. Wenn Kirche etwas Organisches ist, dann verhindern wir sie durch ein Zuviel an Organisation und organisieren regelmäßig jeden Sonntag die Verhinderung von Kirche durch die Planung des Gottesdienstablaufes. Die Natur einer Zusammenkunft bestimmt und beschränkt die zahlenmäßige Größe. Wenn wir die „20er Barriere" überschreiten, hört die Gruppe auf, organisch zu funktionieren und fängt an, formell zu werden und organisiert werden zu müssen. Sie wechselt radikal ihre Identität. Bei ansteigender Größe geht die Effektivität der Beziehungen und der gegenseitigen Kommunikation dramatisch zurück und die Notwendigkeit erhöht sich, die Gruppe von jemandem leiten und steuern zu lassen.

Wenn Kirche etwas Organisches ist, dann verhindern wir sie durch ein Zuviel an Organisation, und organisieren regelmäßig jeden Sonntag die Verhinderung von Kirche durch die Planung des Gottesdienstablaufes.

In der Folge verliert eine über etwa 20 Personen hinausgewachsene Hauskirche ihre ursprüngliche Attraktivität, verändert ihr Wertesystem und funktioniert plötzlich nach völlig anderen Gesetzmäßigkeiten. Sie verliert ihr Eigenleben, das spontan und informell war und wo alles nach unsichtbaren Verhaltensmustern fast wie von selbst ablief, und verlangt plötzlich nach Führung, einer starken Hand. Von nun an muss die „Hauskirche" organisiert werden, braucht eine sichtbare Leitung und wird überführt in eine völlig andere Daseinsform, einen anderen Aggregatzustand, einen „organisierten Organismus" – und hört damit im Wesentlichen auf Hauskirche zu sein.

Es ist interessant zu beobachten, dass die meisten Kirchen als Hauskirchen gegründet wurden – und in Kirchenhäusern endeten. Man erinnert sich manchmal noch an die „gute alte Zeit, als wir uns noch zu Hause trafen" – und plant dann die Hypothek für die Erweiterung des Parkplatzes „vor der Kirche". Der ursprüngliche Organismus ist eine Sache der Vergangenheit geworden, er lebt zwar noch, aber ist eingesperrt in eine beklemmende strukturelle Zwangsjacke. Die neue Struktur, diktiert von der neuen Größe, wird möglicherweise tiefe Beziehungen und spontane Gemeinschaft verhindern – und zwar im Namen der Gemeinschaft!

Biblische *koinonia* bedeutet Gemeinschaft, aneinander Anteil nehmen und geben. Eine der fatalen Folgen dessen, wenn wir diese unsichtbare Linie zwischen organischem und organisiertem Christentum überschreiten, ist, dass das ursprüngliche organische Multiplikationspotenzial verloren geht. Zum Schluss stehen wir vor einer Organisationsform, die kein internes Potenzial mehr hat und daher von außen, gewissermaßen künstlich, geklont, kopiert und buchstäblich massengefertigt werden muss. Der Aufwand, den man in diesen Fällen aufbringen muss, ist deshalb so groß, weil wir dabei das eingebaute explosive Wachstumspotenzial der organischen Hauskirchen nicht nur außer Acht lassen, sondern vielleicht sogar unbewusst unmöglich machen. Wenn die Kirchengeschichte eines deutlich macht, dann dies: Es ist ein kurzer Weg von organisierter Religion zu Institutionalismus – und von dort zur Versteinerung des Glaubens.

Person Nummer 21

Eine der wichtigsten Entscheidungen für die Zukunft der Gemeinde, die wir daher treffen müssen, ist die: Was tun wir, wenn Person Nummer 21 durch die Tür kommt? Rein strukturell gesprochen überschreitet damit die Gemeinde ihre Wachstumsgrenze, sie „stößt die Nadel in den roten Bereich". Hier fällt die Entscheidung, ob man entweder weiter „nach oben" wächst und sich beginnt zu organisieren – und damit die hauskirchlichen Dynamiken verliert! – oder ob man die Hauskirche in zwei oder drei Teilgruppen teilt und sich seitwärts multipliziert, was zu einer Bewegung führen kann und sollte. Auf diesem Weg kann es sein, dass man die „200er Barriere" gar nicht wahrnimmt; man ist ihr von Anfang an ausgewichen.

Eine Hochzeit pro Woche?

Das Leben in jedem Kulturkreis hat zwei Aspekte, einen privaten und einen öffentlichen Bereich, den Alltag und die besonderen Feiern wie etwa Hochzeiten, Jubiläen, Beerdigungen und traditionelle Anlässe. Beide Bereiche des Lebens haben eigene Formen entwickelt. Der Alltag läuft normalerweise im Rahmen der Familie ab, dem Grundbaustein jeder gesunden Gesellschaft und Kultur. Familien funktionieren in der Regel organisch, basieren auf Beziehungen und stellen sich dem Leben, „so wie es kommt". Hochzeiten und andere Anlässe sind außergewöhnliche Ereignisse, für die man sich allseits standesgemäß vorbereitet; solche Feierlichkeiten sind üblicherweise formell, benötigen ein hohes Maß an Organisation und laufen, wenn alles gut gehen soll, nach einem Programm oder Tagesplan ab.

Es ist interessant zu beobachten, dass die meisten Kirchen als Hauskirchen gegründet wurden – und in Kirchenhäusern endeten.

Stellen Sie sich einmal vor, Sie würden jedes Wochenende zu einer Hochzeit gehen. Die Feierlichkeiten laufen immer nach demselben Schema ab, jedesmal ist es derselbe Bräutigam mit derselben Braut und vielleicht ist sogar das Hochzeitsessen immer dasselbe. Nach einigen Wochen lässt die erste Begeisterung spürbar nach. Man weiß inzwischen genau, was man erwarten kann und was als Nächstes kommt. Es wäre weiterhin eine nette Einrichtung, eine hübsche Tradition, aber irgendwie würde es doch merkwürdig sein, eine solche Tradition jede Woche wieder neu aufleben zu lassen.

Wir müssen aufpassen, dass nicht genau dies mit der Kirche geschieht. Jesus hat uns den Weg gezeigt, wie man lebt, und nicht nur, wie man feiert. Beide Aspekte sind notwendig und beide sind gut. Aber der Alltag ist nicht immer wie der Hochzeitstag, wie uns jedes Ehepaar bezeugen wird. Wenn wir es zulassen, dass die Kirche nur im „Feiertagskleid" auftritt, also nur außergewöhnliche Anlässe bietet, dann fangen wir an jede Woche eine Hochzeit zu feiern – und feiern uns dadurch aus dem Alltag heraus. Wir beginnen – in den Augen von Außenstehenden – einen etwas skurrilen Eindruck zu machen und Leute zu sein, die anscheinend aus irgendeinem merkwürdigen Grund jede Woche die Neuauflage längst vergangener Feierlichkeiten wiederholen, immer nach demselben Schema. Unsere Gottesdienste würden zu einer künstlichen Veranstaltung werden, wo immer dasselbe Stück spielt und die einzige Neuerung darin besteht, dass ab und an mal ein anderer Bühnenbildner oder Regisseur an oder hinter den Kulissen wirken darf.

Hauskirchen sind dort zu Hause, wo Menschen zu Hause sind.

Wenn Kirche jedoch ein von Gott gegebener Weg ist, wie Menschen miteinander ihr Leben teilen, und wenn dieses Leben in den Familien abläuft, die in Hütten, Zelten, Apartments oder Häusern wohnen, dann ist nichts naheliegender, als dass die Kirche die Form von Hüttenkirchen, Zeltkirchen, Apartmentkirchen oder eben Hauskirchen annimmt. Sie ist dort zu Hause, wo Menschen zu Hause sind. Hauskirchen sind daher nicht nur ein Weg, wie wir Menschen Gemeinschaft untereinander leben können, sondern sie sind von Gott dazu bestimmt, diese Gemeinschaft immer wieder neu herzustellen.

Sind kleine Gemeinden bereits viel zu groß?

Die Schöpfung lehrt uns, dass nichts Geschaffenes endlos in den Himmel wächst. An irgendeinem Punkt hört meistens alles auf zu wachsen

– und beginnt sich zu vermehren. Größer bedeutet nicht automatisch schöner oder besser. Könnte es nicht sein, dass es völlig normal ist, von einer Gemeinde zu erwarten, dass sie bis zu einer bestimmten Größe wächst – aber wir planen das Wachstum in die falsche Richtung? Wir mögen beeindruckt sein von außergewöhnlichen Geschichten großer Megakirchen und übersehen die Tatsache, dass es lediglich „rühmliche" Ausnahmen einer sehr nüchternen Wirklichkeit sind.

Die meisten Megakirchen, Gemeinden also mit über 1.000 Besuchern, sind aufgrund besonderer Leitungspersonen oder Umstände entstanden. Könnte es sein, dass das Problem nicht so sehr darin besteht, die 200er Barriere auf dem Weg nach oben zu durchbrechen, sondern die 20er Barriere auf dem Weg nach unten? Wenn organisches Gemeindewachstum sich M-u-l-t-i-p-l-i-k-a-t-i-o-n buchstabiert, dann geschieht das Wachstum nicht nach oben, Richtung Himmel, sondern seitwärts, in Richtung einer flachen Struktur, einer Bewegung. Hat all dieses Gerede von „wunderbaren, schönen, großen Kirchen" unserem Denken einen Streich gespielt? Wenn ja, dann müssen wir in unseren Gedanken beginnen, bei den Zahlen zum Thema „großer Gemeinden" zumindest jeweils eine Null hinten zu streichen: eine durchschnittliche Gemeinde wäre dann zwischen 8, 10 oder 12 Personen groß; eine „große" Gemeinde hat immerhin schon 15 Personen und eine „Megagemeinde" hat nicht Tausende von Besuchern, sondern die unglaubliche Größe von 21 oder 22.

Könnte es sein, dass die durchschnittliche „kleine" Gemeinde von 25 oder 45 Menschen, die versucht einen „Gemeindesaal" zu mieten, nicht zu klein ist, sondern bereits zu groß?

Könnte es sein, dass die durchschnittliche „kleine" Gemeinde von 25 oder 45 Menschen, die versucht einen „Gemeindesaal" zu mieten, einen Baufonds zu verabschieden, eine Kanzel zu kaufen oder für einen Overheadprojektor zu sparen, gar nicht zu klein ist, sondern bereits zu groß? Sie hat die Grenze zwischen organischem und organisiertem Christentum schon lange hinter sich gelassen und versucht nun, „wie all die anderen Gemeinden ja auch", sich offiziell zu etablieren. Dabei fällt es den Beteiligten nicht im Traum ein, dass sie möglicherweise bereits jetzt den organischen Wachstumsbereich durch die zu groß, schwerfällig und unflexibel gewordene Struktur hinter sich gelassen haben. Heute empfinden sich nicht wenige solcher Gemeinden unbewusst als viel zu unbeweglich; im Bild gesprochen: wie ein zu großes Entlein, das außerhalb seines Elements, dem Wasser, unbeholfen durchs Leben geht. Das Einzige, was eine solche Gemeinde noch zentimeterweise voran bringt, sind die unermüdlichen Aktivitäten eines überarbeiteten „Pastors" oder Leiters mit einigen wenigen viel beanspruchten Mitarbeitern. Oft genug wächst die Gemeinde jedoch schon in diesem Stadium gar nicht mehr und friert in dieser zahlenmäßigen Größe ein.

Weltweit liegt die Durchschnittsgröße von evangelikalen Gemeinden etwa bei 100 Gottesdienstbesuchern. Nur ein sehr kleiner Prozentsatz von Gemeinden wird jemals größer als 200 Personen. Die meisten Gemeinden sind zahlenmäßig in der Größenordnung zwischen 40 und 60 Personen angesiedelt. Der durchschnittliche Sonntaggottesdienstbesuch einer evangelischen Kirchengemeinde in Deutschland lag im Jahre 1993 noch bei 23,5 Personen und ist vermutlich inzwischen leicht gesunken.

Schrumpfen um zu wachsen

Vielleicht gehört eine Person mit apostolischer Begabung dazu – etwas, was statistisch ziemlich selten ist –, um eine bestehende Gemeinde in eine traditionelle Megagemeinde zu verwandeln. Für die meisten Gemeinden könnte es eine Befreiung sein, endlich das sein zu dürfen, was viele von ihnen zahlenmäßig bereits sind: Hauskirchen mit nur leichtem Übergewicht, die daran leiden, nicht größer zu sein und doch so gerne größer werden wollen. Wäre es für sie nicht viel praktischer sich in die entgegengesetzte Richtung zu orientieren und kleiner zu werden, sich in einigen Hauskirchen zu formieren und „nach unten zu wachsen", anstatt sich jahrelang abzumühen, größer zu werden? So könnte die Gemeinde statt größer eben zahlreicher werden – und genau dadurch im Endeffekt ihr eigentliches Ziel erreichen, weil so mehr Menschen in die Gemeinde integriert werden können.

Elton Trueblood sagte einmal: „Die Kirche muss kleiner werden, bevor sie bedeutend stärker werden kann." Ich stimme ihm zu. Aber wenn wir diesen Gedanken noch einen Schritt weiter verfolgen , dann bedeutet das auch, dass die Gemeinde der Zukunft zunächst *weitaus* kleiner werden muss, wenn sie *weitaus* stärker werden will.

Prophetische Stimmen

Ein Freund aus der Schweiz erzählte mir kürzlich, wie Gott zu ihm in einer „prophetischen Vision" gesprochen habe und ihm den Thunersee bei Interlaken gezeigt hatte. Hier sah er viele kleine Gruppen von Christen, die Taufen durchführten. „Der Thunersee wird zu einem wichtigen Taufbecken in der Schweiz werden", hörte er Gott zu ihm sagen. „Aber warum sind diese Gruppen so klein?", wunderte er sich. Waren es Hauskirchen, die er sah?

Ein anderer Freund, ein altgedienter Missionar, weit über 70 Jahre alt, berichtete mir von einer „Vision", die er vor kurzem im Gebet hatte. Gott hatte ihm gezeigt, wie sich eine neue Form von Gemeinde in der Schweiz verbreiten wird wie ein Lauffeuer: Hauskirchen. Als ein Ergebnis dieser von Gott initiierten Bewegung wird es im Jahre 2001 in der Nähe der Stadt Luzern eine große Zusammenkunft von etwa 200.000 Christen geben, die sich zu einer Einheit verbinden und mit einer kollektiven Stimme zur Schweiz als Nation sprechen werden.

Pastor Mike Bickle aus Kansas, USA, berichtete einmal, wie Gott zu ihm im Jahre 1982 in Kairo über die Zukunft der Gemeinde gesprochen habe. Gott werde die Formen und Ausdrucksarten der christlichen Gemeinde innerhalb von einer Generation derart ändern, dass sie nicht mehr wiederzuerkennen sei, meinte er. Die Zukunft wird zeigen, ob das Gott war oder nur ein Traum.

Rick Joyner, ein prophetischer Lehrer aus Charlotte, USA, sagte dasselbe auf seine Weise: „Ich sehe eine derart drastische Rückkehr zu biblischen Formen des Christentums kommen, dass sich das Selbstverständnis des Christentums ändern wird und sowohl Christen als auch die Welt das Christentum völlig anders wahrnehmen werden. Dies bedeutet nicht, dass es keine lehrhaften Unterschiede geben wird, zum Beispiel darüber, was es heißt, ein Christ zu sein, aber es bedeutet, dass es im Christentum einen Wandel geben wird, der bewirkt, dass wir die Wahrheiten leben, die wir verkünden. Dies wird man vor allem dann sehen, wenn wir dafür bekannt werden, dass wir einander lieben."

Für die meisten Gemeinden könnte es eine Befreiung sein, endlich das sein zu dürfen, was viele von ihnen zahlenmäßig bereits sind: Hauskirchen.

Ich maße mir nicht an, an biblischer Offenbarung herumzudeuten und akzeptiere deshalb uneingeschränkt die Gültigkeit der Aussagen solcher Stellen wie Amos 3,7-8, die, wie viele andere biblische Texte auch, das Thema Prophetie beschreiben. Ich bin weit davon entfernt jemanden aufzufordern, die Steine der Tradition aufzuheben und die Propheten einmal mehr zu steinigen. Was wäre, wenn diese Visionen, die nur ein winziger Ausschnitt der richtungsweisenden Stimmen unter dem Volk Gottes weltweit darstellen, tatsächlich von Gott inspiriert sind? Was würde das für die Christenheit bedeuten? Und was bedeutet das für unsere Kirchen? Können wir wirklich nur ein wenig über diese netten – aber doch nun wirklich völlig absurden! – Gedanken lächeln und dann einfach die Seite umblättern, Zwiebeln schneiden, den Garten bewässern, abends ausgehen und endlich den Overheadprojektor bestellen, damit wir weiter so Kirche betreiben können, wie wir es bisher getan haben?

Cell – Congregation – Celebration

In der Fachsprache der Gemeindewachstumsbewegung unterscheidet man zwischen drei Ebenen von Kirche: 1. *cell*, 2. *congregation* und 3. *celebration.* Ich will kurz erläutern, was diese englischen Ausdrücke bedeuten:

1. Die *cell* (Zelle oder „Kleingruppe") ist normalerweise einfach „die Gemeinde im Haus". Sie ist typischerweise zwischen 3 und 20 Menschen groß. Hier können enge Beziehungen gepflegt werden. Die Zellen funktionieren zumeist organisch, das bedeutet, die Mitglieder stehen in direktem Kontakt zueinander und nehmen am Leben der anderen teil.
2. Die *congregation* ist „mittelgroß" und umfasst üblicherweise 20 bis 200 Personen. Sie funktioniert formeller als die Zelle, ist organisierter, hat normalerweise einen Pastor, hauptamtliche Mitarbeiter, eine Art von Gottesdienst und verschiedene Programme. Die *congregation* arbeitet häufig – wenn auch längst nicht immer – parochial, d. h. sie dient den Mitgliedern eines bestimmten geografischen Gebietes. In der Regel verfügt sie über besondere Gemeinderäumlichkeiten, einen Kirchenbau gleich welcher Art, der besonderen religiösen Zwecken dient. Die Mitglieder haben normalerweise keinen direkten und natürlichen Kontakt mehr zu allen anderen Mitgliedern; dafür sind sie zu viele und die Strukturen der Treffen einer solchen Gemeinde lassen das in der Regel auch nicht zu.
3. Die *celebration,* die Feierversammlung, ist typischerweise eine „große" Versammlung von Christen, 200 Personen oder auch weitaus mehr, die aus einem größeren Einzugsbereich zusammenkommen um ihre Einheit in Christus zu dokumentieren, zusammen zu feiern, was Gott für sie getan hat und für sie tun will, die sich gemeinsam auf die Wiederkunft von Christus freuen. Oft werden diese Feierversammlungen von Christen mit apostolischer und prophetischer Begabung geleitet. Solche Feiergottesdienste können im Freien stattfinden, in Stadien, Konferenzzentren oder anderen großen Hallen. Die Besucher können unmöglich alle miteinander Kontakt aufnehmen und gehen fröhlich in

der Masse unter. Geschichtlich gesehen ist es den großen Kathedralen manchmal gelungen, diese stadtweite Funktion entweder ganz oder teilweise zu erfüllen.

Die kleine und die große Ebene

Im Neuen Testament finden wir zwei dieser drei Ebenen, die *cell* und die *celebration*. Wir lesen, wie sich die Christen regelmäßig in Häusern versammelten und wie sie sich in Salomos Tempelhalle trafen, im Freien, als große Zahl. Von diesen beiden Ebenen waren es die Häuser, die das natürliche Biotop der Christen darstellten. Nachdem der Jerusalemer Tempel für „die Anhänger des Weges" für tabu erklärt worden war, trafen sie sich weiterhin in Häusern. Wenn die *celebration* nicht möglich war, dann lebte doch die *cell* weiter.

Als Saulus die Christen verfolgte und in die Häuser eindrang, stellte ihn Jesus in seinem Damaskuserlebnis zur Rede und fragte ihn: „Saulus, warum verfolgst du mich?" Der auferstandene Christus hat sich stark mit den Hausgemeinden identifiziert und drängte seine Nachfolger nirgends, eine Art christliche Synagoge zu bilden oder religiöse Hallen als christliche Version des Tempels zu erbauen. Kirchenhistoriker berichten uns, dass in den ersten drei Jahrhunderten nach Christus die Hauskirchen die normale Art war, wie Christen ihr Leben miteinander teilten.

Im nächsten Kapitel werde ich auf die kirchengeschichtlichen Entwicklungen etwas detaillierter eingehen, weshalb ich mich hier kurz fassen kann. Erst nach der „Konstantinischen Wende" im vierten Jahrhundert gab es einen radikalen Wandel im Blick auf die Struktur der Kirche. In diesem Jahrhundert wurde die *congregation* als Pastorenkirche eingeführt und etabliert, während die Hauskirche bald an den Rand gedrängt und schließlich vollends verbannt wurde. Damit wurde die Gemeinde zur Zuschauerin in staatlich erlaubten „Kirchen" gemacht. Niemand durfte private christliche Zusammenkünfte organisieren, ohne die Zustimmung des Staates und der vom Staat anerkannten „orthodoxen" Kirche.

Dies erinnert mich an den berüchtigten sagenhaften Riesen Prokrustes im alten Griechenland, der der Legende zufolge Reisende zwischen Athen und Korinth dazu zwang, sich auf seinem Bett niederzulegen. Wenn sie zu klein für das große Bett waren, streckte der gute Riese seine armen Gäste mit Seilen, bis sie die nötige Länge erreicht hatten. Waren sie zu lang, wurden die Gliedmaße, die überstanden, auf das Bettmaß zurechtgeschnitten.

Die Maus heiratete den Elefanten

Das Resultat dieser Entwicklungen war ein struktureller Kompromiss, bildlich gesprochen: eine Hochzeit zwischen der Maus (der Zelle) und dem Elefanten *(celebration*, der Stadtversammlung), aus der eine ganz ungewöhnliche Schöpfung hervorging: die Pastorenkirche *(congregation)*. Dieses Produkt war eine in vielerlei Hinsicht professionalisierte Kirche, mit staatlich genehmen Priestern, die auch einem königlich-gehobenen Anspruch auf einen edlen Gottesdienst gerecht wurden. Bald wurden besondere Bauten für die religiösen Bedürfnisse der Kirchengemeinden gebaut, und Zug um Zug verabschiedete sich die Kirche aus dem Alltag, kleidete sich in übernommene Reliquien aus dem Alten Testament – mit Priestern, Altären und hochsymbolischen Ritualen – und fiel in „Gottesdienst"-Formen zurück, bei denen die meisten Besucher zum Zuschauen gezwungen waren, weil es kaum mehr Möglichkeiten gab sich als „Laie" in die Gottesdienste einzubringen. Eine der wenigen Ausnahmen war die Orthodoxe Kirche, die versuchte, die Strukturen der erweiterten Familie so lange wie möglich beizubehalten.

War es im Neuen Testament noch so, dass der Inhalt die Form bestimmte, war es nun umgekehrt so, dass die Form den Inhalt beeinflusste und die Struktur die äußeren Rahmenbedingungen vorgab, an die sich die innere Qualität des Christentums anzupassen hatte.

Auf diese Weise verlor die Kirche zwei ihrer kraftvollsten Dynamiken. Die Pastorenkirche war eine übergroß gewachsene Hauskirche und eine zu klein geratene *celebration*. Schnell verlor sie die beiden so wichtigen Aspekte der Zelle und der Stadtkirche aus den Augen . Die Zelle bot die gesunde Familiendynamik, ein privates und stabiles Zuhause, einen organisch angestammten Platz für die Kirche in der Gesellschaft, wo Christen ihr Leben miteinander teilten und sich gegenseitig verpflichtet waren; die Stadtkirche war der öffentliche Ort, an dem alle Christen der Stadt oder der Region regelmäßig oder auch unregelmäßig zu einer großen Feier zusammenkamen, in durchaus grandioser und elektrisierender Atmosphäre. Dort konnten sich die Hauskirchen wieder in den großen Zusammenhang einklinken, das große Bild sehen, sich neu im Gesamtbild definieren und gleichzeitig apostolische Lehre und prophetische Schau erleben. Diese Kombination führte zu einem gewissen öffentlichen Sogeffekt, so dass sich weite Teile der

Bevölkerung diesem Geschehen einfach nicht entziehen konnten – eine Dynamik, die bisweilen bei einigen der heute üblichen evangelistischen Großveranstaltungen für kurze Zeit aufleuchtet. Ein solches Zusammenkommen der „Stadtkirche", wie ich die *celebration* gerne nenne, konnte buchstäblich eine ganze Region erschüttern.

Gemeinden ohne Gemeinschaft

Die Pastorenkirche mit ihrer halbprivaten Atmosphäre, den beschränkten Möglichkeiten Beziehungen zu pflegen und dem professionalisierten Klerus war eine politische Lösung, die dem Staat gefiel und sich fast nahtlos in das religiöse Muster anderer Religionen einpasste. In vielerlei Hinsicht war diese Entwicklung ein Triumph des religiösen Geistes, eine Rückkehr zum Gesetz, zu den Denk- und Verhaltensmustern des Alten Testaments oder gar heidnischer Religionen, von denen Jesus den Menschen befreien wollte.

Das Problem liegt nicht beim Alten Testament, sondern darin, alttestamentliche Prinzipien auf die Zeit des Neuen Testaments zu übertragen. Wer das tut, missachtet die Entwicklung der Beziehung zwischen Gott und Mensch, hin zu einer persönlichen erlösten Beziehung des Menschen zu Gott, zum Nächsten und zu sich selbst, die durch das Opfer von Jesus ermöglicht wird. Im Neuen Testament liegt der Fokus nicht mehr rein ethnisch auf Israel als dem Volk Gottes, sondern auf dem Kommen der Königsherrschaft Gottes, wobei Israel weiterhin Gottes Volk ist und bleibt und in den kommenden Entwicklungen eine ganz entscheidende Rolle spielen wird.

Da die Struktur der Pastorenkirche durch kirchliche und staatliche Gesetzgebung legitimiert wurde, zwang diese äußere Struktur dem Inhalt auf, sich nun dem veränderten Äußeren anzupassen. War es im Neuen Testament noch so, dass der Inhalt die Form bestimmte, die innere Qualität also die Strukturfrage, war es nun umgekehrt so, dass die Form den Inhalt beeinflusste und die Struktur die äußeren Rahmenbedingungen vorgab, an die sich die innere Qualität des Christentums anzupassen hatte. Eines der Ergebnisse dieser Entwicklung war die Bildung von hierarchischen Machtstrukturen in der Kirche, mit einem fürstlichen Bischofs-König oder Papst an der Spitze, bis hinunter zu den niederen Rängen wie etwa Kirchendiener oder Organist.

Die organisch gewachsene christliche Gemeinschaft musste sich an diese für sie neue Umgebung gewöhnen, das kalt-formelle Kirchengebäude. Bald geschah das Unvermeidliche – und die Erinnerung an die frühkirchliche Gemeinschaft durchzog wie ein Nachgeschmack längst erkalteten Weihrauchs die heiligen Hallen: die Gemeinschaft unter Christen ereignete sich nur noch in homöopathischen Dosen, in kurzen Begegnungen zwischen Tür und Angel. Das so zur organisierten Religion abgesunkene Christentum begann zuerst seinen Einfluss auf die Christen selbst und dann auch auf die Gesellschaft als Ganze zu verlieren. Die „Gemeinde ohne Gemeinschaft" war geboren.

Das Ende des Abendmahls

Ein weiteres Opfer dieses Niedergangs war das Abendmahl. Da es reichlich schwer ist eine Kathedrale voller Menschen mit richtigem Essen zu verköstigen, wurde das Abendmahl zu einem religiösen und symbolischen Ritual, wo mikroskopische Mengen von Wein und ein winziges Gebäck gereicht wurde, das zudem oft nur vom Klerus genossen wurde, während die staunende Menge ehrfürchtig zusah. Das Abendmahl hörte auf ein „Mahl" zu sein. Früher war es noch prophetischer Ausdruck eines unerhörten Geschehens gewesen, dass nämlich Menschen aus allen sozialen, ethnischen und kulturellen Hintergründen regelmäßig gemeinsam ein Abendessen in der geglaubten Gegenwart Gottes einnahmen, wo die körperliche Präsenz von Jesus jeden Moment erwartet wurde, genau wie in den Tagen kurz nach seiner Auferstehung. Das frühere Abendessen wurde zur „Eucharistie", einer symbolischen Ersatzform des guten Lammbratens, den Jesus noch mit seinen Jüngern zu sich genommen hatte.

Im Jahre 150 nach Christus waren die Eucharistie und die sogenannte Agape-Feier bereits zwei deutlich voneinander unterscheidbare Teile des „Abendmahls", von denen bald nur noch die „Eucharistie", die Symbolik, übrigblieb. Der Bibelausleger William Barklay sagt es so: „Die Feier des Abendmahls in dem Haus von Christen im ersten Jahrhundert und das Abendmahl in einer Kathedrale des 20. Jahrhunderts können verschiedener gar nicht sein; sie haben überhaupt nichts miteinander gemein."

Die Strukturlüge

Wir leben heute fast 1.700 Jahre nachdem diese Entwicklungen ihren Anfang nahmen. Beileibe nicht alles, was der Kirche Schaden zugefügt hat, geschah im vierten Jahrhundert, doch hier wurden entscheidende Weichen gestellt. Viele von uns tragen einen riesigen historischen Ballast von „Kirchentum" mit sich. Wir haben uns derart an die Pastorenkirche gewöhnt, dass wir es uns fast nicht vorstellen können, dass gültiges Christentum sich auch in ganz anderen Bahnen als im Rahmen unserer traditionellen Gottesdienste bewegen kann. Das ist für viele beinahe ein unanständiger Gedanke. Diese geschichtlichen Ereignisse haben ein mächtiges und langlebiges System geformt, ein uniformiertes Muster, eine sanktionierte und später kanonisierte Struktur, die die Erfahrungen und Gedankengänge der Menschen jahrhundertelang beeinflusst hat. Die Kirche – und damit auch die Öffentlichkeit – hat sich an ein entstelltes und deformiertes Bild von Christentum gewöhnt, ein Bild, das nur noch wenig mit dem biblischen Original gemein hat.

Die Kirche – und damit auch die Öffentlichkeit – hat sich an ein entstelltes und deformiertes Bild von Christentum gewöhnt, ein Bild, das nur noch wenig mit dem biblischen Original gemein hat.

Dieser religionsbildende Prozess hat eine niederschmetternde Mittelmäßigkeit zur Institution erhoben, eine Lösung, die sowohl dem Staat als auch den Kirchenfürsten schmeckte und sich in die politischen und religiösen Gesamtzusammenhänge der Welt einfügte. Damit wurde die Pastorenkirche, die *congregation*, zur strukturellen Lüge, weil sie die richtige Botschaft zeichnet, nur in den falschen Farben; weil sie das richtige Material verwendet, aber in falsche Formen presst; weil sie das Wasser des Lebens in unreine Gefäße gießt; weil sie erlöste Sünder nimmt und sie in eine harmlose Spezies von netten Kirchgängern verwandelt, so harmlos wie der sprichwörtliche Sonntagschrist, einen Menschen, der Woche für Woche – um es mit dem Amerikaner Chuck Colson zu sagen – im selben Wagen auf immer denselben Parkplatz gleitet, sich auf denselben Kirchenbänken niederlässt und dann wieder nach Hause in den privaten Alltag entschwindet.

Diese Form von Christentum macht himmlische Versprechungen, die es aber auf Erden nicht einlöst. Es versäumt, sich auf die erweiterte Familie als den Grundbaustein des Christentums zu konzentrieren und gibt sich damit zufrieden, stundenweise schön geschmückte religiöse Tempel mit Veranstaltungen zu belegen, wo in einem vermeintlichen himmlischen Hafen auf Erden gottesdienstliche Formeln rezitiert werden. Die Pastorenkirche wurde zu einer sich selbst lahmlegenden Struktur, die genau die Probleme verursacht, die sie anschließend zu beheben versucht. Diese Struktur hat die Herzen von Millionen Menschen gebrochen und diejenigen frustriert, die nach Gott gesucht hatten – und die Pastorenkirche fanden, eine Karikatur der von Gott auf übernatürliche Weise gestifteten Familie auf Erden. Ist es da verwunderlich, wenn die Gesellschaft – im Gefolge des Christentums – ebenfalls die Familie aus dem Blickwinkel verliert?

Nur echte geistliche Helden konnten ab und an ihr Haupt über die Wasser dieses Systems erheben und die Dinge eine Zeit lang in eine andere Richtung lenken, wie wir im folgenden Kapitel sehen werden. Doch was immer sie verändern wollten, wofür immer sie plädierten, welche Erneuerungen, Erweckungen oder Reformen sie vorschlugen oder einführten, es wurde bald wieder von der unveränderten Struktur des verkirchlichten Christentums geschluckt.

Fünf Elemente einer Pastorenkirche

Der amerikanische Missionar und Autor Bill Beckham beschreibt in seinem Buch „Die Zweite Reformation" die *congregation* (er nennt sie „Kathedralenkirche") wie folgt:

„Seit der Zeit von Konstantin im vierten Jahrhundert hat die Kirche hauptsächlich als Kathedrale funktioniert. Man kann an diesem Modell von Kirche wenigstens fünf wichtige und bestimmende Elemente identifizieren:

1. *Ein Gebäude (eine Kathedrale oder Kirche)*
2. *Einen besonderen Tag (Sonntag)*
3. *Eine professionelle Leitung (Priester, Klerus, heiliger Mann)*
4. *Ein besonderer Gottesdienst, der für die Besucher angeboten wird (Zeremonien, Messen, Interpretation des Dogmas, Motivation) und*
5. *Ein finanzielles Selbsterhaltungssystem (‚der Zehnte' ,Opfer).*

Unabhängig von den verschiedenen Leitungssystemen, architektonischen Baustilen, unterschiedlichen Titeln und Kleidungsvorschriften für den Klerus, unterschiedlichen Gottesdienstformen und unterschiedlichen Theologien haben die meisten Kirchen der Geschichte nach diesem Kathedralenmodell funktioniert. Egal, ob es sich um katholische, baptistische, methodistische oder presbyterianische Gemeinden handelt, ländliche oder städtische Gemeinden, kleine oder große, reiche oder arme, Gemeinden im Westen oder Gemeinden im Osten: Fast alle Kirchen waren sich in einem eins – sie funktionierten wie eine Kathedrale. Das Kathedralensystem hat politische Umstürze überlebt, Kriege, großen sozialen Wandel, theologische Irrlehren, die protestantische Reformation und zahlreiche andere Bewegungen. Seine Anpassungsfähigkeit ist schlichtweg erstaunlich. Kaiser Konstantin der Große nahm eine Mischung zwischen dem römischen Regierungsapparat und dem Feudalsystem und formte daraus eine Kirchenstruktur, die 17 Jahrhunderte überdauert hat. Die Kathedralenstruktur hat die Fähigkeit bewiesen, alle größeren Bewegungen in sich aufzusaugen, zu absorbieren, ohne je selbst ihre eigentliche Form zu verändern."

Ich stimme Bill Beckham hier gerne zu, möchte aber anmerken, dass dies dem wesentlichen Unterschied zwischen einer Kathedrale und der durchschnittlichen *congregation* nicht ganz gerecht wird. Die Kathedrale ist im Wesentlichen eine Wiederaufnahme des alttestamentlichen Tempelgedankens; die *congregation* spiegelt eher die jüdische Synagogenstruktur wider. Das hat die Kirche aber nicht davon abgehalten, ihr Modell von *congregation* so stark wie möglich als Kathedrale oder Mini-Kathedrale zu führen.

Prinzipien, nicht Procedere

Ich schlage nun gerade nicht vor, die neutestamentliche Frühkirche wieder direkt aus der Apostelgeschichte neu zum Leben zu erwecken und alle ihre kulturellen Formen und Ausdrucksweisen treu zu übernehmen. Wir leben heute in einer anderen Geschichtsperiode und zumeist an anderen Orten, mit anderen Gepflogenheiten und kulturellen Traditionen. Unsere Städte gleichen eher dem biblischen Korinth als Jerusalem; viele Länder erleben bereits eine postmoderne und nachchristliche Ära. Das sollte uns jedoch nicht davon abhalten, von den neutestamentlichen Prinzipien zu lernen, ohne sofort das gesamte zeit- und kulturspezifische Procedere der Frühkirche zu übernehmen. Mit anderen Worten: Wir sollten die neutestamentliche Qualität von Kirche sehr ernst nehmen, aber Strukturen, Methoden und Vorgehensweisen für unsere eigene Zeit, unsere Kultur und unsere Völker neu entwickeln.

Vom geerbten Modus zu einem neuentstehenden Ansatz

„Der Westen hat die stadtkirchliche *celebration* in die *congregation* gepresst und dabei die Familien vergessen", meint Pfarrer Bob Hopkins vom Anglican Church Planting Network in England. Hopkins fragt weiter: „Ist die Pastorenkirche der Beton, in dem unser kulturelles Verständnis von Kirche verfestigt ist?" Wenn das stimmt, dann kommt sicherlich noch erschwerend unser jeweiliger nationaler Stolz und unsere kirchliche Tradition hinzu. Europa hat starke Restbestände einer christlichen Vergangenheit vorzuweisen, aber die Kirche hat in den meisten Ländern fast das gesamte Volk verloren. Deswegen spricht der Anglikaner Robert Warren von einem „vererbten Modus von Kirche" und vergleicht damit einen neuen, im Entstehen begriffenen Ansatz von Kirche, einer neuen – und möglicherweise doch sehr alten – Art von Kirche, die nach neutestamentlichen Prinzipien wiederentsteht.

Ich möchte an dieser Stelle auf einige der Hauptunterschiede zwischen den zur Tradition gewordenen Pastorenkirchen freikirchlicher oder landeskirchlicher Prägung und neutestamentlichen Hauskirchen hinweisen und dazu einige Bereiche nennen, in denen die Unterschiede besonders deutlich werden. Ich bin sicher, dass diese Liste noch beliebig verlängert werden könnte:

	Traditionelle Pastorenkirche	**neutestamentliche Hauskirche**
Ort	trifft sich in kirchlichen Räumen	bewegt sich von Haus zu Haus
Hauptfunktionäre	Pastoren, Lehrer, Evangelisten	Apostel, Propheten, Älteste
Finanzierung	Zehnter, Opfer	man teilt, was man hat
Lebensstil	individuell	gemeinschaftlich
Evangelisation	evangelistischer Einsatz, Aktionen, Programme, Spezialisten	natürliches „Zu-Jüngern-Machen" von Nachbarn; multipliziert sich selbst
Schlachtruf	Bringt mehr Menschen in die Kirche!	Bringt die Kirche zu den Menschen!
Größe	große, unpersönliche Gruppe	kleine Gruppen mit engen Beziehungen
Lehrstil	statisch, Predigtzentriert	kinetisch, Frage-und-Antwort-Stil
Zentrum	der Gottesdienst in der Kirche	das Leben in einem gewöhnlichen Haus

Wichtigste Aufgabe des Pastors	gute Predigten halten; Hausbesuche; volles Programm bieten	Christen anzuleiten den pastoralen Dienst selbst wahrzunehmen
Schlüssel-wort	Werde Mitglied!	Geht und macht zu Jüngern!
Dienst	Vorführungscharakter, beeindruckt andere	ausbildungszentriert, ermächtigt andere
Mission	das Aussenden besonderer Missionare	Gemeinde sendet sich selbst als multiplizierbare Einheit

Zellkirchen, katholische Basisgemeinden, Hauskirchen

Heute gibt es im Wesentlichen drei Bewegungen, die alle auf je unterschiedliche Weise eine Rückkehr zu einem zellorientierten Christentum fördern, wobei das Haus stark im Zentrum steht. Die meisten dieser Bewegungen würden sagen: „Die Zelle und der Feiergottesdienst *(celebration)* sind sehr wichtig; wenn unbedingt nötig, kann man, von allen drei möglichen Ebenen, am ehesten auf die Struktur 2, die *congregation,* verzichten." Die drei verschiedenen Bewegungen sind:

1. Die klassische *Zellkirche,* wie sie etwa von Ralph Neighbour, Bill Beckham oder Yonggi Cho vertreten wird
2. Die *Basisgemeinden* der Römisch-Katholischen Kirche, zumeist in Lateinamerika und Teilen Asiens
3. Die *Hauskirchenbewegung,* heute vielleicht am bekanntesten durch die Kirchen in China und Vietnam

Die Zellkirche erscheint auf den ersten Blick fast identisch mit der Hauskirchenbewegung; sie ist es aber nicht. Es gibt sehr wichtige und entscheidende Unterschiede, auf die ich später eingehen werde. Die katholischen Basisgemeinden sind schon seit Jahrzehnten Teil der katholischen Frömmigkeit in manchen Ländern und könnten sich durchaus zu einer Zellkirchenstruktur innerhalb der katholischen Kirche entwickeln. Dieses Buch lässt nicht viel Raum diese Modelle näher zu diskutieren, da ich mich hier ganz auf das Hauskirchenmodell konzentrieren möchte.

Vorteile von Hauskirchen im Vergleich zu traditionellen Pastorenkirchen

Ich sehe mindestens zwölf Vorteile, die eine Hauskirchenbewegung gegenüber der traditionellen Kirchenstruktur hat. Der Ausgangspunkt meines Vergleichs ist wiederum die missionarische Perspektive:

1. Multiplizierbares Jüngerschaftsmodell

Hauskirche ist ein Kirchenmodell, das im Wesen auf Jüngerschaft beruht und multiplikatorisch arbeitet. Dadurch, dass die einzelne Hauskirche selbst die multiplizierbare Einheit ist, hat sie ein enormes Wachstumspotenzial. Die Pastorenkirche ist im Vergleich hierzu weder einfach multiplizierbar noch ein ausdrückliches Jüngerschaftsmodell.

Jüngerschaft, richtig verstanden, geschieht eigentlich nie wirklich „von Person zu Person", also als Einzelbeziehung, sondern ist eine Funktion von Gemeinschaft. Alle Eltern von Teenagern werden bestätigen können, dass die Dynamik einer Gruppe Gleichgesinnter den stärksten Lehreinfluss auf Erden ausübt. Hauskirchen ermöglichen nun in gewisser Hinsicht eine erlöste Form von „Gruppen-Dynamik", wobei sich Menschen auf gesunde Weise aus Liebe gegenseitig verpflichten, die Werte des Reiches Gottes voneinander zu lernen und in einer freundschaftlichen Familienatmosphäre einander helfen, den neugefundenen Lebensstil gemeinsam in die Praxis umzusetzen. Niemand ist auf sich allein gestellt in einem einsamen und fast aussichtslosen Kampf, sondern jeder ist eingebettet in die stützende und korrigierende Gemeinschaft. Das bedeutet u. a. auch, dass die Qualität der Beziehungen echter und tiefer ist und dass deshalb geistliche Reifeprozesse schneller und gründlicher ablaufen, als es in traditionellen Formen von Kirche erwartet werden kann.

> *Hauskirchen ermöglichen in gewisser Hinsicht eine erlöste Form von „Gruppen-Dynamik", wobei sich Menschen auf gesunde Weise aus Liebe gegenseitig verpflichten, die Werte des Reiches Gottes voneinander zu lernen.*

2. „Verfolgungssichere" Struktur

Durch den unauffälligen und flexiblen Lebensstil der Christen können sich Hauskirchen zu einer (fast!) verfolgungssicheren Struktur entwickeln, zumindest jedenfalls zu einer Form von Kirche, die im Vergleich mit den äußerst sichtbaren und unbeweglichen traditionellen Kirchengebäuden schwierig unterzukriegen ist.

3. Frei von Wachstumsbarrieren

Wenn von Anfang an vermieden wird, organisierte Strukturen zu entwickeln, haben Hauskirchen das Potenzial, sich durch Zellteilung (Mitose) zu multiplizieren. Dies ist ein organischer Reproduktionsprozess, der zu einem Flächenwachstum führt, nicht zu einem Höhenwachstum. Damit ist eine derartige Bewegung fast unbeschränkt multiplizierbar und frei von den vielfältigen Wachstumsbarrieren der traditionellen Pastorenkirche.

4. Dienstmöglichkeiten für einen viel größeren Prozentsatz von Menschen

Pastorenkirchen sind oftmals programmorientiert, wobei das kirchliche Programm meist auf der Ebene der Gesamtgemeinde angeboten wird. In der Praxis sind es oft 20 Prozent der aktiven Mitglieder, die Arbeit für die andern eher passiven 80 Prozent tun. Im Vergleich zur Hauskirche ist das traditionelle Kirchenmodell äußerst uneffektiv darin, Menschen in ihren von Gott gegebenen Gaben praktisch zu fördern, beansprucht dafür jedoch eine kleine Gruppe von Menschen über Gebühr. In Hauskirchen kann jeder Christ auf natürliche Weise leicht in den Dienst der Gemeinde einbezogen werden; geistliches Trittbrettfahrertum wird hier nicht gefördert, sondern weitgehend verhindert. Wer seine Begabungen einbringen kann, ist ein erfüllter – und damit glücklicherer – Mensch. Das hat zur Folge, dass die innere Qualität – und damit die Effektivität – der Gemeinde stark zunimmt.

In Hauskirchen kann jede Person auf natürliche Weise in den Dienst der Gemeinde einbezogen werden; geistliches Trittbrettfahrertum wird hier nicht gefördert, sondern weitgehend verhindert.

5. Lösung des pastoralen Seelsorge-Dilemmas

Das Hauskirchenmodell löst das Problem der seelsorgerlichen Betreuung, wie wir es aus traditionellen Gemeinden kennen: Je mehr die Gemeinde zahlenmäßig wächst, desto weniger Zeit hat der Pastor, sich seelsorgerlich dem Einzelnen zu widmen. Damit nimmt die Quantität zwar zu, aber die Qualität nimmt oft gleichzeitig ab, weil ein Pastor sich einfach nicht um alle Schäfchen gleich gut kümmern kann.

6. Ein verbindlicher und daher lebensverändernder Ort

Weil das neugefundene Leben in Christus in der organischen Gemeinschaft von Hauskirchen aufeinander abfärbt, sind sie ein idealer Ort, um das Wertesystem und damit den Lebensstil des Menschen zu verändern. Eine Analyse der christlichen Gemeinden des Westens hat gezeigt, dass das traditionelle Modell der Pastorenkirche fast völlig unwirksam ist, Grundwerte und Überzeugungen – und damit das Leben – der Menschen nachhaltig zu verändern. Viele Christen führen ein fast identisches Leben wie die Menschen um sie herum, gehen in der Gesellschaft nahtlos auf und verlieren dadurch ihre prophetische Bedeutung.

Hauskirchen bieten einen Ort, an dem in einer verbindlichen Gemeinschaft auf radikale und wirksame Weise das Wertesystem eines Menschen verändert wird; hier kann sich das Leben eines Menschen neu ordnen, er bekommt praktische Hilfestellungen im Alltag und ist in einer größeren Familie geborgen. Diese selbststeuernde Dynamik der kleinen Gruppe ist von vielen Bewegungen erkannt worden; weit über gruppendynamische Prozesse hinaus jedoch bietet die Hauskirche einen Rahmen für einen gesunden gemeinschaftlichen Lebensstil, der nur durch Jesus Christus ermöglicht wird.

7. Idealer Eingliederungsort für Neubekehrte

Es ist viel über die nach innen gekehrte Mentalität und Komm-Struktur traditioneller Kirchen gesagt und geschrieben worden. Ihre geordnete Struktur verhindert vielfach bereits im Ansatz, dass neue Menschen sich leicht hinzugesellen können, weil Neue immer auch Unruhe und Unordnung mit sich bringen, die das starre System leicht aus den Fugen geraten lassen kann. Die Pastorenkirche ist, statistisch gesehen, ein außerordentlich unfreundlicher Ort für neubekehrte Christen. Der Prozentsatz der Menschen, die sich bei evangelistischen Aktionen des traditionellen Kirchensystems entschließen, Christen zu werden und dann tatsächlich in bestehenden Gemeinden Anschluss finden, ist derart minimal, dass er für viele, die dies zum ersten Mal hören, geradezu unerhört wirkt. 99 Prozent derjenigen, die verbal eine „Entscheidung für Christus" getroffen haben, lassen sich nicht ins bestehende System integrieren und gehen nach einer oft sehr kurzen Schnupperzeit wieder dorthin zurück, wo sie hergekommen sind.

Im Vergleich dazu sind Zellkirchen und Hauskirchen ein dramatisch effektiver Weg, neu am Christentum Interessierte willkommen zu heißen und ihnen einen Platz in der christlichen Gemeinde zu bieten. Die Hauskirche bietet zunächst einmal geistliche Väter und Mütter, nicht theologische Lehrer und viel Papier. Sie kehrt auch den grundsätzlichen Blickwinkel vieler Christen ins Gegenteil: Anstatt Menschen in die Kirche zu bringen, bemüht sie sich, die Kirche zu den Menschen bringen.

8. Klärung der Leiterfrage

Hauskirchen werden von Ältesten geleitet. Älteste sind älter als die meisten anderen, ohne notwendigerweise alt zu sein. Älteste müssen nicht geübte Zeremonienmeister und studierte Lehrer sein, sondern beginnen ihren Dienst oft als bescheidene aber authentische Väter und Mütter, was man u. a. daran erkennen kann, dass sie wohlerzogene Kinder haben. Solche Menschen sind bereits durch eine gewisse Lebensschule gegangen und im Alltag gereift; sie sind nicht mehr Jünglinge, die menschlich gesprochen noch „grün hinter den Ohren" sind und nach Absolvierung eines theologischen Seminars meinen, ihnen stehe nun wegen einer Abschlussurkunde zu, religiöse Veranstaltungen zu leiten.

Die Leiter für Hauskirchen sind leicht an vielen Orten zu finden, auch ohne zeitaufwändige Schulen und Ausbildungsgänge für religiöse Spezialisten. Hauskirchen-Älteste werden oft durch den apostolischen und prophetischen Dienst gefunden, gefördert und in den Dienst gestellt. Da sich der apostolische und der prophetische Dienst ebenfalls durch Jüngerschaft multipliziert, wird sichergestellt, dass den Ältesten immer genug Anleitung, *mentoring* und praktische Hilfestellung geboten wird. Selbst wenn Hauskirchen exponentiell wachsen – was sie in der Regel tun –, wächst mit dem apostolischen und prophetischen Dienst eine Leitungsfunktion, die Betreuungsengpässe verhindern kann, exponentiell mit.

Traditionelle Sonntags- oder Bibelschulen und theologische Seminare sind, damit verglichen, oft statische Schulungssysteme, die beispielsweise pro Jahr 50 oder 100 Menschen ausbilden und damit höchstens linear, aber nicht exponentiell, zum Wachstum der Anzahl christlicher Leiter beitragen. Dazu kommt, dass sie die Menschen in der Regel informieren und nicht transformieren, wie Bill Beckham richtig anmerkt. Ich persönlich befürworte die Existenz einiger weniger theologischer Schulen, weil es Orte geben sollte, um biblische Lehrer auszubilden, ein Dienst, der am besten durch andere charismatische Lehrer geschieht. Das bestehende – fast durchgehend schulzentrierte – Leiterausbildungsmodell kann aber wegen seiner bestenfalls linearen Wachstumsdynamik mit der multiplikativen Entwicklung von Hauskirchen unmöglich Schritt halten und fördert deshalb eher den Status Quo.

Älteste in ihrer Rolle als geistliche Familienväter und -mütter sind als Gemeindegründer möglicherweise wie Sand am Meer verfügbar; ihre Zahl kann sich durch den Multiplikationscharakter der Hauskirchen, die gleichzeitig Ausbildungsort für weitere Älteste sind, exponentiell vervielfältigen und löst damit den traditionellen Leiterengpass.

9. Überwindung der Unterscheidung zwischen Klerus und Laien

„Nirgendwo im Neuen Testament finden wir, dass ein Pastor eine Gemeinde leitet", sagt der apostolische Gemeindegründer Barney Coombes aus England. Hauskirchen brauchen keine Pastoren im traditionellen Sinn mehr; die Ältesten, in Verbindung mit der Fülle der als Charismen geschenkten Gaben und Dienstbegabungen innerhalb und auch außerhalb der Hauskirche, reichen aus, das Leben der Hauskirche zu gestalten und sie zu multiplizieren. Dadurch wird der Fluch der Aufteilung der Christen in Laien und Klerus gebrochen, der durch das traditionelle pfarrkirchliche System aufrechterhalten wird.

10. Näher an der Bibel

Niemand kann es sich erlauben die biblische Offenbarung langfristig zu ignorieren und damit Erfolg haben. Die Tradition ist zwar ein effektives Lehrsystem, kann aber das Wort Gottes niemals ersetzen. Selbst in einem Zeitalter der Postmoderne und der vermeintlichen Relativität allen Seins lehrt die Bibel weiterhin absolute Werte. Die Bibel lehrt uns beispielsweise nicht den im Folgenden karikierten Kirchenbegriff, dass wir heilige Menschen an einem heiligen Tag zu heiliger Stunde in heilige Hallen rufen sollen, wo sie an einem heiligen Ritual teilnehmen, geleitet von einem heiligen Mann in heiligen Kleidern gegen eine heilige Gebühr. Gottes Werk, auf Gottes Art getan, wird von Gott gesegnet. Gott hat sich die Mühe gemacht uns geistliche Grundzüge und Baumuster zu offenbaren. Das hat schon Moses erfahren, als Gott ihn aufforderte, die Stiftshütte genau „nach dem Vorbild" zu errichten (Apg. 7,44; 4. Mose 8,4). Es ist deswegen auch unsere Mühe wert, wenn wir mit unseren eigenen vertrauten Traditionen „ins Gebet gehen" und sie nach ihrem biblischen Wahrheitsgehalt abklopfen. Es ist nicht die Tradition, die uns freimacht, sondern die Wahrheit von Gottes Wort.

Die Bibel lehrt uns nicht, dass wir heilige Menschen an einem heiligen Tag zu heiliger Stunde in heilige Hallen rufen sollen, wo sie an einem heiligen Ritual teilnehmen, geleitet von einem heiligen Mann in heiligen Kleidern gegen eine heilige Gebühr.

11. Unzweifelhaft kostengünstiger

Die traditionelle Pastorenkirche kann definiert werden als „Grundstück plus Gebäude plus Pastor plus Gehalt plus kirchliche Programme". Hauskirche kann definiert werden als „Menschen plus normale Wohnungen plus Glauben plus geteiltes Leben". Das ist einfach finanziell günstiger. Es kostet enorme Summen, Pastorenkirchen zu bilden, sie aufrechtzuerhalten oder gar zu multiplizieren. Zellkirchen oder Hauskirchen kosten nicht viel Geld, sie produzieren sogar im Idealfall buchstäblich Geld, weil sie mehr Geld hervorbringen als sie verbrauchen. In einer Zeit, in der von allen Seiten um mehr Geld für kirchliche Aktivitäten gebeten wird, sollten wir derartige Alternativen nicht übersehen. Jeder ist aufgerufen ein guter Haushalter der finanziellen Talente zu sein, die Gott uns anvertraut hat.

12. Förderung der Stadtkirche

Die Gemeinde im Neuen Testament wurde nach dem Ort, also ihrer geografischen Lage benannt, nicht nach einer Denomination. Wenn immer mehr Christen zum Modell der Hauskirchen zurückfinden, öffnet das auch einen Weg dahin, wieder die in den meisten Fällen verlorengegangene „Kirche der Stadt", die Gesamtzahl aller Christen an einem Ort, zu etablieren. Dort kommen die Christen der Region zu regelmäßigen oder unregelmäßigen Feierversammlungen zusammen, die geleitet werden von den begabtesten Christen der Gegend, die nicht einer Konfession oder Denomination, sondern dem Reich Gottes dienen wollen.

Die traditionelle Pastorenkirche kann definiert werden als „Grundstück plus Gebäude plus Pfarrer plus Gehalt plus kirchliche Programme". Hauskirche kann definiert werden als „Menschen plus normale Wohnungen plus Glauben plus geteiltes Leben".

Hier ist wirklich Demut gefragt. Die Diener Gottes haben hier Gelegenheit, alle ihre Titel, politische Stellungen und kirchlichen Grabenkriege zu vergessen, sich öffentlich selbst zu verleugnen, weil sie sich, ohne Ansehen der Person, nur dem einen Ziel verschrieben haben, der Ausbreitung und dem Aufbau des Reiches Gottes, einem Königreich, in dem es nur einen König gibt, das Lamm Gottes. Stellen Sie sich den positiven Aufruhr vor, wenn die Öffentlichkeit diese kollektive, authentische Gruppe von christlichen Leitern sieht, die gemeinsam das Podium teilen, prophetische Schau vermitteln, apostolische Grundlagen legen, gemeinsam vor aller Augen zu einer einzigen Botschaft stehen und sich gegenseitig segnen, fördern und ergänzen. Was der Teufel um jeden Preis verhindern will, wird hier Wirklichkeit: „die Römer", „Epheser", „Korinther", die

„Gemeinde zu Jerusalem", Wien, Frankfurt, Singapur, Khartum oder Montevideo wird sich miteinander verbinden, eine kollektive Identität bilden und so zu einer gemeinsamen Bewegung unter einem gemeinsamen Herrn werden. Diese gemeinsame Plattform wird der Ort sein, sich auch mit einer unüberhörbaren Stimme an die gesamte Stadt, Region oder gar Nation zu wenden.

Was sich als lokale nachbarschaftliche Verbindung der Christen auf der Mikroebene der Hauskirchen ereignet, wird seinen Ausdruck auch auf Stadtebene finden. Die Kirche wird wieder stark sein können auf beiden Ebenen, glaubhaft im Alltag und in der Nachbarschaft und glaubhaft in der Öffentlichkeit. Anstatt dass Christen regelmäßig durch importierte Gastredner auf Konferenzen motiviert werden, die mit „großen Namen" und besonderen Themen werben, kann sich die authentische und ansteckende Freude der Hauskirchen auch in der Öffentlichkeit eine Plattform schaffen. Es ist durchaus denkbar, dass sich dann früher oder später der schöne alte Vorwurf erhebt: „Ihr habt Jerusalem erfüllt mit eurer Lehre!" Und wenn Gott es einmal zulassen sollte, wie es an Pfingsten geschehen ist, dass 120 Christen, die im Oberstübchen versammelt waren, auf einen Schlag 3.000 neubekehrte Menschen in die Gemeinde integrieren sollen, dann wäre man durchaus darauf vorbereitet. Die flexible Multiplikationsstruktur der Hauskirchen wäre ja bereits vorhanden.

In vielen Teilen der Welt entstehen lokale und regionale Pastorenbruderschaften oder Gebetsnetzwerke. Ich sehe darin den Beginn eines geistgeleiteten, inspirierten Prozesses, dem Zusammenwachsen von Menschen mit gleicher Geisteshaltung. Dort werden zuerst gesunde und erlöste Beziehungen zueinander gebaut, die zur Entwicklung einer gemeinsamen geistlichen Identität führen. Dies wiederum wird ein Schlüssel für die Einheit der Christen sein. Diese gewachsene und organische Einheit ist nötig, wenn in einem besonderen *kairos*-Moment eine Herausforderung von zentraler Bedeutung vor die so entstandene regionale Leiterschaft gelegt wird: gemeinsam in einem kollektiven Prozess die Stadt oder Region zu Jüngern von Jesus Christus zu machen.

Kapitel 2

Hauskirchen in der Geschichte

Unterdrückt im Namen organisierter Religion, verboten, verfolgt und verpönt. Setzt sich die Urform der Gemeinde dennoch durch?

Die Gemeinde des Neuen Testaments war eine wachsende Gemeinde, sagt der Kirchenhistoriker Alan Kreider. Aus der Geschichtsschreibung wissen wir, dass das Wachstum eine beträchtliche Zeit angehalten hat. Nach einem Brief an Diognetus, abgefasst im späten zweiten Jahrhundert, „wächst die Zahl der Christen jeden Tag". Mitte des dritten Jahrhunderts berichtet Origines: „Massen kommen zum Glauben!" Ramsay MacMullen, Frühhistoriker an der Universität Yale, schätzt, dass in jeder Generation etwa 500.000 Menschen Christen geworden sind, bis hin zur Bekehrung des Kaisers Konstantin im Jahre 312 nach Christus. Zu diesem Zeitpunkt, so MacMullen, machten die Christen bereits einen Anteil von 5 bis 8 Prozent der Gesamtbevölkerung des römischen Reiches aus.

Die Multiplikation von Hauskirchen

Die ersten Christen – noch lange nach Abschluss des biblischen Kanons – trafen sich in Häusern, üblicherweise im größten Raum, der einem der Mitglieder zur Verfügung stand. Die meisten Kirchengeschichtler stimmen darin überein, dass die Zahl der Christen pro Hauskirche kaum über 15 oder höchstens 20 hinausging. Wenn eine Hauskirche größer als diese Zahl zu werden begann, teilte sie sich, und eine weitere Hauskirche entstand. In dem seltenen Fall, dass das nicht geschah und die Hauskirche zu groß wurde, gab es sofort Probleme. Origines, der eines Tages in einem Haus in Caesarea predigte, beschwerte sich, „dass sich einige in die entferntesten Winkel des Hauses zurückgezogen hatten, um sich mit profanen Angelegenheiten zu beschäftigen".

Willkommen im Kreis der Todeskandidaten!

Obwohl die Christen nicht ständig verfolgt wurden – Zeiten relativer Religionsfreiheit wechselten sich mit Epochen gemäßigter oder brutaler Verfolgung ab –, wusste jeder Christ, dass es zu jeder Zeit zu Christenverfolgungen kommen konnte. Auslöser konnte buchstäblich alles sein: eine lokale Krise, ein kaiserliches Edikt oder ein „Wolf", der sich unter die Schafe gemischt hatte und sie ausspionierte wie Judas, und die Nachfolger von Christus bei der jeweils aktuellen Neuauflage eines Regenten vom Typ Herodes verklagte. Darum spricht Paulus von „der Gemeinschaft des Leidens Christi" (Phil. 3,10), als er aus seiner Gefängniszelle an die Philipper schreibt.

Tertullian berichtet: „Wir werden belagert und attackiert und sie halten uns gefangen in unseren eigenen, geheimen Gemeinden." Jeder Christ war ein möglicher Todeskandidat, das war im Preis fürs Christwerden inbegriffen. Wenn jemand ein angenehmes Leben haben oder es gesellschaftlich zu etwas bringen wollte, dann war es der denkbar schlechteste Entscheid, Christ zu werden. Wenn ein Mensch in einem Verhör bekannte: „Ich bin Christ!", dann lächelte niemand, denn jeder wusste, dass er damit gleichzeitig Ja zu seinem eigenen Tod gesagt hatte.

Die Kraft, der Verfolgung ins Gesicht zu sehen, kam für viele Christen aus der starken Zukunftsvision, der lebendigen Erwartung der unmittelbaren Wiederkehr des Messias. Die Menschen wussten, dass ein bekennender Christ bereit war für seinen Glauben zu sterben. Das verursachte entweder Verwunderung, Hass oder Bewunderung. Verfolgung war so sehr Teil des Lebens der ersten Christen, dass es ihr Denken formte – und ihre Strukturen! In einem späteren Kapitel – „Eine verfolgungssichere Struktur entwickeln" (Seite 188) – werde ich dieses Thema weiter verfolgen.

Geschichte ist mehr als Propaganda aus der Feder der Sieger

Es gibt zwei Arten die Bibel zu lesen: Wir können unsere eigenen Erfahrungen in sie hineinlesen und nach „Bestätigungen" suchen, um auf diese Weise zu belegen, was wir schon immer wussten; oder wir können versuchen, die Bibel auch gegen unsere eigene Biografie zu lesen. Damit werden unsere Erfahrungen am biblischen Maßstab gemessen, was beträchtlich schmerzhafter sein kann, aber auch befreiender. Dasselbe gilt für die Art, wie wir mit der Geschichte umgehen. Entweder ist die Geschichte, wie ein bekannter kommunistischer Slogan behauptet, „die Propaganda aus der Feder der Sieger“, eine Geschichtsinterpretation, die das bestehende System oder den Status Quo rechtfertigend ins günstigste Licht rückt, oder Geschichte wird zur wirklichen Wissenschaft, der es um die Aufdeckung der Fakten in der Vergangenheit geht, selbst wenn das, was man entdeckt, nicht zum uns geläufigen Bild der Geschichte zu passen scheint.

Wir werden nun einen kurzen Blick auf einige der Gründe für die Ausbreitung der Hauskirchenbewegungen in der Zeit der ersten Christen werfen. Es mag den einen oder andern überraschen, bei diesem Überblick bestimmte Dinge nicht wiederzufinden, die er erwartet hätte, und dafür ganz andere und vielleicht ungewohnte Dynamiken zu entdecken.

Keine „Evangelisation“

Ein Beispiel für das, was ich hier meine, ist die Evangelisation. Wenn wir bereits von vorneherein felsenfest „wissen“, dass wir einfach mehr evangelisieren müssen, dann werden wir auch „Evangelisation“, wie wir sie kennen, auf jeder Seite der Bibel entdecken. Es wird uns kaum auffallen, dass das Wort „Evangelist“ oder „Evangelisation“ nur an ganz wenigen Stellen der Bibel vorkommt, so etwa bei Philippus (Apg. 8), dem fünffältigen Dienst (Eph. 4) oder als Ermahnung an Timotheus, den Apostelschüler.

Sehr auffällig ist, dass in der frühen Kirchengeschichte kaum von Evangelisation, so wie wir sie vielfach kennen, die Rede ist, als Von-Tür-zu-Tür-Aktivität, als Traktatmission, als Großveranstaltung. Alan Kreider spricht von einer „lauten Stille darüber, dass Menschen zum Evangelisieren angehalten werden“. Das Neue Testament versteht Evangelisation nicht als reine Predigttätigkeit, und Jesus spricht sich an einer Stelle sogar ausdrücklich gegen das „Von-Tür-zu-Tür-Gehen“ aus (Lk. 10), eine evangelistische Standardmethode in vielen Ländern. Ein viel größerer Schwerpunkt liegt darauf, „Menschen zu Jünger zu machen“. Arthur Darby Nock weist in einer kirchengeschichtlichen Studie nach, dass damals „kaum jemals, wenn überhaupt, den Massen öffentlich das Evangelium gepredigt wurde. Es war einfach zu gefährlich.“

Wenn wir bereits von vorneherein felsenfest „wissen“, dass wir einfach mehr evangelisieren müssen, dann werden wir auch „Evangelisation“, wie wir sie kennen, auf jeder Seite der Bibel entdecken.

Die Kirche hatte nicht nur eine Botschaft, sie *war* eine Botschaft. Und weil die christliche Gemeinde an sich bereits eine gute Nachricht war, war es unnötig, besondere Verkündigungsveranstaltungen abzuhalten oder wie Verkäufer von Tür zu Tür zu gehen. Erst als die Kirche verinstitutionalisierte, also keine „gute Nachricht" mehr war, erwies es sich als „not-wendig", besondere evangelistische Unternehmungen zu entwickeln – fast gegen die erkaltete todrichtige Botschaft der klerikalisierten Kirche. Evangelisation ohne ein überzeugendes Modell von Gemeinde ist Evangelisation aus Ermangelung eines funktionierenden Modells von Gemeinde. Dies führt zu nicht gemeindegebundenen Erfahrungen, die buchstäblich „außerhalb des Leibes" stattfinden. Das ist die Ursache für „Bekehrungen" ohne folgende Integration in die Gemeinde.

Der englische Theologe Michael Green schreibt in seinem Buch „Evangelisation zur Zeit der ersten Christen": „Es kann keinen Zweifel daran geben, dass öffentliche Evangelisationen in den ersten beiden Jahrhunderten andauerten." Etliche Kirchenhistoriker stimmen ihm allerdings nicht länger zu. Der heidnische Caecilius, ein Zeitgenosse der frühen Kirche, berichtet: „Die Christen schwiegen in der Öffentlichkeit, aber sprachen leise in den Ecken." Diese Praxis hatte zur Folge, dass sich Nachbarn in Zeiten von Krankheit oder persönlicher Krisen oft an Christen wandten, denen sie gelernt hatten zu vertrauen.

Erst als die Kirche verinstitutionalisierte, also keine „gute Nachricht" mehr war, erwies es sich als „not-wendig", besondere evangelistische Unternehmungen zu entwickeln – fast gegen die erkaltete todrichtige Botschaft der klerikalisierten Kirche.

Der baptistische Missionsprofessor John Mark Terry beispielsweise stellt das derzeit gängige Evangelisationsverständnis als etwas „Machbares" dar, wenn er in seinem Buch „Evangelism, a Concise History" schreibt: „Wo immer Jesus hinging, präsentierte er das Evangelium." Das Evangelisationsverständnis von Terry ist voller evangelistischer Schlüsselbegriffe, Aktivitäten und Methoden: „das Evangelium weitergeben", ein „Zeugnis geben", „Verkündigungsevangelisation", „evangelistische Programme". Er geht sogar so weit und überträgt dieses hoffnungslos moderne Evangelisationsverständnis auf Jesus selbst, wenn er schreibt: „Jesus benutzte eine ganze Reihe von evangelistischen Methoden."

Wir müssen uns hüten die Kirchengeschichte durch die gefärbten Brillengläser der derzeitigen evangelistischen Praxis misszudeuten. Jesus – und so auch sein Leib, die Gemeinde – hatte nicht nur eine

Botschaft, sondern war eine. Er hatte nicht das Evangelium, er war das Evangelium. Das Evangelium ist im Kern keine Serie von Lehrinhalten, sondern die das Leben befreiende und deshalb verändernde Offenbarung eines lebendigen Gottes, der am Kreuz für die Menschheit starb. Der Resonanzboden des Evangeliums, der beste Tonträger dieser Botschaft, ist ein erlöster Lebensstil, der die Qualitäten Gottes reflektiert. Die ersten Christen praktizierten keine „Evangelisation als Lebensstil", sondern die Art, wie sie ihr alltägliches Leben führten, hatte überzeugende evangelistische Auswirkungen, weil sie Werkzeuge eines liebenden und barmherzigen Gottes waren.

Keine „Mission"

Caveat: falsche Alternativen
Schlagworte
Idealisierung d. frühen Kirche

Georg Kretschmar schreibt, „dass Bekehrungsaktivitäten niemals institutionalisiert waren; man musste die Gemeinden nicht für Mission mobilisieren". Der Einfluss, den die Gemeinden als Ganzes hatte, war derart stark, dass die meisten frühen Christen nicht einmal für die Bekehrung der Heiden beteten. Der Dominikaner Yves Congar weist darauf hin, dass sie viel mehr für das Wohlergehen und den Frieden im Leben ihrer Mitmenschen beteten. In der ersten Christenheit herrschte, so Norbert Brox, eine „erstaunliche Abwesenheit von einem Denken und Reden über Mission". Der Grund dafür ist ähnlich wie der Grund für die Abwesenheit von Evangelisation: Die Gemeinde selbst *war* Mission.

Die „Missionsreisen" des Paulus und seiner Begleiter wurden wohl selbst von Paulus nicht so sehr als besondere „missionarische Aktivität" verstanden, sondern einfach als apostolischer Dienst. Das Wort „Missionsreisen" erscheint zuerst als Titel handgezeichneter Landkarten des Mittelmeerraums im Anhang einiger Bibelausgaben, die Jahrhunderte nach Paulus erschienen. Paulus tat seinen apostolischen (Fundamente legenden) und prophetischen Dienst – und genau das taten auch die Gemeinden, die aus diesen Diensten entstanden. Sie hatten eine apostolische Grundlage, trugen in sich den eingepflanzten apostolischen genetischen Code. Was sie taten, war die natürliche Weiterführung ihres apostolischen Auftrages. Weil die Gemeinden sich selbst als „Mission" verstanden, sandten sie nicht etwa spezialisierte „Missionare" aus, sondern schick-

Der Resonanzboden des Evangeliums, der beste Tonträger dieser Botschaft, ist ein erlöster Lebensstil, der die Qualitäten Gottes reflektiert.

ten sich buchstäblich selbst: Sie sandten kleine Gruppen aus, embryonale Versionen von Gemeinde, getreu dem Gedanken, dass Jesus dort ist, wo zwei oder drei in seinem Namen versammelt sind. Diese multiplizierbaren Einheiten trugen in sich den Virus der Gemeinde, bereit und fähig, alles zu infizieren, was ihnen begegnete.

Keine „einladenden Gottesdienste"

Obwohl die Gemeinden in Korinth durchaus für Außenstehende offen waren, war den meisten Heiden von der Mitte des ersten Jahrhunderts an der Zutritt zu christlichen Treffen verwehrt. Nach der Verfolgung unter Nero in den 60er Jahren des ersten Jahrhunderts schlossen die meisten Gemeinden ihre Türen für Nichtchristen. Eine der Funktionen der Diakone scheint gewesen zu sein, als eine Art „kirchliche Rausschmeißer" zu fungieren, die als kritische Türsteher darauf zu achten hatten, dass keine unerwünschten Elemente in die Gemeinden drangen. Sie hatten die Schafe von den Wölfen zu scheiden, wie „das Testament unseres Herrn", eine Schrift aus der Mitte des vierten Jahrhunderts, über den Dienst der Diakone erklärt. Bereits Paulus warnte die Galater vor den „falschen Brüdern, die sich einschleichen, um unsere Freiheit in Christus auszuspähen" (Gal. 2,4).

Die Gemeinschaftstreffen der Christen waren überhaupt nicht so konzipiert, dass sie Außenstehenden gegenüber attraktiv erschienen. Sie waren nicht für Unkirchliche gedacht.

Die Gemeinschaftstreffen der Christen waren überhaupt nicht so konzipiert, dass sie Außenstehenden gegenüber attraktiv erschienen. Sie waren nicht für Unkirchliche gedacht. Bischof Cyprian aus Karthago verglich in der Mitte des dritten Jahrhunderts die Gemeinde mit dem „verschlossenen Garten" im Hohen Lied der Liebe (Kapitel 4,12). Selbst ein Katechumene – jemand, der täglich biblischen Unterricht von einem Lehrer der Gemeinde erhielt – war nicht zugelassen, wenn die Christen ihre geheimen Rituale feierten: Gebete, heiligen Kuss, Taufen und Abendmahl. Die Christen waren genau das, als was Celsus, ein früher Kritiker der Kirche, sie bezeichnete: „eine Geheimgesellschaft".

Kein bürgerliches Christentum

Die frühen Christen nannten sich selbst oft *paroikoi* (1. Petr. 2,11), niedergelassene Fremdlinge, „die Fremden von nebenan". Ihrem Selbstverständnis nach waren sie nicht Dauersiedler und pflichtbewusste Bürger mit einer besonderen religiösen Überzeugung, sondern Teil einer „Kolonie von Fremdlingen", die überall und doch nirgends richtig zu Hause waren. Wenn Menschen Christen wurden, dann wurden sie damit Teil einer gesellschaftlichen Randgruppe, sie „bekehrten sich zur Marginalität", wie der Brasilianer Eduardo Hoornaer sagt. Anstatt ein Teil der bürgerlichen Gesellschaft zu werden, waren sie Teil einer „Gegenkultur", die vielen geheimnisvoll und mysteriös erschien.

Sie waren offenbar ein religiöser Stamm, der einem ganz anderen König huldigte als dem, der gerade an der politischen Macht war. Paulus beschreibt sich selbst vor dem römischen Landpfleger Felix als „ein Nachfolger ‚des Weges', den man eine Sekte nennt" (Apg. 24,14). Tertullus, ein Ankläger des Paulus, sagt es noch viel unverblümter und nennt Paulus „eine Pest, einen Aufrührer, einen Sektenführer" (Apg. 24,5).

Wie und warum wurden Menschen damals Christen?

Wenn es nicht an systematischen evangelistischen Programmen, an missionarischen Einsätzen und an einladenden Gottesdiensten lag, wie wurden denn dann Menschen Christen? Und wenn es für einen neubekehrten Christen bedeutete, von nun an Teil einer geheimen Gesellschaft zu werden, die oft wie eine Aussätzigenkolonie behandelt wurde, mit katastrophalen Konsequenzen für jede gesellschaftliche Karriere und mit einer ständigen Todesdrohung über dem Haupt schwebend, warum wurden denn dann überhaupt Menschen Christen?

Wenn wir nun einige der historischen Gründe betrachten, weshalb sich die Menschen oft massenweise entschlossen, dennoch Christen zu werden, dann drängen sich Parallelen zu heutigen Bewegungen auf. Wir sollten einmal mehr der Versuchung widerstehen, historische Methoden aus einer anderen Zeit und einer anderen Umgebung 1:1 in die Jetztzeit zu kopieren. Vielmehr sollten wir von den dahinter liegenden Prinzipien lernen und dies dann so kreativ, ideenreich und flexibel wie möglich in unseren heutigen Kulturkreisen umsetzen.

Neben der Tatsache, dass Christen als Teil von organischen und daher leicht multiplizierbaren Hauskirchen lebten, angeleitet und ermutigt durch einen zirkulierenden fünffältigen Dienst (Eph. 4,11), nennt Alan Kreider in einer Zusammenfassung zahlreicher geschichtlicher Studien fünf besonders herausragende Gründe, weshalb Menschen in der Frühzeit des Christentums sich entschlossen, Teil „des Weges" zu werden:

1. Neugierde

Ziemlich genau entgegengesetzt zu den Bemühungen vieler heutiger Gemeinden, für die Welt attraktiv zu erscheinen, Besucher mit Süßigkeiten und Grußkarten willkommen zu heißen, mit evangelistischen Einsätzen jeder Größe und Art, in der erklärten Absicht, Nichtkirchgänger zum Besuch von Kirchen zu bewegen und Gottesdiensten beizuwohnen, die mehr oder minder „auf geistliche Sucher zugeschnitten" sind, funktionierten die ersten Gemeinden nach ganz anderen Gesetzmäßigkeiten. Einer der Gründe für das Interesse der Menschen war die angeborene Neugier des Menschen. Die Menschen wollen wissen, was sie nicht wissen sollen, dorthin gehen, wo noch niemand vor ihnen war.

Viele wundern sich, warum okkulte Bewegungen und Geheimzirkel wie z. B. die Freimaurer immer noch so stark blühen. Der Grund ist einfach: Sie wenden sich an den grundlegenden menschlichen Instinkt, einer exklusiven Gruppe, einem Clan oder einem Stamm anzugehören, der eben gerade nicht jedermann offen steht. Für dieses Privileg sind viele Menschen bereit, fast jede Form eines Initiationsprozesses zu durchleiden.

Jesus hatte so etwas wie eine doppelte Kommunikationsstrategie, eine Art, in der Öffentlichkeit zu reden, und eine andere, wenn er im privaten Jüngerkreis war. Er unterschied buchstäblich zwischen „denen drinnen und denen draußen". Wenn Jesus vor Menschenmassen sprach, redete er in Gleichnissen und Bildern: „Ohne ein Gleichnis sprach er gar nicht" (Mt. 13,34). Diese duale Kommunikationsstrategie – oder war es einfach Weisheit? – scheint sich in den Gemeinden fortzusetzen: Predigt war für die „draußen", Lehre für die „drinnen".

Ein Christentum, das so offensichtlich etwas hat, wofür es sich zu sterben lohnt, hat eine faszinierende Anziehungskraft für alle Lebenden.

Jesus scheint diese Unterscheidung sehr ernst genommen zu haben: „Euch ist es gegeben, die Geheimnisse des Reiches Gottes zu wissen, den anderen aber in Gleichnissen, auf daß sie es nicht sehen, ob sie es doch sehen, und nicht verstehen, ob sie es schon hören" (Lk. 8,10). Selbst seine Worte über die „enge Pforte" machte die Menschen eher umso neugieriger, man diskutierte fieberhaft, was denn diese Bewegung um Jesus bedeute und was ihre eigentliche Botschaft sei. „Weiß diese Gruppe um Jesus vielleicht etwas, was wir nicht wissen?! Undenkbar, unerhört, unheimlich!" Jesus wusste, dass das Evangelium vom Reich „nicht wie Perlen vor die

Säue" geworfen werden sollte; es muss entdeckt werden, erst gesucht, dann, wie auf eine Offenbarung hin, gefunden werden. Dass den Menschen der freie Zutritt zu den Gemeinden verwehrt war, beflügelte nur ihr Interesse.

Wenn ich meinem vierjährigen Sohn Eric sage, er soll unter keinen Umständen diese bestimmte Schublade im Wohnzimmer öffnen, und daraufhin den Raum verlasse, dann gibt es nur einen einzigen Ort auf der Welt, der ihn mit geradezu magischer und unheimlicher Kraft anzieht: die besagte Schublade. Heute stehen wir in der Gefahr, Fragen von Menschen zu beantworten, ohne dass diese überhaupt begonnen haben, Fragen an uns zu stellen. Ein solches fehlgeleitetes Mitteilungsbedürfnis verhindert, dass Menschen überhaupt neugierig werden.

2. Standfestigkeit in der Verfolgung

Das erste Mal, dass viele Menschen einen richtigen Christen zum ersten Mal lebendig vor Augen geführt bekamen, war, diesen Christen sterben zu sehen. Viele Christen wurden gekreuzigt, von wilden Tieren zerrissen, auf eisernen Stühlen geröstet oder einfach nur verbrannt. Ihre demütige, geduldige und oft sogar freudige Haltung bei diesen unglaublichen Folterungen war etwas medizinisch nicht Erklärbares; ihre gegenseitige Liebe zueinander war für alle deutlich sichtbar, wenn sie sich noch kurz vor ihrer Hinrichtung gegenseitig „den heiligen Kuss" gaben. Diejenigen, die die Christen auf dem Weg zur Exekution zu bewachen hatten, bezeugten später oft, „dass von ihnen eine besondere Kraft ausgeht".

Die Tatsache, dass die Christen so bereitwillig für ihren Glauben in den Tod gingen, löste bei vielen Menschen den Wunsch aus, doch auch etwas derart Starkes zu haben, an das sie glauben konnten. Als Folge stieg die Neugierde der Menschen nur noch mehr an, sie waren umso faszinierter und fühlten sich von den Gemeinden angezogen. Viele haben das zutreffende Wort gehört, „das Blut der Märtyrer ist der Same der Kirche". Ein Christentum, das so offensichtlich etwas hat, wofür es sich zu sterben lohnt, hat eine faszinierende Anziehungskraft für alle Lebenden.

3. Exorzismus

Als Jesus Vollmacht über böse Geister ausübte und auch seinen Jüngern auftrug, „Dämonen auszutreiben" (Mt. 10,8), hörten seine frühen Nachfolger ihm aufmerksam zu – und taten, wie ihnen aufgetragen worden war. In einer Zeit, die von vielen als „eine Zeit der Bindungen, lebensentstellenden Süchte und Triebe" beschrieben wurde – was für meine Ohren nicht sehr viel weniger als eine gültige Teilanalyse der Jetztzeit ist –, konnte die Freiheit und Erfülltheit des Lebens der Christen nicht lange verborgen bleiben. Als ein Sprecher für viele weist Irenäus auf die „evangelistische" Wirkung des Exorzismus hin: „Diejenigen, die so gereinigt wurden, kommen sowohl zum Glauben als auch zur Gemeinde." In einer Zeit der wetteifernden Wundertäter hatte der christliche Gott anscheinend mehr und durchschlagendere Macht als die anderen vermeintlichen Götter.

Der Katechist Justin von Rom beschreibt um das Jahr 150 n. Chr., wie Christen anderen Menschen auf fast systematische Weise halfen, sich im Namen von Jesus von Dämonen loszusagen, und wie diese Menschen dann geistliche Befreiung erlebten. Dies geschah vornehmlich in vier Bereichen:

1. ungesetzlicher Geschlechtsverkehr
2. geheime und magische Künste (Okkultismus)
3. der Wunsch des einzelnen Menschen privaten Reichtum (auf Kosten der Gemeinschaft!) zu erlangen
4. gewaltbereiter Fremdenhass

Die frühen Christen sahen Menschen, die außerhalb der Ehe sexuellen Kontakt suchten, die sich auf Okkultismus oder Magie einließen, die auf Kosten anderer reich werden wollten oder die sich rassistisch verhielten, als Opfer eines dämonisch inspirierten Systems, hilflos von geistlichen Mächten übermannt. Diesen Personen sagten sie, dass sie im Namen von Jesus Hilfe und Befreiung erfahren könnten. Als die Kirche in späteren Jahrhunderten sich nicht mehr explizit auf diesen Dienst konzentrierte, hinterließ sie ein Vakuum in der Gesellschaft, das nur von einem einzigen autorisierten Organismus auf Erden und in einem einzigen Namen gefüllt werden kann: der Gemeinde, dem Leib von Jesus Christus.

4. *Sie hatten „den Weg des Lebens" gefunden*

Christen glaubten, dass sie Gottes Instrument waren, eine neue Weltordnung einzuläuten: Menschen, die nicht nur den rechten Grund zum Sterben gefunden hatten, sondern auch die rechte Art des Lebens. Die Art, wie sie ihr neugefundenes Leben gestalteten und strukturierten, nannte man „Kirche". Wenn ein Christ einem Heiden ins Ohr flüsterte: „Ich habe den Weg gefunden, wie man lebt!", dann war das keineswegs aufdringlich, sondern eine explosive Botschaft in einer Zeit, in der die Menschen schon irgendwie merkten, dass viele Dinge in ihrem Leben nicht so liefen, wie sie sollten.

Dazu kam, dass die Christen einen gemeinschaftlichen Lebensstil hatten, der sozial so offen und integrativ war, wie zuvor bei kaum einer anderen Gruppe in der Geschichte. Sie teilten materiellen Segen aus einem gemeinsamen Fonds mit jedermann, der Not litt. Sie gingen oft zu den Müllplätzen der Städte und nahmen die dort in unschöner Regelmäßigkeit weggeworfenen Babys als ihre eigenen Kinder in die Familien auf; sie stellten sich als Pfleger für Opfer der Pest oder anderer Seuchen zur Verfügung und brachten ihr eigenes Leben in Gefahr, was ihre Zeitgenossen in höchstes Erstaunen versetzte. In den Augen einer materialistischen Gesellschaft waren sie entweder verrückt – oder heilig. Sie waren nahbare und vertrauenswürdige Freunde und Berater für jedermann. Dies galt ganz besonders für die Frauen, vielleicht wegen ihrer besonderen Fähigkeit, anderen Menschen zuzuhören und sich ihrer Fragen anzunehmen. Augustin schrieb einmal, etwas peinlich berührt, an eine Gruppe von Männern: „Oh, ihr Männer, ihr werdet bei Weitem von euren Frauen übertroffen. Es ist ihre Anwesenheit in großer Zahl, dass die Gemeinden wachsen."

Christen waren Menschen, die nicht nur den rechten Grund zum Sterben gefunden hatten, sondern auch die rechte Art des Lebens. Die Art, wie sie ihr neugefundenes Leben gestalteten und strukturierten, nannte man „Kirche".

Auch die Christen waren sich darüber im Klaren, dass ihr Leben in den „freien Gemeinschaften" bemerkenswert war. Es ist „die Schönheit unseres Lebens, die Fremde dazu bewegt, sich uns anzuschließen", schreibt einer von ihnen. Sie konnten selbstbewusst sagen: „Wir reden nicht von großen Dingen, wir tun sie." Das ist auch der Grund, warum die Verantwortlichen in der frühen Christenheit sich so sehr darum kümmerten, dass die Qualität der Gemeinschaft erhalten blieb, die Liebe und die Beziehungen zueinander. Sie ahnten, dass dies einer der wichtigsten Gründe dafür ist, dass Menschen sich zu Christus hingezogen fühlten und gerettet wurden.

5. Die Lehren und die Person von Jesus

Viele der frühen Christen waren überzeugt, „dass Bekehrung nicht so sehr auf der Ebene der theologischen Überzeugung geschah, sondern auf der Ebene des alltäglichen Lebens", sagt der Kirchenhistoriker Alan Kreider. Nur eine Person, die bereit war ihr Leben zu verändern, war auch wirklich bereit für das Evangelium. Das ist der Grund, weshalb eine der erstaunlichsten Anziehungspunkte für Menschen die Lehre und die Persönlichkeit von Jesus selbst war. Seine „Bergpredigt" wurde von vielen nicht so sehr als Predigt verstanden, sondern als ein göttlicher Lebensratgeber, als eine praktische Ethik. Menschen aller Zeiten fühlten sich kräftig zu den Lehren von Jesus hingezogen. Keine andere Aussage von Jesus wurde mehr diskutiert als sein Befehl, die Feinde zu lieben. Diese Worte, so meinten viele, sind so wunderbar, dass sie einen entweder zum Lachen oder Weinen brachten.

Die Gemeinde hat sich nicht selbst gepredigt, sondern sie predigte genau diesen Jesus, seine Lehren, und lebte, was er verkündigte. Deshalb war sie die natürliche Anlaufstation für Menschen, die von Jesus fasziniert waren.

Die Entgleisung der Gemeinde

Die neutestamentliche Gemeinde war eine organische, auf Beziehungen aufgebaute geistliche Großfamilie, die sich selbst multiplizieren konnte. Aber schon Jesus selbst hatte seine Jünger vor Verführung gewarnt, vor falschen Propheten, falschen Christussen, die alle dasselbe Ziel haben: die Irreleitung der Auserwählten.

Viele denken bei diesen Warnungen an eine furchtbare Zukunftsvision. Sie glauben, dass dies sicherlich all den andern widerfahren wird, nur nicht uns. Doch Paulus, Petrus und Judas warnen alle übereinstimmend vor einer unmittelbaren Gefahr: dem Auftauchen von gottlosen Menschen, falschen Lehrern und falschen Propheten, die sich sogar als Engel des Himmels verstellen. Sie waren mit den warnenden Worten wirklich nicht zimperlich und haben diejenigen, die zu diesen Verführern gehören werden, bereits im Voraus mit einem Fluch belegt (Gal. 1,8-9; 2. Petr. 2,1-3; Judas 1,3-6).

Ich hege allerdings die Vermutung, dass die Verführung, von der hier die Rede ist, auf weltweiter Ebene bereits längst geschehen ist. Wichtigster Verbreiter ist ein institutionalisierter Klerikalismus, die Karikatur von Gemeinde, wie Gott sie eigentlich gemeint hat. Es mag sein, dass uns das Schlimmste noch bevorsteht und dass wir uns in Zukunft auf ein denkbar unbequemes Szenario gefasst machen müssen. Aber wir müssen auch verstehen, dass wir bereits heute geschichtlich auf den Schultern von Bewegungen stehen, die in der Vergangenheit fatale Entgleisungen erlebt haben.

Selbst wenn wir einfach nur treue Kinder unserer Mutterkirchen sein wollen, werden wir dadurch oft automatisch Teil von Entwicklungen, die ihrerseits aus fehlgeleiteten Bewegungen hervorgegangen sind. Ob wir es erkennen oder nicht, als Mitglieder geschichtlich gewachsener Kirchen haben wir auch deren Fehlentwicklungen geerbt und tragen diese Hypotheken in uns. Wenn der Fluss erst einmal sein Bett gegraben hat, ist es sehr schwer seinen Kurs zu verändern. Deshalb ist es wichtig, als Christen wahrzunehmen, dass unsere erste Verpflichtung dem Gott der Zukunft gehört und nicht der wie auch immer gearteten Vergangenheit. Rick Joyner, ein prophetischer Lehrer aus den USA, drückt es so aus: „Viele müssen erkennen, dass wir nicht von unserer Mutterkirche wiedergeboren werden, sondern vom himmlischen Vater selbst."

Eine stille Revolution

„Ich bin das Licht der Welt", sagt Jesus (Joh. 8,12). Wer das Licht der Welt verfinstert, verfinstert damit die ganze Welt. Kaum eine geschichtliche Skizze versäumt es, darauf hinzuweisen, wie finster das Mittelalter war, von wenigen leuchtenden Ausnahmen abgesehen. Wenn es hier so etwas wie eine Entgleisung der Kirche aus ihren apostolischen Schienen gab, dann ist es wertvoll, einige Schritte in die Vergangenheit zu tun und einige wenige dieser kirchlichen Unfälle etwas näher zu untersuchen. Wie konnte das geschehen?

Die meisten Kirchengeschichtler stimmen darin überein, dass der Irrweg der Kirche damit begann, dass die apostolische Lehre über Buße, Heiligkeit und Sünde, die Taufe und die Gottheit selbst in Frage gestellt bzw. langsam verändert wurde. Einer der ersten Versuche, die unbiblische Unterscheidung zwischen „Klerus und Laien" vorzunehmen, kam von Seiten der Nikolaiten, einer Gruppe, die den Unterschied zwischen den „zuhörenden Laien und den dienenden Brüdern" machte. Sie gehen wahrscheinlich zurück auf Nikolaus, einen der sieben frühen Gemeindediakone (Apg. 6,5). Die Nikolaiten wurden später vom griechischen Dualismus beeinflusst und entwickelten die „Lehre der Nikolaiten" (Offb. 2,6), für die der auferstandene Christus nur einen Kommentar übrig hat: „Ich hasse sie."

Das griechische Wort Nikolait ist aus zwei Worten zusammengesetzt. *Nikao* bedeutet erobern, sich über andere erheben, und *laos* bedeutet das gemeine Volk. „Ein Nikolait ist jemand, der das gemeine Volk erobert, der sich über die Laien erhebt", kommentiert der chinesische Lehrer Watchman Nee in seinem Buch „Die Orthodoxie der Gemeinde". „Wer sich über den Status eines normalen Gläubigen hinausschwingen will und damit eine vermittelnde Klasse zwischen

Gott und Menschen etabliert, wird von Gott verabscheut", fährt Nee fort. Das Konzept einer besonderen Klerikerklasse ist bereits in den beiden Briefen von Klemens von Rom erkennbar (etwa um das Jahr 100 n. Chr.); die erste Erwähnung einer Umkehrung der Bischofsfunktion im Sinne einer Überhöhung zum autokratischen Kopf der Lokalgemeinde finden wir in den Briefen des Ignatius von Antiochien in Syrien (um 110-117 n. Chr.).

Der Wunsch, mehr Kontrolle auszuüben, ist die natürliche Folge eines Vertrauensverlustes oder einfach Angst. Statt mehr organische Beziehungsarbeit zu leisten, konzentrierte sich die Kirche auf das Entwickeln von „sicheren Ritualen", richtigen Glaubensformeln, sanktionierten Liturgien.

Danach kam die Wiedereinführung von zwei kräftigen Strömungen in das Gesamtkonzept des Christentums: „Moralismus" und „Religion". Der Moralismus verwies auf ein gewisses Verhaltensmuster, eine Reihe von geistlichen Gesetzen, nach denen die Menschen zu leben haben; die Religion, der menschliche Versuch, sich mit Gott zu arrangieren, betrat das Christentum wohl durch die Hintertür. Das mag zunächst ganz harmlos angefangen haben mit der Einführung von Kruzifixen oder mit der Praxis, dass sich einige „bekreuzigten" in der Meinung, dadurch böse Geister von sich fernzuhalten. Es kann sich am Anfang durchaus um einige harmlose Wachskerzen hier und ein wenig Weihrauchduft da gehandelt haben, aber das religiöse Konzept, das damit ins Christentum eindrang, war weitaus weniger harmlos. Es führte das Christentum auf die abschüssige Bahn der religiösen Verhaltensmuster dieser Welt, mit allem, was letztlich dazugehört, Götzenbilder, Amulette, religiöse Riten und Priester. Von dort aus war es wie eine Treppe ins dunkle Nichts, Schritt für Schritt weiter weg von den Lehren von Jesus und den Aposteln.

Eine frühe Verirrung war die Verehrung der Heiligen, üblicherweise Märtyrer, und die Aufteilung des Abendmahls als ein bedeutungsvolles und prophetisches Essen in der Gegenwart Gottes, in ein „Liebesfest" einerseits und die sogenannte „Eucharistie" andererseits. Das eine war ein eher soziales Gemeinschaftsmahl, das andere ein hochsymbolisches Ritual. In der zweiten Hälfte des ersten Jahrhunderts zeigen Schriften wie die Didache oder der Kanon des Hippolyt, dass das Abendmahl keineswegs einem Essen „angegliedert" war, es *war* ein Essen, wie Peter H. Davis in seinem Artikel „The Church in the House" schreibt. Sehr bald wurde die Agapefeier oder das „Liebesmahl" zu einem rein gesellschaftlichen Essen, das irgendwann weitgehend eingestellt wurde, während die „Eucharistie" in ihrer symbolischen Form – ein Essen ohne wirkliche Nahrungsmittel – blieb und bald zur einzig akzeptierten Form wurde, das „Abendmahl zu feiern".

Auf Furcht, nicht auf Glauben aufgebaut

Die „leitenden Diener" und Väter des Glaubens im Reich Gottes waren (und sind!) mit der übernatürlich geschenkten Gabe des Glaubens ausgerüstet, die ihnen eine ganz erstaunliche Fähigkeit gab: Sie konnten fest daran glauben, dass Gott die Zügel selbst dann noch in der Hand hat, wenn sie sie selbst bereits verloren haben. Sie konnten in dieser gesunden Spannung der Unsicherheit leben, in der sie nicht wussten, welches Abenteuer ihnen in ihrem Leben mit Gott als nächstes bevorstand. Ihre Stärke bestand nicht darin, alles verstehen und analysieren zu können, sondern Gott völlig zu vertrauten. Aber schon früh gab die Kirche ihrem Bedürfnis nach Sicherheit nach. Um das Jahr 150 kam die scholastische Theologie auf; zunächst als System, die Schriften der Bibel zu interpretieren und sie gegen Irrlehren wie die Gnosis zu verteidigen. Doch bald wurde das Verteidigungssystem wichtiger als die Botschaft, die es verteidigte.

Frühe charismatische Bewegungen wie der Montanismus schufen neue Probleme, weil einige ihrer Anhänger nicht einfach zu kontrollieren waren, Fraktionen in den Gemeinden bildeten und Menschen in die Gefolgschaft einzelner charismatischer Führer zogen. Um die Gemeinden gegen diese Entwicklungen zu schützen, konzentrierte man sich auf das Dogma und das richtige Glaubensbekenntnis, man prüfte sehr genau, wer für die verschiedenen Dienste in den Kirchen in Frage kam und loyal genug war, und wer nicht. Die Kirche betrieb, mit anderen Worten, Schadensbegrenzung dadurch, dass sie die Zügel fester in die Hand nahm und mehr Kontrolle ausübte.

Die Motivation hierfür ist lobenswert, die Methode fragwürdig. Der Wunsch, mehr Kontrolle auszuüben, ist die natürliche Folge eines Vertrauensverlustes oder einfach Angst. Angst ist das Gegenteil des Glaubens und führt Menschen dazu, ein stabilisierendes System zu schaffen, damit nichts schief gehen kann, oder um wenigstens die Irrlehren einzudämmen. Statt mehr organische Beziehungsarbeit zu leisten, konzentrierte sich die Kirche auf das Entwickeln von „sicheren Ritualen", richtigen Glaubensformeln, sanktionierten Liturgien. Die Kirche machte sich wasserdicht – und durch das Kontrollsystem wurde sie wohl auch „narrensicher".

Als Nebenprodukt dieser Entwicklung fiel die Kirche schnell in die Hände enthusiastischer kirchlicher Glaubenswächter, kirchlichen Polizisten, unter der Leitung einer ganz neuen Spezies von bisher nie dagewesenen „Bischöfen". Das waren nicht mehr die demütigen Diener und bodennahen Ältesten, sondern gleichsam religiöse Premierminister – eine Art kirchlicher Hochadel –, die mit einer religiösen Aura von ehrfurchtsgebietender Autorität versuchten, die Schäfchen beisammen und die Probleme draußen vor der Tür zu halten. Einmal mehr ersetzte ein menschlicher Saul, der einen Kopf größer war als der Rest, Gott als den wirklichen König des Volkes Gottes. Diese neuen geistlichen Könige waren bald in der Lage, Lehren zu verändern und ein großes Maß an persönlichen und subjektiven Interpretationen als „neue Lehre" einzuführen; und der Großteil der Kirche folgte diesen Führern brav nach, Stufe um Stufe die kirchengeschichtliche Treppe ins Dunkel des Mittelalters hinunter.

Im Jahre 220 führt Origines in Alexandria die Lehre der Kindertaufe ein, die im Jahre 416 nicht nur zur „Christenpflicht" in der westlichen Kirche wurde, sondern zur „evangelistischen" Hauptaktivität. Die dahinter stehende Dynamik erinnert an den Verkauf geistlicher Versicherungspolicen für ein Leben nach dem Tod, die man an biblisch unbedarfte, aber dafür umso religiösere Eltern, abgab. Da sie um das Seelenheil ihrer Kinder fürchteten, blieb ihnen nichts anderes übrig, als sich auf den fachlichen Rat der religiösen Spezialisten ihrer Zeit zu verlassen.

Die Professionalisierung der Kirchen unter Konstantin

Als sich Kaiser Konstantin im Jahre 312 zum Christentum bekehrte und das Christentum daraufhin im Edikt von Mailand zur Staatsreligion des römischen Reiches erklärte, feierten die Christen ihn als einen Erlöser; sie waren die drei Jahrhunderte voller Verfolgungen müde – und mussten, berauscht von den wunderbaren Entwicklungen, die möglicherweise folgenschwerste Einzelentgleisung des Kirchenzugs erleben. Während dieser Periode wurde die Kirche stark professionalisiert: Approbierte und lizenzierte Priester führten Hochzeiten und andere öffentliche Feierlichkeiten durch und die Kirche erfuhr den zweifelhaften Segen, mit der Einführung einer vermittelnden religiösen Kaste zwischen dem Volk und Gott ausgestattet zu werden: dem Priestertum.

Die Kirche war nun Ausdruck der Staatsreligion und musste sich daher auf ein neues Niveau begeben, um auch den gehobenen geistlichen Ansprüchen eines Königs zu genügen. Das bedeutete u. a. einen Auszug aus den schäbigen Hütten, Häusern oder gar Katakomben der Vergangenheit, hinein in schöne Kathedralen. Als Folge dieser Entwicklung verfestigte sich die Aufteilung in Klerus und Laien endgültig, ja sie wurde sogar sanktioniert, institutionalisiert und vom Staat geschützt. Diese gravierende Fehlentwicklung hat das Leben von Millionen von Märtyrern gefordert, die – bis heute – unter den Händen von weltlichen Soldaten oder einem Mob starben, angestiftet von „ordnungsgemäß registrierten" Advokaten organisierter Kirchlichkeit.

Die Kirche akzeptierte nur zu gerne ihre Beförderung aus dem verfolgten Sektendasein zu einer staatlich verordneten Religion und verlor damit ihre prophetische Kraft, in soziale, kulturelle und heidnische Sitten und Missstände hineinzusprechen.

Die Kirche akzeptierte nur zu gerne ihre Beförderung aus dem verfolgten Sektendasein zu einer staatlich verordneten Religion und verlor damit ihre prophetische Kraft, in soziale, kulturelle und heidnische Sitten und Missstände hineinzusprechen. Von nun an war sie mit eben diesem politischen System, das die Weiterführung aller dieser Traditionen – egal wie unbiblisch – im Namen der nationalen, politischen oder kulturellen Identität schützte, verheiratet. Die Kirche verlor ihre Identität als prophetische Gegengesellschaft, die auf übernatürliche Weise anders war als der gesellschaftliche Hauptstrom, „der Lauf dieser Welt". Die Kirche wurde zum neuen Ehrengast an der politischen Tafelrunde und als Folge gerieten sowohl Staat als auch Kirche in eine merkwürdige Pattsituation. Der Staat verlor die Richtung, weil er den Leuchtturm und den Kompass gleichzeitig verschluckt hatte, und die Kirche wurde trunken von politischer Macht.

Hauskirchen werden verboten

Mitten in diesen Entwicklungen kam es, wie es kommen musste: Die Kaiser Theodosius und Gratian (um 380) hoben die Religionsfreiheit auf und befahlen, dass es nur eine einzige vom Staat legitimierte orthodoxe Kirche geben solle und nur ein gültiges Glaubenssystem, das orthodoxe Dogma. Jeder römische Bürger wurde gezwungen, ein Kirchenmitglied zu sein und an die *lex fidei* zu glauben, das Gesetz des Glaubens. Andere Gruppen und Bewegungen – einschließlich derjenigen, die sich weiterhin in Häusern trafen – wurden verboten. Das bedeutete das legale Ende der Hauskirchen auf Geheiß der Kathedralenkirche.

Damit wurden frühere Gesetze auf den Kopf gestellt. Vor der Regierungszeit des Severus (222-235) war es per Regierungsbeschluss ausdrücklich verboten gewesen, christliche Tempel oder kirchliche Bauten zu erstellen, was bedeutete, dass Hauskirchen die einzige Form von Kirche war, die möglich und mehr oder minder zulässig war. Doch von nun an bedeutete das Versammeln in Hauskirchen einen klaren Gesetzesbruch, einen kriminellen Akt. Damit begann eine neue Ära: die Verfolgung der Kirche im Namen der Kirche.

Erneuerung synagogaler Gottesdienstformen

So wie die jüdische Mischna zehn männlichen Juden erlaubte, eine Synagoge zu bilden, haben Christen ihre gottesdienstlichen Formen weniger vom Tempel, sondern von der jüdischen Synagoge geerbt, argumentiert der philippinische Theologe Met Castillo. Der jüdische Gelehrte Rabinowitz weist fünf Einzelelemente des Synagogengottesdienstes nach:

1. Einladung zur Anbetung mit Hymnen und einem formellen Ruf zum Gebet
2. Gebete und Bitten
3. Schriftlesung
4. Predigt über die Schriftlesung
5. Abschluss mit dem Segen

Als sich der christliche Gottesdienst, nach dem Auszug aus den Hauskirchen und dem Einzug in Kirchenhäuser in der Ära nach Konstantin, immer mehr zu starren Formeln und Liturgien verdichtete, griff man wieder auf das Gottesdienstmodell der jüdischen Synagoge zurück – mit dem Unterschied, dass in den christlichen Kirchen natürlich das christliche Glaubensbekenntnis rezitiert wurde. Damit fiel die Kirche zurück in rituelle und gesetzliche Gottesdienstformen, die fast unverändert die nächsten Jahrhunderte überdauerten und zu allgegenwärtigen und geradezu unantastbaren Veranstaltungsformen christlicher Versammlungen wurden.

Die Bewegung Priscillians

Priscillian war ein spanischer Edelmann, der sich bereits im vierten Jahrhundert gegen diese staatlich verordnete Priesterreligion wehrte. Dieser Mann war ein begeisterter Nachfolger von Christus und initiierte eine große, von Laien geleitete Bewegung in Spanien und Frankreich, der sich viele Priester und Bischöfe anschlossen. Sie gründeten kleine Gemeinschaften, die sie „Bruderschaften" nannten, zu denen nur bekehrte und getaufte Christen zugelassen wurden und die sich zu schlichten Versammlungen in Häusern trafen.

Doch die orthodoxe Kirche ließ sich das nicht gefallen: Priscillian und sechs seiner Freunde wurden in Trier ermordet. Damit wurden sie zum Wegbereiter vieler ähnlicher hauskirchlicher Reformationsbewegungen, wie etwa die Bogomilen, Petrobusianer, Patarener, Waldenser, Lollarden und anderen.

Die Kelten

Keine Regel ist ohne Ausnahme, und selbst das „finstere Mittelalter" hat einige der hervorragendsten theologischen Einsichten und Werke hervorgebracht und die Entstehung von faszinierenden Bewegungen gesehen. Eine der viel übersehenen Tatsachen der Geschichte ist, dass es nicht die römische Kirche war, die Europa zum Christentum bekehrte, sondern die Kelten, ein ursprünglich barbarischer und später christianisierter Volksstamm, der mit den Galatern aus Kleinasien und den Galliern Frankreichs verwandt zu sein scheint. Dieser Volksstamm war zunächst in der oberen Donauregion bis hinunter nach Portugal beheimatet und siedelte dann über nach England und Irland.

Von nun an bedeutete das Versammeln in Hauskirchen einen klaren Gesetzesbruch, einen kriminellen Akt. Damit begann eine neue Ära: die Verfolgung der Kirche im Namen der Kirche.

Von den Kelten kamen vollmächtige apostolische Gestalten wie Patrick aus Irland, der eine der strategischsten nationalen Gemeindegründungsbewegungen aller Zeiten initiierte, oder ein apostolischer Mann wie Gallus, der das Evangelium in die Schweiz brachte, oder auch Bonifatius, der Apostel Norddeutschlands. Die bodenständige und gesellige Spiritualität der Kelten, die in Clans und Stämmen lebten, zeigte sich in einem ganzheitlich verstandene Christentum, das sehr stark mit dem Alltag in ihren Hütten und Häusern verbunden war. In gewisser Hinsicht lebten sie das Christentum wieder auf beiden Ebenen, *cell* und *celebration,* in den Häusern und in großen Feierveranstaltungen.

Zwischen dem sechsten und dem neunten Jahrhundert wurde die keltische Frömmigkeit nach und nach durch die päpstlichen Lehren und Werte unterwandert, oft genug auch mit politischer Gewalt. Dennoch haben die Kelten in Europa viele Brunnen mit klarem geistlichen Wasser gegraben. Heute sind die meisten dieser „Brunnen" mit dem Unrat der Geschichte verstopft, und es lohnt sich sehr, sie aufzugraben und sauberzumachen, damit sie wieder ihren Beitrag zur geistlichen Zukunft Europas leisten können, meinen die Engländer Roger Ellis und Chris Seaton in ihrem Buch „The New Celts".

Der Weg nach unten

Die genannten Beispiele waren Ausnahmen in den ersten Jahrhunderten nach der „Konstantinischen Wende"; der geistliche Standard war in der Regel weitaus weniger bezaubernd. Die Zeiten, in denen der Zug des Christentums noch auf sicheren apostolischen und prophetischen Gleisen fuhr, mit einem klaren Ziel vor Augen, waren lange vorbei. Israel hatte im Sinai seine 40-jährige Wüstenwanderung gehabt, nun begann auch eine historische Wüstenwanderung der Kirche. Es war eine Zeit, die in gewisser Hinsicht eine geistliche Anarchie einleitete, wie sie auch heute in einigen Ländern zu finden ist; die Menschen waren bereit, buchstäblich alles zu glauben – solange es nicht in der Bibel stand. Vergessen waren die Worte von Jesus, „lass die Toten ihre Toten begraben"; stattdessen eröffnete die Kirche stolz Friedhöfe in der schützenden Nähe „heiliger" Kirchenbauten, wo die Menschen die sterblichen Überreste ihrer Lieben vor den Monstren und Drachen der Tiefe sicher wähnten. Diese Praxis wurde genährt von dem naiven und tief religiösen Glauben, dass Gott in irgendeiner besonderen Weise ganz besonders in Kirchen anwesend sei.

Das Konzil von Ephesus (431) ermahnte zum Gebet zu Maria, der Mutter Gottes. Leo der Große rief sich selbst zum Bischof von Rom aus (440) und Cäsar Valentian (445) befestigte seine Rolle als geistlicher Leiter des gesamten römischen Westreiches. Um das Jahr 500 begann die Priesterschaft besondere Kleiderordnungen einzuführen. In der Zeit von Justinian (527-565) wurde die Kirche wirklich zur vom Staat ordinierten Kirche – alle Priester wurden zu öffentlichen Bediensteten, zu Beamten. Bereits im Jahre 607, nach dem Zusammenbruch des römischen Reiches, war Bonifatius III. der erste Bischof, der den Namen „Papst" in der Römisch-Katholischen Kirche beanspruchte. Davor war der Titel Papst (vom lateinischen *pontifex maximus* – großer Brückenbauer) dem Kaiser von Rom vorbehalten, um seine Rolle als oberster Hohepriester und Gottheit im römischen Staat zu beschreiben. Weitere Schritte in den geistlichen Abgrund waren:

709	Das Küssen der Füße des Papstes wird eingeführt
786	Anbetung von Bildern und Reliquien
850	Der erste Gebrauch von „heiligem Wasser"
995	Die Kanonisierung toter Heiliger
998	Das Fasten am Freitag und in der Passionszeit wird eingeführt
1079	Einrichtung des Zölibats der Priester
1090	Gebetsperlen werden von heidnischen Religionen übernommen
1184	Die Inquisition, die polizeiliche Kontrolle des Glaubens, wird eingeführt. Millionen von Juden, Hexen (und später, nach der Reformation, Protestanten) werden durch die Hände der Kirche Roms den Tod finden. Offiziell anerkannt wurde die Inquisition durch Papst Innozenz IV. im Jahre 1252. Später schlossen sich die reformatorischen Kirchen derselben Gesinnung weitgehend an
1190	Der Ablassverkauf beginnt – Befreiung von Sündenstrafen gegen Bezahlung einer Summe Geldes
1215	Die Transsubstantiation von Oblate und Wein wird gelehrt: diese „Elemente" sollen sich übernatürlich durch die Anrufung des Priesters in den Leib und das Blut Christi verwandeln
1229	Die Bibel wurde als zu heilig für den einfachen Menschen erklärt; dem Laien wurde das Lesen der Bibel verboten
1414	Der Abendmahlskelch wurde Laien verwehrt
1439	Die Lehre vom Fegefeuer wird eingeführt
1439	Das Dogma der Sakramente wird bestätigt
1545	Die Tradition wird zur Offenbarungsquelle neben der Bibel erhoben (Konzil von Trient)

Die Inquisition

Als natürliche und radikale Konsequenz der Entscheidungen, die Gratian und Theodosius im Jahre 380 eingeführt hatten, erhob die Inquisition, die polizeiliche Glaubenskontrolle, ihr blutiges Haupt, eine traurige Gemeinschaftsunternehmung von Staat und Kirche. Millionen von Protestanten verloren ihr Leben durch die Hände von Katholiken und standen der katholischen Kirche später nicht viel nach, als sie die sog. „Wiedertäufer" und „Schwärmer" verfolgten und töten ließen. Nach dem Sieg über das islamische Reich im Jahre 1492 im spanischen Granada fanden die Schergen der Inquisition eine neue Zielscheibe ihrer Machttrunkenheit: die Moriscos, ehemals islamische Mauren, die zum Christentum übergetreten waren. Die Juden gerieten zwischen alle Fronten gleichzeitig, sie wurden als „Gottesmörder" von fast allen Strömungen verfolgt.

Erst am 22. Januar 1998 öffnete der Vatikan, unter der Federführung des deutschen Kardinals Joseph Ratzinger, seine über die Inquisition geführten Archive im Palazzo del Sant' Uffizio in Rom, wo das blutige Geschäft der systematischen Verfolgung und Exekution von Irrlehrern in nicht weniger als 4.500 dicken Bänden dokumentiert ist. „Wir sind um die Wahrheit besorgt; dies ist ein Akt der Selbstreinigung", kommentierte Kardinal Achille Silvestrini diesen Entschluss. Beobachter glauben jedoch, dass die 4.500 Bände weitaus weniger als ein Drittel des ursprünglichen Materials darstellen, der Rest ist verlorengegangen.

„Die Inquisition schnüffelte mit Hingabe jedem hinterher, der nur entfernt nach Häresie roch", schreibt das deutsche Nachrichtenmagazin „Der Spiegel" (23/1998) in einem Bericht. Jedes gefährliche Schriftmaterial wurde auf den *index additus librorum prohibitum*, die schwarzen Liste für verbotene Bücher, gesetzt und – wo immer möglich – verbrannt. Die Inquisition war besonders grausam in Spanien, wo noch 1826 – 18 Jahre nachdem Joseph Bonaparte, ein Bruder Napoleons, die Inquisition für ungesetzlich erklärt hatte – der letzte Irrlehrer in Valencia gehängt wurde. Diese religiöse Verfolgung ging Hand in Hand mit der sprichwörtlichen Hexenjagd vonstatten; ich kann mir das diabolische Grinsen Satans nur zu gut vorstellen, wenn biblisch bekehrte Frauen und Hauskirchenälteste, von der Kirche der Hexerei angeklagt, auf dem Scheiterhaufen verbrannt wurden. Ähnlich grausam und herzlos wie in Spanien war die Inquisition in Deutschland. Als der Reformator Jan Hus im Jahre 1415 in Konstanz auf dem Scheiterhaufen verbrannte, machten die kirchlichen „Konzilsväter" aus ihrem Herzen keine Mördergrube: Sie lachten.

Die Reformation

Martin Luther sagte bereits in Worms (1521) einige für die Ohren seiner Zeitgenossen unglaubliche und unerhörte Worte: „Ich glaube nicht dem Papst und den kirchlichen Konzilen. Es ist eine Tatsache, dass sie sich oft geirrt haben. Ich bin ein Gefangener des Wortes Gottes." Mehr als 1.100 Jahre nachdem sich die ersten kraftvolle Wellen der Hauskirchen an den Gestaden organisierter Kirchlichkeit gelegt hatten, war es dem Mönch Martin Luther vergönnt, den ersten Herzschlag des Evangeliums wiederzuentdecken: „Rechtfertigung durch den Glauben", „Erlösung aus Gnade", „allein die Heilige Schrift". Seine Entdeckung wirkte wie eine Bombe und brach einen theologischen Damm, wodurch der Boden für die konsequente Umsetzung der reformatorischen Einsichten gelegt wurde.

Reformatoren wie Zwingli, Melanchthon, Calvin, John Knox und andere begannen damit, den Gebrauch der Bibel durch den gewöhnlichen Bürger zu fördern. Die Bibel wurde aus dem Latein – der Fachsprache des professionellen Klerus – zunächst in 14 verbreitete Sprachen übersetzt; im Jahre 1600 gab es bereits in 40 Sprachen Bibelübersetzungen. Wenn es möglich war, dass das Herzstück des Evangeliums – Rechtfertigung aus Glauben, Erlösung aus Gnade, Offenbarung allein aus der Bibel – im Sand der Geschichte untergegangen und begraben wurde, was ist dann möglicherweise mit anderen biblischen Einsichten geschehen? Wenn wir uns in den zentralen Themen des Evangeliums derart weit vom biblischen Maßstab verirren konnten, dann könnte sich doch die Kirche in anderen, vermeintlich weniger wichtigen Bereichen ebenso fundamental verfahren haben.

Wenn es möglich war, dass das Herzstück des Evangeliums im Sand der Geschichte untergegangen war, was ist dann möglicherweise mit anderen biblischen Einsichten geschehen?

Die Tatsache, dass die Bibel wieder in die Hand des Volkes gelegt wurde, werte ich als Beginn eines Prozesses, den ich die Geschichte der Wiederentdeckung nenne. Es war der Wendepunkt auf dem Tiefpunkt unserer bildhaften Treppe, die Stelle, in der die Kirche als Ganzes Schritt für Schritt aus dem Dunkel der Vergangenheit nach oben zu steigen begann. Damit war der Grundstein dafür gelegt, dass die Kirche ihrem eigenen strukturellen Gefängnis langsam entsteigen und langvergessene Wahrheiten und biblische Dynamiken wiederentdecken konnte – einschließlich der Hauskirchen als organischer Form von Kirche.

Martin Luthers „Dritte Form der Messe“

In seiner „Vorrede zur Deutschen Messe“, die im Jahre 1526 veröffentlicht wurde, unterscheidet Luther drei Gottesdienstformen oder Messeordnungen: die Lateinische Messe, ein öffentlicher Gottesdienst, bei dem Luther u. a. besonders an die jungen Leute dachte, für die das damalige Latein als kosmopolitische Sprache etwa den Stellenwert des heutigen Englisch hatte; die Deutsche Messe, ein zweiter öffentlicher Gottesdienst in Deutsch; und eine dritte Form der Gottesdienste, über die er Folgendes schreibt (WA 19,44):

> *„Die dritte Form der Messe sollte eine wahre evangelische Ordnung sein und sollte nicht öffentlich für alle Arten von Menschen abgehalten werden. Diejenigen, die mit Ernst Christ sein wollen und das Evangelium mit der Tat und dem Munde bekennen, müssten sich mit Namen eintragen und sich etwa in einem Hause für sich allein versammeln um zu beten, die Bibel zu lesen, zu taufen, die Sakramente zu empfangen und andere christliche Werke zu tun . . .“*

Luther sah sogar die Notwendigkeit einer Art *celebration,* eines Feiergottesdienstes, der die Massen anzog – „wie ein Gottesdienst unter freiem Himmel unter Heiden und Türken“, schreibt er. „Ich freue mich, wenn ihr dazu alle Glocken läutet, alle Orgeln spielt und auf allem blast und trompetet, solange es nur laut ist“, empfiehlt er (WA 73,23).

Luther kam leider nie dazu, diese revolutionäre Umstrukturierung der Kirche in *cell* und *celebration,* in Hauskirchen und Stadtkirchen vorzunehmen. Die Kirchengeschichte kann eine lange Liste von vorzeitig abgebrochenen Versuchen aufweisen, die Hauskirchenstruktur wieder einzuführen. Es scheiterte an diesem und jenem, was viele, die Luther in diesem Ansinnen folgten, am eigenen Leibe erleben mussten. Luther selbst sagt über sein Versagen, Hauskirchen einzuführen:

> *„Aber ich kann und mag noch nicht eine solche Gemeinde oder Versammlung ordnen oder anrichten. Denn ich habe noch nicht die Leute und Personen dazu, noch sehe ich viele, die das wollen. Aber wenn ich gebeten würde es zu tun und es mit gutem Gewissen nicht verweigern könnte, werde ich mit Freuden meinen Teil tun und helfen, so gut ich kann.“*

Der verstorbene englische Bibellehrer Martin Lloyd-Jones glaubt, dass der wahre Grund für das Zögern Luthers an dieser Stelle „ein

Geist der Vorsicht, politische Überlegungen, ein Mangel an Glauben an die Menschen in seinen Kirchen war, gepaart mit der Furcht, die ganze Bewegung an die Wiedertäufer zu verlieren".

Nach 1526 änderte Luther seine Meinung und kehrte zu fast katholischen Gottesdienstformen zurück – zum Teil auf Druck der weltlichen Fürsten hin, die ihm sonst den politischen Schutz entzogen hätten. Luther ist sogar direkt verantwortlich für den Märtyrertod vieler Tausend „Wiedertäufer", die sich seinen Lehren nicht anschließen wollten. Dies war der lutherische Beitrag zur Inquisition. Seit dem Jahre 1530 beharrte Luther darauf, dass alle Christen, die öffentlich das Wort Gottes predigen, ohne Pastoren zu sein, umgebracht werden sollten, selbst wenn sie korrekt lehren.

Am Ende seines Lebens allerdings war Luther mit seinen vielen Errungenschaften nicht wirklich zufrieden. Er schreibt: „Unter Tausenden ist kaum ein rechter Christ. Wir sind fast Heiden mit christlichen Namen" (WA 10,11). „Er konnte es nicht übers Herz bringen, mit den sozialen Formen der Kirche zu brechen, die sie seit der Zeit Konstantins angenommen hatte", kommentiert der Bibellehrer Visser't Hoft. Damit ging es Luther ähnlich wie Calvin – sie reformierten den Inhalt, aber nicht die Form des Christentums. Calvin wusste sich manchmal in diesem Dilemma nicht zu helfen und versuchte gar einmal, alle Bürger von Genf dadurch zum Gottesdienstbesuch zu bewegen, dass er bei einem Fernbleiben eine Geldstrafe von drei Batzen verhängte und mit der Exkommunikation drohte.

Luther ging es ähnlich wie Calvin – sie reformierten den Inhalt, aber nicht die Form des Christentums.

Die apostolische Bewegung um Schwenckfeld

Luther hatte einen einflussreichen Jünger und Lehrer, Caspar Schwenckfeld (1480–1561). Zunächst nahm Luther Schwenckfeld, der ein predigtbegabter Nichttheologe war, auf „wie einen Boten von Gott" und wurde stark von ihm beeinflusst. Schwenckfeld hatte im Jahre 1527 ein dramatisches Wiedergeburtserlebnis . Danach begann er selbst die Bibel zu studieren und es dauerte nicht lange, bis er begann, Luther von dem 1530 eingeschlagenen Kurs wieder abbringen zu wollen. Schwenckfeld sah, dass sich Luther in seinem Kirchenverständnis allzu katholisch verhielt und konnte auch nicht dessen Lehre akzeptieren, dass ein Mensch durch das „Sakrament der Taufe" wiedergeboren werden könne. „Luther begann, seinen früheren Freund Schwenckfeld mit bitterem Hass zu verfolgen, nannte ihn einen dämonisierten Narren und Irrlehrer, und weigerte sich gar, auf Schwenckfelds Briefe zu reagieren; er sandte sie ungeöffnet zurück", schreibt der französische Bibellehrer Alfred Kuen. „Schwenckfeld, der Reformator Schlesiens, musste durch Europa wandern wie ein gehetztes Reh", so Kuen.

Auf seinen Reisen gründete der ausgestoßene Reformator an vielen Orten lebendige Gemeinschaften, die im Wesentlichen Haus-, Bibel- und Gebetsgruppen waren. Um weitere Konflikte mit der etablierten Kirche zu vermeiden, verzichtete Schwenckfeld darauf, das Abendmahl und die Taufe in den von ihm gegründeten Gruppen einzuführen. Als er im Jahre 1561 in Ulm starb, versuchten lutherische Pfarrer mit Gewalt, seine vielen Jünger wieder in die lutherischen Kirchen zu bringen; wenn sie das nicht wollten, wurden sie ins Gefängnis geworfen und mussten zusehen, wie man ihnen die Kinder wegnahm.

Die „Wiedertäufer"

Als Zwingli daranging, die Reformation in Zürich einzuführen, wagte es eine Gruppe von früheren Freunden, eine christlichen Gemeinschaft in Zollikon bei Zürich zu gründen, jedoch ohne offizielle Genehmigung. Die Gruppe bestand aus Felix Mantz, einem Hebräisch-Gelehrten, Conrad Grebel, einem Mitglied des Stadtrats aus einer vornehmen Zürcher Familie, und Georg Blaurock, einem ehemaligen Mönch und ausgezeichneten Evangelisten. Grebel hatte, wie viele andere, damit begonnen, selbst die Bibel zu entdecken, wozu ihn Zwingli ausdrücklich ermuntert hatte.

Im Jahre 1524 wurde den Grebels ein Sohn geboren. Grebel weigerte sich, seinen Sohn als Säugling zu taufen, weil er meinte, aus der Bibel zu erkennen, dass zuerst der Glaube kommt und erst dann die Taufe. In dieser Zeit begannen viele Christen die Bibel zusammen zu lesen, zu beten und das Abendmahl zu feiern. Zwingli rief im Jahre 1525 den Stadtrat zusammen und veranlasste, dass ein Gesetz erlassen wurde, das jedermann dazu anhielt, alle nichtgetauften Kinder innerhalb von acht Tagen zur Taufe zu bringen, sonst würden die Eltern exkommuniziert werden. Der damals übliche Taufritus war aus dem katholischen System übernommen, einschließlich aller Anrufungen, Bekreuzigungen und dem Salben mit Öl und Spucke.

Doch Grebel ließ sich nicht beirren und taufte Blaurock, der dann wiederum 15 weitere Personen taufte. Damit war die baptistische Bewegung geboren. Die Reformatoren nannten diese Bewegung abfällig „die Wiedertäufer" und behaupteten, die dort praktizierte Erwachsenentaufe würde Gottes Gnade, die er im Sakrament der Kindertaufe erweist, herunterspielen und sei deshalb Gotteslästerung. Zwingli stimmte zu, die Leiter der Bewegung zu verurteilen. Grebel starb im Gefängnis, Blaurock wurde geschlagen, weggeschickt und in Tirol auf dem Scheiterhaufen verbrannt, Mantz wurde ertränkt. Die Täuferbewegung verbreitete sich jedoch wie ein Lauffeuer. Viele befürchteten, dass sich die Mehrheit der Bevölkerung gar dieser Sekte anschließen würde, schrieb ein Historiker im 16. Jahrhundert.

Heinrich Bullinger, der Nachfolger von Zwingli in Zürich, erlebte, wie sich Tausende diesen Bewegungen anschlossen, obwohl das bedeutete, dass sie von nun an verfolgt wurden. Viele mussten für ihre biblischen Überzeugungen sterben. In den Niederlanden und Friesland wurden allein in den Jahren 1535 bis 1546 etwa 30.000 Täufer umgebracht. „Die Reformatoren nannten sie ein Sekte und erbten damit eine Wortwahl aus der katholischen Kirche, die alle Formen christlicher Gemeinschaft außerhalb der Kirche zur Sekte erklärte", schreibt der Theologe Emil Brunner.

Labadies Konventikel

Im Jahre 1640 wurde Jean de Labadie, ein früherer Jesuit, Pastor im französischen Amiens. Er hatte nur ein Ziel: die Gemeinschaft der wahren Gläubigen in kleinen „Bruderschaften". Man sagte ihm jedoch bald, dass seine Aktivitäten „den Staatsfrieden bedrohten", und so musste er nach Genf fliehen, was er damit verbinden wollte, „die schlafende Kirche Calvins wieder aufzuwecken", schreibt Alfred Kuen. Skeptische Genfer Pastoren arrangierten deshalb sehr schnell, dass Labadie in die Niederlande abgeschoben wurde. Der Hauptschwerpunkt von Labadie war die Verlegung des christlichen Lebens von Kirchengebäuden in private Häuser.

Er schrieb ein erstes Buch über die Gründung von „Konventikeln", kleinen Gemeinschaften von bekehrten Gläubigen. Darin gab er ihnen praktische Anleitungen, was sie in den Häusern tun sollten: ein Wort der Einführung, Gebet, Singen, Bibellesung, freie Prophetie gemäß 1. Korinther 14,26-31 oder das gemeinsame Besprechen eines biblischen Textes. Seine Arbeit erregte große Aufmerksamkeit; einer seiner vielen Studenten war Philipp Jakob Spener. Aber wegen seiner „sturen Entschlossenheit, Christen in kleinen Gemeinschaften zu versammeln", leisteten ihm auch die reformierten Pastoren in den Niederlanden großen Widerstand. Labadie wurde schließlich exkommuniziert und starb in Altona.

Die Hugenotten und die „Kirche in der Wüste"

Als Claude Brousson, ein berühmter Hugenottenführer, öffentlich im Paris des blutrünstigen Louis XIV. im Jahre 1698 vor einer Menge von 10.000 Menschen ermordet wurde, sang er noch als Letztes Psalm 34. In gewisser Weise erreichte dieses Lied, der Psalm, das Lebenszeugnis von Brousson und die Umstände seines Todes auch die Gestade Englands und wurde von Daniel Defoe und anderen aufgegriffen, die Teil der „Dissenters" waren, derer, die „anderen Sinnes waren" als die etablierte Staatskirche.

Die Dissenters waren in mancherlei Weise eine englische Ausgabe der Hugenotten, einer protestantischen Bewegung Frankreichs, die durch extreme und blutigste Verfolgung durch die katholische Kirche in den Untergrund gedrängt worden war. Dort organisierten sie sich in Hauskirchen und „der Kirche in der Wüste", wie sie sich in Erinnerung an die von der ägyptischen Unterdrückermacht befreiten Israeliten nannten (Apg. 7,38). Zu den geheimen Treffen in Häusern kamen große Versammlungen auf Waldlichtungen und an anderen geeigneten Orten, wo sie einmal mehr versuchten, *cell* und *celebration*, die Hauskirche und die Großversammlung, zu pflegen.

Defoe wurde schließlich ins Gefängnis geworfen, wo er die berühmte Geschichte von Robinson Crusoe schrieb. „Crusoes freies Segeln und Dahingleiten auf den Meeren ist eine Beschreibung der Freiheit des Menschen in Christus; der Schiffbruch ist das Symbol für die Gefangenschaft und die Insel ist ein Bild für Defoes Gefängniszelle", sagt der altgediente Japanmissionar Ken McVety, der darauf hinweist, dass die große Bekanntheit der Geschichte von Robinson Crusoe etwa in Asien nur von sehr Wenigen als Anknüpfungspunkt für missionarische Gemeindegründungsarbeit erkannt worden ist.

Spener und die Gemeinde, die es nicht wagte, Gemeinde zu sein

Philip Jakob Spener (1635–1705), der Vater des deutschen Pietismus, erkannte, dass die bestehende Kirche Ergänzung brauchte und die Einführung von kleinen Gruppen zur Ermutigung und Ermahnung des Einzeln nötig ist. Im Jahre 1670 begann er solche Treffen unter dem Namen „fromme Versammlung" *(collegia pietatis)*. Christen trafen sich zweimal pro Woche in einem Haus, diskutierten manchmal die Sonntagspredigt der lutherischen Kirche, zu der sie gehörten, wurden dann aber schnell eher zu Bibellesegruppen.

Das zog die Opposition der lutherischen Kirchen auf sich. Auf ihr Betreiben hin verbot der Stadtrat von Speners Heimatstadt Frankfurt solche Hausversammlungen. „Spener ist das Opfer eines mangelhaften Selbstverständnisses dieser kleinen Gruppen", kommentiert Bill Beckham. „Obwohl er offenbar der Meinung war, dass diese kleinen Gemeinschaften die wahre Gemeinde war, wollte er nicht die etablierten Kirchen erschrecken und verärgern. Er machte die kleinen Gruppen zu einem Anhängsel der etablierten Kirche und versperrte dadurch seiner eigenen Bewegung die Zukunft." Speners Gemeinschaften waren „gemeinschaftsförmige Nichtkirchen", halbkirchliche Versammlungen, die nicht ernsthaft beabsichtigten, ein vollgültiger Ersatz für die existierenden Kirchen zu sein. Aus diesem Grunde verbot Spener auch das „Austeilen der Sakramente" in den Hausversammlungen. Am Ende seines Lebens war Spener eher zynisch und vorsichtig geworden. Als er schließlich von Frankfurt wegzog, begann er keine neuen Gruppen mehr.

Die Klassen des John Wesley

Viele Untersuchungen der frühen Methodistenbewegung stimmen darin überein, dass einer der wesentlichen Schlüssel der methodistischen Erweckung die Verbindlichkeit der neubekehrten Christen in kleinen Gruppen war – Wesley nannte diese Gruppen „Klassen". Howard A. Snyder schreibt in seinem Buch „The Radical Wesley": „Die Klassen waren eigentlich nichts anderes als Hauskirchen. In ihren Treffen in der Mitte der Woche, die ungefähr eine Stunde dauerten, berichtete jede Person über die geistlichen Fortschritte, die sie machte, sprach von persönlichen Nöten oder Problemen, und die meisten der Bekehrungen geschahen in solchen Hausversammlungen."

Der Methodismus war miteinander verbunden durch ein Netz von Sozietäten (miteinander verbundene Klassen). Im Jahre 1768, 30 Jahre nach dem Beginn der Bewegung, gab es im Methodismus bereits 40 solcher Bezirke mit 27.341 Mitgliedern. Zu Beginn des 19. Jahrhunderts war bereits jeder 30. Engländer ein Methodist. „Wesley bildete etwa jeden fünften der methodistischen Christen, die meist aus der Schicht der armen und ungebildeten Landsleute kamen, Arbeiter ohne viel Bildung, aber mit geistlichen Gaben und dem Eifer, anderen zu dienen, zu Verantwortlichen und Leitern aus. Dadurch hat er Tausende von Menschen in den geistlichen Dienst gestellt", schreibt Snyder. Er bewies, dass möglich ist, wovon Luther nur träumen konnte und nicht zu versuchen wagte: dass nämlich ganz gewöhnliche Menschen von Gott zu Außergewöhnlichem befähigt werden und, im Rahmen einer Hauskirche, eine ungeheure Bewegung auslösen können.

Langsam begann der Methodismus jedoch, sich an der Anglikanischen Kirche zu orientieren und immer größere Betonung auf Sonntagmorgengottesdienste in Sakralbauten zu legen und damit zum Pastoren-System zurückzukehren. „Je weniger sie die verbindlichen Beziehungen in den Klassen-Treffen betonten, desto mehr begann die Erweckungsbewegung abzuebben", notiert Larry Kreider in seinem Buch „House to House".

Wie die folgende Begebenheit andeutet, ist es durchaus möglich, dass selbst unter dem Dach des damals von der Anglikanischen Kirche verfolgten Methodismus heute in einzelnen Fällen Verfolgung Andersdenkender geschieht: „Christliche Eiferer brachen in eine Hauskirche auf den Solomon-Inseln ein, fesselten fünf Männer und zerstörten das Haus, weil dort ein nicht-methodistischer Gottesdienst abgehalten worden war", berichtet die Nachrichtenagentur Reuters im November 1998. „Die Verfassung der Pazifikinsel garantiert zwar Religionsfreiheit, aber traditionelle Sitten und Werte schränken diese Freiheit des Anderen manchmal ein. Auf den Inseln gibt es verschiedene Denominationen und Kirchen. Einige allgemeinverbindliche Satzungen in Dörfern können den Bewohnern vorschreiben, mehrere Gottesdienste pro Woche zu besuchen. Methodistische Leiter sagten, dass althergebrachte Tradition in einigen Dörfern nur methodistische Gottesdienste zulassen würden. Der Bürgermeister von Salamumu gab an, dass man die Männer ja gewarnt hätte, nicht solche Hausversammlungen im Dorf durchzuführen", so der Bericht weiter.

Die „Housechurch"-Bewegung in England

Während der 70er Jahre des 20. Jahrhunderts kam es in England zum Entstehen der *restoration movement (restauration* = Wiederherstellung) oder, wie der Aufbruch auch genannt wurde, zur „Housechurch"-Bewegung. Einer der Schlachtrufe dieser Bewegung war, dass die traditionellen Gottesdienste dringend überholungsbedürftig seien und nach neutestamentlichen Prinzipien restauriert werden müssten. Der Kernimpuls dieser Bewegung ging jedoch weniger von einem neuen Verständnis der Kirche in biblischen Hauskirchenkategorien aus, sondern von einer Wiederentdeckung der geistlichen Gaben und den

Konsequenzen, die sich aus einem Praktizieren der Charismen in traditionellen Kirchen ergaben.

Viele Kirchen waren einfach nicht bereit, in ihrer Struktur den Raum für das Praktizieren von Geistesgaben zu schaffen. Das war der Grund, weshalb viele Christen die traditionellen Kirchen verließen, ganz wie damals John Wesley, dem das Predigen auf anglikanischen Kanzeln untersagt worden war und der dann das Unerhörte tat und einfach im Freien zu predigen begann. Die Christen wollten sich damals einfach eine „bischofsfreie Zone" schaffen, in der sie ihren neugefundenen Glauben inklusive der Geistesgaben praktizieren konnten, ohne an traditionellen Kirchenstrukturen anzuecken. Der Ort, der sich dazu zunächst anbot, waren natürlich die Privathäuser. Obwohl diese neuen Gemeinden und Gruppen oft ihre Treffen in Häusern abhielten – wovon sie den Namen „Housechurch"-Bewegung erhielten, „war der Name Hauskirchenbewegung nicht wirklich zutreffend", sagte Arthur Wallis, ein englischer Kenner der Bewegung, „weil man keineswegs das Haus als Versammlungsort als etwas besonders Wichtiges betrachtete. Immer wenn die neuen Gemeinden wuchsen, schaute man sich schnell nach einem geräumigeren Versammlungsort um, nach Schulsälen, Gemeinschaftszentren, Stadthallen, und manchmal wurden sogar ausgediente Kirchengebäude gekauft."

Die englische „Housechurch"-Bewegung erneuerte einige qualitative Aspekte von Kirche, ohne die Strukturen wesentlich zu verändern, und schüttete neuen Wein in eine moderne Form alter Weinschläuche.

Häuser als Versammlungsort für eine organische Form von Kirche spielten eine relativ geringe Rolle. Es scheint, als ob ein Großteil dieser Bewegung relativ rasch in exakt dieselben kirchlichen Strukturen und gottesdienstlichen Formen zurückfiel, die sie gerade eben verlassen hatten – mit einigen wenigen Unterschieden: Sie legten mehr Wert auf einen dynamischen Pioniertypen als Pastor, eine sogenannte *breakthrough person,* sowie ausgedehnte Anbetungszeiten (in der Regel in musikalischer Form), geistliche Gaben und Evangelisation. Mit anderen Worten: Sie erneuerten einige qualitative Aspekte von Kirche, ohne die Strukturen wesentlich zu verändern, und schütteten neuen Wein in eine moderne Form alter Weinschläuche. Selbst die Tatsache, dass viele neue Gemeinden entstanden sind, hat nicht viel am kirchlichen Gesamtbild verändert, weil es letztendlich noch immer dieselben alten Strukturen waren, die einmal mehr neu gepflanzt wurden.

Eines der frühen Kennzeichen – und Kinderkrankheiten – dieser Bewegung war eine überstarke pastorale Betreuung, die unter den Namen *heavy shepherding* bekannt wurde. Manchmal brauchte es einfach die starke Hand eines modernen Moses, um eine Gruppe von Christen aus der strukturellen Umklammerung der traditionellen Kirchen herauszulösen, was nicht immer kampflos möglich war. Diese Abhängigkeit der Mitglieder von der charismatisch überhöhten Gründer- oder Pastorenfigur kommt einmal mehr davon, dass in Gründerjahren normalerweise sehr viel Dynamik von Einzelnen ausgeht, die dann ihre Rolle als „Schlüsselperson" nicht mehr loswerden. Diese Tatsache löste unnötige Furcht bei denjenigen aus, die außerhalb dieser neuen Gemeindebewegungen standen, und der Bewegung selbst brachte sie manchmal den Vorwurf des Sektiererhaften ein.

Das Phänomen ist aber heute so gut wie verschwunden. Nach einer spektakulären Phase des Wachstums sind viele der ursprünglichen *housechurches* keine wirklichen Hauskirchen mehr, ja es mag sein, dass sie das nie wirklich gewesen sind. Viele dieser neuen Gemeinden haben sich mittlerweile zu traditionellen Freikirchen nach dem Ein-Pastoren-System mit besonderem Schwerpunkt auf junge Familien entwickelt, haben manchmal neue Jugendkirchen hervorgebracht oder sich mit anderen Gemeinden in einem Netzwerk oder einer Denomination zusammengeschlossen. Etwa ein Drittel aller evangelikalen Gemeinden Englands sind heute Teil der *new churches,* der neuen Gemeinden.

Der lange Atem der Hauskirchen

Manche befürchten schon, dass Hauskirchen eine weitere schnell verblassende christliche Modeerscheinung sein könnten, ein Strohfeuer, das bald wieder verlöscht. Ich stimme dem zu, denn diese Gefahr besteht wirklich, ganz besonders dann, wenn wir erlauben würden, dass Hauskirchen die neue Welle, der letzte Schrei, die modernste Entwicklung auf dem ekklesiologischen Markt der Möglichkeiten würde. Traditionelle Gemeindestrukturen benötigen einen beträchtlichen Aufwand an Kontrolle, Hierarchie, Infrastruktur, Finanzen, Rhetorik, Motivation und Mobilisation, um die Organisation – und den darin enthaltenen geistlichen Organismus – am Leben zu erhalten. Hauskirchen sind hier anderes strukturiert, weil sie sich viel organischer gestalten: ein lebendiges, freilaufendes Wesen, eine freifliegende Wildgans, keine domestizierte Hausgans.

Hauskirchen brauchen eigentlich den Beweis dafür nicht anzutreten, dass sie keine kurzlebige Modeerscheinung sind, denn sie haben sich bereits über Jahrhunderte hinweg bewährt. Es waren Hauskirchenstrukturen, die die christliche Gemeinde bis in die Zeit Konstantins durchtrugen. Und es ist sicherlich nicht übertrieben zu sagen, dass Hauskirchen über die Jahrhunderte hinweg eine der wichtigsten Überlebensstrukturen geistlichen Lebens waren, als nach Konstantin und durch das Mittelalter hindurch die Pastorenkirche zum fast einzig gültigen Modell von Kirche erklärt wurde. Oft sind hauskirchliche Formen innerhalb bestehender Kirchen zu einer Art geistlicher Arche Noah geworden, wo die gelebte Gemeinschaft der Christen immer wieder aufleuchtete und der christliche Glaube nach weiteren Lebensräumen suchte und sie fand. Die meisten geistlichen Erneuerungsbewegungen der Geschichte entwickelten kleine Gruppen, „Konventikel", Zellen oder Klassen. Viele sahen in diesen Strukturformen nicht fragmenthaft entstehende Hauskirchen, wie wir das heute wieder tun, weil die kirchliche Atmosphäre und die soziale Kontrolle früher viel gespannter war. Aber es wird schnell deutlich, dass die immer wieder entstehenden hauskirchenähnlichen Strukturen eine Art „Konservatorium" waren, ein geistlicher Wintergarten, der über die Jahrhunderte viel an lebendiger Christlichkeit bewahrte – einschließlich des Mönchtums, das eine etwas zu extrem geratene Reaktion auf die kalte und gemeinschaftslose Kirchlichkeit war.

Hauskirchen brauchen eigentlich den Beweis dafür nicht anzutreten, dass sie keine kurzlebige Modeerscheinung sind, denn sie haben sich bereits über Jahrhunderte hinweg bewährt.

In neuerer Zeit zeigen die Beispiele von Russland oder China, dass Hauskirchen selbst in repressiven politischen Systemen nicht nur überleben, sondern sogar blühen können. Manchmal fand diese kleine Flamme Nahrung und entflammte eine ganze Kirchenbewegung; oft hielt sich das Feuer aber nur für eine kurze Zeit, bis die entstehende Kleinstruktur von den großkirchlichen Systemen aufgesogen wurden und der ursprüngliche erweckliche Geist wieder an der übermächtigen Mutterbrust der institutionellen Kirche zu ersticken drohte. Ich nenne diesen Rhythmus „das Galater-Muster": „Seid ihr so unverständig? Im Geist habt ihr angefangen, wollt ihr es nun im Fleisch vollenden?" (Gal. 3,3).

Ganz gleich wie geistvoll und schwungvoll eine neue Bewegung oder eine Gemeinde anfing, unweigerlich wurde sie früher oder später auf strukturellem Gebiet schläfrig, oft gerade dadurch, dass sie nicht müde wurde, von den eigenen Errungenschaften und geistlichen Lorbeeren der Gründerjahre zu berichten. Am Ende fiel man wieder zurück ins alte Fahrwasser, die gute alte Pastorenkirche, das Modell der *congregation.* Dies ist beispielsweise auch eine der tragischen Entwicklungen der Kirchen in Indien, wie Donald McGavran in seinem Buch „The Founders of the Indian Church" nachweist. Ähnliches kann in vielen Ländern beobachtet werden: Fast alle einheimischen Gemeinden beginnen in Häusern – und enden in Kathedralen.

Apostolisch-prophetische Reformation

Nach dem biblischen Text von Epheser 2,20 ist der apostolische und prophetische Dienst nicht nur entscheidend dafür, die Grundlagen der Gemeinden zu legen, sondern Apostel und Propheten sind geradezu das Baumaterial des Fundamentes der Gemeinden. Es ist richtig, dass die Bibel uns auffordert, „die Apostel zu prüfen" und „die prophetischen Aussagen zu wiegen", denn unbiblischer Personenkult und die Vergötzung charismatischer Leiterpersonen ist dem Neuen Testament fremd. Dennoch scheint es deutlich zu sein, dass der apostolische Dienst im Hinblick auf die Gründung neuer Gemeinden „grundlegender" ist als etwa der prophetische Dienst, dem es gut ansteht, sich apostolischer Begabung unterzuordnen und sich in die lokalen Gemeinden einzufügen.

Ich gehe davon aus, dass in diesem Text (der keine zeitlichen Rahmenbedingungen beschreibt) die grundlegenden Funktionen des apostolischen und prophetischen Dienstes für das Gründen von christlichen Gemeinden in der Vergangenheit, Gegenwart und Zukunft gemeint sind. Dispensationalistische Theologie, ein Grundelement konservativen evangelikalen Denkens in vielen Ländern, hat die Heilsgeschichte säuberlich in Abschnitte eingeteilt und sich in manchen Fällen sogar dazu verstiegen zu behaupten, dass apostolische und prophetische Dienste heute nicht mehr nötig seien, weil wir ja jetzt die Bibel hätten. Diese Haltung führt jedoch oft in eine gefährliche Sackgasse, weil von nun an alles heilsgeschichtliche Handeln Gottes sozusagen von der Bibel allein erwartet wird. Dadurch wird das Wort Gottes zu einem Studienobjekt, das wissenschaftlich erforscht werden muss oder in Bibelgruppen nur intellektuell zerlegt und diskutiert wird – statt befolgt! Dabei besteht die Gefahr, dass das Wort Gottes die Person Gottes auszublenden beginnt, so wie der Mond in besonderen Konstellationen die Sonne bei einer Sonnenfinsternis verdunkelt.

Ein anderer Nebeneffekt dieses theologischen Irrwegs – der oft nichts anderes ist als eine selbstrechtfertigende Hinwegerklärung aller Erfahrungen, die mancher eben nie gemacht hat – ist, dass von der ursprünglich fünf geistliche Dienste umfassenden Dienstvielfalt (Eph. 4,11) nur drei übrig gelassen werden: der Pastor, der Evangelist und der Lehrer. Die Geschichte zeigt, dass wir versucht haben, Gemeinden nur mit diesen drei Begabungen zu bauen und die apostolischen und prophetischen Gaben zu ignorieren. Das hat zur Entstehung von pastoralen oder evangelistischen Gemeindemodellen geführt oder zu solchen, die ganz um die Lehrgabe einer Person herum aufgebaut wurden – und die bei deren Wegzug oft reichlich schnell wieder zerfielen. Diese lehrhaften, pastoralen oder evangelistischen Modelle von Gemeinde haben zwar viele Landstriche „erfüllt" – aber nicht wirklich die Nationen „zu Jüngern gemacht".

Können Evangelisten zu falschen Propheten werden?

In vielerlei Hinsicht sind Evangelisten – und die von ihnen entwickelten Organisationen, Pläne und Strategien – von einem Großteil der Gemeinden aufgenommen worden, als seien sie von Gott gesandte Propheten. Ein Evangelist ist aber eben kein Prophet, sondern einer, der „die Arbeit eines Evangelisten" tut. Wenn ein Evangelist beginnt sich wie ein Prophet zu verhalten, dann begibt er sich außerhalb seines geistlichen Wirkungsbereichs, übertritt eine bestimmte Linie, nimmt einen Dienst war, für den er nicht „gesalbt" ist, kurz: dann beginnt der Schuster zu kochen.

Der Evangelist steht dann in der Gefahr, mit allen seinen gesunden Absichten und einem von Gott geschenkten Herzen für das Seelenheil von Millionen von Menschen den Leib Christi auf Nebenschauplätze zu führen. Er will das Dach noch vor dem Fundament des Hauses errichten und ist gefangen in einer rein evangelistischen Interpretation des Wesens der Gemeinde. Er steht auf und ruft: „Da lang, Gemeinde Jesu, schnell hinaus an die Hecken und Zäune!", und merkt gar nicht, dass er damit einen prophetischen, richtungsweisenden Dienst wahrnimmt, den er einfach nicht hat. Damit kann es dazu kommen, dass er als falscher Prophet funktioniert, ohne das in seinen kühnsten Träumen zu ahnen. Wenn wir heute Evangelisten so behandeln, als wären sie Propheten, was tun wir dann mit den wirklichen Propheten? Welche Rolle bleibt ihnen dann noch übrig, außer vielleicht merkwürdige geistliche Randsiedler und Wunderlinge zu sein mit unmodernen Vorschlägen, naive Narren eben, die nicht begreifen, wohin der Zug fährt?

Das Ergebnis ist, so paradox das klingen mag, eine geistliche Selbstblockierung der Gemeinde im Namen der Evangelisation. Viele Gemeinden werden es schwer haben, in eine apostolische und prophetische Richtung zu gehen, weil sie nach vielen Jahren evangelistischer Mobilmachung eine theoretische „evangelistische Mentalität" entwickelt haben und kaum merken, dass sie damit längst nicht das sind, was Gott eigentlich aus ihnen machen wollte. Viele Beobachter der geistlichen Entwicklungen sind sich einig, dass wir derzeit auf der ganzen Welt eine Wiedererweckung der apostolischen und prophetischen Dienste erleben. Dies wird die Kirche buchstäblich von Grund auf verändern. Wir können sicher sein, dass es dadurch an immer neuen Orten zu einer Wiederentdeckung apostolisch-prophetischer Gemeindemuster kommen wird. Es ist mir deshalb wichtig zu unterstreichen, dass ich die Hauskirchen als ein solches Muster verstehe, als natürliches Produkt neu entstehender apostolischer und prophetischer Begabungen, die Gott seiner Kirche heute wie damals schenkt.

Das Gespräch, das nie stattgefunden hat

Ich kann mir eine fiktive Unterhaltung denken, die Jesus und die Gemeinde, seine Braut, über die Jahrhunderte hinweg führten. Das Thema: Hauskirchen in der Geschichte.

„Ihr werdet euch erinnern, dass ich gesagt habe, ich will meine Gemeinde bauen", sagte Jesus. „Und weil ich versprochen habe, alle Zeit bei euch zu sein bis an das Ende der Welt, wollte ich, dass unsere Beziehung sieben Tage in der Woche lebt, die Gemeinde also Teil eures Alltags ist und dort zu Hause, wo auch ihr zu Hause seid, in Häusern."
Es gab ein erstauntes Murmeln unter den Jüngern.
„Oh", sagte Pachomius, der Gründer der Mönchsbewegung, „was du da eigentlich sagen willst, ist, dass wir alle ins Kloster sollen und Mönchszellen bilden, nicht wahr?"
„Nicht ganz", antwortetet Jesus.
„Ecclesiolae in ecclesia? – kleine Gemeinschaften in der großen, richtigen Kirche?", fragte Luther.
„Ziemlich nahe dran!", sagte Jesus, „aber noch nicht das, was ich meine."
„Collegiae pietatis – fromme Bibelgruppen, die sich in Häusern treffen?", fragte Philipp Jakob Spener.

„Gebetsgruppen oder wenigstens eine Art Gemeinschaften?", fragten die Herrnhuter.
„Nein, es geht mir eher um Hauskirchen", antwortete Jesus.
„Jetzt wissen wir, was du meinst. Bibelgruppen, stimmt's?!"
„Vielleicht haben wir da was vergessen. Also gut, evangelistische Bibelgruppen."
„Oder wie denkst du über LEGS, Laien-Evangelistische Gruppen Studien", fragte ein Vertreter einer Bewegung in den Philippinen in den 70er Jahren des 20. Jahrhunderts.
Im späten Abschnitt des 20. Jahrhunderts riefen viele Stimmen gleichzeitig durcheinander, jeder wollte die Aufmerksamkeit von Jesus erregen.
„Jugendgruppen?", bohrten sie. „Betreuungsgruppen? Sonntagsschulgruppen? Kleingruppen? Hausgruppen? Hauskreise? Lebensgruppen? Vielleicht Neues-Leben-Gruppen? Nachfolgetreffen-Gruppen? Entdeckungsgruppen? Jüngerschaftsgruppen? Dienstgruppen? Oikos-Gruppen? Serendipity-Gruppen?"
„Er scheint das Wort Gruppen nicht zu mögen. Versuchen wir es mal mit Zellen", schlug eine hilfreiche Stimme vor.
„Also gut, wie steht es mit Hauszellen oder sagen wir Lebenszellen. Gemeinschaftszellen? Oder einfach ganz schlicht nur Zellen?"
Keine Antwort.
„Alpha! Was er wirklich meint, sind Alphagruppen!", rief jemand. „Der Namen wird ihm gefallen, und uns wird das Essen am Heilig-Geist-Wochenende und die Tatsache, dass es ja nur Gemeinschaft auf Zeit ist, schmecken. Genau das, wonach unsere Gesellschaft sucht."
„Basisgemeinschaften?", fragte ein Vertreter dieser Bewegung in der Römisch-Katholischen Kirche.
„Kleine Gemeinschaftsgemeinden", schlug jemand vor.
„Was ist denn das?", fragte Jesus.
„Gemeinden, die tatsächlich Gemeinschaft leben oder die wenigstens unterwegs sind von einer Vorform der Gemeinde zur richtigen Form von Gemeinde."
„Ach ja?", staunte Jesus.
„Hurra, jetzt haben wir es gefunden! Zellkirche, komplett mit einem System regionaler Subdivisions-Pastoren, Typus-B-Evangelisation an geistlichen Erntepunkten und einer langen Liste bewährter Eisbrecher für den Gesprächseinstieg am Zellenabend", erklärte jemand.
„Also", räusperte sich Jesus, „was ich eigentlich meine, sind schlichte Hauskirchen, ganz unkomplizierte Formen des gemeinsamen Lebens, Christen, die sich eben in Häusern treffen. Warum ist denn das so schwer für euch zu verstehen?"

Kapitel 3

Das Wesen der Hauskirchen

Was sie sind, was sie tun, und wie sie funktionieren

Was sie sind

Die Hauskirche ist das in übernatürlicher Kraft geführte gemeinschaftliche Leben von Christen in ganz normalen Häusern. Es ist der erlöste Lebensstil, der vor Ort gelebt wird. Es ist der organische Weg, wie Christen Jesus im Alltag gemeinsam nachfolgen. Weil die Erlösten nicht mehr sich selbst gehören, nehmen sie konsequenterweise einen gemeinschaftlichen Lebensstil an; sie leben nicht länger in einer privaten und individualistischen Welt. Hauskirchen beginnen dann, wenn Christen verstehen, dass sie nicht mehr ihr eigenes Leben führen können – vorbei an anderen Christen in ihrer Umgebung –, sondern mit anderen gemeinsam beginnen, die Werte des Reiches Gottes in ihrem Leben zusammen umzusetzen, und aus diesem Grund beginnen, ihr Leben mit anderen Christen – und Noch-Nicht-Christen! – um sie herum zu teilen.

Es ist eine konsequente Umsetzung der Einsicht, dass wir nicht dazu geschaffen sind, Jesus Christus und seinen Geist nur in heiligen Räumen zu erfahren, die für diesen Zweck reserviert sind, sondern mitten im Leben. In diesem Sinne sind Hauskirchen das Todesbett des Egoismus – und deshalb der Geburtsort der Gemeinde. Wahre Gemeinschaft beginnt, wo der Individualismus endet. Arthur Katz, ein messianischer Jude, der einen Großteil seines Lebens in einer solchen Gemeinschaft gelebt hat, sagt: „Gemeinschaft in diesem Sinn pulverisiert Ihr altes Ego in der Kraft des Geistes Gottes und bewahrt Sie davor, ein miserables Privatleben zu führen, wo wir nach einem einstündigen Gottesdienst pro Woche nach Hause eilen, um die Blumen zu gießen, auf unserer Veranda zu sitzen, unser eigenes Mittagessen alleine zu uns zu nehmen und dann unser Auto zu waschen. Unser! Wir müssen beginnen als Teil der Gemeinschaft der Erlösten zu funktionieren. Und als

Erlöste gehen wir eben nicht nach dem Gottesdienst nach Hause – wenn wir zusammen sind, dann sind wir doch zu Hause!"

Hauskirche bedeutet, dass der Leib Christi in Häusern zusammenkommt und sich als zueinander bekehrte Gemeinschaft versteht oder, wie Graf Zinzendorf es ausdrückte, als die Gemeinschaft der dreifach Bekehrten. Christen sollten „drei Bekehrungen" erleben:

1. Zuerst eine vertikale Umkehr hin zu Gott, zu Jesus, dem Haupt der Gemeinde.
2. Dann bekehren sie sich vertikal zueinander, das ist die Bekehrung zum Leib Christi auf Erden.
3. Daraus ergibt sich die Bekehrung hin zur Welt im hingebungsvollen und eben gemeinschaftlich getragenen Dienst.

Viele Hausgemeinden beginnen deshalb mit einer Art Bundesschluss, wo man sich einander in genau diesem Sinne vor Gott verpflichtet.

In vieler Hinsicht ist eine Hauskirche eine geistliche Großfamilie, wo man spontan und organisch das Leben miteinander teilt und in einem Netz von gesunden Beziehungen wirklich zu Hause ist. Das tägliche Leben von Hauskirchen braucht nicht mehr an Organisation, Bürokratie und Zeremonien als eine gewöhnliche Großfamilie. Hauskirchen wirken auf den Außenstehenden wohl so, dass sie wie eine Zusammenkunft vieler Blutsverwandter sind, und in sehr realer Weise stimmt das auch. Aber es ist mehr als nur das. Hauskirchen sind eine Schöpfung Gottes, ein übernatürlicher Lebensweg, der von Gott erfunden und ermächtigt ist, Dinge zu bewirken, die eine normale Familie nicht tun kann. Eines der außergewöhnlichen Geheimnisse der Hauskirche ist die ihr innewohnende Multiplikationsstruktur, zum Beispiel in Form des fünffältigen Dienstes, der wie das Blutkreislaufsystem eines Körpers funktioniert und deshalb den ganzen Körper zum Wachstum – und schließlich zur Multiplikation – anregt.

Das tägliche Leben von Hauskirchen braucht nicht mehr an Organisation, Bürokratie und Zeremonien als eine gewöhnliche Großfamilie.

Wie sie sind

Hauskirchen reflektieren Gottes Qualitäten und seinen Charakter. Der gemeinschaftliche Lebensstil der Hauskirchen ist deshalb geprägt von Liebe, Wahrheit, Vergebung, Glauben und Gnade. Hauskirchen sind ein idealer Weg, sich gegenseitig Liebe zu zeigen, einander zu vergeben, mit den Trauernden zu trauern und mit den Lachenden zu lachen, Gnade zu erleben und selbst zu praktizieren und dauernd – im Alltag! – in Berührung mit der Wahrheit und Vergebung Gottes zu sein. Es ist ein Ort, an dem alle Masken fallen können, wo Menschen offen voreinander sein können – und sich dennoch weiterhin liebhaben.

Was sie tun

Weil wir in der ständigen Gefahr sind, nach bequemen Kopiervorlagen zu suchen und Erfahrungen von anderen einfach zu übernehmen, möchte ich einmal mehr darauf hinweisen, dass ich nicht empfehlen kann, die Kopie einer neutestamentlichen Hauskirche direkt und 1:1 aus dem Neuen Testament zu übernehmen. Stattdessen rate ich, die neutestamentlichen Prinzipien und Grundwerte sehr ernst zu nehmen, als von Gott unverrückbar gegebene Grundlagen, und erst dann daran zu gehen, Hauskirchen in unserem kulturellen, sprachlichen und geschichtlichen Kontext zu entwickeln, ihnen wieder „Fleisch zu verleihen".

Dies ist weit eher ein Prozess der Inkarnation als der Kontextualisierung, dem „Griffig-Machen" ausländischer Konzepte. Hier will Gott „Gestalt unter den Menschen" annehmen, statt dass wir einfach billige oder auch teure Kopien von importierten und scheinbar überall erfolgreichen Modellen übernehmen. Hier kommen einmal mehr die apostolischen und prophetischen Gaben zum Tragen, denn gerade sie sind es, die Gott typischerweise gebraucht, um eine gesunde Form von Gemeinde in einem bestimmten Umfeld zu entwickeln und zu entfalten. Nachdem wir uns einen sehr groben Überblick über neutestamentlichen Hauskirchen sowie Hauskirchen in der Geschichte und Gegenwart verschafft haben, möchte ich vier Grundelemente der Hauskirchen beschreiben. Sie scheinen so etwas wie ein Gerüst der Hauskirchen aller Zeiten zu sein:

1. Gemeinsames Essen

Die Christen trafen sich, um zu essen. Fast jedesmal, wenn Jesus Menschen lehrte, geschah es in Verbindung mit einem Essen, oft genug bei ihnen zu Hause. Sehr häufig geschah das Lehren direkt bei Tisch, während des Essen, nicht etwa nur nach dem Essen. Es geschah mitten im Leben – umgeben von Kindern und Besuchern, nicht in einem künstlich veranstalteten Seminar. Hauskirche ist in vielerlei Hinsicht zunächst Tischgemeinschaft, der Ort, wo man miteinander isst. Das Abendmahl war eine gehaltvolle Mahlzeit mit symbolischer Bedeutung, nicht ein symbolisches Mahl mit gehaltvoller Bedeutung. Als die Jünger damals mit Jesus zusammen beim Lammbraten saßen, verstanden sie langsam, was hier eigentlich geschieht: Menschen essen zusammen mit Gott! Die hebräische Ess-Tradition begann damit, das Brot zu brechen – womit das Essen für eröffnet erklärt war –, dann kam der Hauptgang und zum Schluss gab es ein Glas Wein. Das Essen hatte drei Gänge, Vorspeise, Hauptgang und Dessert.

Hauskirche ist zunächst Tischgemeinschaft, der Ort, wo man miteinander isst. Das Abendmahl war eine gehaltvolle Mahlzeit mit symbolischer Bedeutung, nicht ein symbolisches Mahl mit gehaltvoller Bedeutung.

Das Neue Testament beschreibt uns die frühen Christen so: „Sie aßen zusammen mit Frohlocken und Einfalt des Herzens" (Apg. 2,47), was durchaus eine tägliche Erfahrung zu sein schien. Das Essen war einer der Hauptzwecke der Zusammenkunft. „Wenn ihr zusammenkommt zum Essen, wartet aufeinander", sagt Paulus (1. Kor. 11,33). Essen ist nicht das zentrale Element des Reiches Gottes (Röm. 14,17), aber ein wichtiger Bestandteil bei der Ausbreitung des Reiches Gottes. Als Jesus seine Jünger zu zweit aussandte (Lk. 10,1-8), wies er sie an, einen Mann des Friedens zu finden und „zu essen und zu trinken was sie euch geben". Wenn die Jünger des Herrn der Welt zu ihrer eigenen elementaren Bedürftigkeit standen und von ihren Gastgebern Nahrung annahmen, dann begannen sie damit, das Leben auf einer sehr intimen Ebene mit ihnen zu teilen. Sie gaben prophetisch zu erkennen, dass alle Menschen von Gott abhängig sind, dass er ihnen das tägliche Brot gibt, ob sie sich dessen bewusst sind oder nicht. Das wiederum öffnete die Herzen der Gastgeber für das „Brot des Lebens", das die Jünger im Gegenzug anzubieten hatten.

Es ist für die soziale Identität eines jeden Menschen entscheidend, mit wem er isst. In vielen Kulturen essen wir nur mit solchen Menschen regelmäßig, die zu unserer Familie gehören, mit unseren Blutsverwandten. Genau das ist die Botschaft der Hauskirchen als familiäre Tischgemeinschaft, wobei wir alle durch das Blut von Jesus Christus Teil von Gottes Haushalt geworden sind und deshalb tatsächlich geistlich Blutsverwandte sind. Im Haushalt Gottes ist Gott selbst der Vater (Mt. 23,9), Jesus ist der Hausherr und die Jünger sind die Kinder (Mt. 10,25). Dadurch beginnen Menschen, die bislang nichts miteinander zu tun hatten, sich plötzlich wie engste Familienglieder zu verhalten, etwas, was in vielen Kulturen undenkbar und einfach unerhört ist. Das schlichte gemeinsame Essen war und ist das Kennzeichen einer tiefen und in diesem Fall revolutionären neuen Gemeinschaft, die quer durch alle nationalen Identitäten, soziale Kasten, Clans und Stammeszugehörigkeiten hindurchgeht. In manchen Nationen wird mit einem Essen ein Vertrag besiegelt oder Frieden geschlossen. Wenn Menschen aus den unterschiedlichsten Kulturen oder gesellschaftlichen Schichten zusammen essen, dann verkündigen sie eine prophetische Botschaft: „Wir sind eine Familie, seht her, wir essen sogar zusammen!"

2. Dynamisches Lehren

In der hebräischen Kultur war der Lehrer der Hausvater, der seine Familie bei Tisch unterwies. Lehre war stärker darauf ausgerichtet, Fertigkeiten zu vermitteln, also jemandem zu zeigen, wie man Dinge tut, als zu erklären, warum die Dinge so sind, wie sie sind. Das Ziel der Lehre im Neuen Testament ist nicht die einseitige Wissensvermittlung, sondern besteht darin, Menschen zu helfen, Gott besser gehorsam zu werden und sich ihm und seinen Zielen besser zur Verfügung stellen zu können (Röm. 1,5). Die Ältesten der Hauskirchen hatten die väterliche Rolle inne und wirkten als väterliche Lehrer, zusammen mit charismatisch begabten Lehrern, die entweder vor Ort wohnten oder zu Besuch kamen, oder apostolischen Personen, die öffentlich und „von Haus zu Haus" lehrten (Apg. 20,20). Obwohl die frühe Gemeinde ein starkes Wachstum ganz ohne geschriebenes Neues Testament erlebte, heißt es, dass „das Wort Gottes zunahm" (Apg. 6,7), „wuchs und sich mehrte" (Apg. 12,24), „sich ausbreitete" (Apg. 13,49) und „mit Macht wuchs und überhandnahm" (Apg. 19,20).

Der Kerninhalt der Lehre ist „das Wort", die Geschichte Gottes, die Bibel, das, was Gott über sich preisgegeben hat, sowie über uns, die Welt, und wie man lebt (1. Thess. 4,1). Das Ziel ist, dass wir Menschen besser in Gottes Welt passen. Gott befreit den Menschen von der Last, nur seinen eigenen Trieben folgen zu müssen, und bietet ihm eine tragfähige Beziehung zu sich an durch die Person von Jesus Christus. Durch diese Beziehung lernt der Mensch, sich ganz neu in den von Gott geschenkten Gesamtzusammenhang der Schöpfung einzubringen und seinem Schöpfer immer ähnlicher zu werden, also eine Art Reifeprozess zu durchlaufen, der darin gipfelt, andere wiederum anzuleiten, diesen Prozess weiterzuführen. Dadurch wird der Mensch nicht nur reif, sondern „normal", er nähert sich mehr und mehr den Normen Gottes, auch wenn diese zeitweise weitab der modernen Weltanschauungen liegen.

Hier geht es um transformierende Lehre, die nicht in erster Linie darauf bedacht ist, ein komplexes Lehrsystem in den Kopf eines Schülers zu verpflanzen, sondern darauf hinzuarbeiten, dass Menschen dem historischen Jesus Christus so ähnlich wie möglich werden. Es geht also nicht in erster Linie um das Auswendiglernen der richtigen Inhalte, sondern um die Auswirkungen der biblischen Einsichten im praktischen Leben. Es ist deshalb wirklich die falsche Frage, „ob man schon den Römerbrief durchgenommen hat"; man fragt besser, ob eine Gemeinde bei der Lektüre des Römerbriefs gelernt hat, sich klar von Sünde zu distanzieren, eine gesunde Beziehung zum Volk Israel zu pflegen oder einen gabenorientierten Dienst wahrzunehmen.

Der Lehrstil kann verschieden sein, nur eines ist sicherlich nicht angebracht: eine lange Predigt. Typisch für Lehre im erweiterten Familienkreis ist eine kurze Einleitung, ein Bild, ein Gleichnis, einige Beispiele, die das Gespräch in Gang bringen, die immer wieder von Lauten der Zustimmung unterbrochen werden oder dadurch, dass jemand noch etwas Tee oder Süßigkeiten will. Dies eröffnet üblicherweise eine Zeit, in der Fragen und Antworten hin- und hergehen, eine interaktive und dynamische Lehrform, weil sie jedem Teilnehmer erlaubt, sich einzubringen und die Erklärungen zu bekommen, die er benötigt. Dabei sind die Fragen manchmal wichtiger als die Antworten. „Fragen offenbaren oft, was eine Person wirklich denkt, und können sehr hilfreich sein mentale Blöcke zu beseitigen, wenn wir mit ihnen richtig umgehen und so das geistliche Wachstum der gesamten Gemeinde fördern", sagt Met Castillo.

Lernen heißt nicht nur hören, sondern zusehen wie man es macht, dann selber tun und schließlich andere darin anleiten, wie man es macht.

Bei diesem dynamischen Lehrstil gibt es kein wirkliches Examen zu bestehen, es sei denn, dass man anfängt die neuerkannte Wahrheit im eigenen Leben anzuwenden. Jesus sagte: „Lehret sie halten alles was ich euch befohlen habe" (Mt. 28,20). Lernen heißt also nicht nur hören, sondern zusehen wie man es macht, dann selber tun und schließlich andere darin anleiten, wie man es macht.

Das griechische Wort, das im Neuen Testament oft als „predigen" übersetzt wurde, ist *dialogizomai,* was buchstäblich bedeutet, einen Dialog zu führen. Als Paulus „seine Predigt lange hinzog" (Apg. 20,7) und der junge Epaphras vom Fenster in seinen kurzzeitigen Tod fiel, hielt Paulus nicht etwa eine Predigt im Sinne eines endlosen Monologes; er befand sich in einer Frage- und Antwortzeit. Auf diese Weise haben die Teilnehmer die Chance, das Lernen selbst durch ihre Fragen zu steuern; das wiederum hält ihre Interesse wach und lässt ihre Lernkurve steil ansteigen. Dass es zu jeder Regel eine Ausnahme gibt, zeigt, dass Epaphras ausgerechnet bei der aufregendsten Interviewzeit mit Paulus einnickte.

Diese dynamische und interaktive Lehrform unterscheidet sich stark von dem Stil des Lehrens, der bei uns im Westen üblich ist. Hier geht es oft mehr darum, Menschen durch Wissensvermittlung zu ermöglichen, einen größeren Einfluss auf die Dinge zu nehmen, um sie besser in die Richtung der eigenen Bedürfnisse steuern zu können. Es ist ein besitzergreifendes und individuelles Vorgehen, der Student (Einzahl!) eignet sich einen Lehrinhalt an. Die gängige Lehrform ist ein Vortrag, ein professoraler Monolog, der sich an Studenten richtet, in der Regel in Hörsälen, weitab von der Realität des Lebens.

Der kinetische Lehrstil ist darauf aus, Menschen zu „Tätern des Wortes" zu machen, ihnen zu helfen, allem zu gehorchen, was Jesus uns gelehrt hat.

Der östliche Lehrstil, der in der Bibel vorherrscht, ist kinetisch, beweglich, frei fließend. Das Lehrgespräch bewegt sich, etwa an einem Tisch, von Person zu Person, und jeder ist eingeschlossen. Ziel ist nicht, einen Lehrinhalt in drei Punkten und 15 Minuten möglichst originalgetreu zu transplantieren, sondern es geht um den Aufbau von einem Gruppenkonsens, einer gemeinsamen Überzeugung, die dann zu gemeinsamem Handeln führt. Die übliche westliche Lehrform, der Klassenzimmer-Stil, ist statisch; der Lehrer indoktriniert eine passive Menge und versucht seine Überzeugungen in mehr oder minder geordneter Form, getreu des griechischen und römischen Konzeptes der Scholastik und des Intellektualismus, systematisch an den Mann zu bringen. Das Ziel dieser Art des Lehrens ist die Weitervermittlung von Wissen an den Einzelnen.

Die Kommunikationswissenschaft hat nachgewiesen, dass dieser griechische konfrontative und statische Lehrstil ein äußert unwirksames Lehrmittel ist, das mehr die intellektuelle Selbstdarstellung fördert als die wirkliche Weitergabe von Fertigkeiten; das jüdische, partizipatorische und kinetische Modell jedoch hat sich als viel effektiver darin erwiesen, Meinungen und Werte von Menschen – und deshalb ihr Leben – zu verändern. Dieser Lehrstil scheint einfach viel näher am Leben selbst dran zu sein, ist ein Teil des Alltags und findet nicht in einer künstlichen Umgebung statt. Der kinetische Lehr- und Lernstil wird von Menschen mit echten Fragen angetrieben und läuft nicht nach einem theoretischen Lehrbuch und einem von außen kommenden Lehrplan ab.

Der kinetische Lehrstil ist darauf aus, Menschen zu „Tätern des Wortes" zu machen, ihnen zu helfen, allem zu gehorchen, was Jesus uns gelehrt hat (Mt. 28,20). Kommunikationswissenschaftler weisen darauf hin, dass wir 10 Prozent vom dem, was wir lesen, auch behalten; 20 Prozent von dem, was wir hören; 30 Prozent vom dem, was wir sehen; 50 Prozent von dem, was wir hören und sehen; 70 Prozent von dem, was wir selbst gesagt haben; und 90 Prozent von dem, was wir selbst getan haben. Es ist einfach gute wissenschaftliche Praxis und entspricht einem ökonomischen Umgang mit den vorhandenen Ressourcen, wenn wir anderen Menschen dabei helfen sich zu äußern, sich einzubringen, sich zu entwickeln; ihnen beizubringen, wie sie andern beibringen können, im praktischen Leben Jesus nachzufolgen. Gibt es wirklich einen besseren und effektiveren Weg als den, mit anderen Menschen gemeinsam die Wahrheiten der Bibel zu leben, es einander also beispielhaft vorzuleben? Das wird immer ein „fragwürdiger" Lebensstil sein und wir sollten deshalb auch bereit sein, Fragen, die ein solches Leben auslöst, beantworten zu können.

Ein siebenjähriges Mädchen meldet sich beispielsweise zu Wort und sagt: „Heute ist mein Hund von einem Auto überfahren worden und gestorben. Kommen Hunde in den Himmel?" Ein perfekter Anknüpfungspunkt dafür, im wirklichen Leben das zu vermitteln, was die Bibel zum Thema Himmel und Erde lehrt und – warum auch nicht? – über die Rolle von Hunden in Gottes Schöpfung. Diese Lehrstil spricht direkt ins Leben der Fragenden, weil es das Leben selbst ist, das die Fragen stellt, und weil es der lebendige Gott ist, der sie durch eines seiner Kinder beantwortet.

3. Teilen des materiellen und geistlichen Segens

Was der reiche Jüngling nicht tat, zu dem Jesus sagte: „Verkaufe alles, was du hast und gib's den Armen, und dann komm und folge mir nach" (Lk. 18,22), das tat die Gemeinde umso besser: „Alle Gläubigen waren stets zusammen und hatten alles gemeinsam. Sie verkauften ihre Habe und ihren Besitz und verteilten die Habe, je nachdem ein jeder Bedarf hatte" (Apg. 2,44-45). Als Gemeinschaft der Erlösten gehörten die Christen nicht länger sich selbst, sondern Gott – und damit zu Gottes Gemeinschaft auf Erden. Alles was Christen sind und haben, gehört Gott und seiner Familie, der christlichen Gemeinde; nicht in der Theorie, sondern in der Praxis. Die Frage im Neuen Testament lautet nicht: Welchen Prozentsatz soll ein Christ der Gemeinde geben? Sie lautet vielmehr: Warum sollte er etwas vor seiner geistlichen Familie zurückbehalten, nachdem er durch einen liebenden Gott von einer Ewigkeit in der Hölle gerettet wurde, der sein eigenes Leben dafür gab, dass er erlöst werden konnte?

Die ersten Christen teilten in den Hauskirchen zwei Dinge miteinander. Zum einen den materiellen Segen:

> *„Keiner sagte von seinen Gütern, dass sie sein wären, sondern es war ihnen alles gemein. . . Es war aber keiner unter ihnen, der Mangel hatte: denn wie viele ihrer waren, die da Äcker oder Häuser hatten, die verkauften sie und brachten das Geld des verkauften Guts und legten es zu der Apostel Füßen; und man gab einem jeglichen, was ihm not war" (Apg. 4,32-35).*

Es ging aber nicht nur um rein materiellen, sondern auch um geistlichen Segen:

> *„Wenn ihr zusammenkommt, so hat ein jeglicher Psalmen, er hat eine Lehre, er hat Sprachenreden, er hat Offenbarung, er hat Auslegung" (1. Kor. 14,26).*

Paulus ermutigte die Christen „untereinander in Psalmen und Lobgesängen und geistlichen Liedern zu reden" (Eph. 5,19) und sagte zu Timotheus: „Die Dinge, die du von mir in der Gegenwart vieler Zeugen gehört hast, gib an treue Menschen weiter, die fähig sind, wiederum andere zu lehren" (2. Tim. 2,2). Die Christen wussten, dass sie sich nicht mehr selbst gehörten, weil Christus sie „erkauft" hat und sie damit nun ihm gehörten. Wenn sie zusammenkamen, dann teilten sie ihr Leben und das, was sie zu geben hatten, miteinander, sei es materieller oder geistlicher Natur. In der Praxis hatten viele Hauskirchen wohl einen gemeinsamen Fonds, in dem alles, was die Mitglieder einbrachten, gesammelt wurde, Geld, Kleider, Nahrungsmittel etc. Jeder hatte irgendetwas, das er mit anderen teilen und mit dem er sich nützlich machen konnte. Diese Praxis führte dazu, dass jeder jeden schätzen und achten lernte.

Für manche Ohren mag dies wie das ideale Bild einer vergangenen, sozialromantisch verklärten Ära klingen. Aber auch ein Hinweis auf gescheiterte urkommunistische Gruppen kann nicht bedeuten, das von Gott geschenkte Prinzip der Güterteilung einfach zu ignorieren. Paulus musste einmal Geld von andern Gemeinden für Jerusalem sammeln, was zeigt, dass das Prinzip des materiellen Teilens über die Grenzen der Lokalgemeinde hinausgehen soll. Kein noch so göttliches Prinzip ist narrensicher, solange es das schwächste Glied in der Kette gibt, den Menschen. Fehlbare Menschen mit gemischten Motiven wie das biblische Paar Ananias und Saphira schaffen immer wieder unrühmliche Ausnahmen zu jeder schönen Regel.

Kein noch so göttliches Prinzip ist narrensicher, solange es das schwächste Glied in der Kette gibt, den Menschen.

Dieser radikale biblische Lebensstil des materiellen Teilens hilft eine Menge Geld im Alltag zu sparen, schafft eine tiefe gemeinschaftliche Verbindung unter den Christen vor Ort und ist in sich selbst ein gelebtes und deutliches Christus-Zeugnis. Jesus hielt nichts vor anderen zurück, nicht einmal sein eigenes Leben; er war bereit für die Menschen zu sterben, damit wir leben können.

4. Gemeinsames Gebet

„Sie widmeten sich dem Gebet" (Apg. 2,42). Gebet ist der Herzschlag in der Beziehung eines Kindes zu seinem Vater im Himmel; wann immer deshalb Christen zusammenkommen, werden sie füreinander beten, für die Regierung, für den Frieden, für ihre Feinde. Sie werden diejenigen segnen, die sie verfluchen, werden Dämonen austreiben und um Heilung beten.

Gebet ist keine Einbahnstraße, sondern Kommunikation mit Gott. Wenn wir mit Gott reden, so kann es sein, dass er uns auch etwas zu sagen hat. Er tut dies beispielsweise durch Propheten, ausgelegte Sprachenrede, Träume, Visionen und Engel. „Gott tut nichts, es sei denn er offenbare seine Pläne seinen Dienern, den Propheten" (Amos 3,7). Das prophetische Reden war stets ein integraler Bestandteil der frühen Hauskirchen: „Propheten lasset zwei oder drei reden, die anderen sollen gewichten. Ihr könnt alle prophezeien, einer nach dem anderen, auf daß sie alle lernen und ermahnt werden" (1. Kor. 14,29-31). Anders als die traditionelle Kirche, hatten Hauskirchen nicht notwendigerweise eine feste Tagesordnung, nach der alle ihre Treffen abliefen. Der gegenwärtige lebendige Christus war die Agenda. Das bedeutete auch, dass die Christen einer Hauskirche einfach zu ihm beten konnten, wenn sie nicht weiter wussten, was sie tun sollten. Im Gebet und durch Prophezeiungen war Gott sehr wohl in der Lage mitzuteilen, was er möchte, dass die Christen tun oder worüber sie beten sollten.

Übernatürliche Boten, Worte der Weisheit oder Prophezeiungen halfen auch dabei, konkrete Sünde direkt anzusprechen (Apg. 5,3; 1. Kor. 14,24), den Jüngern spezifische Aufträge zu geben (Apg. 8,26), geistliches Potenzial in andern Menschen zu erkennen und zu fördern (Apg. 9,10-19), göttlich arrangierte Treffen zu bewerkstelligen (Apg. 10,9-47), zu apostolischen Durchbrüchen zu verhelfen (Apg. 16,6) oder einfach einzelne Menschen zu ermutigen (Apg. 18,9-11).

In dem Gebet, das Jesus uns gelehrt hat, ermutigt er uns zu beten: „Und vergib uns unsere Schuld" (Lk. 11,4). In einer Familie, die sehr intensiv das Leben miteinander teilt, kann nichts Heimliches sehr lange verborgen bleiben. Das enge Miteinanderleben schafft eine gesunde gegenseitige Verpflichtung und dient als Korrektur für jeden Einzelnen. Hauskirchen bieten deshalb, als geistliche Großfamilien, einen idealen Ort, in gegenseitiger Verantwortung füreinander zu leben, was ohne das Bekennen von Sünde nicht abgehen wird. „Bekennt einander eure Sünden und betet füreinander, daß ihr gesund werdet" schreibt Jakobus (5,16).

Wenn Menschen voreinander ihre Sünden bekennen und sich gegenseitig vergeben (Kol. 2,13), hören sie auf, ein doppelbödiges Leben voreinander zu führen und zerbrechen die Macht der verheimlichten Sünde. Sie bekennen ihre eigene Bedürftigkeit für Vergebung und Gnade, können ihre schönen Masken abnehmen, endlich echt sein und gewinnen damit die Liebe und Annahme anderer Sünder, denen es ja ganz genauso geht. Damit verlassen sie die Finsternis und treten ins Licht, wie Johannes sagt (1. Joh. 1,7-9), haben Gelegenheit sich zu demütigen und schaffen damit auch Raum dafür, dass Gott sie „erhöhen" kann (Jak. 4,7-10). Sie bekennen ihre Sünden nicht deshalb, weil sie die Konsequenzen ihrer Sünde fürchten, sondern aus Scham darüber, was sie Gott und einander angetan haben. Das wiederum führt eine gesunde und natürliche Form der kirchlichen Disziplin ein, etwas, was im Neuen Testament ja durchaus nicht unbekannt ist.

Wenn Menschen voreinander ihre Sünden bekennen und sich gegenseitig vergeben, können sie ihre schönen Masken abnehmen, endlich echt sein und gewinnen damit die Liebe und Annahme anderer Sünder, denen es ja ganz genauso geht.

Schafe und Böcke: der kleine, aber entscheidende Unterschied

„Wenn der Sohn des Menschen in Herrlichkeit kommen wird", dann wird Jesus nicht die Schafe von offensichtlichen Wölfen scheiden, wie wir es erwarten würden (Lk. 10,3), sondern die Schafe von den Ziegenböcken. Ziegenböcke sehen auf den ersten Blick beinahe so aus wie Schafe. Beim näheren Hinsehen jedoch zeigen sich deutliche Unterschiede: Ziegen haben einen viel eigenwilligeren, negativeren Charakter als Schafe; sie sind zum Beispiel überhaupt nicht gesellig. Dies ist sehr bedeutsam.

Matthäus 25 lehrt uns, dass Jesus die Entscheidung darüber trifft, wer seine Ewigkeit in der Hölle und wer sie im Himmel verbringen wird. Der entscheidende Faktor hierbei ist nicht, ob jemand zur richtigen Kirche oder Konfession gehört oder ob er einmal das richtige Glaubensbekenntnis oder ein anderes Gebet aufgesagt hat, sondern ob er lebendigen Glauben hat. Jesus hat deutlich gesagt, „dass nicht jeder, der zu mir Herr, Herr, sagt, in das Reich der Himmel eingehen wird, sondern nur die den Willen meines Vaters im Himmel tun" (Mt. 7,21). Dies wird zu gehöriger Verblüffung unter Menschen führen, die sich damit begnügten, einige Dämonen auszutreiben, zu prophezeien und Wunder zu tun. Jesus schickt sie weg mit Worten, die an Deutlichkeit nichts zu wünschen übrig lassen: „Ich kenne euch nicht. Hinweg von mir, ihr Übeltäter" (Mt. 7,23). Jesus möchte mit solchen Menschen nichts zu tun haben, erst recht nicht eine ganze Ewigkeit lang. „Glaube ohne Werke ist tot", sagt Jakobus.

Die Schlussfolgerung ist einfach. Jesus erwartet von uns, dass wir lebendigen Glauben haben, dass wir die Wahrheiten leben, die er predigte und die wir manchmal selbst predigen. Als Jesus gebeten wurde, doch etwas näher zu erklären, was er damit meint, beschreibt er ganz offensichtlich jemanden, der in einer Hauskirche lebt: „Ich war hungrig, und ihr gabt mir zu essen; ich war durstig, und ihr habt mich getränkt; ich war ein Fremdling, und ihr habt mich eingeladen; ich bin nackt gewesen, und ihr habt mich gekleidet; ich war krank, und ihr habt mich besucht; ich bin gefangen gewesen, und ihr seid zu mir gekommen" (Mt. 25,31-46).

Das Hauskirchen-Christentum besteht darin, miteinander das Leben in der Kraft des Heiligen Geistes zu teilen, was nach außen aussieht wie das Zusammenleben geselliger Schafe. Christen essen und trinken zusammen, geben dem durchreisenden Ortsfremden ein Bett und keine Hoteladresse; teilen Kleidungsstücke miteinander, besuchen die Kranken, und wenn jemand von den Christen im Gefängnis ist, wird er besucht. Christen im Gefängnis? Sicherlich nicht, weil sie einen Apfel oder ein Huhn gestohlen haben, sondern eben gerade weil sie Christen sind und um ihres Glaubens willen wieder einmal verfolgt – und eingekerkert – wurden. Der Besuch wäre demnach gar nicht so billig, denn der christliche Besucher würde riskieren, zu seinem Glaubensgenossen mit in die Zelle gesteckt zu werden. Warum um Gottes willen würden Menschen diese Dinge füreinander tun? Weil sie zur selben Familie gehören. „Was immer ihr für einen unter diesen meinen geringsten Brüder getan habt, das habt ihr mir getan", sagt Jesus (Mt. 25,40). Jesus sprach hier nicht von seiner natürlichen Familie, von Maria und Joseph und seinen blutsverwandten Brüdern und Schwestern. Seinen Familienbegriff definiert er so: „Wer immer Gottes Willen tut", der ist mein „Bruder und meine Schwester" (Mk. 3,35). Damit wird klar, dass er sich hier auf geistliche Bruderschaft bezieht, mit andern Worten: auf andere Christen.

Ich habe schon lange aufgehört die Menschen zu fragen, was sie glauben. Da hört man zu viel graue Theorie. Ich frage viel lieber: „Sage mir, wie du lebst, und ich sage dir, was du glaubst."

Von vielen Christen werden diese Worte als Aufruf zur institutionalisierten Diakonie verstanden und dann – folgerichtig – an Wohlfahrtsverbände, bezahlte Pastoren, Sozialarbeiter und Gefängnisseelsorger delegiert, oft genug mittels steuerabzugsfähiger Spenden. Ich bin aber nicht sicher, ob das ausreicht und ob das wirklich gemeint war. „Der Weg" ist, diese Dinge als Teil unseres alltäglichen Lebensstils zu tun. Die Art, wie wir leben, scheint außerordentlich wichtig zu sein. Dieser eine biblische Text legt gar verblüffend nahe, dass unser Lebensstil tatsächlich über Himmel und Hölle entscheidet. Das bedeutet nicht, dass Kreuz und Vergebung plötzlich nicht mehr zählen, wir durch gute Werke gerettet werden und nicht mehr durch Gnade, ganz im Gegenteil. Aber es bedeutet, dass unser Glaube an unserem Leben ablesbar ist, jedenfalls meint das Jesus. Und mit ihm will ich darüber keine Diskussion anfangen.

Ich selbst habe schon lange aufgehört die Menschen zu fragen, was sie glauben. Da hört man zu viel graue Theorie, zu viel Religion, zu viel „ich denke, ich meine, ich habe mal gehört." Ich frage viel lieber: „Sage mir, wie du lebst, und ich sage dir, was du glaubst." Jesus fördert einen authentischen Lebensstil, der sehr einfach in informellen, organischen Hauskirchen gelebt werden kann, in geistlichen Familien, die sich umeinander sowie um diejenigen kümmern, mit denen sie in Kontakt stehen.

Hauskirchen in der Bibel

Dieses Buch will keine ausführlichen exegetischen Studien zum Thema anbieten; das haben andere bereits besser getan, als ich es vermag, etwa in den Büchern „The Church in Thy House" von Met Castillo oder „The Church in The House" von Bob Fitts. Hier kann es nur um einen kurzen Überblick gehen. Dieser zeigt uns:

Das Evangelium wendet sich nicht nur an Einzelpersonen, sondern auch an ganze Häuser:

- Mt. 10,12-14: „Wo ihr aber in ein Haus geht, so grüßt es; und so es das Haus wert ist, wird euer Friede auf sie kommen. Ist es aber nicht wert, so wird sich euer Friede wieder zu euch wenden. Und wo euch jemand nicht annehmen wird noch hören was ihr sagt, so geht heraus von demselben Haus oder der Stadt, und schüttelt den Staub von euren Füßen."
- Lukas 10,5: „Wo ihr in ein Haus kommt, sprecht zuerst: Friede sei in diesem Haus!"
- Lukas 10,7: „In dem Haus bleibt, eßt und trinkt, was sie haben; denn ein Arbeiter ist seines Lohnes wert. Ihr sollt nicht von einem Haus zum andern gehen."
- Apg. 10,22: „Kornelius, der Hauptmann, ein frommer und gottesfürchtiger Mann mit gutem Leumund beim ganzen Volk der Juden, hat Befehl empfangen von einem heiligen Engel, daß er dich sollte fordern lassen in sein Haus und Worte von dir hören."
- Apg. 10,30: „Und Kornelius sagte: ‚Ich habe vier Tage gefastet bis auf diese Stunde, und um die neunte Stunde betete ich in meinem Hause. Und siehe, da stand ein Mann vor mir in einem hellen Kleid."
- Apg. 16,15: „Als sie aber und ihr Haus getauft ward, ermahnte sie uns und sprach: So ihr mich achtet, daß ich gläubig bin an den Herrn, so kommt in mein Haus und bleibt allda. Und sie nötigte uns."
- Apg. 16,32: „Und sagten ihm das Wort des Herrn, und allen, die in seinem Haus waren."

Pfingsten geschah in einem Haus:

- Apg. 2,2: „Und plötzlich geschah ein Brausen vom Himmel wie ein gewaltiger Wind und erfüllte das ganze Haus, da sie saßen."

Christen treffen sich regelmäßig in Häusern:

- Apg. 2,46: „Und sie waren täglich und stets beieinander einmütig im Tempel und brachen das Brot hin und her in den Häusern, nahmen die Speise und lobten Gott mit Freuden und einfältigem Herzen."
- Apg. 5,42: „Und hörten nicht auf, jeden Tag im Tempel und hin und her in den Häusern zu lehren und zu predigen das Evangelium von Jesus Christus."
- Apg. 8,3: „Saulus aber verstörte die Gemeinde, ging hin und her in die Häuser und zog hervor Männer und Frauen und warf sie ins Gefängnis."
- Apg. 9,11: „Der Herr sprach zu ihm: Stehe auf und gehe hin in die gerade Gasse, und frage in dem Haus des Judas nach einem namens Saulus von Tarsus; denn siehe, er betet."
- Apg. 12,12: „Und als er sich besann, kam er vor das Haus Marias, der Mutter des Johannes, der mit Zunamen Markus heißt, da viele beieinander waren und beteten."
- Apg. 16,40: „Da gingen sie aus dem Gefängnis und gingen (ins Haus) der Lydia. Und da sie die Brüder gesehen und zu ihnen gesprochen hatten, zogen sie aus."
- Apg. 18,7: „Und machte sich von dannen und kam in ein Haus eines, mit Namen Justus, der gottesfürchtig war, dessen Haus neben der Synagoge war."
- Apg. 20,20: „Ich habe nichts zurückgehalten, was da nützlich ist, daß ich es euch nicht verkündigt hätte und euch gelehrt öffentlich und in den Häusern."
- Apg. 21,8: „Des anderen Tages zogen wir aus, die wir um Paulus waren, und kamen nach Cäsarea und gingen in das Haus Philippus des Evangelisten, der einer von den Sieben war, und blieben bei ihm."
- Röm. 16,5: „Auch grüßet die Gemeinde in ihrem Hause."
- 1. Kor. 16,19: „Es grüßen euch die Gemeinden in Asien. Es grüßt euch sehr in dem Herrn Aquila und Priscilla samt der Gemeinde in ihrem Haus."

- Kol. 4,15: „Grüßt die Brüder zu Laodizea und den Nymphas, und die Gemeinde in seinem Haus."
- 1. Tim. 5,13-14 „Daneben sind sie faul und lernen umlaufen durch die Häuser; nicht allein aber sind sie faul, sondern auch geschwätzig und vorwitzig und reden, was nicht sein soll."
- Philemon 2: „Und Appia, der Lieben, und Archipus, unseren Streitgenossen, und der Gemeinde in seinem Hause."
- 2. Joh. 10: „So jemand zu euch kommt und bringt diese Lehre nicht, den nehmt nicht ins Haus und grüßt ihn auch nicht."

Praktische Aspekte

Hauskreise sind keine Hauskirchen

So wie oft ausgerechnet das Gute das Bessere verhindert, sind in vielerlei Hinsicht traditionelle Hauskreise, Bibelstudiengruppen, Gebetsgruppen oder Jugendgruppen die entschiedensten Verhinderungsmechanismen für die Entstehung von Hauskirchen. Beide Strukturen sehen ähnlich aus, bauen jedoch auf völlig unterschiedlichen Wertesystemen auf und entspringen letztlich einem grundverschieden Kirchenverständnis. Während der Hauskreis ein kleiner Teil, ein Anhängsel der „richtigen und großen" Gemeinde ist, ist die Hauskirche „eine richtige Gemeinde" im vollgültigen und ganzheitlichen Sinne des Wortes.

Wer leitet Hauskirchen?

Hauskirchen haben keine Leiter, sondern Älteste. Sie werden also im technischen Sinne nicht geleitet, sondern geistlich „bemuttert und bevatert". Älteste sind Personen, die in der Regel verantwortliche und reife Mitglieder der Gesellschaft sind und die einem gewissen biblischen Standard gerecht werden sollten (1. Tim. 3). Die örtlichen Ältesten werden durch apostolische Personen, die ihrerseits über die Grenzen der einzelnen Hauskirche hinaus wirken, ernannt und ermächtigt. Die Gesamtheit der Hausgemeinden, die „Stadtgemeinde" oder die „Gemeinde einer Region", wird dann von einem Rat oder einem „Apostelkonzil" geleitet, das sich aus beiden Diensten – Ältesten und Aposteln – zusammensetzt. Dort werden Entscheidungen im Tandem, im Miteinander dieser beiden Dienste getroffen, wobei immer die beiden Ebenen, die lokale Gemeindeebene und die Gesamtebene der Gemeinden – das „Kirchspiel" der Apostel – berücksichtigt werden können (etwa Apg. 15,2.4.22.23).

Taufen

Hauskirchen sind voll funktionsfähige Kirchen und führen deshalb alle Taufen selbst durch, es sei denn, sie wollen sich ab und zu mit andern Hauskirchen zu einer größeren, regionalen Tauffeier zusammentun. Zur Taufe braucht man Wasser, und das gibt es an vielen Orten in unterschiedlichen Formen. Die Taufen können deshalb in einer Badewanne, einem Fass, einem Teich, einem Brunnen, einem Swimming Pool, einem Fluss, einem See oder dem Meer geschehen. Taufen geschehen in Hauskirchen in der Regel durch Untertauchen im Wasser, nachdem neubekehrte Christen ihren eigenen Glauben selbst bekannt haben, und folgen damit einem neutestamentlichen, und keinem Muster der späteren Kirchengeschichte.

In einigen Kulturen werden Menschen sofort nach ihrer Bekehrung getauft, in andern Kulturen zieht man es vor, die Taufkandidaten einer gewissen Vorbereitung zu unterziehen. Es scheint allerdings gesunde neutestamentliche Praxis zu sein, Bekehrung und Taufe – durch perfektionistische Qualitätsanforderungen motiviert – nicht zu weit auseinanderzureißen. Paulus wurde drei Tage nach seiner Bekehrung getauft (Apg. 9), der äthiopische Eunuch sofort auf der Stelle (Apg. 8) und die 3.000 Bekehrten an Pfingsten ließen sich offensichtlich auch alle noch am selben Tag taufen (Apg. 2,41).

Hochzeiten

In einigen Kulturen werden Hochzeiten nur von religiösen Funktionären durchgeführt, in andern Ländern, wie z. B. in Deutschland, wird dies von Regierungsbeamten getan. Jesus hat niemals ein Paar „verheiratet". Die einzige Hochzeit, von der uns die Bibel berichtet, dass Jesus ihr offenbar beiwohnte, wird in Johannes 2 erwähnt. Trotz seiner geistlichen Qualifikation hat Jesus diese Hochzeit nicht abgehalten, sondern sich um den Wein gekümmert. Die Durchführung solcher offiziellen gesellschaftlichen Anlässe überließ er getrost der Gesellschaft.

Jesus schien sich generell nie besondere Sorge um sogenannte „Kasualien" zu machen (die pastorale Durchführung von sozialen Anlässen wie Beerdigungen, Hochzeiten etc.) und um die geistliche Umrahmung kultureller Veranstaltungen. Er hat auch seine Jünger nicht auf ein priesterliches Begleiten solcher gesellschaftlichen Anlässe vorbereitet. Er war mit dem Aufbau eines anderen Königreiches beschäftigt. Er nahm noch nicht einmal an einer Beerdigung teil, geschweige denn, dass er sie leitete; er sagte gar einmal: „Laß die Toten die Toten begraben" (Mt. 8,22).

In einigen Kulturkreisen kann es sein, dass sich manche Kirchen darauf spezialisieren wollen, die Hochzeiten aller Christen durchzuführen – nicht nur derjenigen, die zur eigenen Kirche gehören. In den meisten Fällen haben sich Hauskirchen nicht um diese Dinge gekümmert; das war Sache der Gesellschaft.

Kinder und Hauskirchen

Weil Hauskirchen als geistliche Familien funktionieren, sind Kinder ein wichtiger und natürlicher Bestandteil der Hauskirchen, genauso wie sie als Quelle beständiger Freude – und Aufregung! – ein Teil der natürlichen Familien sind. Kinder sind nötig, um uns durch ihre direkten Fragen zu demütigen, unsere endlosen und vermeintlich erwachsenen Diskussionen zu unterbrechen, uns aus den frommen Wolken immer wieder auf den Boden der Tatsachen zurückbringen, und sie fungieren als unbekümmerte Evangelisten und soziale Brückenbauer. Sie helfen den Christen, immer wieder neu die Früchte des Geistes unter Beweis zu stellen – unsere Geduld zum Beispiel – und werden mit ihrem untrüglichen Blick für jeden kleinsten Hinweis auf Heuchelei und gekünsteltes religiöses Gehabe zu Himmelsboten, die unsere frommen Kartenhäuser gnädig und regelmäßig zum Einsturz bringen.

Kinder sind nötig, um uns aus den frommen Wolken auf den Boden der Tatsachen zurückzubringen – und werden mit ihrem untrüglichen Blick für jeden kleinsten Hinweis auf Heuchelei zu Himmelsboten, die unsere frommen Kartenhäuser gnädig und regelmäßig zum Einsturz bringen.

Kinder haben einen wichtigen Dienst an den Erwachsenen – „Seht die Kinder!", sagt Jesus – genauso wie die Erwachsenen einen Dienst und Auftrag an den Kindern haben. Sie sind, mit anderen Worten, für die übernatürlichen Familien der Hauskirchen genauso wichtig wie für natürliche Familien. Jedes Paar, das gerade ein Baby bekommen hat, steht vor der Frage: Sind wir jetzt in das Leben des Babys hineingeboren worden oder ist das Baby in unser Leben hineingeboren worden? Das Letztere ist sicherlich die gesündere Anschauung. Wenn Kinder in Familien hineingeboren werden, dann werden sie dadurch Teil des gemeinschaftlichen Lebensprozesses, ergänzen diesen und bringen ihn zur Reife, auch wenn es manchmal so aussieht, als störten sie nur die Kreise der Erwachsenen. Vielleicht ist ja genau das eine ihrer Aufgaben.

Wenn wir Hauskirche als einen programmbestimmten Anlass verstehen, mit vorgegebenen Diskussionsthemen, Aufgaben, Zielen und einer Tagesordnung, die es abzuarbeiten gilt – was Jesus uns nie beigebracht hat –, dann kann es dazu kommen, dass wir Kinder als „störend" empfinden, so dass sie aus diesem Grund in speziellen Kindergruppen untergebracht werden müssen, wo sie unterhalten und kindgerecht angeleitet werden. Es ist durchaus denkbar und positiv, dass sich Kinder immer wieder mit Gleichaltrigen zusammentun – das liegt ihnen ja im Blut. Aber gerade die prägenden Zeiten des gemeinsamen Essens, Lachens und Weinens im Rahmen einer erweiterten Familie, wo Alt und Jung zusammen sind, werden ihnen frühzeitig zeigen, wie man als Gemeinschaft lebt und was es bedeutet, füreinander da und miteinander „zu Hause" zu sein.

Spezielle „Kinderstunden" werden deshalb wohl eher die Ausnahme sein. Sonst entfremden sich die Kinder schon frühzeitig von „der Kirche", verlieren den Anschluss an das „erwachsene Christentum" und können letztlich oft nur noch zu besonderen Attraktionen erfolgreich angelockt werden. Kirche ist aber nicht eine Abfolge von attraktiven Veranstaltungen, sondern eine Art zu leben. Wenn wir Kinder haben, dann sind sie damit auch unverrückbarer Teil unseres Lebens – und unserer Hauskirchen.

Gehorsame Kinder qualifizieren für Verantwortung in der Gemeinde

Im 1. Timotheusbrief, Kapitel 3, führt Paulus eine interessante Qualifikation für Älteste oder Diakone an: gehorsame Kinder: „Wenn jemand seinem eigenen Haus nicht vorzustehen weiß, wie wird er die Gemeinde Gottes versorgen?"

„Kinder mittendrin als Teil von Hauskirchen? Das wird in der Schweiz nie funktionieren!", erklärte mir einmal eine Mutter von mehreren kleineren Kindern. „Die Kinder können doch heute einfach nicht zuhören, keine Minute ruhig sitzen, und würden dauernd das Programm stören." „Sag das nicht mir", erwiderte ich, „sondern erkläre das doch Gott; mache ihm klar, dass sich die Zeiten geändert haben und man seine biblischen Prinzipien heute nicht mehr so genau nehmen kann."

Das ist auch der Grund, warum das Gründen von Hauskirchen nicht auf dem Papier beginnt, mit grauer Theorie, sondern viel eher im Kinderzimmer. Dort lernen christliche Eltern, wie man auf geisterfüllte Art in unseren verschiedenen Kulturen Kinder aufzieht, nicht nach dem lustbetonten Muster, das die Welt vorlebt, sondern nach dem Wertesystem des Reiches Gottes.

Junge Mütter mit kleinen Kindern

Die folgende Begebenheit kann vielleicht nicht in allen Kulturen verstanden oder nachvollzogen werden, aber sie zeigt, wie Mütter mit kleinen Kindern, eines der größten Potenziale für die Gemeinden, in einem kirchlichen System verkümmern, das ihnen wenig Chancen gibt, sich und ihre Begabungen sinnvoll einzubringen. Viele junge Mütter fallen in den Kirchen oft nur dann auf, wenn sie es mal wieder nicht schaffen, ihr Baby still zu halten, und sie mit dem kleinen Schreihals auf dem Arm aus dem Kirchenraum eilen – wobei ihnen nicht immer die angenehmsten Blicke folgen.

Ich saß vor einiger Zeit gemütlich mit einem jungen Ehepaar beim Mittagessen in ihrem kleinen Reihenhaus in der Nähe von London. Sie hatten zwei Kinder, eines war drei, eines ein Jahr alt. Ich fragte die junge Mutter zwischen einem Bissen Yorckshire-Pudding und einem Schluck lauwarmem Darjeeling ganz unverfänglich: „Magst du eigentlich Hauskreise?"

Sie schaute erst ihren Ehemann, dann mich etwas betreten an. „Well, you know...", begann sie, beendete ihren Satz aber nicht.

„Doch, wir mögen Hauskreise", log ihr Ehemann schnell und höflich, um die Situation zu retten.

„Ich bin da nicht so sicher", sagte ich. „Lasst mich mal raten: Jeder Sonntag ist in Wirklichkeit ein kleiner Alptraum. Wenn die Gemeinde wüsste, welches Drama sich regelmäßig bei euch zu Hause ereignet, bevor ihr unterdrückt strahlend den Kirchenraum pünktlich fünf Minuten zu spät betretet, währt ihr längst keine Ältesten mehr. Ihr wisst schon, die Kinder sind mäkelig, der Toast brennt an, die Oma meldet sich krank, der Hund hat seinen Napf verschüttet, Papa findet partout seine Sonntagskrawatte nicht und der Schnürsenkel reißt ab. Abgehetzt und nervös – bloß nichts anmerken lassen! – angetan mit einer ‚Alles in Ordnung – bitte frag mich nicht!'-Spiritualität steht ihr den Gottesdienst durch, bis die sonntägliche Erlösung kommt, wenn der Pastor sagt: ‚Und jetzt können die Kinder in die Sonntagsschule . . .'

Nun, im Sonntagsgottesdienst können die Kinder wenigstens ins ‚Kühlfach Sonntagsschule' gesteckt werden. Bei den Hauskreisen am Mittwochabend um 19.30 Uhr geht selbst das nicht mehr. Geht es euch nicht auch so", fragte ich das Ehepaar, „dass Ihr manchmal den Eindruck habt, die Kinder stehen zwischen euch und Gott?"

Betroffenes Schweigen.

„Und jetzt komme ich und frage, ob ihr Hauskreise mögt. Sind traditionelle Hauskreise nicht oft bloß eine Miniaturausgabe der Sonntagvormittagsgottesdienste am Mittwochabend, eben ohne Pfarrer und Orgel, mit einem erhöhten Schwierigkeitsgrad für junge Familien, dass nämlich zusätzlich Babysitter organisiert werden müssen oder die Kinder bis 19.20 Uhr im Bett zu sein haben, bevor man mit gewinnendem Lächeln und ganz entspannt die Tür für die lieben Besucher öffnen soll?

Stellt euch vor, die Hauskirche – ich mag auch gern das Wort Straßenkirche, weil wir so etwas in jedem Wohnviertel oder jeder ansehnlichen Straße brauchen – beginnt nicht um 19.30 Uhr, sondern um 16 Uhr. Die Frauen aus dem Wohnviertel kommen zusammen, haben Spaß und Kaffee miteinander und den Kindern, singen, beten, diskutieren, weinen und lachen zusammen. Dann, so ab 17 Uhr, tröpfeln die Männer von der Arbeit herein, statt zum Stammtisch kommen sie diesmal zur Hauskirche, nach dem Gleitzeitprinzip.

Ich habe den Eindruck, dass sich ein Großteil der vermeintlichen Führer der Christenheit in den letzten Jahrhunderten reihenweise von dem Ort des Versagens in den ganz normalen Häusern entfernt hat und in heilige Hallen entflohen ist, möglichst weit weg von zu Hause.

Um 18.10 Uhr taucht euer unbekehrter Nachbar nach 11-maligem Einladen zum allerersten Mal als Gast auf – vor allem, weil er zum Essen, nicht zur Bibelarbeit eingeladen worden ist. Trotzdem ist er nervös und rutscht steif auf seinem Stuhl hin und her. Seine Mine sagt: ‚Ich weiß, dass ihr mich alle bekehren wollt, ich weiß nur nicht, wie ihr das machen werdet. Aber ich bin auf das Schlimmste gefasst.' In dem Moment krabbelt der kleine Einjährige herein, zieht sich zielsicher an seinem Hosenbein hoch und erklärt entschlossen: ‚Abudah!', schmiert etwas Undefinierbares an das besagte Hosenbein und würzt die Vorstellung mit einem gewinnenden Lächeln. In dieser Sekunde geschieht eine wunderbare Veränderung. Von einem Moment zum anderen verwandeln sich der steife Nachbar und der Herr Hauskirchenleiter beide in ganz normale Väter, schauen sich kurz an und beginnen zu lächeln. Das Kind hat die Situation nicht nur entschärft, sondern menschliche Wärme in die kalt-korrekte, oft von Lehrern, nicht Hirten, erdachte Liturgie gebracht. Plötzlich ist die Atmosphäre und der Nachbar gar nicht mehr verkrampft, sondern ganz entspannt, offen und natürlich.

Um 18.30 Uhr gibt's ein schlichtes Abendessen oder einfach nur Spaghetti oder eine gute Suppe wie in China. Am Tisch findet der Lehrteil statt, wie im Neuen Testament, als Gespräch und Diskussion während, nicht etwa nach dem Essen. Dort teilt man Sorgen und Freuden, feiert das Abendmahl, erzählt von Begebenheiten und von dummen Fehlern, leiht sich gegenseitig Rasenmäher und Autos aus, betet und prophezeit füreinander, hat Spaß mit den Kindern, die nicht stören, sondern bereichern, und sammelt Geld für eine arbeitslose Witwe, die gerade zugezogen ist.

Dann ist es auch schon 19.30 Uhr, Zeit für die kollektive Gutenachtgeschichte, die einer für alle anwesenden Familien und deren Kinder vorbereitet hat. Dass dies der Moment ist, wo der unbekehrte Nachbar zum erstenmal wirklich das Evangelium begreift, will ich nur am Rande erwähnen. Wie würde euch so etwas gefallen?", fragte ich.

„Zu schön um wahr zu sein!", sagte sie. „Aber was wird bloß unser Pastor dazu ..."

„Genau! Was ist eigentlich der einfachste Ort für einen Mann, um ganz geistlich zu sein?", unterbrach ich sie schnell.

„Richtig, verschanzt hinter einer Kanzel, wo man durch ein Mikrofon hindurch einer großen Menge von Menschen heilige Worte verkündet. Und was ist der schwierigste Ort, um heilig zu sein? Zu Hause, in der Gegenwart der Kinder und der Ehefrau. Dort hat das Evangelium schon deshalb eine größte Sprengkraft, weil die gelebte Botschaft durch die natürliche Umgebung als Lackmustest autorisiert wird und sich daher fortpflanzt."

Die Häuser wieder gewinnen

Ich habe den Eindruck, dass sich ein Großteil der vermeintlichen Führer der Christenheit in den letzten Jahrhunderten reihenweise von dem Ort des Versagens in den ganz normalen Häusern entfernt hat und in heilige Hallen entflohen ist, möglichst weit weg von zu Hause; statt im alltäglichen Umfeld deutliche Flagge zu zeigen ziehen sie Auftritte in künstlichen Predigtstätten, ehrfurchtserregenden Kathedralen oder Bibelschulen vor und investieren sich mit atemberaubender Hingabe in Programme und Seminare. Aber Gott scheint heute wieder seine Hand auf die ganz normalen Häuser zu legen und macht deutlich, dass die Wohnungen das normale Biotop der Christenheit werden sollen. Damit gewinnt das Christentum wieder einen deutlichen, schlichten und ungekünstelten Einfluss – und zwar dort wo es am meisten zählt: nebenan.

Der bekannte amerikanische Psychotherapeut Larry Crabb schreibt in seinem Buch „Connecting“:

> *„Vielleicht ist das Herz des Christentums tatsächlich das, dass sich einige wenige Menschen intensiv miteinander verbinden; dort können ganz normale Christen, die ihr Leben regelmäßig miteinander teilen, auch das meiste von dem erreichen, wofür wir uns heute noch zu oft auf Profis verlassen. Das Erstaunliche geschieht genau dann, wenn Menschen sich miteinander auf eine Art verbinden, die nur das Evangelium möglich macht.“*

Kapitel 4

Der fünffältige Dienst

Harmonische Zusammenarbeit für die Multiplikation von Gemeinden

Jede natürliche Wachstumsform des Lebens basiert auf der Multiplikation organischer Zellen. Das gilt auch für die Gemeinde als dem organischen, auf Beziehungen aufgebauten „Leib Christi". Wenn wir einmal erkannt haben, dass die Kirche nicht eine Abfolge von organisierten Veranstaltungen in religiösen Gebäuden ist, sondern eine übernatürliche gemeinschaftliche Lebensform, dann ist es wichtig zu verstehen, wie sich diese Lebensform auf natürliche Weise multipliziert.

„Wenn Sie Gemeinde bauen wollen – arbeiten sie mit Frauen!"

David Yonggi Cho sagte einmal: „Wenn Sie eine Organisation aufbauen wollen, arbeiten Sie am besten mit Männern. Wenn Sie Gemeinde bauen wollen, arbeiten Sie mit Frauen!" Wir Männer mögen es einfach zu gerne, die Dinge unter Kontrolle zu haben; deswegen faszinieren uns Dinge wie Computer, Motoren und Roboter fast automatisch. Solange wir ein wenig Wasser und Öl nachfüllen können und hier und da ein wenig schmieren, damit unsere geliebte Maschine weiter wie am Schnürchen läuft, sind wir glücklich. Das Problem ist nur, dass die Kirche keine Maschine ist, sondern eine Lebensform; keine Organisation, sondern ein Organismus.

Eine der oft übersehenen Tatsachen der neueren Kirchengeschichte ist, dass ein beachtlicher Prozentsatz von Gemeinden von Frauen gegründet wurden – und noch werden. Es steht völlig außer Frage, dass Gottes Geist heute überdeutlich die Frauen ruft, aufzustehen und ihren Teil zu tun, um für die geistliche Zukunft der Länder mit den Männern gemeinsam und entschieden die Initiative zu ergreifen. Wir

Männer finden, dass es aber doch viel wichtiger sei, sich zuerst zusammenzusetzen, über theologischen und strategische Aspekte zu beraten und, wie man an mir sehen kann, noch ein weiteres Buch zu schreiben.

„Theo-matisches" Wachstum

In seinem wegweisenden Buch „Die natürliche Gemeindeentwicklung" sagt Christian A. Schwarz: „Wenn wir sorgfältig das Wachstum der Lilien studieren, können wir viel über das Wachstum der Gemeinden lernen und ein besseres Gespür für die Gesetzmäßigkeiten des Reiches Gottes bekommen. Das Wachstum von Pflanzen und anderen lebendigen Organismen zeigt, dass sie die inhärente Fähigkeit haben, sich zu vermehren und sich selbst zu reproduzieren, etwas, was Wissenschaftler als biotisches Potenzial bezeichnen. Dieses Konzept ist in der Welt der Technik völlig unbekannt; die Art, wie organisches Wachstum geschieht, ist nicht mechanisch oder künstlich, sondern von Gott gewirkt."

Stimmt das auch für die Kirche? Ich denke ja. Das Prinzip können wir in Markus 4, 26-29 sehen, dem Gleichnis von der selbstwachsenden Saat. Ein Mann sät den Samen und dieser Same sprießt und wächst, egal ob er schläft oder aufsteht, ob er den Prozess des Wachsens versteht oder nicht. „Von selbst" bringt die Erde Frucht hervor, und „von selbst" entsteht aus dem Samen das Korn. Der Ausdruck „von selbst" ist die Übersetzung des griechischen Worte *automate*, automatisch. Dieser hier beschriebene Wachstums-Automatismus ist eigentlich ein „Theo-matismus", weil es ja letztlich Gott ist, der die Dinge wachsen lässt, der „das Wachstum schenkt" (1. Kor. 3,6).

Wir können zwar Erweckung nicht machen – aber wir können aufhören sie zu verhindern.

Diese Einsicht hat sehr weit reichende Konsequenzen auf die Art und Weise, wie wir an die Frage des Gemeindeaufbaus herangehen. Damit der Leib Christi, die Gemeinde, wachsen kann, müssen wir möglicherweise gar nicht so viel von außen hinzufügen, sondern es geht eher darum, das bereits im genetischen Code der Gemeinde enthaltene biotische Potenzial freizusetzen, also „die Wachstumsautomatismen", die Gott bereits in die Gemeinde hineingelegt hat. Gott hat auf diese Weise das Geheimnis des Wachstums für sich behalten und sich damit auch das Recht reserviert, das wachsen zu lassen, was ihm gefällt. Sicherlich aus gutem Grunde.

Keine fabrizierten Gemeinden

Wir werden alle zustimmen, dass die Kirche nicht „menschlich machbar ist"; es kann keine von Menschen hergestellte, manipulierte Erweckung geben, genauso wenig wie Gemeindewachstum menschlich machbar ist. In diesem Sinne können wir noch nicht einmal eine gute Predigte machen im Sinne von menschlichem Produzieren; sie muss ja schlecht werden, einfach deshalb, weil wir sie „gemacht" haben. Was ist also die Rolle des Menschen? Eine gehorsame Zusammenarbeit mit Gott, ein Sich-Einfügen in Gottes Plan und seine von ihm vorgelegten Dynamiken. In diesem Sinn können wir auch Erweckung zwar nicht machen – aber wir können aufhören sie zu verhindern.

Die häufigste Ursache dafür, dass geistliche Wachstumsprozesse ausbleiben, könnte sehr wohl die sein, dass Menschen versuchen, sie zu erzeugen.

Die häufigste Ursache dafür, dass geistliche Wachstumsprozesse ausbleiben, könnte sehr wohl die sein, dass Menschen versuchen, sie zu erzeugen. Mit anderen Worten: Wachstum wird dadurch systematisch verhindert, dass man versucht, es herzustellen. Eines der Kernelemente christlichen Dienstes ist es daher, eine möglichst günstige Umgebung für das Wachstumspotenzial der Gemeinden herzustellen, um die inneliegenden biotischen Wachstumsautomatismen freizusetzen. Wenn wir diesen organischen Wachstumsprozess in der Vergangenheit verhindert haben, so ist es Zeit, ihm nun nicht mehr im Weg zu stehen, wenn nötig umzukehren und Gottes Wege mit seiner Schöpfung sorgfältig zu beobachten – zum Beispiel indem wir das Wachstum der Lilien untersuchen, wie Jesus es empfiehlt. Dann ist es durchaus denkbar, dass wir uns später, mit einem neuen Verständnis für die Zusammenhänge, wieder in den gesamten von Gott gesteuerten Prozess einklinken, und Gott uns eine besondere Aufgabe zuweist.

Technokraten

In der Vergangenheit haben sich viele Kirchen und Missionsgesellschaften genau umgekehrt verhalten: Unter Zuhilfenahme von organisierten Programmen, vermeintlich bewährten Techniken, unermüdlicher und gar übermenschlicher Anstrengung und ständiger Lehr- und Predigttätigkeit haben sie versucht, den von ihnen gegründeten Kirchen oder Gemeinden den göttlichen Odem des Lebens einzuhauchen. Das wirkt bildhaft etwa wie jemand, der versucht, sein Auto seitwärts zu schieben und nur mühevoll und zentimeterweise voran kommt – anstatt einfach einzusteigen, den Zündschlüssel zu drehen und loszufahren.

„Das Evangelium ist die Kraft *(dynamis)* Gottes", ein explosives Element, etwa wie Dynamit, deutet Paulus an (Röm. 1,16). Wenn wir versuchen das Evangelium selber zu produzieren, dann gleichen wir jemandem, der versucht, die Stützräder des „Fahrrades Kirche" zu vergrößern und gar nicht merkt, dass Gott der Kirche genauso einen Gleichgewichtssinn gegeben hat wie schon kleinen Kindern – sie können erstaunlich früh selber fahren!

Gott hat alles vorbereitet, was zum Wachstum und zur Vervielfältigung der Gemeinde nötig ist. Das Geheimnis des Wachstums liegt bereits im Samen. Wir müssen nur lernen, als gute Haushalter richtig damit umzugehen.

Wenn wir mit der Kirche so umgehen, als sei sie eine Firma, die wir mit den besten Management-Prinzipien und narrensicheren Methoden zum Erfolg führen können, dann kann es schnell geschehen, dass wir die Dinge Gottes in eigener Stärke tun und nicht länger auf Gottes eingebautes Wachstumspotenzial zurückgreifen. Es kann sogar so weit gehen, dass wir uns gegen die immer wieder aufkeimenden Selbstentwicklungskräfte der Gemeinde wehren, weil sie unsere vorgeplanten Programme, die wohlgeplante Zukunft, stören könnten. Am Ende werden wir zu „Technokraten", die versuchen, alles mit Hilfe von technischen Einrichtungen unter Kontrolle zu halten. Ausgerüstet mit den denkbar besten Absichten und reinsten Motiven produzieren wir dann reichlich nutzlose Maschinerien und Systeme Marke Eigenbau, weil unser Denkansatz nicht stimmt, weil wir von einer technischen Mentalität infiziert worden sind. Gott hat alles vorbereitet, was zum Wachstum und zur Vervielfältigung der Gemeinde nötig ist. Das Geheimnis des Wachstums liegt bereits im Samen. Wir müssen nur lernen, als gute Haushalter richtig damit umzugehen.

Wie man eine Gemeinde durch „Lehren" unmündig macht

„Ich habe meine Gemeinde jetzt fünf Jahre lang intensiv gelehrt und sie scheint immer noch so unreif zu sein", sagte ein junger Pastor einmal zu mir. „Wie viele Leute in deiner Gemeinde hast du gelehrt, wie man lehrt?", fragte ich ihn. „Was meinst du damit?", fragte er zurück. „Jetzt hast du meine Frage schon beantwortet!", sagte ich ihm. „Der Auftrag eines Lehrers ist eben nicht nur, die Menschen endlos zu lehren, sondern sie zu lehren, wie man lehrt. Sonst kann es geschehen, dass wir Menschen in einer künstlichen Unreife halten, in einem ungesunden geistlichen Babyalter, und zwar ausgerechnet und paradoxerweise dadurch, dass wir uns großartige Jüngerschaftsprogramme und theologische Lehrreihen auf die Fahnen geschrieben haben!"

Das organische Wachstumspotenzial grafisch sehen

Die meisten Menschen, die dem Hauskirchenmodell zum erstenmal begegnen, sehen auf den ersten Blick nicht, wie groß das Wachstumspotenzial dieser organischen Kirchenform eigentlich ist. Die rechte Qualität in den richtigen Strukturen führt zu einer ungeheuren Wachstumsdynamik. Wie kann die Qualität der Beziehungen unter den Christen so gut sein, dass bei einer schnellen Multiplikation die Qualität nicht auf der Strecke bleibt? Die Antwort liegt darin, dass die Qualität proportional ist zur Intensität und Echtheit, in der Menschen ihr Leben miteinander teilen, eine Dynamik, die in traditionellen Kirchen nur in Ausnahmefällen erlebt wird. Weil dort oft nur wenig Möglichkeiten bestehen, bis auf wenige gemeinsame Veranstaltungen tatsächlich das Leben miteinander zu teilen, wird diese Tatsache – und das darin verborgene Wachstumsgeheimnis – oft übersehen.

Ich stimme allen zu, die betonen, dass es beim Aufbau von Gemeinden nicht primär um Zahlen gehen kann, sondern um die rechte Qualität. Aber Qualität, die nicht früher oder später zur Quantität führt, ist mir verdächtig.

Ich stimme allen zu, die betonen, dass es beim Aufbau von Gemeinden nicht primär um Zahlen gehen kann, sondern um die rechte Qualität. Aber Qualität, die nicht früher oder später zur Quantität führt, ist mir verdächtig. Mich interessiert geistliche Qualität am richtigen Ort in angemessener Struktur in der richtigen Größenordnung und Verteilung. Es ist aufschlussreich, das rein zahlenmäßige Wachstumspotenzial von Hauskirchen aus dieser Perspektive einmal näher zu beleuchten.

Elefanten oder Kaninchen

Ein beredtes Beispiel dafür ist das Vermehrungsmuster von Elefanten und Kaninchen:

Elefanten	Kaninchen
viermal im Jahr fruchtbar	praktisch immer fruchtbar
ein Baby pro Wurf	im Schnitt sieben Babys pro Wurf
22 Monate Austragezeit	1 Monat Austragezeit
erreicht Sexualreife mit 18 Jahren	erreicht Sexualreife mit 4 Monaten
maximales Wachstumspotenzial in 3 Jahren: von 2 auf 3	maximales Wachstumspotenzial in 3 Jahren: von 2 auf 476 Millionen

Typisches Wachstumsmuster von Hauskirchen

Hauskirchen vermehren sich zwar nicht wie Kaninchen, aber dieses Beispiel zeigt das theoretische Potenzial beständiger und schneller Multiplikation. Eine typische Hauskirche hat zwischen 6 und 20 Personen und verdoppelt sich etwa alle 6 bis 9 Monate. Ich will nun in einem bewusst pessimistisch gehaltenen Beispiel vorführen, zu welcher zahlenmäßigen Multiplikation Hauskirchen fähig sind. Es wäre ein leichtes, entsprechende Beispiele aus der Geschichte und der Jetztzeit aufzuführen.

Hier die Faktoren für unser Beispiel. Wir wählen eine Hauskirche mit einer Durchschnittsgröße von 12 Personen, die sich nur einmal im Jahr multipliziert, also etwa halb so schnell wächst wie es erwartet werden könnte. Wir gehen weiter davon aus, dass nicht alles hundertprozentig klappt und manche Dinge immer wieder schief gehen – wie im wirklichen Leben ja auch. Es gibt Leiterprobleme, einzelne Gruppen zerfallen, stagnieren, werden von Sekten übernommen oder isolieren sich. Jede vierte Hauskirche, so unser Beispiel, geht also innerhalb von 5 Jahren wieder ein – wir ziehen demzufolge alle 5 Jahre 25 Prozent von der Gesamtzahl der Hauskirchen ab. Das gibt uns folgendes Bild:

Nach Jahren	Anzahl der Hauskirchen	Anzahl der Mitglieder
1	nur 1, nicht 2	12
2	2	24
3	4	48
4	8	96
5	12 (16-25%)	144
6	24	288
7	48	576
8	96	1.152
9	192	2.304
10	288 (= 384 – 25%)	3.456
15	6.912 (= 9216 – 25%)	82.944
20	165.888 (= 221.184 – 25%)	1.990.656

Dieses Beispiel für die Zahlenbegeisterten unter uns macht deutlich, dass es möglich ist, dass eine Hauskirchenbewegung in 20 Jahren etwa zwei Millionen Menschen erreicht und integriert. Dies ist in der Geschichte und der Jetztzeit immer wieder vorgekommen. Die Zahlen sind durchaus konservativ, d. h. sie sind im richtigen Leben – wie etwa in der Entwicklung Chinas zu sehen ist – oft übertroffen worden. Dieser Prozess ist natürlich flexibel und wird durch unterschiedliche Faktoren stark beeinflusst: kontextuelle Umstände, eine schnellere oder langsamere Multiplikationszeit, Erweckung, Verfolgung etc. Der Kerngedanke, um den es mir jedoch hier geht ist dieser: Wachstum geschieht durch exponentielle Vervielfältigung, nicht durch lineares Wachstum mittels Addition.

Von der Addition zur Multiplikation

Hauskirchen sind eine multiplizierbare Struktur. Sie können buchstäblich endlos vervielfältigt werden, solange die nötigen Rahmenbedingungen stimmen. Zwei der wesentlichsten Voraussetzungen für Hauskirchen sind die Qualität der Leitung und des geistlichen Lebens.

Die meisten Ausbildungsstrukturen der heutigen Kirchen basieren auf dem Prinzip der Addition. Junge Studenten, die Leitungsfunktionen in den Kirchen übernehmen wollen, durchlaufen die Lehrstufen von theologischen Seminaren, Universitäten oder Ausbildungskursen und machen irgendwann ihren Abschluss. Nur: Die Zahlen der

Abschlussklassen bleiben üblicherweise jedes Jahr ziemlich konstant. Jedes Jahr lässt sich eine bestimmte Zahl von neuen Studenten einschreiben und eine bestimmte Zahl von Studienabsolventen verlässt das System, ein in etwa gleichbleibender input und output. Wir schleusen Menschen durch ein Bibelschulsystem und erleben, wie jedes Jahr 50 oder 500 Absolventen oder gar „ordinierte Pastoren" oder Missionare das Ausbildungssystem verlassen, um mit ihrem Dienst zu beginnen. Aber genauso, wie jedes Jahr eine bestimmte Zahl von Studienabgängern mit dem Dienst beginnt, verlässt eine bestimmte Zahl von Personen den Dienst: Sie werden pensioniert, sterben oder wechseln den Beruf.

Dieses System ist additiv, es produziert eine stets etwa gleichbleibende Zahl von neuen Leitern, die oft kaum die ausfallenden Leiter ersetzen können. Durch dieses Ausbildungsmodell ändert sich nur wenig, es verändert möglicherweise den Status Quo leicht; im Kern wird das Leiterdilemma eines stagnierenden kirchlichen Systems damit nur weiter zementiert. Für Hauskirchen ist dieses additive Ausbildungssystem ungeeignet, es denkt nicht in den richtigen Kategorien und würde den Multiplikationsprozess nur hindern. Lineares Wachstum – drei plus drei ist sechs plus drei ist neun – kann mit exponentiellem Wachstum – drei mal drei ist neun mal drei ist siebenundzwanzig – nicht Schritt halten; Addition kann nicht Multiplikation fördern.

Wenn wir versuchen, eine sich multiplizierende Gemeindebewegung durch ein additives, linear wachsendes Ausbildungskonzept mit Leiterschaft zu versorgen, dann wird das Leiterausbildungsmodell selbst sehr bald zum limitierenden Faktor des ganzen Systems, zum Flaschenhals, der multiplikatives Wachstum nicht nur nicht fördert, sondern geradezu verhindert. Gott wird kaum begeistert mit ansehen wollen, wie wir geistliche Babys in die Welt setzen, die dann ohne das nötige schützende und fördernde Umfeld an Unterernährung und Kälte zugrunde gehen. Lieber friert er die Entwicklung einfach ein.

Eine weitere 200er Barriere – wenn additives Denken die Multiplikation verhindert

Wenn Hauskirchen exponentielles Wachstum erleben, brauchen wir, mit anderen Worten, eine ebenso exponentiell wachsende Leiterschaftsstruktur. Die Anzahl der Verantwortlichen im Leib Christi muss genauso schnell wachsen wie die Anzahl der lokalen Gemeinden. Entweder müssen wir darauf hinarbeiten, unsere Seminare, Bibelschulen und Universitäten zu multiplizieren, oder einen anderen Weg finden.

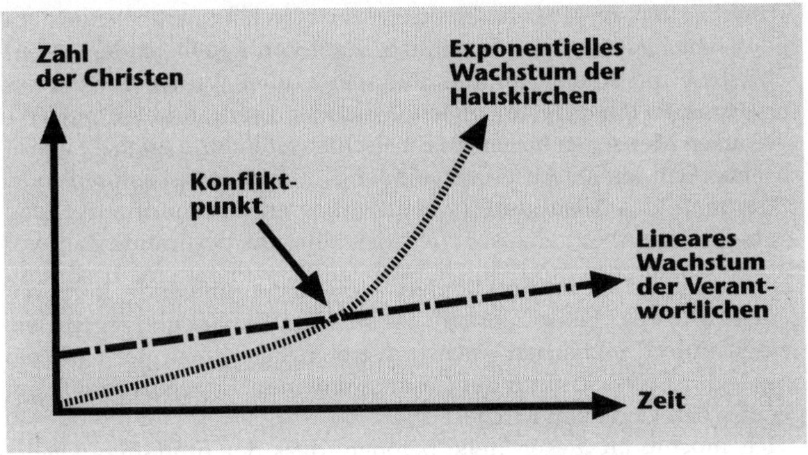

Wenn wir eine lineare (Leiterausbildung) und eine exponentielle Wachstumskurve (Hauskirchenmultiplikation) zeichnen, dann kreuzen sich diese beiden Linien an einem bestimmten Punkt, nämlich dort, wo mehr Hauskirchen existieren als Leiter. Als Folge kommt der gesamte Prozess zum Stillstand, wie wenn Sand ins Getriebe eingedrungen ist. Die Hauskirchenbewegung, die gesund angefangen hat, hat plötzlich nicht genügend Leiter – und damit verfällt auch die Qualität. Die Ausbildungsstruktur ist nicht schnell genug mitgewachsen und damit verflacht die Qualität der Bewegung. Der Konfliktpunkt – also der, wo sich die beiden Linien kreuzen – ist oft bei einer Zahl von etwa 150 bis 200 Gemeinden pro Bewegung: Hier liegt eine eingebaute Wachstumsbarriere. Die Gemeinden multiplizieren sich, die Leiter addieren sich. Die Dynamik verläuft nach ähnlichen Gesichtspunkten wie die bereits vorher besprochene 200er Barriere der traditionellen Ein-Pastoren-Kirche. Ein Leiter kann nur für eine bestimmte Anzahl von Menschen sorgen; sind es mehr, so verlangsamt sich das Wachstum und kommt oft genug einfach zum Stillstand. Ist es möglich, dieses eingebaute Strukturproblem zu vermeiden? Ich denke, ja: indem wir das Problem von Anfang an umgehen und multiplikative Strukturen zur Ausbildung von Verantwortlichen bilden.

Den fünffältigen Dienst multiplizieren

Die gottgegebene Antwort auf dieses von Menschen verursachte Strukturproblem ist die Rückkehr zum fünffältigen Dienst, der in Epheser 4,11-13 beschrieben wird:

„Gott hat etliche gesetzt zu Aposteln, etliche aber zu Propheten, etliche zu Evangelisten, etliche zu Hirten und Lehrern, damit die Heiligen zum Werk des Dienstes zugerüstet werden, zum Aufbau des Leibes Christi, bis wir alle hinankommen zur Einheit des Glaubens und der Erkenntnis des Sohnes Gottes und ein vollkommener Mann werden, im Maß des vollkommenen Alters Christi."

Der fünffältige Dienst funktioniert wie selbstregulierende, körpereigene Kräfte des „Leibes Christi". Sie sind ein Teil des gottgegebenen, „eingebauten" biotischen Wachstumspotenzials, einer intern im Leib angelegten Stütz-Struktur der Gesamtgemeinde. Er gehört somit zum genetischen Code von Kirche.

Ich möchte an dieser Stelle betonen, dass der fünffältige Dienst eine Grundaussage des Neuen Testaments ist und keineswegs eine merkwürdige Sonderlehre von christlichen Randgruppen und einzelnen Denominationen darstellt oder gar nur für Hauskirchenbewegungen von Bedeutung ist. Alle fünf genannten Dienste haben eine sehr eigene und besondere Gabe und damit Aufgabe zugeteilt bekommen, die dazu dient, die einzelnen Gemeinden und die Gesamtheit der Gemeinden zum Dienst zu befähigen. In der Praxis sieht es so aus, dass dazu die Dienstbegabten durch die Hauskirchen und Gemeinden zirkulieren wie das Blut in einem gesunden Blutkreislaufsystem, wo den Zellen ständig neue Nährstoffe und Sauerstoff zugeführt werden.

Menschen für den Dienst ermächtigen

Einer der wichtigsten Aspekte dieser Dienste besteht darin, dass sie sich selbst multiplizieren lassen: Apostel entdecken apostolisches Potenzial in anderen Menschen und bilden sie aus; Propheten entdecken weitere Propheten und multiplizieren sich selbst durch den biblischen Prozess der Jüngerschaft. Auf diese Weise kann die Anzahl der Verantwortlichen im Leib Christi genauso multiplikativ und exponentiell wachsen wie die Hauskirchen selbst. Dass für apostolische und prophetische Dienste etwa nicht nur die allerbegabtesten Seelen in Frage kommen, zeigt das folgende Zitat von Barney Coombs: „Jesus nimmt Bettler und verwandelt sie in Prinzen. Er schnappt sich sechs Fischer mit Gassendialekt, einen verachteten Steuereintreiber und fünf weitere *nobodies* und transformiert sie in die Elite des himmlischen Jerusalem."

Der Kerngedanke dieses Ausbildungskonzeptes ist es, mehr und mehr Menschen für einen Dienst im Reich Gottes auszurüsten. Die Aufgabe besteht darin, übernatürlich begabte Menschen zu finden, zu fördern und sie freizusetzen für die Bestimmung, die Gott für ihr Leben hat, und das systematisch und strategisch zu tun.

Den Dienst an andere weitergeben

Nach der Konstantinischen Wende wurde die Kirche zu einem Kanal, ihren Mitgliedern kirchliche Ressourcen anzubieten, anstatt die Mitglieder selbst zu Ressourcen zu machen, sagt Bill Beckham. Die biblischen Dienste der Apostel, Propheten, Hirten, Lehrer und Evangelisten sind nicht dazu gedacht, sie regelmäßig vor aller Augen zur Schau zu stellen, während andere ehrfurchtsvoll zusehen. Vielmehr handelt es sich um Ausbildungsgaben, die dazu dienen sollen, das Volk Gottes für den Dienst Gottes auszurüsten. Die Frucht eines Evangelisten sind dann nicht einfach nur Bekehrte, sondern weitere Evangelisten. Diese Dienstbegabungen führen Menschen dazu, zu Ausbildern, Trainern und geistlichen Vätern für andere zu werden, die sie in diese Dienste hineinführen.

Doch erstaunlicherweise hat sich in der kirchlichen Welt fast das glatte Gegenteil dieses biblischen Förderungs- und Ermächtigungsmodell etabliert. Eine Minderheit spezialisierter Lehrer, Evangelisten, Apostel, Hirten und Propheten ist bis über beide Ohren in Arbeit vergraben oder bewegt sich gar mit atemberaubender Geschwindigkeit um den Globus. Diese Gruppe von Menschen hat eins gemeinsam: Sie stehen ständig unter Druck, werden zu Sklaven ihrer übervollen Agenda, sind – ganz im Gegensatz zu Jesus selbst – schwer erreichbar und ansprechbar, leben mit erhöhtem Blutdruck und Adrenalinspiegel. Sie geben Seminare und sprechen auf Konferenzen, wo sie einer staunenden Menge die neuesten Erkenntnisse und Errungenschaften in den verschiedensten Spezialgebieten darbieten, oder müssen sich, was noch anstrengender ist, um das vielfältige Programm einer Kirchengemeinde kümmern. Doch im Kern sind sie selbst die Hauptakteure eines regelmäßigen Schauspiels mit vielen Zuschauern – und

Die Aufgabe besteht darin, übernatürlich begabte Menschen zu finden, zu fördern und sie freizusetzen für die Bestimmung, die Gott für ihr Leben hat, und das systematisch und strategisch zu tun.

nicht die Leiter von Ausbildungsschulen für den Theaternachwuchs, um ständig talentierte Menschen dem Gesamtbild hinzufügen.

Anstatt andere zu lehren, wie man lehrt, lehren sie nur. Anstatt andere auszubilden, wie man evangelisiert, evangelisieren sie selbst. Anstatt andere Menschen anzuleiten, wie man prophezeit, prophezeien sie selbst und ziehen weiter, ohne Prophetenjünger zurückzulassen. Dies wirkt nicht nur als ein schlechtes Vorbild, das andere automatisch kopieren werden, sondern lässt eine schale Leere sowohl im „Lehrer" als auch im „Schüler" zurück, weil einmal mehr keine Dienstverpflanzung stattgefunden hat, sondern eine Dienstvorführung. Dienstverpflanzung weiht andere in die Dienstgeheimnisse ein und initiiert andere in den Dienstprozess. Wo das nicht geschieht und unsere geistlichen Handwerker mit Meisterprüfung selbst keine Gesellen nachziehen, wird das Zweiklassen-System von Klerus und Laien weitergeführt und zementiert, und letztlich versagen wir darin, andere für den Dienst auszurüsten. Damit verursachen wir genau das Problem, das wir selbst beklagen, den vielzitierten Mangel an Leiternachwuchs.

Die fünf Dienstbegabungen sind Menschen von Gott dazu anvertraut, um sie an andere weiterzureichen. Wenn diese Dienste multipliziert werden, bedeutet das auch, dass damit die Strukturen, innerhalb derer sich diese Dienste bewegen, multipliziert werden müssen, d. h. die Hauskirchen selbst.

Die fünf Finger der Hand

Gerald Coates, Leiter der „Pioneer"-Bewegung in England, verglich einmal den fünffältigen Dienst mit den fünf Finger der Hand.

- Der Apostel ist der Daumen. Er gibt Stabilität, hält die Balance und kann buchstäblich mit allen andern Fingern in Kontakt stehen.
- Der Prophet ist der Zeigefinger. Er zeigt auf jemanden und verkündet: „Du bist der Mann!"
- Der Evangelist ist der Mittelfinger, der am weitesten in die Welt hinausragt.
- Der Ringfinger symbolisiert den Pastor / Hirten, der sich um die internen Beziehungen kümmert.
- Der kleine Finger schließlich symbolisiert den Lehrer; er kann sich in jedes Ohr einarbeiten und dort die Wahrheiten des Evangeliums vermitteln.

Der Pastor

Der Pastor im charismatischen und biblischen Sinne – nicht notwendigerweise im traditionellen Verständnis – ist ein natürlicher Hirte; er steht dicht bei den Schafen. Schafe fühlen sie wohl um ihn herum, er bietet eine liebevolle Familienatmosphäre, und doch wird er in der Bibel nicht der eigentliche „Leiter" der Herde genannt. Er ist ein Betreuer, ein Bediensteter des Oberhirten Jesus Christus. Für den Hirten sind oft Beziehungen alles, einfach deshalb, weil er ein brennendes Interesse am langfristigen Wohlergehen der Herde hat. Der gute Hirte kennt die Namen der Puppen der Kinder der Gemeindeglieder und interessiert sich für die persönlichen Details.

Er hat nur ein Problem, den berühmten blinden Fleck, die angeborene Betriebsblindheit, die sich, wie so viele verblüffende Schwächen, ausgerechnet im Schatten der größten Stärke verbirgt. Über der Beziehungsarbeit und der Sorge um das seelsorgerliche Detail verliert er sehr schnell den Überblick, die Gesamtschau, er geht oft im besten Sinne des Wortes „in Beziehungen auf". Der Hirte hat eine besondere seelsorgerliche Fähigkeit, erlöste Beziehungen zu Gott und zueinander zu fördern, Steine des Anstoßes aus dem Weg zu räumen und beziehungsmäßige Knoten zu lösen, damit die Gemeinde als Familie weiterhin organisch und gesund funktionieren kann.

Der Prophet

Der Prophet ist bildhaft gesprochen der Herde um wenigstens fünf Kilometer voraus; er liegt hinter dem nächsten Hügel auf den Knien und betet oder ist einen Ausguck hochgeklettert, um den Horizont auszuspähen. Dort hört er Gottes Stimme, sieht Visionen und Bilder, erbittet und bekommt Zutritt zum Thronsaal Gottes und sieht dort Dinge, die sonst keiner sieht. Es hat auch sein Gutes, wenn er oft der Herde weit voraus ist, weil ihn in der Regel sowieso nur sehr wenige wirklich verstehen. Der Prophet ist weniger daran interessiert, was die Leute denken, er will wissen, was Gott in die Situation hinein zu sagen hat. Wegen dieser einzigartigen Begabung ist er oft eher unaufgeräumt und in der Regel nicht sonderlich organisiert; das überlässt er gerne anderen. Können Sie es sich vorstellen, eine entspannte halbe Stunde beim Kaffee mit dem Propheten Jeremia zu sitzen? Ich nicht. Er würde mich wahrscheinlich auseinandernehmen und andersherum wieder zusammensetzen wollen und die Kaffeetasse für prophetische Bildsprache benutzen.

Die Perspektive des Propheten ist radikal anders als die des Pastors. Er hört von Gott und dann hinterfragt er aus dieser Perspektive recht unnachgiebig alles, was ihm in den Weg kommt, einschließlich des Pastors. Das ist seine gottgegebene Aufgabe. Das ist auch der Grund, warum es eine historische Spannung zwischen dem Pastor und dem Propheten gibt. Der eine ist der Verteidiger des Status Quo, der die Gemeinschaft erhalten möchte, und der andere hinterfragt alles und jedes und wird von vielen – zu Recht! – als Bedrohung gesehen, als einer, der oft nur den scheinbar so harmonischen Ablauf der Dinge stört und der immer nur Taten sehen will, am besten sofort. Der Hirte hat bildhaft nicht nur einen Hirtenstab in der Hand, mit dem er die Schafe zusammenhält und die Wölfe fernhält – sondern es juckt in ab und an, den Hirtenstab auch dazu zu benutzen die Propheten von der Herde fernzuhalten. Und doch haben beide, der Pastor und der Prophet, eine gültige, jedoch unterschiedliche Teilperspektive des Ganzen. Beide dienen demselben Gott und derselben Gemeinde – der eine mit liebender Anteilnahme, der andere mit dem Vermitteln prophetischer Perspektive. Beides ist nötig!

Das Motto des Propheten, das seinen Dienst beschreibt, ist „Vision". Propheten haben oft die einzigartige Fähigkeit, Dinge zu sehen und zu hören, die andere gar nicht wahrnehmen. Diese übernatürlichen Offenbarungen müssen durch einen gesunden Gewichtungsprozess der Gemeinde gehen (1. Kor. 14,29), bevor sie in der Praxis angewendet werden. Propheten werden in der Regel direkt von Gott berufen; häufig besteht ihre prophetische Assistenzzeit darin, einem älteren, erfahreneren Propheten „Wasser über die Hände zu gießen", also zu dienen oder „die Koffer zu tragen", wie es bei Elia und Elisa der Fall war (2. Kön. 3,11).

Der Apostel

Der Apostel ist, in unserer bildhaften Skizze, nicht so weit von der Herde entfernt wie der Prophet. Er steht drei Kilometer weiter auf der Spitze eines Hügels und ist nicht hinter irgendeinem Berg verschwunden wie der Prophet. Von diesem Befehlsstand aus kann er den Überblick haben, die großen Zusammenhänge erkennen, seine Landkarten studieren und nach neuen grünen Weiden für die Herden Ausschau halten. Er hat kaum Zeit für Hausbesuche und harmlose Plaudereien, denn „die Welt ist sein Kirchspiel". Genau wie Paulus ist auch er nie wirklich zufrieden: Nachdem er Rom besucht hat, will er gleich weiter nach Spanien! Sein zentraler Begriff ist „Strategie", sein

Herzschlag ist „die Mission"; er will, dass Gottes Pläne mit den Nationen zur Erfüllung kommen.

Apostel fungieren sehr ähnlich den Generälen einer Armee. Sie tragen die Hauptlast der Verantwortung für die Ausbreitung des Evangeliums vom Reich Gottes. Der apostolische Dienst ist ein gründender, fundamentelegender Dienst; er kann Dinge wie „aus dem Nichts" schaffen, Fundamente in der Wüste legen, und vereint in vielerlei Hinsicht alle andern Gaben in sich. Der Apostel kann als übernatürlich begabter Problemlöser fungieren und als geistlicher Talente-Entdecker. Der Pastor, der im Neuen Testament nur einmal vorkommt, mag eine Art geistlicher Onkel für die Gemeinden sein, sehr freundlich und liebevoll. Apostel, von denen 22 im Neuen Testament namentlich erwähnt werden, sind geistliche Väter, die die endgültige Verantwortung tragen, die die wirklichen Kämpfe austragen und unbändige Freude am Aufwachsen der geistlichen Saat haben.

Der Lehrer

Der Lehrer lebt, bildhaft gesprochen, in einer gewissen kritischen Distanz zur Herde. Er sitzt auf dem Hochsitz, etwa einen Kilometer weit von der Herde entfernt, von wo aus er seine Hunde ausschicken kann, wenn sich Schafe nicht benehmen oder sich von der Herde in die falsche Richtung wegfressen. Sein Motto ist: „Die Wahrheit, nichts als die Wahrheit!" Der Lehrer ist an Qualität interessiert, an den Details, die ihn manchmal mehr faszinieren als die großen Zusammenhänge. Er ist im besten Sinne des Wortes ein „Fußnoten-Mensch", der es ganz genau wissen will. Er hat nicht nur eine Passion dafür zu lehren, sondern seine charismatische Begabung liegt darin, andere zu ermächtigen, indem er sie lehrt, wie man lehrt. Er ist, wie Jesus, ein Meister, der nicht in erster Linie Handbücher und Vorlesungsmitschriften hinterlässt, sondern buchstäblich „seinen Geist".

Der Evangelist

Der Evangelist umkreist die Herde in gewissem Abstand – gerade weit genug entfernt, um nicht zu viel Stallgeruch anzunehmen und manche irregegangenen Schafe damit zu verstören, und nah genug, um wirklich verlorene Schafe zur Herde zurückzuführen, wenn er sie findet. Der Evangelist hat drei wirkliche Passionen: dass Menschen zu Jesus finden, dass sie zu Jesus finden und letztlich, dass sie zu Jesus finden. Er stellt einen gesunden Außenfokus in den Gemeinden her und ist daran beteiligt, den neuen Gläubigen zu helfen, wenn er den des Lesens Unkundigen „das Evangelium vorliest", seine ursprüngliche Funktion, und Christen wie Nichtchristen damit mit dem Evangelium füllt, sie „evangelisiert".

In der Bibel sind Evangelisten nicht diejenigen, die die Ausbreitung des Reiches Gottes vorantreiben oder gar verantworten, sondern die mit apostolischen und prophetischen Menschen zusammenarbeiten, die ihrerseits wiederum die Fundamente der Gemeinden legen. Der Evangelist ermächtigt andere darin, ebenfalls Evangelisten zu werden. Er schafft nicht evangelistische Organisationen oder gar Imperien, sondern zieht andere Evangelisten nach, die wie er selbst dafür sorgen, dass die Hauskirchen stets eine evangelistische Bewegung bleiben oder wieder werden.

Dienst-Projektionen vermeiden

Einer der größten Fehler, die in den Gemeinden gemacht werden, ist die Gaben-Projektion: andere mit einer geistlichen Elle zu messen, die nur für einen selbst gilt. Gaben-Projektion geschieht dort, wo ein Christ eine übernatürliche geistliche Gabe von Gott erhält und nun wie selbstverständlich davon ausgeht – von sich auf andere schließend –, dass seine Begabung das Natürlichste der ganzen Welt ist; andere Christen würden, so meint er, ganz genau dasselbe erleben, wenn sie einfach nur so handeln würden wie er selbst. Doch damit überträgt er seine einzigartige Gabenperspektive auf andere. Er übersieht, dass Gott jeden Menschen einzigartig erschaffen und jedem Menschen besondere, unterschiedliche Gaben gegeben hat. Wer sich selbst auf diese Weise mit andern vergleicht, vergleicht Äpfel mit Orangen und tut sich selbst und andern mit seiner Gaben-Projektion einen Bärendienst. Er macht das Leben anderer Menschen mit ungültigen Vergleichen unnötigerweise kompliziert und sündigt so gegen den Leib Christi, in dem eben nicht jeder Mund oder Ohr ist.

Der Evangelist mag begabt sein, viele Menschen zusammenzurufen, aber sein Charisma besteht nicht darin, diese Menschen alle zu einem Organismus zusammenzubauen.

Die „Dienst-Projektion" macht denselben Fehler, nur auf einer anderen Ebene, und misst alles an nur einem der fünffältigen Dienste. Es mag sein, dass die charismatischen Gaben nur eine Anfangs- und Entwicklungsphase im Leben des Christen beschreiben. Dann würde irgendwann einmal jemand nicht einfach nur „eine Gabe haben", sondern anfangen, „eine Gabe zu sein". Das ist der Beginn des fünffältigen Dienstes. Ein Christ hört auf, „nur" zu prophezeien, und fängt an, ein Prophet zu sein; er hört auf, „nur" zu evangelisieren, und fängt an, Evangelist zu sein, etc. Die geistliche Begabung wird zu seinem Wesen. Dienst-Projektion geschieht, wenn ein Lehrer auf den Evangelisten zeigen würde und sagen: „Du und deine evangelistischen Kampagnen! Theologische Ausbildung, das ist es, was wirklich zählt! Du hast nur ein Problem: Du solltest einfach mehr so sein wie ich." Der Pastor sieht mit Schrecken auf den Propheten und sagt: „Du und deine Visionen. Was wirklich etwas bewegt, ist langfristige Beziehungsarbeit!" Dann packt er seinen Hirtenstab fester, und statt damit die Wölfe davonzujagen, zeigt er dem Propheten die Tür.

Wenn ein Lehrer Gemeinde baut

Wenn man es einem Lehrer überlässt, die Gemeinde zu bauen, wird er das unwillkürlich um seine charismatische Begabung des Lehrens herum tun; was sollten wir anders erwarten? Er wird entweder die Gemeinden in Vorlesungshallen verwandeln oder Bibelschulen bzw. Ausbildungsstätten gründen; diese können durchaus zu beeindruckenden Lehr-Kathedralen wachsen, wenn der Lehrer dazu noch eine rhetorische Begabung hat. Menschen aus nah und fern werden anreisen, um seine Lehrpredigten und Vorträge zu hören und zu bewundern. Aber wenn der begabte Mann verschwindet, verschwindet der Andrang auch. Ein Lehrer legt nicht wirklich die Fundamente selbst – aber er kann sie brillant erklären.

Das evangelistische Gemeindemodell

Evangelisten leben oft in einer einzigen endlosen evangelistischen Vortragsreihe; wenn man es ihnen überlassen würde, eine Gemeinde zu bauen, würden sie ein faszinierendes Programm von Veranstaltungen und Vorträgen entwerfen, die alle sehr adrenalingeladen sind, aber sich nur um eine einzige Kernbotschaft in vielen Variationen drehen. Der Evangelist mag begabt sein, viele Menschen zusammenzurufen, aber sein Charisma besteht nicht darin, diese Menschen alle zu einem Organismus zusammenzubauen. Bald werden Menschen die einseitige geistliche Diät leid sein und weiterziehen, nach mehr suchen.

Vielleicht erkennt der Evangelist das Problem auch selbst und geht, bevor die Leute gehen, oder, was noch eleganter ist, entwickelt einen internationalen Reisedienst und zieht um die Welt mit seinen 10 oder 20 Predigten, auf der Suche nach Menschen, die sie noch nicht gehört haben. Das evangelistische Gemeindemodell kann in manchen Fällen etwas Drängerisches und Aktivistisches an sich haben und mit der ständigen Botschaft der Bekehrung den geistlichen Babyzustand einer Gemeinde verlängern.

Das pastorale Gemeindemodell

Eine der zentralsten Botschaften, die von einem charismatischen Hirten-Pastor ausgeht, ist die: „Kommet her zu mir alle, die ihr mühselig und beladen seid, ich will euch zuhören und Seelsorge anbieten." Und die Menschen kommen. Jeder braucht einen Menschen, der ihm zuhört, ihn berät. Wenn der Hirte jedoch ganz auf sich alleine gestellt ist, wird sein guter, aber einseitiger Dienst bald zur Entstehung von Seelsorge- und Beratungszentren führen. Eine so geführte Gemeinde kann sich, wenn kein gabenergänzender Dienst stattfindet, schnell zu einem geistlichen Krankenhaus entwickeln, wohin Menschen kommen, damit man sich um ihre Verwundungen in der Kraft des heiligen Geistes kümmert und sie langfristig betreut. Guten Hirten geht es oft ein wenig wie einem guten Onkel – beide haben Schwierigkeiten, Nein zu den Kindern zu sagen.

Das Resultat eines einseitigen pastoralen Dienstes ist, dass der Hirte schnell von der gesunden Resonanz auf seinen guten Dienst erdrückt wird; er wird unweigerlich zum Magneten für hilfsbedürftige, seelisch kranke und verwundete Menschen und hat bald die Hände so voll, dass er vollkommen ausgelastet sind. Der „Pastor" ist dann buchstäblich „ausgereizt" und hat das Limit seiner Kapazität erreicht. Die Gemeinde, begrenzt durch das einseitige Gabenspektrum „ihres Pastors", erleidet nicht nur spirituelle Mangelkrankheiten durch die regelmäßige einseitige geistliche Diät, sondern sie beginnt in aller Regel frühzeitig zu stagnieren.

Die fundamentale Rolle des apostolischen und prophetischen Dienstes

Pastorale Seelsorge und geistliche Betreuung sind so wichtig für das Leben wie Ärzte und Krankenhäuser; sie können jedoch nicht das ersetzen, was der apostolische und prophetische Dienst bewirken soll: die Grundlagen für sich multiplizierende Gemeindebewegungen legen, strategisch auf Visionen und Offenbarungen zu reagieren, prophetische Talent-Entdecker zu sein und grundsätzlich nichts als unmöglich hinzunehmen.

Menschen, die in diese Dienste berufen werden, sind weitaus weniger menschenorientiert und kaum auf die Befriedigung von gesellschaftlichen Bedürfnissen ausgerichtet wie etwa Pastoren, Evangelisten und auch Lehrer, die das viel besser können; Apostel und Propheten suchen keine Marktlücken für neue religiöse Angebote, sie suchen Gott. Sie haben die gottgegebene Begabung, über das Hier und Jetzt hinauszuschauen, sehen hinter dem Einzelschicksal die größeren Zusammenhänge und können so die Visionen und Aufgaben wahrnehmen, die Gott immer wieder schenkt. Sie wollen deshalb auch nicht einfach nur „eine weitere Gemeinde gründen", sondern es geht ihnen um die ganze Stadt, die ganze Region, die ganze Nation! Sie leben oft in der Zukunft, für die Zukunft, von der Zukunft, sind ständig schwanger mit künftigen Entwicklungen und können gerade aus diesem Grunde die Gemeinden dorthin führen, wo sie selbst zu Hause sind: in die Zukunft.

Bei der Arbeit der Apostel und Propheten ist es oft wie beim Bau eines Hauses: Das Fundament sieht man kaum, aber man spürt es.

Diese Dienste bewahren die Gemeinden davor, traditionelle Institutionen zu werden, die nur eine glorreiche Vergangenheit feiern, aber keine wirkliche Zukunftsperspektive mehr haben; sie helfen zu vermeiden, dass Kirchen zu einem Fossil der Geschichte werden, einem Denkmal, das an längst vergangene Zeiten erinnert, gemieden und missverstanden von der Jetztzeit. Die Gemeinde „ist erbaut auf der Grundlage der Apostel und Propheten, wobei Jesus Christus selbst der Eckstein ist" (Eph. 2,20), schreibt Paulus. Jesus lässt der Gemeinde zu Smyrna Folgendes sagen: „Du hast die geprüft, die sich selbst Apostel nennen" (Offb. 2, 1-7), nachdem fast alle der ersten zwölf Apostel bereits gestorben waren. Das legt nahe, dass der Dienst der Apostel nach dem sogenannten „Zeitalter der Apostel" weitergeht, sagt etwa Watchman Nee in seinem Buch „The Orthodoxy of the Church".

Bei der Arbeit der Apostel und Propheten ist es oft wie beim Bau eines Hauses: Das Fundament sieht man kaum, aber man spürt es. Die Apostel und Propheten werden in der Reihenfolge der Arbeiter in den Gemeinden als erste genannt (1. Kor. 12,28), weil sie oft die ersten sind, die gerufen werden, wenn Gott die Arbeit der Gemeinden ausweiten möchte. Der Apostel, der an vorderster Stelle in den biblischen Dienst-Aufzählungen genannt wird, ist einer, der „gesandt wird das Unlösbare zu lösen, damit die Gemeinden von Jesus Christus sowohl in ihrer Qualität als auch Quantität wachsen", sagt Barney Coombs in seinem ausgezeichneten Buch „Apostles Today".

Apostel sind „geistliche Baumeister" (1. Kor. 3,10) und tun die Grundlagenarbeit für die Gemeindegründung; das ist das geistliche Äquivalent dafür, bei einem Hausbau den richtigen Bauplatz zu finden, den Erdaushub zu arrangieren und saubere Fundamente zu legen, so dass dann andere Arbeiter – Elektriker, Zimmermannsleute und Klempner – ihre Arbeit auf dieser Grundlage aufbauen können. Würden sie gerne in einem Haus wohnen, dessen Fundamente von einem Klempner entworfen wurden? Ich bewundere die Fähigkeiten eines Klempners, aber das heißt noch lange nicht, dass ich gerne in einem Haus wohnen möchte, das nur von einem Klempner gebaut wurde. Das Fundamentelegen ist einfach nicht sein Aufgabengebiet. Mit anderen Worten: Es gibt pastorale, evangelistische und auf der Gabe des Lehrens aufgebaute Gemeinden; was Gott jedoch beabsichtigt, sind Gemeinden, die auf einer apostolischen und prophetischen Grundlage erbaut sind. Genau dazu sind diese Dienste notwendig und von Gott eingesetzt.

Zusammenspielen, nicht gegeneinander ausspielen

Es ist dringend an der Zeit, die jeweiligen einseitigen aber gottgegebenen Begabungen im andern zu erkennen und anzuerkennen, und aufzuhören, diese fünf Dienste gegeneinander auszuspielen. Sie sind alle gültige Teile im Gesamtbild. Jeder der fünf Dienste repräsentiert etwa 20 Prozent des gesamten Dienstvolumens christlicher Leiter; diese 20 Prozent sind zwar einzigartig, aber auch die besten 20 Prozent sind eben keine 100 Prozent. Es ist richtig, dass der apostolische und der prophetische Dienst eine etwas prominentere Rolle spielen, aber das bedeutet nicht, dass sie deswegen ohne das Zusammenspiel mit den anderen drei Diensten auskommen können.

Das bedeutet aber auch, dass der Lehrer wohl kaum in der Lage sein wird, die Rolle eines Apostels zu übernehmen oder diese gar zu ersetzen; der Pastor wird nicht wirklich den Dienst eines Propheten tun können und auch der beste Prophet wird schnell und jämmerlich versagen, wenn er gebeten wird, Hirte zu sein und eine Gruppe von Menschen langfristig zu betreuen. Aber er blüht auf, wenn er in seinem Gabenbereich dienen darf: zu prophezeien und andere anzuleiten, wie man prophezeit. Die fünf Dienste sind von Gott dazu geschaffen worden, dass sie in Harmonie und Synergie funktionieren, zusammenspielen und sich gegenseitig ergänzen.

Übergemeindliche Dienste

Eine Hauskirche wird grundsätzlich von einem Ältesten geführt. Nicht jede einzelne Hauskirche von etwa 15 Personen wird ihre eigenen Apostel, Propheten, Hirten, Lehrer und Evangelisten haben, die da alle traut in einem kleinen Wohnzimmer zusammensitzen. Diese Dienste sind Ausbildungsgaben für einen größeren Kontext; sie gehen über den Horizont einer Lokalgemeinde hinaus und funktionieren übergemeindlich, „bedienen" buchstäblich oft eine ganze Region oder gehen – besonders im Falle der Apostel – weit darüber hinaus. Das bedeutet aber durchaus, dass solche Dienstträger in der Regel in Lokalgemeinden, also Hauskirchen, beheimatet sein sollten, wohin sie immer wieder zurückkehren, korrigiert und selbst betreut werden, um nicht beziehungslos und zusammenhangslos wie ein nicht fassbares Fluidum „über den Wassern zu schweben". Diese Heimatgemeinde ist ihr Standbein, ihre regionale Verwurzelung; der übergemeindliche Dienst ist ihr Spielbein.

Einen regionalen geistlichen Gen-Pool entwickeln

Es war wohl so etwas wie ein teuflischer Plan, dass der Pastor in der einen Ecke steht und Menschen betreut, während die Propheten in einer anderen stehen, wo sie aus dem Fenster schauen; die Lehrer sitzen alle in der Bibliothek, die Evangelisten trinken Kaffee mit Besuchern auf der Veranda und die Apostel sind gerade irgendwo in Übersee unterwegs. Statt einer Gruppe, in der diese fünffältigen Dienste zusammenwirken, entstanden fünf Gruppen mit dem jeweils „einfältigen" Dienst, der in einer gewissen Isolation von den andern Diensten ausgeübt wurde.

Dies kann aber nicht der letzte Stand der Dinge bleiben. Was zusammengehört, muss wieder zusammenwachsen. Damit die fünf Dienste zusammen funktionieren können, müssen verschiedene Dinge geschehen:

- Zunächst müssen die einzelnen Dienste als solche erkannt und anerkannt werden. Diese Dienste müssen wieder Profil bekommen, die Worthülsen mit praktischem Inhalt gefüllt werden. Es könnte ja sein, dass Sie beispielsweise zwar als Pastor arbeiten, aber in Wirklichkeit ein (verhinderter) Prophet sind. Oder Sie mögen als theologischer Lehrer arbeiten, aber in Wirklichkeit das Herz eines Hirten haben und sich danach sehnen, unter Menschen zu sein und von all dem Papier wegzukommen. In der Vergangenheit kam es oft genug zu unguten gegenseitigen Schubladisierungen der fünf Dienste, die durch falsche Vorstellungen und schlechte Erfahrungen genährt wurden. Hier mag sogar in manchen Gegenden die Zeit für handfeste Buße gekommen sein.

- Der nächste Schritt besteht darin, dass die so Begabten einander Freunde werden. „Alles wirklich Wichtige im Reich Gottes baut auf erlösten horizontalen Beziehungen auf", sagt Roger Forster.
- Der nächste Schritt ist, regionale fünffältige Dienst-Teams zu entwickeln, innerhalb derer sich die fünf Dienste entwickeln, ergänzen und regional zusammenwirken können, um sich dann in einer weiteren Phase in anderen Regionen oder Nationen multiplizieren zu können. Innerhalb dieser regionalen Vernetzung bilden beispielsweise Propheten andere Prophetenjünger aus und Evangelisten leiten andere mit evangelistischem Potenzial an und sorgen dafür, dass sie ihr geistliches Talent entfalten können.
- Daraus entsteht ein regionaler Ressourcen-Pool, eine Ausrüstungs- und Ermächtigungs-Struktur für den ganzen Leib Christi. Aus diesem geistlichen Gewächshaus können immer wieder einzelne Menschen für bestimmte regionale Aufgaben oder auch für die Lösung einzelner Probleme oder Krisen gefunden werden. Wenn in einer Gemeinde oder einer Region eine gewisse geistliche Mangelerscheinung entsteht, kann durch die somit verfügbaren Spezialisten entsprechend gegengewirkt werden, ohne ständige Dienste von außerhalb oder gar aus dem Ausland zu importieren.

Diese Diener des Leibes Christi bilden – ähnlich wie das Rathaus der kommunalen „Gemeinde" Verwaltungs- und Anlaufstelle für eine Region ist – eine Art geistlichen Senat, ein Apostelkonzil, das für die ganze Nation, die Region oder die Stadt lebt. Eine der Herausforderungen für diese regionalen Dienstgruppen ist es, das Entstehen einer geistlich dominierenden und machtorientierten Elite zu vermeiden; ein Weg dazu ist, auf besondere Titel und Berühmtheit bewusst zu verzichten, demütig und gegenseitig verantwortlich und verpflichtet zu sein.

Die Aufgabe dieses Kreises besteht darin, dem gesamten Leib Christi einer Region zur Verfügung zu stehen, die gemeinsame Identität zu fördern, die Berufung und heilsgeschichtliche Verantwortung der Christen einer Region zu erkennen und zu fördern, Vision und Gesamtschau zu vermitteln, mit einer Stimme zu der gesamten Nation zu sprechen oder sich bei stadtkirchlichen Veranstaltungen einzubringen. Ihr Alltagsgeschäft ist es, sich den einzelnen Hauskirchen zur Verfügung zu stellen, wo immer sie gebraucht werden, und tatsächlich „von Haus zu Haus" zu zirkulieren, wobei sie sich ständig weiter in das Volk Gottes investieren und die Christen ausbilden und ermächtigen, weitere Hauskirchen zu gründen, so dass die gesamte Bewegung weiter wächst.

Sind Sie der Mensch?

Wo fängt man damit an, einen solchen geistlichen Ressourcen-Pool für eine Region zu schaffen? Mit denjenigen Menschen, die dafür eine leidenschaftliche, von Gott geschenkte Vision und Passion haben. Diejenigen Christen, die für eine Nation, eine Stadt oder eine Region unverschämt weinen können, sollten auch diejenigen sein, mit denen ein solcher Prozess beginnt. Tränen und eine Berufung für das, wofür man weint, liegen oft eng zusammen. Theoretische Überzeugtheit ist hierfür einfach nicht genug; die Initiative muss nicht aus dem Kopf, sondern aus dem Herzen kommen.

Tränen und eine Berufung für das, wofür man weint, liegen oft eng zusammen. Theoretische Überzeugtheit ist hierfür einfach nicht genug; die Initiative muss nicht aus dem Kopf, sondern aus dem Herzen kommen.

Die Initiative für einen solchen Prozess wird wahrscheinlich von prophetischen und apostolischen Menschen ausgehen, denn gerade hierin liegt ihre tiefste Berufung und Begabung. John Knox, ein apostolischer Mann und der frühere Reformator Schottlands, betete einmal: „Gott, gib mir Schottland oder ich sterbe!" Etwa diese Art von Gebet sollte auf Ihren Lippen sein, bevor Sie sich selbst an eine solche Aufgabe wagen. Pastor Colton Wickramaratne von The Peoples Church in Colombo, Sri Lanka, selbst ein apostolischer und prophetischer Mann, sagt es oft mit diesen Worten: „Gottes Methode sind Menschen. Bist du dieser Mensch?"

Drei Verantwortungsbereiche in den Gemeinden

Anstatt eine hierarchische Pyramidenform von verschiedenen Leitungsebenen zu entwickeln, bildet das Hauskirchenchristentum drei verschiedene Verantwortungsbereiche aus, Gruppen von Menschen also, die eine jeweils unterschiedliche Begabung haben, womit eine besondere Verantwortung im Gesamtkontext des Christentums verbunden ist. Wenn diese drei Verantwortungsbereiche wahrgenommen werden, so können sich die entstehenden Hauskirchen auf bestmögliche Weise multiplizieren. Die drei Gruppen sind:

1. *Älteste.* Hauskirchen werden von Ältesten verantwortet, die in erster Linie eine väterliche oder mütterliche Funktion für die Gemeinde haben. Sie bringen ihre im Leben bewährte Weisheit und von Gott bestätigte Lebensreife in die Lokalgemeinde ein, sorgen für die „Herde" wie ein Vater oder eine Mutter für die Kinder, zeigen ihnen durch Vorbild, wie man lebt, und bürgen für einen hohen Grad an Echtheit und Redlichkeit, belegt durch den eigenen reifen Lebensstil.

2. *Der fünffältige Dienst.* Die Ältesten werden ausgebildet und trainiert durch Menschen, die von Gott zu einem der fünf Dienste berufen wurden, Apostel, Propheten, Hirten, Lehrer, Evangelisten. Diese Ausbilder zirkulieren „von Haus zu Haus" und funktionieren wie ein geistlicher Blutkreislauf, der die angeschlossenen Hauskirchen mit den nötigen Nährstoffen versorgt, damit sie gesund bleiben oder werden und sich folglich multiplizieren können. Diese Dienste geben dem ganzen Körper einen starken Zusammenhalt, wie die Sehnen in einem menschlichen Körper; durch sie werden die Hauskirchen zu einem organischen System zusammengehalten. Diese Dienste gehen über den Rahmen der einzelnen Hauskirche weit hinaus und dienen idealerweise dem ganzen Leib Christi einer Region; sie bilden Ausbildungsressourcen, auf die die Hauskirchen einer Gegend ständig zugreifen können, und sind oft auch die Verbindungslinien zu andern Regionen oder Nationen.

3. *Apostolische Väter.* Die geistlichen Ausbilder, die innerhalb des fünffältigen Dienstes tätig sind, stehen in Verbindung mit einer dritten Gruppe von Menschen, die ich „apostolische Väter" nenne. Das sind Personen, die eine apostolische Begabung haben und zusätzlich eine deutliche göttliche Berufung oder Sendung für eine spezielle Region, Stadt, Nation oder Volksgruppe erlebt haben. Sie haben sozusagen ein regionales Charisma, eine regionale Berufung; man erkennt sie leicht an der oft fast unerträglichen geistlichen Pein und Leidenschaft, die sie für eine Stadt, Region oder Nation haben (Gal. 2,7-9). Sie werden ganz natürlich zu „Säulen des Glaubens", zum geistlichen Rückgrat regionaler Bewegungen, zum Ankerplatz, an dem sich Hauskirchenbewegungen festmachen können, zu väterlichen Identifikationsfiguren. Da

sie in gewisser Weise Manifestation einer regionalen Vision sind, prägen sie auch die Festveranstaltungen der Region. Sie haben oft wirklich eine Reich-Gottes-Perspektive, einen „zerbrochenen und zerschlagenen Geist" wegen der geistlichen Last, die sie tragen, und sind am allerwenigsten daran interessiert, ein eigenes religiöses Königreich aufzubauen, mit sich selbst an der Spitze. Das ist auch der Grund, weswegen sie allen wirklich dienen können – und dadurch alle leiten können! –, nicht aus luftigen Höhen hierarchisch definierter religiöser Macht herab, sondern als nahbare Verbündete, Freunde, Väter, die nicht losgelöst in entfernten Schaltzentralen der Macht hantieren, sondern in organischer Beziehung mit anderen Ausbildern fungieren (Mk. 9,35).

Die Diakone stehen gabenergänzend neben den Ältesten (Phil. 1,1) können aber auch als Sekretäre und Assistenten apostolischer Väter auftreten, die sich um administrative Dinge und soziale Aspekte kümmern und den Aposteln die Hände für ihren speziellen Dienst freihalten (Apg. 6).

Geistliche Talente entdecken – Rekrutierung für den fünffältigen Dienst

Die meisten führenden Firmen wissen, dass ihre Zukunft von der Qualität der nachfolgenden Leitergeneration abhängt. Deshalb beauftragen sie spezielle Agenturen, die die richtigen Kaderpersonen gemäß der gewünschten Anforderungsprofile der Firmen ausfindig machen. Manche Firmen leisten sich sogar eine eigene Abteilung, die nur dazu da ist, geeignete Nachwuchstalente zu entdecken; zu diesem Zweck gehen diese firmeneigenen Spürnasen bei den Universitäten und Schulen ein und aus, um dort frühzeitig die richtigen Leute mit den richtigen Begabungen und dem richtigen Kaliber für die Firmenlaufbahn zu gewinnen. Davon könnte man im Rahmen des Christentums lernen.

Auch das Christentum braucht besondere Dienste mit dem Ziel, geistliches Potenzial in jungen Menschen zu entdecken und zu fördern, eine Art „geistlicher Talentschuppen", wo neue Talente und Begabungen gesucht werden. Statt etwa christliche Kinder und Jugendliche nur in traditionellen Formen kirchlicher „Jugendarbeit" zu lehren, zu betreuen und zu unterhalten, könnte das Entdecken und Fördern von keimhaft vorhandenem geistlichen Potenzial bei Jugendlichen zu frühzeitigen Berufungen und wichtigen Lebensentscheidungen führen. Zumindest wird es aber nötig sein, in den christlichen Gemeinden und der eigenen Umgebung systematisch mögliche Gabenträger frühzeitig zu finden, zu fördern und freizusetzen. Wenn dann etwa eine apostolische Begabung in jemandem entdeckt wird, so kann dieser Apostellehrling mit einem erfahrenen Apostel zusammengespannt werden, der ihn dann durch praktisches Vorbild – wie Paulus seinen Timotheus – anleitet und zum Jünger macht. Genauso könnten Junior-Propheten und Junior-Pastoren einer Person zugeordnet werden, die im Rahmen ihrer eigenen beginnenden Dienstbegabung ihnen bereits weit voraus ist und eine gewisse Reife entwickelt hat. Diese Jünger können ihren Meistern „die Koffer tragen", einem Senior-Propheten „Wasser über die Hände schütten" und danach trachten, dass so viel geistliche Einsicht und Begabung wie möglich auf sie selbst abfärbt.

Es ist einsichtig, dass die Lernkurve eines Menschen phänomenal steil ist, wenn er in einem Gebiet lernen kann, für das er sich brennend interessiert, noch dazu von einer Person, die ihm in genau diesem Spezialgebiet selbst weit voraus ist. Ein Geselle ohne Meister macht wenig Sinn im Berufsleben; ein Jünger ohne einen Meister – und ein Meister ohne Jünger! – macht im christlichen Leben ebenfalls wenig Sinn. Deshalb kann Paulus sagen: „Ahmt mich nach!"

Heilung des Gemeinde-Traumas

Man findet heute in der Regel nicht sehr viele Apostel und Propheten in den Gemeinden, aus dem einfachen Grund, weil es in traditionellen pastorenzentrierten Gemeinden wenig Platz für sie und ihre Gaben gibt. Viele solcher Gabenträger haben erleben müssen, wie sie in programmorientierten Gemeinden von anderen als Bedrohung erlebt werden, zu anders, zu stark, zu radikal, zu dies und zu das – und tatsächlich nicht nur an den Rand der Gemeinden gedrängt, sondern oft buchstäblich verkannt und daher verworfen wurden. Sie passten einfach nicht ins gängige Klischee „ordnungsgemäßer" Kirchlichkeit. Viele dieser apostolisch und prophetisch begabten Menschen sind tief enttäuscht von „Gemeinde" und haben fast alle Erwartungen aufgegeben, dass sich jemals etwas ändern wird, auch wenn in manchen noch immer ein Funke fast irrationaler Hoffnung flackert. Viele von ihnen sind heute in der Geschäftswelt tätig oder wurden Ärzte, haben sich also eine säkulare Plattform gesucht oder selbst gebaut, auf der sie ihre pionierhafte und oft genug charismatische Begabung ausleben können, was in den Gemeinden vielfach nur als „störend" empfunden wurde.

Aber immer mehr solcher verhinderter Propheten und Apostel spüren, wie Gott sie heute deutlich ruft; sie wissen, dass sie nicht einfach dafür gemacht wurden, 20.000 oder 50.000 Mark pro Monat zu verdienen, Hotelketten zu restaurieren, mit Immobilien oder Versicherungen zu makeln oder Magengeschwüre zu operieren, tunlichst christliche Gemeinden zu meiden oder nur aus Höflichkeit ab und an zu besuchen und im Privatleben durch eine geistliche Importdiät via TV und Radio zu überleben oder durch den sporadischen Besuch christlicher Geschäftsleutetreffen oder gelegentlicher Konferenzen. Diese verkannten, unentdeckten und unterbeschäftigten Apostel und Propheten leiden an dem, was ich „das Gemeinde-Trauma" nenne, einer tiefen Verwundung, die sie paradoxerweise ausgerechnet von der Institution der Heilung selbst zugefügt bekamen, durch eine christliche Gemeinde, die ihrer Berufung nicht gerecht geworden ist, indem sie Nachwuchspotenzial weder gefunden noch freigesetzt hat, und damit geistliche Opfer produzierte.

Es mutet fast wie ein teuflisches Schema an, dass die Gemeinden in gewisser Regelmäßigkeit ausgerechnet diejenigen von sich stoßen, deren Dienste sie am meisten brauchen würden. Viele, wenn auch nicht alle christlichen Geschäftsleute haben sich verständlicherweise innerlich von dem ihnen bekannten Konzept von Gemeinde distanziert und unterstützen alles, nur keine Gemeinden, weil dort kaum Raum ist für ihre Vision. Sie investieren deshalb oft stark in sogenannte „Freie Werke", parakirchliche Bewegungen und evangelistische Projekte, die in vielen Fällen in der Praxis an den Gemeinden vorbei arbeiten. Die Tragik besteht darin, dass die Gemeinde Gottes Mission ist, das gottgegebene Vehikel für den apostolischen Auftrag, alle Völker zu Jüngern zu machen. Jemand muss zu diesen „richtigen Aposteln und Propheten am falschen Platz" gehen, sich bei ihnen glaubwürdig entschuldigen für das, was ihnen durch die Gemeinden angetan wurde, das Gemeinde-Trauma heilen und dann den glimmenden Docht der noch nicht ganz aufgegebenen Hoffnung in ihnen ansprechen und ihnen dabei helfen, dass sie wieder Feuer fangen. Sie müssen durch einen – oft schmerzhaften – Zerbruchsprozess lernen, ihre eigene geistliche Berufung neu zu erkennen, sich so zu sehen, wie Gott sie sieht, um dann für ihre eigentliche Berufung von Gott in Beschlag genommen zu werden und in ihr apostolisches und prophetisches Dienstgebiet entlassen zu werden, um das Unerhörte zu tun: Gottes Gemeinde zu bauen.

Es mutet fast wie ein teuflisches Schema an, dass die Gemeinden in gewisser Regelmäßigkeit ausgerechnet diejenigen von sich stoßen, deren Dienste sie am meisten brauchen würden.

Dieselbe Wellenlänge?

Wenn man vor einem Klavier steht und eine Melodie singt, werden einige der Klaviersaiten bei gewissen Tönen dieser Melodie mitschwingen und gewissermaßen ein Echo geben; sie reagieren auf einen Ton, der dieselbe Frequenz hat wie der Klang, für den sie selbst gemacht sind. Dies trifft auch auf den geistlichen Dienst zu.

Manchmal erkläre ich den fünffältigen Dienst in einem Seminar oder einer Konferenz und bitte die Teilnehmer anschließend, sich mit einem dieser fünf Dienste zu identifizieren und sich in einer von fünf Gruppen im Raum zu versammeln. Normalerweise bleibt ein kleinerer Prozentsatz der Teilnehmer sitzen, weil sie noch nicht wissen, zu welcher Gruppe sie gehören, oder einfach, weil sie noch keine persönliche Berufung für einen dieser Dienste erlebt haben. Dann bitte ich oft, dass ein Repräsentant der Gruppe der Hirten, Evangelisten, Apostel, Propheten und Lehrer nach vorne kommt und jeweils ein ganz einfaches Gebet für diejenigen spricht, die noch immer sitzen, weil sie ihre persönliche Berufung noch nicht erkannt haben oder unsicher sind. Ich frage diejenigen, die noch sitzen, ob sie bei dem einen oder anderen Gebet etwas Besonderes empfunden haben, ob also eine Art „geistliche Saite" in ihnen angeklungen ist, als beispielsweise ein Evangelist für sie betete. Wenn ja, dann ermutige ich sie, sich dieser bestimmten Gruppe, also etwa den Evangelisten, anzuschließen, die dann für sie beten werden, ganz ähnlich wie Paulus zu Timotheus davon spricht, „die Gnadengabe anzufachen, die in dir ist durch das Auflegen meiner Hände" (2. Tim. 1,6; 1. Tim. 4,14).

Viele Christen haben seltsame und einseitige Vorstellungen vom fünffältigen Dienst. Vielleicht sind sie dem richtigen Inhalt in falscher Verpackung begegnet oder im ungünstigsten Aggregatzustand, als Eis oder als Dampf.

Was ist der nächste Schritt für Ihre Region?

Was Ihr nächster Schritt ist, hängt davon ab, wer Sie in Christus sind, was Ihre Begabung und Bestimmung ist und welche Dienste in der Vergangenheit die Gemeinden Ihrer Region gegründet oder geprägt haben. Wenn es in Ihrer Nation, Ihrer Region, Volksgruppe oder Gemeinde bereits viele evangelistische und pastorale Dienste gab, die ihre Prägung hinterlassen haben, dann müssen diese guten Dienste nun durch Lehrdienste sowie apostolische und prophetische Dienste ergänzt werden, so dass der geistliche Boden der Region alle nötigen Nährstoffe und Düngemittel zugeführt bekommt, damit die Fruchtbarkeit erhöht wird und ausgewogene und gesunde Wachstumsbedingungen entstehen.

Den Garten mit Eiswürfeln gießen?

Ich bin fest überzeugt von der Notwendigkeit des pastoralen Dienstes. Ich glaube aber ebenso an die Notwendigkeit der anderen vier Dienste, der Apostel, Propheten, Lehrer und Evangelisten, wie sie in Epheser 4 aufgeführt werden. So wie es H_20 in den drei Aggregatzuständen Eis, Wasser und Dampf gibt, können auch die fünf Dienste in verschiedenen Aggregatzuständen gefunden werden.

Gott scheint nun diese fünf Kernbegabungen wieder aufzutauen, die in der vergangenen Ära des institutionalisierten konstantinischen Christentums in kleine Würfel gefroren und in vorgefertigte kirchliche Schablonen gestanzt oder, noch schlimmer, einfach ignoriert wurden. Im Zuge dieser geistlichen Klima-Erwärmung erleben viele Menschen, die für einen der fünf Dienste berufen wurden, eine Art Transformation, eine Entpuppung, eine Überführung in einen anderen Aggregatzustand. Sie behalten ihre Kernbegabung bei, üben diese jedoch in einer anderen Weise, nach einem anderen System aus. Das bedeutet oft, dass scheinbar ungenutztes Potenzial plötzlich frei wird, Menschen geistliches Profil gewinnen, buchstäblich aus der kirchlichen und denominationellen Isolation auftauen und lernen, gemeinsam mit anderen Diensten „zusammenzufließen" und Gottes Garten zu bewässern.

Viele Christen haben seltsame und einseitige Vorstellungen vom fünffältigen Dienst, besonders von Aposteln und Propheten, die oft auf Verletzungen und enttäuschende Erfahrungen mit solchen Menschen zurückgehen. Vielleicht sind sie dem richtigen Inhalt in falscher Verpackung begegnet oder im ungünstigsten Aggregatzustand, als Eis oder als Dampf. Aber das sollte uns nicht dazu verleiten lassen, das Kind mit dem Bad auszuschütten und aus Furcht und enttäuschenden Erfahrungen Dienste abzuweisen, die uns Gott aus Gnade schenkt.

Die Lektion von Liebig

Der deutsche Biologe und Chemiker Justus von Liebig hat vor über 150 Jahren herausgefunden, dass der Erdboden vier Mineralien braucht, um gesundes Pflanzenwachstum zu fördern: Stickstoff, Phosphorsäure, Kalk und Kali. Solange alle vier Mineralien in der richtigen Menge und im richtigen Verhältnis zueinander im Boden vorhanden sind, kommt es fast „automatisch" zum Wachstum; der Boden ist fruchtbar und hat alles, was für eine gute Ernte benötigt wird. Wenn nur eines der Mineralien fehlt, sagen wir etwa Kali, dann wird das Wachstum verlangsamt oder gar gestoppt, weil ein Engpass erreicht worden und das fehlende Mineral zu einem limitierenden Minimumfaktor geworden ist. Der Erdboden hungert dann nach Kali und man kann so viel Phosphorsäure, Kalk und Stickstoff düngen wie man will, es wird solange nicht zum weiteren Wachstum kommen, bis man das zuführt, was der Boden jetzt braucht, Kali. Es kann sogar dazu kommen, dass mit an und für sich guten Düngern dem Boden echter Schaden zugefügt wird, weil er mit einigen Mineralien bereits übersättigt ist, während er andere Mineralien dringend bräuchte.

Die Behandlung übersäuerter Erde

Wir wollen als Illustration einmal Evangelisation mit Phosphorsäure, Prophetie mit Kali, Lehre mit Stickstoff und den Hirtendienst mit Kalk vergleichen. Wenn man einen Boden antrifft, der sorgfältig mit Phosphorsäure (Evangelisation) und Stickstoff (Lehre) gedüngt worden ist, dann erreicht er bald einen Sättigungsgrad, ab dem jedes Mehr an Phosphorsäure und Stickstoff nicht mehr positive, sondern negative Auswirkungen haben kann. Es übersäuert den Boden und führt zum genau gegensätzlichen Resultat dessen, was wir eigentlich anstreben. Was der Boden jetzt braucht, ist nicht weitere Phosphorsäure oder Stickstoff, sondern Kalk und Kali in genügender Menge, damit wieder eine gesunde Balance entstehen kann.

Produzenten von Phosphorsäure und Stickstoff könnten möglicherweise von diesen Einsichten verletzt werden, weil sie den Verdacht hegen, ihrem besonderen Produkt würde nicht die zentrale Bedeutung zugemessen, die ihm ihrer Meinung nach zukommt. Aber in Wirklichkeit werden ihre Produkte ja nur auf gesunde Weise durch Kali und Kalk ergänzt, so dass alle Dünger ihren Beitrag in gegenseitiger Abstimmung leisten können.

Phosphorsäure braucht die Welt!

In einer fiktiven christlichen Konferenz könnte doch Folgendes geschehen. Jemand steht auf und verkündigt: „Phosphorsäure (Evangelisation) hat für meine Gemeinde wahre Wunder bewirkt. Als ich Phosphorsäure zuführte, explodierte die Gemeinde buchstäblich. Phosphorsäure war genau das, was ich gebraucht habe, und Phosphorsäure ist deshalb auch genau das, was ihr braucht. Brüder und Schwestern, ich habe eine Botschaft für euch: Was Ihr braucht, ist mehr Phosphorsäure! Vielleicht wisst ihr es noch nicht, aber ihr braucht es trotzdem. Ihr braucht erst gar keine Fragen zu stellen, denn ich habe bereits die Antwort: Phosphorsäure. Es hat in meinem Fall funktioniert und es wird auch in deinem Fall funktionieren. Wir sollten eine neue Bewegung gründen, ‚Phosphorsäure für die Welt', und jedermann von dem Segen erzählen, der durch Phosphorsäure entstanden ist. Jede Gemeinde braucht mehr Phosphorsäure!"

Meine These ist, dass wir nicht Methoden aus andern Regionen der Welt kopieren sollten, sondern selbst apostolisch und prophetisch handeln und einen eigenen Weg entwickeln sollten, kreativ und gleichzeitig empfindsam für unsere eigene Situation.

Was denken Sie über so eine Person? Würden Sie ihr erlauben, wieder auf einer Ihrer Konferenzen aufzutreten? Ich nicht. Ich würde mich herzlich freuen über das, was in dieser einen Gemeinde geschehen ist, aber ich würde mich hüten, eine Einzelerfahrung zu kopieren, weil die Vorbedingungen, die geistliche Bodenbeschaffenheit, an einem anderen Ort und zu einer anderen Zeit wahrscheinlich völlig anders sind als die in meiner Region oder Gemeinde. *Kontextualisierung* – der Import eines ausländischen Konzeptes und die nachfolgende Anpassung an den lokalen Kontext – mag zwar gut gemeint sein und einige wichtige Impulse vermitteln, aber *Inkarnation* – Fleischwerdung, Eigenpflanzung, auf dem lokalen Boden gewachsene Produkte – ist in den meisten Fällen einfach besser.

Denken wir noch einmal zurück an unseren fiktiven Bauern, dem man versuchte, ständig mehr Phosphorsäure zu verkaufen, der aber in Wirklichkeit mehr Kali braucht. Wenn er auf den Rat des Phosphorsäure-Enthusiasten hören würde, würde durch die Zuführung von etwas eigentlich sehr Gutem etwas sehr Schlechtes passieren, nämlich die Übersäuerung des Bodens, ganz abgesehen von der Vergeudung von Zeit, Geld und Hoffnung. Meine These ist also, dass wir nicht Methoden und Erfahrungen aus andern Regionen der Welt kopieren sollten, sondern selbst apostolisch und prophetisch handeln und einen eigenen Weg entwickeln sollten, kreativ und gleichzeitig empfindsam für unsere eigene Situation.

Jeder gut ausgebildete Landwirt weiß, wie man Bodenproben nimmt, um die Qualität der Erde, die Bodenbeschaffenheit, zu prüfen und dann festzulegen, welche Düngemittel der Boden brauchen wird, um eine gute Ernte hervorzubringen. Dieser Landwirt, um diese Illustration zu Ende zu führen, hat etwa die Funktion eines Apostels. Er ist der weise Sämann, der genau weiß, welche der vier Mineralien jeweils nötig sind, um eine gesunde Balance im Boden zu schaffen. Er spürt, welche Mangelerscheinungen eine Gemeinde oder eine Region hat und welche Dienste deshalb vermehrt benötigt werden.

Das Prinzip ist ähnlich dem Aufbau des genetischen Materials einer Zelle (siehe Seiten 279-280). Diese DNS besteht aus nur vier genetischen Buchstaben, Guanin, Zytosin, Tymin und Adenin. Diese werden in einer sogenannten Doppel-Helix, einer Spiralstruktur, zusammengefasst, und die Reihenfolge, in der diese vier genetischen Buchstaben angeordnet sind, enthält die Geninformation, nach der sich die Zelle entwickelt. Sie definiert dadurch, wie der ganze Organismus wächst. Wenn wir diese vier genetischen Buchstaben mit den Diensten der Propheten, Evangelisten, Lehrer und Pastoren vergleichen, dann fällt der kreative Akt, diese Dienste in der richtigen Kombination zusammenzufügen, oft in den Dienstbereich des Apostels, des „Baumeister Gottes".

Kapitel 5

Hauskirchen oder Zellkirchen?

13 Gründe, warum Hauskirchen der natürlichere Weg sind

David Yonggi Cho, Pastor der Yoido Full Gospel Church in Seoul, Korea, hat das Zellgruppen-System weltberühmt gemacht. Vor einigen Jahren waren es die Bücher von Ralph Neighbour, William Beckham, Larry Kreider, Larry Stockstill und anderen, die zu einem weiteren Auftrieb für die Zellkirchenbewegung geführt haben. „Zellen bilden die Grundeinheit einer Zellkirche", sagt Neighbour. Fast alle Mitglieder einer auf Zellen aufgebauten Gemeinde sind Teil einer solchen Zelle, die sich normalerweise einmal pro Woche trifft, zusätzlich zur *celebration,* einem zentralen Gesamtgottesdienst, der normalerweise von einem *Senior Pastor* geleitet wird. Strukturell gesehen bildet die Zellkirche in der Regel eine Pyramide, der *Senior Pastor* steht an deren Spitze. Unter ihm existiert eine Stufenleiter von Assistenzpastoren, Regional- oder Zonen-Pastoren bis „hinunter" zum Zellleiter mit ihren Zellleiter-Assistenten.

Wie viele meiner Zeitgenossen auch, scheue ich mich instinktiv vor zu vielen hierarchischen Stufenleitern, ausgefeilten Plänen und vermeintlich narrensicheren Systemen. Dennoch kann ich die Sichtweise, die Ralph Neighbour in den ersten beiden Kapiteln seines Buchs „Wie geht es weiter?" entwickelt, gut verstehen. Er weist hier zu Recht auf die Programmbesessenheit einer veranstaltungsorientierten Gemeinde hin und sieht das Grundübel traditioneller Kirchen darin, dass lebendige Gemeinschaft durch das Abspulen einer korrekten kirchlichen Agenda oder durch aufregende Programme ersetzt wird. Neighbour fährt dann fort und beschreibt in seinem ausführlichen Entwurf die einzelnen Details einer Zellkirche. Er schlägt beispielsweise vor, ein Zellentreffen gemäß der „4 W's" zu gestalten: *welcome, worship, words and works,* also Begrüßung, Anbetung, Worte und Werke. Die

Begrüßung kann aus einer „Eisbrecherfrage" („Welches ist ihre Lieblingsfarbe?") bestehen, damit die Besucher aufzutauen und miteinander ins Gespräch finden; die Anbetung kann eine Meditation sein, eine Bibellesung oder das Singen einiger Lieder; das Wort kann beispielsweise das praktische Besprechen der letzten Sonntagspredigt sein; und Werke bedeutet, sich mit praktischen Taten um den eigenen *oikos* zu kümmern, den unmittelbaren Kreis von Freunden und Bekannten, den jeder Mensch hat, mit dem Ziel sie für Christus zu gewinnen.

Allerdings hege ich – wie viele meiner Kollegen auch – eine ganz bestimmte Vermutung; dass nämlich in vielen Fällen das Gegenteil dessen eingetreten ist, was die Zellkirchenbewegung ursprünglich beabsichtigte. Man hat viele ausgezeichnete Programme und Strategien entwickelt, um eine Gemeinde davor zu bewahren „programmgetrieben" zu werden – und ist prompt selbst ungewollt zu einer programmorientierten Gemeinde geworden – eine, die durch ein ausgeklügeltes Programm verhindern will von einem Programm beeinflusst zu werden.

Der Schweizer Erich Reber sah in einer für prophetisch begabte Menschen typischen Schau das Gegenüber von Zellkirchen und Hauskirchen in einem Bild: „Ich sah einen Hirten, der eine Herde auf eine Weide führte, in deren Zentrum eine Futterkrippe stand. Dorthin führte er sie und die Schafe fraßen artig das Futter aus dem Trog. In einem zweiten Bild war alles fast wie beim ersten, mit einem erstaunlichen Unterschied: Es gab keine Krippe! Der Hirte führte die Schafe auf die Weide und ließ sie selbst die Gräser und Kräuter fressen, nach denen ihnen der Sinn stand, anstatt sie an einen vorgeschriebenen Fressplatz zu führen."

Ist die Zellkirchenbewegung eine Initiative Gottes?

Aber natürlich. Ich möchte gar keinen Zweifel daran lassen, dass ich deutlich erkennen kann, wie Gott die Zellkirchenbewegung in vielerlei Hinsicht benutzt hat und weiter benutzen wird. Gott selbst ist der schöpferische Initiator eines weltweiten Wandels im Kirchenverständnis vieler Christen, der zu derart radikalen und einschneidenden Konsequenzen führen wird, dass es für viele derzeit noch ein fast unverdaulicher Schock wäre, das ganze Ausmaß der sich anbahnenden Umwälzungen zu erkennen. Ich bin selbst gerne bereit zuzugeben, dass auch das, was ich hier vorlege, nur ein kleiner Teil des Gesamtbildes ist und dass auch dieser Entwurf auf die Ergänzung und vielleicht sogar Korrektur durch die Arbeit vieler anderer angewiesen ist. „Unsere Erkenntnis ist Stückwerk", sagt Paulus (1. Kor. 13,9) und das gilt wohl in erster Linie für mich selber. Die kommenden Veränderungen in der Kirche werden, so bin ich überzeugt, jedoch so enorm sein, dass es selbst prophetisch begabte Mitchristen überraschen wird. Es ist mir wohl bewusst, dass nicht alle die gesamte Bedeutung der Hauskirchen – und die Konsequenzen für die Praxis des Christentums in unseren Ländern – mit einem Schlag erkennen werden und bereits am nächsten Abend in die Praxis umsetzen können.

Gott ist ein exzellenter Lehrer mit einer wahrhaft globalen Langzeitperspektive. Er bringt uns, wie jeder gute Lehrer, zuerst das ABC bei, dann das DEF und schließlich das XYZ. Durch das Zellkirchenkonzept weist Gott darauf hin, dass die Christenheit zu den kleinen Gruppen und Zellen zurückfinden soll, und zwar tut er das in einer Sprache und einer Art, die viele programmorientierte Gemeinden und traditionelle Kirchen sehr wohl verstehen können. Die Tatsache, dass das Zellkirchenkonzept selbst die genetischen Anlagen einer programmorientierten Gemeinde in sich trägt, stört mich deshalb auch nicht weiter. Ich sehe darin eine Verständnisbrücke für viele, die innerlich und äußerlich erst noch von organisierten Formen von Kirchlichkeit, von traditionellen Kathedralen und Pastorenkirchen zu einem besseren Verständnis von organischen und beziehungsorientierten Formen des Christentums finden sollen, das dort zu Hause ist, wo wir auch zu Hause sind: in unseren Wohnungen, im Alltag. In diesem Sinne sehe ich in den Zellkirchen eine Art Zwischenschritt, den Gott für viele anbietet, eine ideale Mittelstation bei unserem kollektiven Abstieg von der Kapellenkirchlichkeit auf den luftigen religiösen Höhen der Vergangenheit hinunter in die Täler des Alltags. Er zeigt uns einen Teilausschnitt aus dem Gesamtbild, um uns nicht mit vermeintlich fremdartigen Visionen zu überfordern, und damit wir in unserer eigenen Begrenzung die nächsten Puzzlestücke einer größeren Schau erkennen können, ohne daran zu zerbrechen. So können wir in kleinen Schritten an der Hand eines großen Gottes in seine Zukunft gehen.

Ich sehe in den Zellkirchen eine Art Zwischenschritt, den Gott für viele anbietet, eine ideale Mittelstation bei unserem kollektiven Abstieg von der Kapellenkirchlichkeit auf den luftigen religiösen Höhen der Vergangenheit hinunter in die Täler des Alltags.

Ich möchte es in einem Bild ausdrücken. Vielleicht ist es tatsächlich die gnädige Hand Gottes, die unseren traditionellen Kirchenbus langsam abbremst, damit er die bevorstehende scharfe Kurve kriegen kann. Wenn wir nicht abbremsen würden – aufgrund von Verkehrszeichen, die wir auch wirklich verstehen! –, würden wir kaum auf die Haarnadelkurve vorbereitet sein, die vor uns liegt, und der Bus könnte aus der Kurve getragen werden, mit katastrophalen Folgen. Gott ist möglicherweise nicht daran interessiert, uns einfach unvorbereitet völlig auf den Kopf zu stellen und das Chaos zu fördern, sondern er hilft uns dabei, uns auf zukünftige Entwicklungen vorzubereiten. Manchmal heißt das eben auch, dass langsamer schneller ist, weil Gott vor uns eine Kurve sieht, die wir noch lange nicht sehen. Für manche ist diese Verlangsamung schwer auszuhalten. Alles wird langsamer, aber wir rufen: „Schneller, mehr, der nächste Gang!", während Gott an einer viel größeren Umgestaltung der Kirche arbeitet, der wir manchmal mit frenetischen evangelistischen Aktivitäten oder modernsten Programmen regelrecht im Wege stehen können. Oft sind es ja gerade Zerbruchserfahrungen oder das „Burn-out", also das geistliche Ausbrennen, die uns für völlig neue und überraschende Einsichten öffnen können, für die wir sonst in der Hektik des kirchlichen Alltagsgeschäfts keine Zeit haben würden. Wer wieder ruhig und still vor Gott werden kann – und sei es, weil sein Bus Motorschaden hat! –, findet wieder Zeit zum Beten und erhält Antworten auf Fragen, die er sonst nie gestellt hätte.

Gott hilft uns dabei, uns auf zukünftige Entwicklungen vorzubereiten. Manchmal heißt das eben auch, dass langsamer schneller ist, weil Gott vor uns eine Kurve sieht, die wir noch lange nicht sehen.

Ich will darauf hinweisen, dass ich eine ganze Reihe von „Zellkirchenbewegungen" kenne, die nicht 1:1 ausländische Modelle etwa aus Singapur oder Seoul kopieren, sondern sehr viel mehr wie Hauskirchenbewegungen funktionieren und nationale Adaptionen oder Eigenerfindungen sind. Das halte ich für ein gutes Zeichen. Es ist hier nicht meine Absicht, ein künstliches Gegenüber von Zellkirchen und Hauskirchen aufzubauen, sondern auf einen radikalen reformatorischen Prozess, auf ein Kontinuum hinzuweisen, innerhalb dessen, wie ich überzeugt bin, die Zellkirche für viele ein wichtiger Zusteigebahnhof ist.

Meine Sympathie mit der Zellkirchenbewegung ist auch deshalb sehr groß, weil ich mich nicht dem Ringen um die neutestamentliche und gleichzeitig aktuelle Form der Kirche entziehen will und sehr an Strukturen interessiert bin, innerhalb derer Menschen am geeignetsten zu Jüngern gemacht werden und die deshalb auch ganze Nationen zu Jüngern machen können. Es geht mir nicht um eine künstliche Polarisierung der beiden Konzepte, die bereits heute in so vielen Variationen und Mischformen auftreten, dass ein schematisches Schwarz-Weiß-Denken in der Praxis kaum helfen wird. Dennoch brauchen wir um der Klarheit willen eine Definition der beiden Entwürfe. Ich habe hier die wichtigsten unterschiedlichen Schwerpunkte der beiden Systeme einander gegenübergestellt und werde sie anschließend kurz erläutern.

Kennzeichen	**Zellkirche**	**Hauskirche**
1. Philosophie	„Häuptlingsstruktur"	azephaler, kopfloser Stamm
2. reflektiert	Stadtkultur	Dorfkultur
3. blüht in	kriegerischen Nationen	friedlichen Nationen
4. Zelle ist	Teil des größeren Ganzen	selbstständige Einheit
5. Verwaltung	Jethro-System	fünffältiger Dienst
6. Programm	agenda-orientiert	ist selbst Programm
7. Struktur	Pyramide	flach
8. Leitung	Senior Pastor	Älteste und Apostel
9. Zentrum	Hauptquartier	dezentralisiert
10. „celebration"	Muss	Option
11. Auffälligkeit	hoch	gering
12. Aufbau	evangelistisch	apostolisch-prophetisch
13. der „große Flügel"	denominationelle Gemeinde	„Stadtkirche"

1. Stämme mit und ohne Häuptling

Wenn wir Zellkirchen und Hauskirchen miteinander vergleichen, kann es sein, dass wir darin die jahrtausendealten Unterschiede zwischen Häuptlings-Kulturen und azephalen, also buchstäblich kopflosen Volksstämmen ohne Häuptling wiedererkennen. Zellkirchen reflektieren eine Kultur, die um einen starken Häuptling herum aufgebaut ist, während Hauskirchen Volksstämme, Kulturen oder Gesellschaftssysteme widerspiegeln, die ohne Häuptling auskommen und etwa von einer Gruppe von Ältesten geleitet werden.

2. Stadtkultur und Dorfkultur

Die meisten der heutigen Zellkirchen sind in einem großstädtischen Umfeld entstanden, während sich Hauskirchen sowohl in ländlichen Gebieten als auch in Städten entwickelt haben. Zellkirchen sind sozusagen auf dem Humusboden der Großstädte gewachsen: Seoul, Houston, Singapur, Hongkong, Seattle, Bern, Zürich, Kassel. Manche haben darauf hingewiesen, dass die Geschichte der Erlösung im Garten Eden beginnt und in der Stadt, dem Neuen Jerusalem, endet. Dennoch leben die meisten Menschen, bei aller globalen Verstädterung, immer noch in beiden Welten zugleich, der Stadt und dem Dorf. Eine Person kann sehr wohl in der Stadt *wohnen*, aber in einem Dorf inmitten der Stadt *leben*, in seiner Kolonie, seiner Neubausiedlung, seinem Hochhaus, seiner Arbeitersiedlung, seinem Slum oder seinem Millionärsviertel.

Die Zellkirche bietet durchaus eine weithin sichtbare Insel in dem Meer der städtischen Menschenmassen, eine Burg, die sich aus dem identitätslosen Alltagseinerlei erhebt, einen signalträchtigen Ort, an dem Menschen Zuflucht finden und einen Fahnenträger zugewiesen bekommen, in dessen Schar sie sich einordnen können. Diese öffentliche Funktion der Zellkirche kann nicht ohne weiteres auf alle Regionen dieser Welt übertragen werden und gelingt oft schon bei einer Kopie in einer anderen Stadt nicht mehr. Es ist richtig, dass viele Menschen in den städtischen Zentren in der Masse unterzugehen drohen, sozial isoliert scheinen und nur darauf warten, dass jemand sie einlädt und ihnen eine soziale Identität innerhalb einer Gruppe gibt. Aber das ist nur oberflächlich wahr. Die meisten Menschen – auch diejenigen, die in städtischen Gebieten wohnen –, haben eine soziale Identität; sie gehören bereits zu einem Klub, einem Verein, einer Bande, einem Zirkel, einem Clan. Sie identifizieren sich stark mit ihrem geografischen

Umfeld und sind beispielsweise Teil von Nachbarschaftsgruppen oder örtlichen Vereinen. Sie sind also Teil einer Art Volksstamm oder eines „Dorfes", obwohl sie in einer Stadt wohnen. In den meisten Nationen ist das gelebte kulturelle Erbe nicht in den städtischen Museen, sondern in den Dörfern zu finden, im ländlichen Raum, mit offensichtlichen Ausnahmen wie etwa dem Vatikan oder Singapur.

Viele Nationen werden sich dessen immer mehr bewusst. Mahatma Gandhi sagte einmal: „Indien lebt auf dem Lande." Aber was wäre, wenn die Gemeinden Indiens, die in den Städten entstanden und auch nur dort wirklich zu Hause sind, nach kurzen evangelistischen Einsätzen „auf dem Lande" immer wieder in ihre städtische Heimat zurückkehren? Kann eine städtische Gemeinde wirklich das Volk in den Dörfern zu Jüngern machen? Die Statistiken sagen nein. Die Folgen dieser Erkenntnis sind einfach: Eine Gemeinde, die im städtischen Umfeld entstanden ist, wird in aller Regel auf dem Lande keinen langfristigen Erfolg haben. Wenn wir aber nicht die Dörfer unserer Nationen für Christus gewinnen, werden wir niemals unsere ganze Nation gewinnen können.

Ich stimme völlig denen zu, die sagen, dass die Christen sich auf die Städte konzentrieren sollen. Aber man kann selbst unsere Städte als riesiges Netzwerk miteinander verbundener kleiner „Dörfer" sehen, als Myriaden von Kleinstgemeinschaften, Lebensbiotopen und Wohnvierteln. Die Herausforderung besteht darin, Gemeindeformen zu entwickeln, die nicht nur in der Stadt, sondern auch im Dorf lebens- und multiplikationsfähig sind. Wenn wir Wohnviertel „zu Jüngern machen" können, dann können wir auch eine ganze Nation zu Jüngern machen. Die Hauskirchen – anders als das klassische Zellkirchenmodell – scheint beides leisten zu können.

Ich stimme völlig denen zu, die sagen, dass die Christen sich auf die Städte konzentrieren sollen. Aber man kann selbst unsere Städte als riesiges Netzwerk miteinander verbundener kleiner „Dörfer" sehen, als Myriaden von Kleinstgemeinschaften, Lebensbiotopen und Wohnvierteln.

3. Krieg und Frieden

Manche Völker haben eine eher kriegerische Mentalität, etwa die afrikanischen Massai, die Japaner, Koreaner oder die norwegischen Wikinger, während andere Völker ein etwas friedlicheres Gemüt haben, wie etwa die südindischen Draviden, die Finnen, die Filipinos oder die Buschmänner der Kalahari. Manche Völker gleichen eher einer Armee als einer friedlichen Siedlung. Das drückt sich oft im nationalen Selbstverständnis des jeweiligen Landes aus; man sieht es an den Filmen, die dieses Land produziert, am Liedgut, dem Stellenwert der Armee und der Gesetze oder daran, ob die Nation lieber einen Präsidenten, einen König oder einen General an der Spitze hat.

- In manchen Ländern erwarten die Bürger einfach, dass man ihnen sagt, was sie zu tun haben, in andern Ländern wäre ein solches direktives Verhalten völlig unverständlich und würde die Menschen vor den Kopf stoßen.
- In einigen Nationen sind die Menschen eher förmlich miteinander und beachten peinlich genau gesellschaftliche Etikette und Rituale, während die Menschen in anderen Ländern eher unkompliziert, unkonventionell und herzlich sind.
- In manchen Ländern hat man das Gefühl, man bewege sich in einem Armeelager, wo jede Bewegung genau registriert und kontrolliert wird. Andere Länder vermitteln einem das Gefühl eines großen Parks mit sehr wenig Kontrolle, wo jeder tut, was ihm beliebt.
- In vielen westlichen Ländern steht zumindest seit der Zeit des Thomas von Aquin im 13. Jahrhundert der Individualismus, die Person des Einzelnen und seine Freiheit eigene Entscheidungen zu treffen, ganz stark im Vordergrund, während in anderen Nationen der Einzelne Teil einer Gemeinschaft, einer „Ummah", ist, also stark in den gesellschaftlichen Kontext eingebunden, wobei im Wesentlichen andere für seine wichtigsten Entscheidungen verantwortlich sind.

Christliche Gemeinden reflektieren in vielerlei Hinsicht die jeweilige Kultur und Mentalität des Landes, in dem sie entstanden sind, und bilden dementsprechend entweder tendenziell kriegerischere, armeehaftere Strukturen aus, oder eben friedlichere Siedler-Strukturen. Eine Person, die aus einem etwas kriegerischen Volk kommt, wird es viel eher akzeptieren – oder sogar erwarten! –, dass jemand ihr sagt, wo sie sich hinsetzen soll, was sie zu tun und zu lassen hat und welchem Fähnlein sie sich anschließen muss. Von Kindesbeinen an ist das Leben eines Menschen, der in einem solchen Kulturkreis aufwächst, voll von kleinen Ritualen und Zeremonien, Abzeichen und Medaillen, Titeln und kleinen Karriereleitern, und es wird fast immer irgendeinen Fahnenträger geben, um den man sich zu versammeln hat.

Es ist daher nicht verwunderlich, dass er ein ähnliches Umgangsklima auch in einer christlichen Gemeinde erwartet.

Ich denke, dass die Zellkirche dieses Muster reflektiert, und meines Erachtens zu Recht. Menschen jedoch, die in friedlichen, demokratischen, basisdemokratischen, sozialistischen oder kommunistischen Systemen aufwachsen, haben etwas mit der heutigen „Generation X" des Westens gemein: Sie stellen instinktiv jede „von oben verordnete" Autorität in Frage, sei es in der Politik, der Wirtschaft oder im religiösen Bereich. Sie werden sich scheuen, langfristig einer Kirche anzugehören, die „einen militärischen Touch hat und einen General an der Spitze". Sie werden sich in organischen und beziehungsorientierten Gemeinden eher zu Hause fühlen, wo die besten Leiter die besten Diener aller sind. Das ist ein weiterer Grund, weshalb Hauskirchen meiner Meinung nach langfristig effektiver sind als Zellkirchen, und zwar sowohl in friedlichen als auch in kriegerischeren Kulturen.

Eine Person, die aus einem etwas kriegerischen Volk kommt, wird es viel eher akzeptieren – oder sogar erwarten! –, dass jemand ihr sagt, wo sie sich hinsetzen soll, was sie zu tun und zu lassen hat und welchem Fähnlein sie sich anschließen muss.

4. Vernetzter Status

In Zellkirchen wird die einzelne Zelle in der Regel als ein wichtiger Teil einer größeren Einzelgemeinde verstanden. Sie gehört strukturell etwa zur Yoido Full Gospel Church in Seoul oder der Faith Community Baptist Church in Singapur. Die Hauskirche „gehört" in diesem Sinn nicht organisatorisch zu einer größeren Einheit, etwa einer denominationell verstandenen Kirche oder Gemeinde. Sie gehört üblicherweise zu einem Netzwerk ähnlicher Hauskirchen einer Gegend, ist also nicht unabhängig, sondern eingebettet in ein Netz von Beziehungen.

In Fällen, wo das Christentum starken Restriktionen unterworfen ist, können Hauskirchen oft lange Zeit völlig auf sich allein gestellt überleben und sich sogar multiplizieren. Sie sind nicht Teil einer „größeren, erwachsenen, richtigen" Gemeinde, sondern sie selbst bilden autarke Einheiten und sind im besten Sinn des Wortes selbstständige Lokalgemeinden, die, wenn es die Situation erlaubt, in die Gemeinschaft der Gemeinden vor Ort (die „Stadtkirche") eingebettet sind.

5. Jethro oder der fünffältige Dienst

So erstaunlich die Abwesenheit des fünffältigen Dienstkonzeptes in der Welt der Zellkirchen ist, so sicher ist es, dass Zellkirchen in ihrem inneren Aufbau in der Regel dem „Jethro-Prinzip" folgen. Jethro, der Schwiegervater des Moses, hat ein Verwaltungs- und Gerichtssystem vorgeschlagen, das gerichtliche Autorität auf verschiedene Exekutivebenen verteilt. Jethro wies Moses an, „Oberste über tausend, über hundert, fünfzig und zehn" einzusetzen (2. Mose 18), um das Volk Israel besser richten zu können, weil er sich sonst überarbeiten würde.

Wir dürfen nicht übersehen, dass das Jethro-Prinzip im Kern eine Gerichts- und Polizeistruktur war, die Ruhe und Ordnung sicherstellen sollte, und nicht als vorbildliche Architektur für den Aufbau der neutestamentlichen Gemeinde gedacht ist. Das Reich der Gnade und Liebe lässt sich nur schwerlich unter Zuhilfenahme von Militär- und Gerichtsstrukturen aufbauen. Moses war eine Mittlerfigur zwischen dem Volk Israel und Gott; genau diese menschliche Mittlerfunktion aber ist es, die Jesus durch sein Kommen abgeschafft hat, indem er ein für allemal den Menschen den Zugang zum Thron der Gnade eröffnet hat. Sollen wir also wirklich versuchen, das Neue in der Kraft des Alten zu tun? In Zellkirchen gibt es üblicherweise einen unangefochtenen Leiter, einen Moses, den *Senior Pastor* mit seinem Minister-Kabinett, die geistliche Autorität an eine Myriade von Verantwortungsebenen hinabdelegieren. Dies bringt einen erheblichen Verwaltungsaufwand mit sich, bürokratische Strukturen und – auch das muss ausgesprochen werden – ein beträchtliches Maß an Kontrolle.

Wir dürfen nicht übersehen, dass das Jethro-Prinzip im Kern eine Gerichts- und Polizeistruktur war und nicht als vorbildliche Architektur für den Aufbau der neutestamentlichen Gemeinde gedacht ist. Das Reich der Gnade und Liebe lässt sich nur schwerlich unter Zuhilfenahme von Militär- und Gerichtsstrukturen aufbauen.

Auf mich wirkt dies manchmal wie eine protestantische Version des papsttreuen Katholizismus, die protestantische Nachahmung eines episkopalen, hierarchischen Systems. Ist es tatsächlich eine Freud'sche Fehlleistung, wenn in dem Buch „Church Growth and the Home Cell System" (Seoul, Seite 122) steht, dass „jede Woche neue Seelen dem Zentralcomputer zugefügt werden"? Was bedeutet es für einen Menschen, wenn er weiß, dass er Nummer 5.432 im Registriercomputer einer christlichen Gemeinde ist? Eins weiß ich allerdings: Nur wenigen Menschen ist wohl bei dem Gedanken, dass ihre Bewegungen ständig vom wachsamen Auge eines „großen Bruders" beobachtet, festgehalten und analysiert werden. Ich bin mehrmals eingeladen worden, den zentralen Computerraum von Zellkirchen zu besuchen, oft mit einer Gestik, als ob wir nun das Allerheiligste betreten würden. Manchmal verließ ich diese Hallen mit dem dumpfen Gefühl, dass eine unausgesprochene Furcht wie eine Wolke über der ganzen Unternehmung schwebt, dass nämlich jemand seiner Dienstpflicht nicht nachkommt, seine Schicht versäumt, aus der Reihe tanzt, der *Senior Pastor* krank wird oder stirbt, der Strom ausfällt oder ein Computervirus eindringt – und dadurch das ganze Bauwerk auf der Stelle zusammenbricht.

„Das Wachstum der (Zell-)Kirche sollte nur durch unsere eigene Salbung und Vision begrenzt werden", sagt Lawrence Khong. Markus Koch, der im Christliches Zentrum Buchegg, einer Zellkirche im schweizerischen Zürich mitarbeitet, unterstreicht, dass „eine Gemeinde von einem Pastor geleitet werden sollte". Dieses traditionelle pastorenzentrierte Denken unterscheidet sich kaum vom herkömmlichen Kirchenmodell. Der Lebensrhythmus und die Qualität einer Zellkirche wird dann einmal mehr sehr stark von der Qualität, der Vision und Energie des jeweiligen *Senior Pastor* abhängen. Ich bin mit einer ganzen Reihe von christlichen Leitern gut bekannt und kenne mich selbst leidlich gut. Ich denke deshalb nicht, dass ich überzeichne, wenn ich behaupte, dass jeder Mensch sich irren kann, Fehler macht oder aus besten Motiven trotzdem grundfalsche Entscheidungen trifft. Es ist riskant, sich zu stark auf das persönliche Charisma einer Einzelperson zu verlassen oder gar ganze Systeme darauf aufzubauen.

Jeder Mensch kann sich irren, Fehler machen oder aus besten Motiven grundfalsche Entscheidungen treffen. Es ist riskant, sich zu stark auf das persönliche Charisma einer Einzelperson zu verlassen oder gar ganze Systeme darauf aufzubauen.

Dazu kommt, dass der Vorrat an *Senior Pastors,* der uns heute zur Verfügung steht, recht begrenzt ist. Es gibt in jeder Nation nur eine Handvoll von Menschen vom Kaliber eines Lawrence Khong, Yonggi Cho, Ralph Neighbour, Kriensak Chareonwonsak, William Kumuyi, Gerald Coates, Max Schläpfer, D. Mohan, Bill Hybels oder Cesar Castellanos. Vielleicht sind die meisten der genannten gar keine *Senior Pastors* im eigentlichen Sinn, sondern haben eine apostolische Grundbegabung und eine Berufung, die sie eigentlich weit über ihr derzeitiges Dienstbiotop und die Kreise, in denen sie sich derzeit bewegen, hinausführen wird.

Eine Hauskirche hat damit verglichen recht wenig durch einen Stromausfall zu befürchten, weil es nicht viele Daten gibt, die verlorengehen könnten. Und wenn die Hauskirche überhaupt ein Allerheiligstes hat, dann ist es sicherlich die Küche und nicht der Computerraum. Die Ältesten der Hauskirchen stehen in einem lebendigen Kontakt mit Personen, die zu einem der fünf Dienste berufen sind, durch die Gott das gesamte System ermächtigt, ermutigt und anleitet. Dieser fünffältige Dienst funktioniert wie ein Blutkreislauf, an dem die hauskirchlichen „Zellen" angeschlossen sind, und ist organisch in die Hauskirchen eingebettet, arbeitet in der Regel unauffällig und ist damit kaum sichtbar. Der Grundansatz besteht nicht darin, Autorität von oben nach unten zu delegieren, um eine himmelwärts wachsende Pyramidenstruktur aufzubauen, sondern sich gegenseitig zu ermächtigen, sich in horizontaler Richtung auszubreiten, zu multiplizieren und eine flache Bewegung zu entfachen, die zur Not auch unter einen Teppich passt und unsichtbar weiterexistieren kann.

6. Haben wir ein Programm oder sind wir das Programm?

In einer typischen Zellkirche gibt es meist eine Agenda, die es zu erfüllen gilt, einen Dienstplan, dem die einzelnen Zellen folgen sollen. Diese Agenda kann dem Zellenleiter vom *Senior Pastor* oder einem Vize-Leiter überreicht werden, wird etwa am Mittwochabend besprochen, um die Thematik für den Zellenabend am Donnerstag durchzuspielen, oder steht in der manchmal sehr voluminösen generellen Dienstanweisung für Zellleiter, die Zellkirchen herausgeben. Yonggi Cho rät allen Pastoren „niemals die wichtige Aufgabe an andere zu delegieren, die Lehrblätter für die Zellenabende selber zu schreiben, oder es anderen zu überlassen, sich regelmäßig mit den Zellenleitern persönlich zu treffen".

Im Unterschied dazu hat die Hauskirche keine solche Agenda, sie ist die Agenda. Da Hauskirchen oft Teil eines Netzwerkes von weiteren Hauskirchen ist, innerhalb dessen der fünffältige Dienst funktioniert, werden sie durch diese Verknüpftheit davor bewahrt, zu einer frommen, nach innen gekehrten „Segne-mich-oh-Herr-Gruppe" zu werden, einer isolierten religiösen Insel mit Koinonitis, einer krankhaften Gemeinschafts-Entzündung. Zur Verhinderung dieser Isolation der Zellen dient nicht ein innerkirchliches Programm, sondern der innere und äußere Aufbau, die Art und Weise, wie die einzelnen Hauskirchen auf organische Weise miteinander verbunden sind.

Obwohl in Hauskirchen die Bibel gelesen wird, sind sie deswegen noch lange keine Bibelstudiengruppen; obwohl dort gebetet wird, sind sie doch keine Gebetskreise. Jesus ist eine lebendige Person. Wer meint, man müsse dieser Person auf die immer gleiche traditionelle Weise begegnen, ist ungefähr so einfallsreich wie ein Bräutigam, der seiner Braut jeden Tag dieselben Blumen bringt, ihr dieselben Liebeslieder singt und seine brennende Liebe mit den immer gleichen Gedichten erklärt. Ich kann mir lebhaft vorstellen, wie die arme Braut diese regelmäßige und korrekte Vorstellung nach einiger Zeit leid ist.

Ein Großteil der Programmorientiertheit traditioneller Kirchlichkeit kommt daher, dass die meisten Veranstaltungen und Treffen so arrangiert sind, dass es keine oder möglichst wenige (unliebsame?) Überraschungen geben kann. Laien könnten ja plötzlich aufstehen und zur Verblüffung der religiösen Profis einen vollmächtigen charismatisch bedingten Beitrag leisten. Aus Furcht, es könnte etwas schief gehen, haben viele Gemeinden demokratische Kirchenstrukturen entwickelt. Demokratie mag nach außen hin als sicherste Form der Kirchenleitung erscheinen. Es ist aber hinlänglich erwiesen, dass demokratische Systeme diejenigen sind, die überraschend schnell Kirchen in die geistliche Bedeutungslosigkeit führen, weil sie dazu neigen, prophetische Richtungsvorgaben Einzelner im Namen der zahlenmäßigen Mehrheit auszublenden.

Wenn die Hauskirche überhaupt ein Allerheiligstes hat, dann ist es sicherlich die Küche und nicht der Computerraum.

Dazu kommt, dass auch demokratische Systeme auf ein hohes Maß an bürokratischer Verwaltung angewiesen sind; in gewisser Hinsicht ist die Bürokratie, nach der Diktatur, die gesetzlichste Form der Verwaltung, die praktische Herrschaft von Schreibtischtätern, die bezahlt werden, um sicher zu stellen, dass der Buchstabe des Gesetzes genau befolgt wird. Sie kennen in der Regel nur zwei Antworten: ja oder nein. Es ist dann nicht so wichtig, wer der einzelne Mensch „in Christus" ist, wozu er begabt oder berufen wird, sondern ob er systemtreu ist, das Formular richtig ausgefüllt hat und nahtlos ins kirchliche System passt. In einem bürokratischen Klima beginnen auch kirchliche Programme schnell narrensicher zu werden. Selbst Hauskreis- oder Zellenabende folgen bald einer festgelegten Konvention, etwa so: Gitarre und Liederbücher auspacken, singen, beten, bei einer Bibelarbeit oder einer Predigt zuhören, wieder singen, Schlussgebet. Das Beruhigende daran ist, dass hierbei eigentlich nicht viel schief gehen kann; das Beunruhigende ist, so vermute ich, dass in einem zu Konventionen erstarrten Christentum auch nicht viel gut gehen kann.

Ich möchte nicht missverstanden werden. Es ist natürlich überhaupt nicht schlimm, wenn Menschen singen, beten und die Bibel lesen. Im Gegenteil. Aber wenn diese Dinge zur ausschließlichen Beschäftigung werden, wann immer Christen sich treffen, formiert sich schnell eine alles bestimmende Tradition. Das ist auch der Grund, weshalb ein zu starkes Schwergewicht auf Bibelarbeiten oder sogar Gebet eine gesunde Gemeinschaft in eine ungesunde Enge führen kann. Einige wenige Grundwerte beginnen alles andere zu verdrängen und die Treffen einseitig einzufärben. Salat und Suppe ist gut; aber nur Salat und Suppe ist schlecht.

Geistliche Programme und Projekte können zwar kurzfristig und sehr rasch viele Menschen anziehen. Nach einiger Zeit kommt die Gemeinde aber unter Zugzwang, Nachfolgeprogramme zu finden, die einen Fortbestand des „Studienbetriebs" garantieren. Eine zu starke Programmorientiertheit, selbst wenn es dabei um ganz „geistliche" Aktivitäten geht, kann Menschen ermüden und ausbrennen. „Als mir das ganz plötzlich klar wurde, haben wir alle unsere Gebetstreffen zugemacht", sagte mir Pastor D. Mohan, leitender Pastor der 15.000 Mitglieder starken Newlife Assemblies of God Church in Madras, Indien.

Ein zu starkes Schwergewicht auf Bibelarbeiten oder sogar Gebet kann eine gesunde Gemeinschaft in eine ungesunde Enge führen. Salat und Suppe ist gut; aber nur Salat und Suppe ist schlecht.

Die Grundidee der Hauskirchen besteht darin, in der Gegenwart von Jesus zu leben, ihm und einander zu begegnen und ihm gemeinsam mit anderen im Alltag nachzufolgen. Und weil Jesus eine lebendige Person ist, mag er sehr wohl einen Plan für jedes einzelne Zusammentreffen von Christen haben. Wir sollten jedesmal nach diesem Plan fragen. Er wird sich zu verstehen geben können durch den Heiligen Geist, etwa durch den Dienst anwesender prophetisch begabter Menschen. Offenbar kennt auch Paulus dieses Element, wenn er schreibt: „Wenn ihr zusammenkommt ... dann laßt zwei oder drei Propheten sprechen" (1. Kor. 14,26-29). Kerngedanke christlicher Hauskirchen ist also, dass Christen nicht nur ihr Leben miteinander teilen, sondern dass dadurch reife, umgesetzte Glaubenswerte durch enge, gelebte Beziehungen aufeinander abfärben und Jüngerschaft geschieht. Das Leben selbst ist nur für die wenigsten Menschen vorhersehbar und damit planbar. Es ist so unvorhersagbar wie der Wind. Das bedeutet, dass wir auch hauskirchliche Treffen nicht immer vorher menschlich planen müssen, sondern erwarten können, dass Jesus die Agenda setzt.

> *Das Leben ist so unvorhersagbar wie der Wind. Das bedeutet, dass wir auch hauskirchliche Treffen nicht immer vorher menschlich planen müssen, sondern erwarten können, dass Jesus die Agenda setzt.*

Dies ist sicherlich einer der Gründe dafür, weshalb Paulus in diesem Zusammenhang nicht nur den prophetischen Dienst nennt, sondern ihm gar ein ganzes Kapitel widmet (1. Kor. 14). Diese gewisse Unvorhersagbarkeit der Treffen – was wird wieder passieren? – macht Hauskirchen nicht nur für Teenager äußerst interessant, sondern fördert auch unsere demütige Abhängigkeit von Gott. Ohne ein intensives Gebetsleben, wo es um das Erspüren von Gottes *aktuellem* Pulsschlag geht und nicht nur um das Wiederkäuen vorgefertigter Lehrschablonen – was auch zeitweise seinen Wert haben kann! – , stehen unsere Treffen in der Gefahr zu verflachen.

Eine zu starre, vorgefertigte und sogar liebevoll durchdachte Agenda kann in manchen Fällen durchaus das glatte Gegenteil dessen bewirken, wozu sie ersonnen wurde: Sie kann langfristig die organische Gemeinschaft schädigen und eine lebendige Dynamik verhindern, weil sie jedem Treffen einen überstarken, festen Fokus aufdrückt und es mechanisch in eine vorbestimmte Richtung lenkt. Inhaltlich festgelegte kurze und überschaubare Programme wie etwa der Alpha-Kurs zeigen, dass feste Phasen durchaus ihren Platz haben können, aber nicht die langfristige Regel, sondern die zeitweise Ausnahme sein werden. Dort, wo eine vorherbestimmte Agenda langfristig die Zellen einer Zellkirche bestimmt, wird eine Bedingung eingeführt. So entsteht buchstäblich eine *bedingte* Gemeinschaft. Solche Agenden entstehen beispielsweise, wenn Christen ganz ausdrücklich missionarische oder evangelistische Kleingruppen bilden. Der evangelistische Außenfokus ist zwar gut, aber eben nicht alles, was eine ganzheitliche Hauskirche braucht. Wenn dieser Aspekt eine alles beherrschende Bedeutung bekommt, etabliert sich schnell ein drängerisches Element, das viele Mitglieder unter einen unguten Druck setzen kann und der m. E. zum Ausbrennen gerade der guten Mitarbeiter in der Zellkirchenbewegung führen kann.

Kurzfristige evangelistische und lehrhafte Programme können durchaus dazu dienen, eine gewisse Denkweise, Mentalität oder ein Verhaltensmuster zu prägen. Wenn dieses Ziel erreicht ist, kann man das Programm fallenlassen wie eine ausgediente Lauflernhilfe und das Leben kann weitergehen. Eines der besten solcher Programme erfuhr ich von meinem Freund Steve Dixon, Pastor in der zellorientierten Kings Church im englischen Slough. Sie nennen es L.I.F.E.: L bedeutet, dass man sich mit Dingen aus dem täglichen Leben beschäftigt, I steht für *intercession*, also Fürbitte, F steht für *fun, fellowship and food*, also für Spaß, Gemeinschaft und Essen, und E steht für Evangelisation.

Anstatt den Hauskreis oder die Zellgruppe als eine Serie von programmbestimmten wöchentlichen Treffen um 19.30 Uhr in der Gartenstraße zu sehen, geht es bei Hauskirchen um mehr: Wenn Menschen das Leben miteinander teilen, treffen sie sich oft täglich, wie zu biblischen Zeiten, oder einfach so oft wie möglich oder angebracht. In Hauskirchen sind die von Gott begabten Menschen die eigentlichen Ressourcen, Jesus selbst ist das Programm, Gemeinschaft ist der Grund des Zusammenkommens, das Zu-Jüngern-Machen eines ganzen Wohnviertels das erklärte Ziel und die Multiplikation der Hauskirche das Ergebnis.

7. Pyramide oder flache Struktur?

Fast alles, was der Mensch anpackt – seien es Gebäude, Firmen oder die Politik – wird unter seinem Einfluss eindrucksvoller, größer und höher, mit ausgeklügelten Treppenhäusern, Stufensystemen, Karriereleitern oder Pyramidenschemen. Mit Ausnahme der Stiftshütte (die eigentlich ein Zelt war) war der Tempel das einzige Gebäude, das von Gott selbst entworfen worden ist (1. Chr. 28,12.19), und selbst der Tempel war keine Pyramide, sondern einstöckig, flach. Im Gegensatz dazu entwickeln sich Zellkirchen oft schnell zu Pyramiden-Strukturen, mit dem *Senior Pastor* an der Spitze, und unter ihm eine Myriade von Unterleitern wie Assistenz-Pastoren, Leitern der Seelsorgeabteilungen, Distrikt- und Unterdistrikt-Pastoren, Sektionsleitern und schließlich, ganz am Fuß der Pyramide, der Hauszellenleiter mit seinem Assistenten.

Im Vergleich dazu haben Hauskirchen eine flache Struktur. Die verschiedenen Aufgaben werden nicht von Abteilungsleitern einer von oben nach unten entworfenen Hierarchie ausgeführt, sondern durch ebenbürtige, jeweils einzigartig begabte Menschen, die sich als Freunde verstehen und sich einander gegenseitig unterordnen. Im

Neuen Testament erkennen wir keine hierarchisch übergeordneten Vorsteher, kein geistliches Kastenwesen, sondern nur jeweils besonders begabte Diener innerhalb der Priesterschaft aller Gläubigen, besondere Glieder an dem einen Leib, wo es kein besser oder schlechter gibt, hochrangig oder niedrig. Auch der *episkopos*, also der Älteste, hat in erster Linie eine väterliche Funktion, die sich durch praktische Liebe und Weisheit legitimiert, nicht etwa im Stil einer diktatorischen, von oben herab verordneten Supervision.

In Hauskirchen sind die von Gott begabten Menschen die eigentlichen Ressourcen, Jesus selbst ist das Programm, Gemeinschaft ist der Grund des Zusammenkommens, das Zu-Jüngern-Machen eines ganzen Wohnviertels das erklärte Ziel und die Multiplikation der Hauskirche das Ergebnis.

Auch von den Ämtern des fünffältigen Dienstes rührt keineswegs ein Herrschaftsanspruch her, sondern ein besonderes Dienstspektrum (1. Kor. 12, 22-25). Keiner ist wirklich wichtiger als der andere, und der Schwächste wird gar am meisten geehrt. Charismatische Dienste werden von Gott verliehen, nicht von Menschen wie besondere Abzeichen verteilt; sie werden nicht von oben herab delegiert, sondern als Gnadengabe empfangen, der wir uns nur durch treue und demütige Dienerschaft am Nächsten würdig erweisen können.

Die einzelne Hauskirche ist in der Regel Teil eines Beziehungssystems mit anderen Hauskirchen der Gegend und steht nicht etwa ganz alleine und unabhängig da. Das würde ihrem Wesen widersprechen. Das Eingebettetsein in ein miteinander verbundenes regionales System von Hauskirchen ist ein entscheidendes selbstregulierendes Element. In den Worten von Christian Schwarz: „Das biotische Prinzip der Vernetzung besagt: Die Art und Weise, wie die verschiedenen Einzelteile ins Ganze integriert sind, ist wichtiger als die Teile selbst."

Die Struktur ist „flach", weil es niemanden gibt, der höher oder wichtiger ist als andere (Mt. 23,1-12). Dieses Verständnis hat sehr weit reichende Folgen, zum Beispiel im Hinblick auf mögliche Korruption durch Geld und Macht in der Kirche. Es ist eben nicht sehr beeindruckend, der demütige Älteste einer Hauskirche von 13 Personen zu sein oder einfach einer kleinen Gruppe von Hauskirchen als Lehrer, Pastor oder Evangelist zu dienen. Wo aber Demut ist, ist Gnade.

8. Geleitet oder „bevatert"?

Einer der größten und weitverbreitetsten Wehrufe in den heutigen Kirchen ist dieser: Wir brauchen dringend mehr Leiter. Wirklich? Wir Menschen lieben Leiter und schmunzeln wissend, wenn wir aus einer Kaffeetasse trinken mit dem Slogan: Leite, folge oder geh' aus dem Weg. Auch in den Tagen Sauls wollte Gott selbst der König der Israeliten sein, aber die Nation schielte lieber über den Gartenzaun und wollte einen „anständigen" König haben, wie alle andern doch auch.

Wir müssen damit aufhören, alles und jedes in der Gemeinde immer gleich „leiten" zu wollen. Der Mensch maßt sich zu Unrecht an, einfach alles zu leiten, was er anfasst.

Heute stehen wir in derselben Gefahr. Die ganze Welt schreit nach Leitern, Führern, Managern, nicht nach Dienern. Und die Kirche? Sie schreit mit: Gott, gib uns Leiter! Vielleicht besteht das Problem dann darin, dass wir etwas wollen, was Gott uns aus Gnade nicht geben will. Anstatt unseren Irrtum einzusehen, beten, drängeln, rufen, bitten und flehen wir weiter nach Leitern. Was möglicherweise nicht viel mehr als starrsinnige Ignoranz ist, bemänteln wir als geistliche Standhaftigkeit und „anhaltendes Gebet". Genau wie der menschliche Körper hat der Leib Christi nicht eine Vielzahl von Leitern, sondern nur viele unterschiedliche Glieder, die alle zusammen ein einziges Haupt haben. Wenn alle diese Glieder in kollektivem Gehorsam zu ihrem Haupt funktionieren, wird der gesamte Leib befähigt, in eine Richtung zu gehen.

Ein Glied als Haupt über andere Glieder auszurufen – trotz der Tatsache, dass es doch bereits ein Haupt gibt –, wäre nicht nur eine grobe Dummheit, sondern würde den Leib durch die entgegengesetzten Anordnungen vieler vermeintlicher „Leiter" lahmlegen. Jesus ist das Haupt der Gemeinde, und das ist mehr Leiterschaft, als der Leib Christi je brauchen wird. Das Problem ist, dass wir oft lieber den Spatz in der Hand als die Taube auf dem Dach wollen, lieber einen kleinen Saul auf der Gehaltsliste als einen großen Gott, den man nicht so richtig kontrollieren kann. Und doch ist es so, dass die Gemeinde erst dann wirklich zu funktionieren beginnt, wenn alle Glieder dem einen Haupt folgen. Die Gemeinde erlebt „Leiterschaft", wenn sie in kollektivem und demütigem Gehorsam ihrem einen Haupt untertan wird.

Wenn wir mehr biblische Verantwortung in den christlichen Gemeinden erleben wollen und uns dabei nicht an Leitbildern aus der

Wirtschaft und Politik orientieren, müssen wir damit aufhören, alles und jedes in der Gemeinde immer gleich „leiten" zu wollen, als sei es das Normalste der Welt. Der Mensch maßt sich zu Unrecht an, einfach alles zu leiten, was er anfasst. Verantwortung ist zwar ein Teil der uns vom Schöpfer zugedachten Aufgabe, aber sie hat auch ihre Grenzen. Die christliche Gemeinde beispielsweise ist nicht Menschenwerk, sondern eine Erfindung – und ein Eigentum – Gottes, worüber wir nicht so ohne weiteres verfügen können. Die menschliche Kontrolle über eine Schöpfung Gottes einfach an sich reißen zu wollen mit dem Hinweis, man sei doch ein Leiter, kann sehr schnell dazu führen, dass Menschen einfach kirchliche Macht in Anspruch nehmen.

Wir mögen zwar Verwalter der Gemeinden sein, aber nie ihr Eigentümer. Das ist auch der Grund, weshalb Gott wesentliche Führungsaufgaben in den Gemeinden oft durch apostolische und prophetische Menschen geschehen lässt, Christen, die oft „mehr Glauben" an den Eigentümer der Gemeinden haben als andere. Rick Warren, Pastor der Saddleback Community Church, sagt es so: „Wenn eine Gemeinde wachsen will, müssen beide, sowohl der Pastor als auch die Gemeindemitglieder, die Kontrolle aufgeben."

Leiterschaft im politischen, wirtschaftlichen oder administrativen Sinn, die darin besteht, dass die eigene Autorität von anderen „höhergestellten" Menschen herunterdelegiert wird, ist einfach nicht gut genug für die christliche Gemeinde.

Leiterschaft im politischen, wirtschaftlichen oder administrativen Sinn, die darin besteht, dass die eigene Autorität von anderen „höhergestellten" Menschen herunterdelegiert wird, ist einfach nicht gut genug für die christliche Gemeinde. Dies wird die Entwicklung des Volkes Gottes genauso hindern, wie etwa König Saul sehr schnell dem Willen Gottes eher im Wege stand. Langverblichene Bischöfe, Werksleiter und kirchliche Präsidenten haben sich bisweilen wie kleine Könige und buchstäbliche Halbgötter benommen und ihre Bewegungen oft genug sogar zu ihren Lebzeiten in die blanke Bedeutungslosigkeit religiöser Vereine geführt. Der Leib Christi hat Raum für demütige und verantwortungsvolle Diener, die in direktem Gehorsam Christus gegenüber und in Respekt, Liebe und gegenseitiger Unterordnung funktionieren. Hochprofessionalisierte und individualistische selbsternannte „große Führer" und einzelkämpferische Gründerdirektoren, die ihre kleinen Königreiche allein um ihre Persönlichkeit oder charismatische Einzelbegabung herum aufbauen, sind eher hinderlich.

Die Gemeinden brauchen geisterfüllte Haushalter, die Gottes *oikonomia,* seinen Haushalt, deshalb gut verwalten können, weil sie selbst wissen, dass sie dies nur in direkter und täglicher Abhängigkeit von Christus tun können. Christus hat niemanden herumkommandiert oder mit Assistenten oder einem Mitarbeiterstab gearbeitet. Sein Geheimnis war, dass er Vertrauen in seinen Vater – und später seine Jünger! – hatte; deshalb wurde ihm die Verantwortung für die ganze Welt anvertraut.

Zellkirchen sind von ihrem Aufbau her sehr leitungs-intensiv; auf einer Vielzahl von Ebenen wird Leitungsverantwortung gefordert. Hauskirchen werden im Grunde nicht geleitet, sondern „bevatert". Hat eine Zellgruppe normalerweise einen Zellleiter und dessen Assistenten, so haben Hauskirchen einen Ältesten. Der Unterschied ist größer, als wir auf den ersten Blick erkennen mögen. Ich bin zwar Ehemann und Vater einer kleinen Familie, aber kaum einer würde mich „Leiter" einer Familie nennen. Es ist ganz einfach Teil des Wesens eines Vaters, zu leiten, aber nicht Teil des Wesens eines Leiters, auch ein Vater zu sein. Hauskirchen sind von Natur aus geistliche Großfamilien, Außenstellen des Vaters im Himmels, der sein leidenschaftliches Herz für seine Kinder durch spezielle Leute zum Ausdruck bringt, deren eigene Herzen im Rhythmus mit Gottes Leidenschaft und Liebe schlagen.

Es ist ganz einfach Teil des Wesens eines Vaters, zu leiten, aber nicht Teil des Wesens eines Leiters, auch ein Vater zu sein.

Von keiner Gemeinde des Neuen Testaments wird uns berichtet, dass sie von einem Pastor oder einer anderen Person in unserem heutigen Sinn „geleitet" wurde. Doch es gab – und gibt – immer von Gott bestimmte Personen, göttlich beauftragte und begabte Menschen, die besondere Verantwortung in den Gemeinden tragen, ganz besonders die Ältesten und die Apostel. Doch selbst das bedeutet nicht, dass diese Menschen deswegen automatisch „Leiter" (im Sinne von legaler Machtausübung) sind. „Wer unter euch groß sein will, der sei euer Diener", sagt Jesus (Mt. 20,26). Die Verantwortlichen in den Gemeinden sind Diener; und je mehr sie dienen, desto mehr wirkliche Verantwortung wird ihnen übertragen (Lk. 19,26). Dieses „Leiten ohne Macht" stellt traditionelle säkulare Führungstheorien einfach auf den Kopf. Gehorsame und demütige Diener können Leitungsaufgaben haben, weil sie selbst geleitet sind. Leiterschaft ist deshalb, wenn überhaupt, eine Funktion des persönlichen Gehorsams eines Menschen Gott gegenüber. Viele Hauskirchenbewegungen haben keine

Leiter im politischen Sinn, sondern werden von Menschen geprägt, die eher geistlichen Vätern oder Müttern gleichen, wie etwa der bekannte Yuan Allen in Beijing, einem der „Väter" der chinesischen Hauskirchenbewegung.

Im Leben der Zellkirchen besteht sehr wohl die Gefahr, dass bei der Pyramidenstruktur und den vielen Leitern, die für die verschiedenen Leitungsebenen ausgebildet werden, durch die Hintertür ein neuer Klerikalismus die Bühne betritt. Davor sind auch Hauskirchen letztlich nicht wirklich gefeit. Doch viele Zellkirchen haben eine richtige Karriereleiter, auf der sich eine Person vom Hilfs-Zellleiter bis zum Assistenten des *Senior Pastor* emporarbeiten kann. Nicht so sehr geistliche Vollmacht, sondern die persönliche Nähe zum *Senior Pastor* bestimmt darüber, wie viel Macht und Einfluss jemand in der Gemeinde hat (ein Ansatz, der mit der traditionellen Pastorenkirche, an dieser Stelle zumindest, identisch ist). Ganz abgesehen vom möglichen Konkurrenzkampf auf den vielen Stufen und Leitungsebenen bedeutet das oft, dass eine Person nur für eine begrenzte, kurze Zeitspanne eine Aufgabe ausführt und dann eben befördert oder ausgewechselt wird, und echtes charismatisches Spezialistentum dadurch eher verhindert als langfristig gefördert wird. Was passiert mit Menschen, die Gott zu einem Ältestendienst berufen hat und die gar nicht für die Position des östlichen Zonenaufsehers oder des Assistenten des *Senior Pastor* gestrickt wurden?

9. Die Hauptquartiers-Frage

Zellkirchen haben häufig ein recht imposantes Hauptquartier, das oft ein Ausdruck des einzigartigen Dienstes und der Vision des jeweiligen *Senior Pastor* und seiner engen Assoziierten ist. Hauskirchen sind demgegenüber ein dezentrales System mit vielen verschiedenen Knotenpunkten und Nervenzentren, die eben in den Häusern selbst liegen. Solche „Hauptquartiere" lassen sich natürlich bei Bedarf beliebig schnell verlegen.

Bei einem kürzlichen Besuch sprach ich in der Hauskirche von Yuan Allen in Beijing, die mit vielen anderen Hauskirchen fast unsichtbar, wie unter dem Teppich, verknüpft ist. Von hier aus gehen Impulse und Botschaften wie bei einem Spinnennetz in viele Richtungen, und wichtige Entscheidungen werden in dieser kleinen Einzimmerwohnung mit einigen wenigen Stühlen und einem winzigen Vorraum getroffen, alles in einer kleinen Gasse hinter einem geschäftigen Markt gelegen, die viel zu klein dafür ist, dass etwa ein Auto dort passieren könnte. Hauskirchen scheinen mehr als andere Gemeinden eine Pilgermentalität und -struktur zu besitzen, sie sind, wie der Geist Gottes selbst, ständig in Bewegung.

Zellkirchen sind verglichen damit weitaus sesshafter, haben Wurzeln geschlagen und eine mehr oder weniger große Verwaltungsstruktur geschaffen. Von ihnen geht die Botschaft aus: „Wir sind hier, um zu bleiben!" Einer der Nebeneffekte eines ansehnlichen Verwaltungskomplexes ist, dass er ein erhebliches Maß an Verwaltungsaufwand und Organisation mit sich bringt. Das wäre an und für sich nicht weiter schlimm, wenn die Bürokratie nicht wäre. Der alltägliche Kampf des „kleinen Bürgers" mit dem Verwaltungsapparat gehört zu den sprichwörtlichen Übeln der Beamtennationen. Ein bürokratisches System, für das die Zellkirche weitaus anfälliger ist als die Hauskirchen, bedeutet, dass Bürokraten und Technokraten ein viel breiteres Wirkungsfeld haben und damit, besonders wenn die Zellkirche in die Jahre kommt, einen weitaus größeren Einflussbereich haben, als man zunächst erwarten sollte. Es gibt so viel nachzuprüfen und abzurechnen, zu organisieren, zu verwalten, zu managen, zu verkaufen und schließlich zu kontrollieren – dass eine Gemeinde, wenn sie nicht hellwach für diese Prozesse ist, schnell in der Selbstverwaltung ersticken kann.

Weil es ein Haupt – und damit ein Hauptquartier! – im Himmel gibt, können wir uns hier unten auf Erden entspannen und so viele Ableger dieser himmlischen Erfindung „Gemeinde" gründen wie möglich. Wir dürfen wissen, dass Gott nicht den Überblick verliert.

Howard Astin schreibt in seinem Buch „Body and Cell", einem persönlichen Bericht über die Transformation einer traditionellen Kirche zur Zellkirche, dass manche Zellkirchen sehr „reglementiert" sein können. Die Hauskirchen sind dieser Gefahr gegenüber zwar nicht immun, aber weitaus weniger anfällig, weil durch die flache Struktur alles etwas organischer und relationaler angelegt ist. In einer Großfamilie muss eben nicht alles organisiert und abgerechnet werden, sondern es ergibt sich vieles spontan.

Es ist gar nicht nötig, so zu tun, als sei die Gemeinde eine Firma, die nur auf die neuesten Erkenntnisse des „Total Quality Management" gewartet hat, einer nicht mehr ganz so modernen Managementphilosophie, die alle erdenklichen Faktoren des Produktionsprozesses unter Kontrolle hat und größtmögliche Qualität für völlige Kundenbefriedigung propagiert, was wiederum maximaler Gewinn heißt. In der Gemeinde sind solche übermenschlichen Kontrollanstrengungen fehl am Platz, solange wir glauben können, dass Gott die Fäden in der Hand hat. Weil es ein Haupt – und damit ein Hauptquartier! – im Himmel gibt, können wir uns hier unten auf Erden entspannen und so viele Ableger dieser himmlischen Erfindung „Gemeinde" gründen wie möglich. Wir dürfen wissen, dass Gott keine einzige Hauskirche übersieht oder gar den Überblick verliert. Es kann doch sein, dass wir zwar verzweifelt versuchen, Gott unter die Arme zu greifen und sichtbare und eindrucksvolle Kathedralenstrukturen auf Erden aufzubauen, aber möglicherweise genau das Gegenteil dessen bewirken, was wir eigentlich vorhatten. Viele der eindrucksvollen kirchlichen Strukturen, die Menschen auf Erden konstruierten, haben teilweise jahrzehnte- oder jahrhundertelang die Bewunderung für ihre menschlichen Erbauer derart wirkungsvoll verkündigt, dass die eigentliche Ehre für das Lamm Gottes als wahrer Erbauer der Gemeinde im Strom der Bewunderer und christlichen Touristen unterging.

10. *Celebration* – ein Muss oder eine Option?

Die Zellkirche kommt in der Regel nicht ohne beide Ebenen aus, die Zelle und die *celebration,* also ein Sammelgottesdienst für alle Zellen. Beide sind notwendige „Flügel der zweiflügeligen Kirche", wie Bill Beckham es illustriert. Der Vorteil der Hauskirchen besteht nun darin, dass sie auch ohne Sammelgottesdienste und Großveranstaltungen existieren, etwa in einer christentumfeindlichen Umgebung, und dennoch wachsen können. Für Zellkirchen ist der zentrale Sammelgottesdienst ein Muss, für Hauskirchen eine Kann-Option. Hauskirchen können dezentrale Formen regionaler Sammlung entwickeln, weil die Tatsache, dass sie durch den kursierenden Dienst der Verbindungsleute zu einer organischen Bewegung zusammengehören, wichtiger ist als nur ein zentraler Sammelort.

Für die Zellkirche ist der regelmäßige Gesamtgottesdienst, bei der oft der *Senior Pastor* spricht, ein verblüffend gefährlicher Weg zurück in genau die gemeindlichen Pastorenstrukturen, die sie gerne verlassen wollten. Die Zentralgottesdienste der Zellkirchen haben oft einen ausgesprochen denominationellen Charakter, da sich eben die Zellen einer besonderen Einzelgemeinde versammeln. Hauskirchen dagegen fördern, wie ich unter Punkt 13 noch näher ausführen werde, Sammelgottesdienste mit regionalem oder stadtweitem Gepräge für die gesamte Christenheit einer Region. Das eine Modell fördert letztlich ausdrücklich weiteren Denominationalismus, das andere fördert das Reich Gottes.

11. Auffällig oder unauffällig?

Da Hauskirchen mit und ohne einen zentralen Sammelgottesdienst oder ein Verwaltungszentrum agieren können, sind sie natürlich viel unauffälliger. In vielen Ländern oder Städten können Hauskirchen jahrelang existieren und sich multiplizieren, ohne von der Öffentlichkeit wahrgenommen zu werden. Die Netzwerkstruktur der Hauskirchen erlaubt es ihnen, sich durch eine flache und unaufdringliche Struktur sozusagen unter dem Teppich zu verbinden. Ein wichtiger Aspekt der gegenseitigen Verbundenheit geschieht nicht notwendigerweise in den zentralen – und deshalb auffälligen – Sammelgottesdiensten, sondern bereits durch das regelmäßige Zirkulieren von Wanderpredigern, Wanderlehrern und sonstigen Botschaftern, die gute und schlechte Nachrichten, Grüße, Lehren, Gaben oder Vision hin- und hertransportieren. Das bedeutet auch, dass Hauskirchen etwas weniger anfällig sind für Korruption und Prägung durch religiöse, tief unsichere und dadurch oft machthungrige Menschen, die von eindrucksvollen religiösen Strukturen wie Fliegen vom Honig angezogen werden.

Wo menschliche Strukturen in den Hintergrund treten, kann das Wirken Gottes mehr in den Vordergrund treten. Es steht nicht länger in der Gefahr, durch große Namen im Rampenlicht der Öffentlichkeit in den Schatten gestellt zu werden.

Hauskirchen machen zum Glück weit weniger her, was besonders in Gegenden der Welt wichtig ist, wo religiöse Bigotterie und ideologischer Eifer vorherrschen und sich die Religionen gegenseitig mit immer größeren und eindrucksvollen Bauten und Strukturen übertrumpfen wollen nach dem Motto: Wer hat den höchsten Turm, die eindrucksvollste Architektur oder die meisten Besucher? Wo menschliche Strukturen in den Hintergrund treten, kann das Wirken Gottes mehr in den Vordergrund treten. Es steht nicht länger in der Gefahr, durch große Namen im Rampenlicht der Öffentlichkeit in den Schatten gestellt zu werden. Ich möchte dies zwar nur am Rande erwähnen, aber mir ist aufgefallen, dass auch das übernatürliche Handeln Gottes im Sinne von Zeichen und Wundern – abgesehen von einzelnen weltbekannten Wundertätern – überproportional häufig in Gegenden und um Menschen herum geschieht, die kaum jemand kennt. Ob es hier einen Zusammenhang gibt? Ich denke ja. Und schließlich ist eine unauffällige und flexible Struktur weitaus verfolgungssicherer und für alle apokalyptischen Eventualitäten besser vorbereitet als massive Zellkirchenstrukturen mit einem weitbekannten und daher verwundbaren Topmann an der Spitze.

12. Evangelistisches oder apostolisch-prophetisches Grundmuster?

Viele haben zu Recht verstanden, dass die Zellkirche ein evangelistisches Gemeindemodell ist. Und weil viele meinen, dass „Evangelisation das Gebot der Stunde" ist, liegt es für manchen nahe, mit dem Strom zu schwimmen und eben evangelistische Gemeindemodelle zu bauen. Wie ich jedoch bereits zuvor zu zeigen versucht habe, beruht die langfristige Dynamik der Gemeinden nicht nur auf einer evangelistischen Vision, sondern vor allem auf einer soliden apostolisch-prophetischen Grundlage (Eph. 2,20). Dadurch wird ein apostolischer Außenfokus und eine prophetische Vision für die Vergangenheit, Gegenwart und Zukunft in die Gemeinden eingepflanzt.

Ich bezeichne Hauskirchen deshalb als apostolisch-prophetische Struktur, weil dies genau die Art und Weise war, wie neutestamentliche Apostel und Propheten Gemeinde gebaut haben. Evangelisten haben nie die Hauptrolle dabei gespielt, die Gemeindebewegungen auszubreiten; dies war stets die Aufgabe apostolischer und prophetischer Menschen. Nur Ausnahmen – wie etwa Philippus – bestätigen diese Regel. Apostolische und prophetische Gemeinden sind eine Lebensform, die in sich selbst bereits „Evangelium", gute Nachricht ist. Dort, wo Zellen oder auch Hauskirchen unter den Druck geraten, ständig im modernen Sinn evangelistische Resultate zu bringen, kann auch eine gesunde und geradlinige Arbeit schnell verbogen werden.

Ein Beispiel für das, was ich meine, ist Argentinien, ein Land, das etwa seit 1982 erweckliche Zustände erlebt, seit der Zeit, als es den Falklandkrieg gegen England verloren hat. In diesem Jahr ist buchstäblich fast aller nationaler Stolz zusammen mit dem argentinischen Flaggschiff Belgrano im Meer versunken. Das war der Zeitpunkt, als begabte Evangelisten wie Carlos Annacondia, Hector Gimenez und Omar Cabrera aufkamen und erstaunliche evangelistische Großveranstaltungen abhielten, wobei die Zahl der „Entscheidungen für Jesus" oft in die Zehntausende ging. Es ist aber nicht nur Carlos Annacondia, sondern auch viele andere, die heute fragen: „Wo sind all die Tausende von Menschen geblieben, die wir zu Christus geführt haben?" Omar Cabrera wies uns in einer „Dawn"-Tagung in Miami im November 1998 darauf hin, dass viele Pastoren in Argentinien – einschließlich seiner selbst – Schwierigkeiten damit hatten, die vielen „Entscheidungen" in die bestehenden oder auch neugegründeten Gemeinden zu integrieren.

Argentinien hat, wie eine empirische „Dawn"-Studie im September 1996 zeigte, eine der niedrigsten Gemeindewachstums- und Gemeindegründungszahlen in ganz Lateinamerika. „Extrahierende Evangelisation", wodurch Menschen durch individuelle und oft leider nur verbale Einzelbekehrungen aus ihrem Familienzusammenhang herausgelöst werden, ist nicht nur ausgesprochen unbeliebt bei Eltern von so bekehrten Kindern, sondern hat auch nicht sehr viel zum Wachstum der Gemeinden beigetragen. Es muss ein fehlendes Bindeglied geben – nämlich die organische Beheimatung in lebendigen (Haus-) Gemeinden. „Evangelisation, die den Einzelnen nur aus seinem Familienkontext herausruft und keinen neuen Kontext bietet, ist halbherzig und schadet mehr, als sie nützt", sagt der Missionsforscher Alan Tippet.

Der Argentinier Alberto de Luca sieht, zusammen mit einer wachsenden Zahl von argentinischen Pastoren, in der Gründung und Multiplikation von Gemeinden den prophetischen Weg nach vorne. Auch in Argentinien entwickelt man eine nationale Gemeindegründungsstrategie. Das bedeutet, dass man immer mehr davon abkommt, allein die Evangelisation als treibende Kraft zu sehen, und beginnt, apostolisch und prophetisch zu denken und zu handeln, mit der strategischen Zielsetzung, das ganze Land „zu Jüngern zu machen". Gesunde Evangelisation handelt nie isoliert als Allheilmittel für jede Lebenslage, sondern funktioniert im Einklang mit dem fünffältigen Dienst und den Gemeinden einer Region oder eines Landes.

Ich habe bereits erwähnt, dass die Zellkirche ein eher städtisches Gemeindemodell ist, das im Umfeld einer Metropole entstanden und gewachsen ist. Die Kultur und das Lebensgefühl einer Stadt unterscheidet sich stark von der Lebenswelt auf dem Lande. Ein Mensch, der auf dem Dorf lebt, ist beispielsweise ganz unmittelbar für die Folgen seiner Handlung verantwortlich, weil er in einem System starker sozialer Kontrolle lebt, und jeder fast alles von jedem weiß. In der Stadt ist das anders; der Einzelne geht in der Masse unter und beginnt bald zu verstehen, dass er sich fast alles leisten kann, solange er sich nur schnell oder geschickt genug aus dem Staub macht. Er lebt in der Illusion, dass er die Konsequenzen seiner Handlungen nicht in allen Fällen tragen muss, weil er immer in der gesichtslosen Menge untertauchen kann. In der Stadt zählt der Augenblick, man lebt schneller, es gibt stets etwas zu verpassen und stets etwas zu gewinnen. Der Verkäufer in der Stadt weiß, dass er so viele Menschen wie möglich mit seinem Produkt ansprechen und erreichen muss, weil er nur durch pausenloses Werben Umsatz machen kann. Dieses Grundgefühl hat die moderne Evangelisation nicht ganz unbeeinflusst gelassen.

13. Wie groß ist groß?

Bill Beckham stellt ein hilfreiches Bild für die Gemeinde vor, einen Vogel mit zwei Flügeln. Der eine Flügel ist die Zellenstruktur, die Kleingruppen, der andere Flügel ist der zentrale Gesamtgottesdienst, die *celebration.* Die „einflügelige Gemeinde", die nur einen (Groß-) Gottesdienst kennt und für die das Kleingruppensystem im Sand der Geschichte untergegangen ist, lebt mit einer Behinderung, fliegt nur noch im Kreis und kann nicht mehr wie ein Adler in den Lüften schweben. Eine solche Gemeinde, schließt Beckham, braucht wieder den zweiten Flügel, die Kleingruppen. Ich bin mit der Bild-Analyse der zwei Flügel grundsätzlich einig.

Doch zwischen Haus- und Zellkirche besteht ein weiterer wichtiger Unterschied: Anstelle einer denominationell eingefärbten *exklusiven celebration,* einem Gesamtgottesdienst nur für die Zellen einer kirchlichen Einzelgemeinde, bildet eine Hauskirchenbewegung einen *inklusiven* Gesamtgottesdienst für alle Christen der Region, eben die Stadtkirche. Bietet eine Zellkirche beispielsweise als „großen Flügel" einen Gesamtgottesdienst für alle Zellen der „Faith Community Baptist Church" oder der „Yoido Full Gospel Church" an, so ist der große Flügel der Hauskirche um vieles größer, er umfasst nämlich die größtmögliche Zahl aller Christen einer Stadt oder einer Region, die sich regelmäßig oder unregelmäßig treffen, ohne viel denominationelle Abzeichen und kirchliches Fahnenschwingen.

Ständige Übergangsphase?

Einer der auffälligsten Aspekte von Zellkirchen besteht darin, dass die meisten von ihnen in einer permanenten Übergangsphase sind. Dies gilt besonders für Zellkirchen, die aus einer traditionellen kirchlichen Struktur hervorgingen. Der Wandel, die Transformation von einer Struktur zur anderen, wird von manchen schon scherzhaft als einzige Konstante der Zellkirchenbewegung gesehen. Lawrence Khong, Pastor der Faith Community Baptist Church in Singapur, ein leidenschaftlicher und visionärer Mann Gottes, schrieb noch Ende 1998 in einer Broschüre, dass sie sich derzeit „in ihrem zehnten Jahr des Übergangs" befinden.

Aus meiner Sicht haben Zellkirchen einen notwendigen Paradigmenwechsel eingeleitet, manche – nicht alle! – sind dabei aber auf halbem Weg stehengeblieben. Sie haben möglicherweise noch eine gewisse Wegstrecke vor sich, wenn sie wirklich die von Bill Beckham zitierte „Zweite Reformation" ausleben wollen. Aber sie sind ein hervorragender Start in die richtige Richtung und können für viele traditionelle Pastorengemeinden ein wichtiges Bindeglied hin zum noch organischeren hauskirchlichen Modell sein. Ich bin allerdings überzeugt, dass Gott nicht halbe, sondern ganze Sache machen möchte und die heutige Christenheit aufruft, ganz zum neutestamentlichen Gott zurückzukehren und sich von ihm und der biblischen Urform der Kirche neu inspirieren zu lassen. Diese kann nicht einfach 1:1 direkt aus dem Neuen Testament kopiert werden, sondern muss sich durch apostolische und prophetische Menschen und Dienste in unseren jeweiligen Volksgruppen, Kultur- und Sprachkreisen neu inkarnieren dürfen. Ob Gott dadurch noch einmal die Welt auf den Kopf stellen wird?

Zellkirchen haben einen notwendigen Paradigmenwechsel eingeleitet, manche – nicht alle! – sind dabei aber auf halbem Weg stehengeblieben. Aber sie sind ein hervorragender Start in die richtige Richtung und können für viele traditionelle Pastorengemeinden ein wichtiges Bindeglied hin zum noch organischeren hauskirchlichen Modell sein.

Lamm oder Löwe?

In der Bibel begegnet uns Jesus in vielfältiger Form; wir treffen ihn beispielsweise als Lamm Gottes, aber auch als den Löwen Judas. Ich ahne, dass Hauskirchen in all ihrer Zerbrechlichkeit mehr dem Lamm als dem Löwen ähneln, an den mich manche lautstarke Zellkirchen erinnern. Wir wissen, dass Jesus als der wahre König der Welt bald zurückkommen und seine Herrschaft auch sichtbar aufrichten wird. Aber diese Zeiten sind noch nicht angebrochen. Schon heute, im Hier und Jetzt, erfahren wir das messianische Königreich in vielen Aspekten, aber noch längst nicht in seiner Fülle. Heute sind wir „in unserer Schwachheit stark", „die Sanftmütigen werden das Reich erben" und langfristige Auswirkungen im Reich Gottes werden nicht

„durch Heer und Macht, sondern durch meinen Geist geschehen", sagt Gott.

Ich hoffe, dass ich auf diesen Seiten genügend deutlich gemacht habe, dass die Hauskirchen keine wasserdichte Struktur sind, bei der nichts schief gehen kann. Ganz im Gegenteil: Vieles kann und wird sicherlich schief gehen. Doch genau darin liegt meines Erachtens eine der Stärken der Hauskirchenbewegung. Wir können der Ent-Täuschung vorbeugen, wenn wir unsere Erwartungen nicht bis in den Himmel schrauben, sondern realistisch auf dem Boden bleiben. Wenn aber im Rahmen von hauskirchlichen Bewegungen dennoch Positives aufbricht und viel Segen geschieht, dann geht die Ehre hoffentlich nicht an ein fantastisches kirchliches System, an einen genialen Pastor oder an ein „gesalbtes Konzept", sondern an das Lamm Gottes, das das Unmögliche einmal mehr möglich gemacht und seine Lämmer mitten durch die Wölfe hindurch sicher ans Ziel gebracht hat. Genau wie Jesus selbst werden Christen, diese Lämmer unter Wölfen, noch eine Zeit lang weiter missverstanden, belächelt, geschlagen, verwundet oder gar gekreuzigt werden. Aber dafür ist ihnen auch ein Regierungssitz im kommenden Reich Gottes sicher.

Kapitel 6

Eine verfolgungssichere Struktur entwickeln

„Gesegnet seid ihr, wenn ihr verfolgt werdet" – wie man eine verfolgungssichere Mentalität entwickelt und unter Druck nur noch mehr wächst

Jesus war zwar bei vielen Menschen beliebt, aber sein Leben war in ständiger Gefahr. Er war ein Stein des Anstoßes für die religiösen und die politischen Führer seiner Zeit und er stellte die schöne, umsatzorientierte Welt der ordentlichen Bürger bis ins Mark in Frage. Ständig war er derjenige, der ausgefragt wurde, verhört, bedroht, versucht, verfolgt, bis er schließlich verraten, gefangen und getötet wurde. Das Wunder besteht nun darin, dass er diesen ganzen Leidensdruck mit einer starken äußeren und inneren Sicherheit und Gelassenheit erlebte, und oft nur, wenn er ganz alleine war, manche inneren Kämpfe durchzustehen hatte. Jesus besaß eine tiefe innere Überzeugung, dass alle Umstände in Gottes Hand sind, und dies machte ihn gewissermaßen wasserdicht für die ständigen Anfeindungen, Missverständnisse und Beleidigungen. Er hatte eine verfolgungssichere Mentalität entwickelt, die ihn auch dann siegen ließ, wenn alles äußerlich nach Versagen aussah; letztlich überlebte er ja sogar buchstäblich seinen eigenen Tod.

Seine Jünger lebten ebenfalls in einer Welt voller brutaler Verfolgung; sie waren ständig in der Gefahr, ins Gefängnis geworfen zu werden. Sie hatten wenig akademische Bildung, waren daher leicht verwundbar, konnten sich nicht hinter massiven Kirchenmauern oder in missionarischen Hauptquartieren verbergen, hatten in einem Moment die Gunst des Volkes auf ihrer Seite und wurden im nächsten Moment wieder gejagt wie Freiwild. Sie hatten keine Stiftungen oder einflussreiche Gönner, an die sie sich wenden konnten, keine Menschenrechtskommission der Vereinten Nationen, und dennoch beauftragte Jesus diese Truppe damit, alle Nationen zu Jüngern zu machen.

Jesus muss von etwas gewusst haben, das wir manchmal übersehen. Seine eigene Fähigkeit zum Überleben, seine übernatürliche Lebenskraft, seine Ziele gegen alle möglichen und unmöglichen Widerstände zu erreichen, sein unerschütterliches Vertrauen in die Tatsache, dass Gott die Dinge in der Hand hat, sollte der Gemeinde, seinem Leib auf Erden, eingepflanzt werden. Vielleicht sah Jesus voraus, dass seine Gemeinde eine faszinierende und übernatürliche Fähigkeit hat: Sie kann im Chaos gedeihen, in der Dunkelheit blühen, in Armut reich sein, in der Wüste wachsen, sich unter Druck ausbreiten und im Gefängnis singen.

Wovon lassen wir uns inspirieren?

Viele Lektionen, Modelle und Vorbilder, an denen sich wachsende Gemeinden und Gemeindegründungsbewegungen orientieren, kommen aus Ländern und Kulturen, in denen dem Christentum eine gewisse Religionsfreiheit zugestanden wird, und nicht aus Ländern, in denen die Christen verfolgt werden. Es ist nun nicht so, dass man von friedlich niedergelassenen Kirchen, die von der Gesellschaft derzeit generell in Ruhe gelassen werden, nichts lernen könnte. Aber Untersuchungen, wie sie beispielsweise von David Barrett und seinen Mitarbeitern vorgenommen wurden, belegen, dass die Kirche am schnellsten gewachsen ist, wenn sie einem bestimmten Maß an Verfolgung und Leidensdruck unterworfen war.

Die Christen Chinas mit bis zu 120 Millionen Menschen bilden den größten evangelikalen Block des Globus. Ähnliche Beobachtungen kommen aus Äthiopien, Russland, Vietnam, Sudan und Kuba. Aber die Augen vieler Christen sind dort, wo die Augen der Welt ebenfalls ruhen: auf den Macht- und Finanzzentren der Welt.

Dies stimmt auch heute noch. Als Mao Tse Tung im Jahre 1949 alle westlichen Missionare aus China verwies, wurden die Christen zwar verfolgt, aber ihre Zahl begann auch zu wachsen wie nie zuvor. Nach den Einschätzungen einiger China-Kenner ist es möglich, dass derzeit bis zu 10 Prozent der chinesischen Bevölkerung aus evangelikalen Christen besteht, die mehrheitlich in geheimen Hauskirchen organisiert sind. Damit bilden die Christen Chinas mit bis zu 120 Millionen Menschen den größten evangelikalen Block des Globus. Ähnliche Beobachtungen kommen aus Äthiopien, Russland, Vietnam, Sudan und Kuba. Aber die Augen vieler Christen sind dort, wo die Augen der Welt ebenfalls ruhen: auf den Dow-Jones-Indexzahlen und den Macht- und Finanzzentren der Welt. Viele wollen von den Mächtigen lernen, wie man die Welt regiert; nur wenige wollen begreifen, dass es „die Sanftmütigen sind, die das Erdreich besitzen werden" (Mt. 5,5).

Als Folge davon werden Lektionen für die Gemeindeaufbauarbeit aus Djibouti beispielsweise kaum berücksichtigt, weil manche Christen nicht wissen, wo Djibouti ist. Wir kennen Wheaton, Pasadena, Colorado Springs, Brownsville, Toronto, Oslo, Rom, Stuttgart, London und Bern und nehmen konsequenterweise nur die Lektionen der Lehrer auf, die wir kennen und von denen wir Inspiration erwarten.

Im Jahre 1998 erhielt der deutsche Evangelist Ulrich Parzany eine Medaille von der Regierung für seine außerordentlichen Leistungen im Bereich der Jugendarbeit in Deutschland. In seiner Dankesrede meinte er: „Meinen Boss, Jesus Christus, hat man gekreuzigt. Ich werde geehrt. Was habe ich falsch gemacht?" Jesus sandte seine Nachfolger wie Schafe unter die Wölfe, nicht als Wölfe unter die Schafe. Das bedeutet, dass es einiges zu lernen gibt von Christen, die buchstäblich wie Schafe unter Wölfen lebten oder noch leben. Es bedeutet aber auch, dass es schwierig, wenn nicht gar unmöglich ist, die Botschaft vom Kreuz aus einer Position der Macht zu predigen. Christen aller Generationen haben erkannt, dass sie stark sind, wenn sie schwach sind; siegreich, wenn sie demütig sind; und dass eine einflussreiche und mächtige Kirche oder Missionsgesellschaft ein Widerspruch in sich selbst ist.

Gott sei Dank für Druck

Man ist versucht, die Worte von Paulus „alle, die gottselig leben wollen, müssen Verfolgung leiden" (2. Tim. 3,12) automatisch auf eine andere Zeit und einen anderen Ort zu beziehen. Das kann doch für uns heute nicht gelten? Jesus sagte in Matthäus 5,11-12:

> *„Selig seid ihr, wenn euch die Menschen um meinetwillen schmähen und verfolgen und reden allerlei Übles wider euch, wenn sie daran lügen. Seid fröhlich und getrost, es wird euch im Himmel wohl belohnt werden. Denn also haben sie verfolgt die Propheten, die vor euch gewesen sind."*

Statt diesen speziellen Segen zu erleben, stehen wir wohl heute eher in der Gefahr, diese Worte auf den Kopf zu stellen und ihre Bedeutung ins Gegenteil zu verkehren. Wir definieren zu schnell Segen und Fluch nach Mustern, die wir aus der Zeitung und nicht aus der Bibel haben. Die Werte des Reiches Gottes sind jedoch oft genau umgekehrt wie die, die sich eine gottlose oder heidnische Gesellschaft selbst gibt und nach denen sie sich richtet. Wir mögen meinen, wir seien gesegnet, wenn wir erfolgreich und finanziell wohlsituiert sind, geehrt und zitiert, wenn uns Ehrenplätze zugewiesen werden, wenn wir bewundert werden und im Wesentlichen schmerzfrei durch ein friedliches und sicheres Leben ohne größere Probleme gleiten. Wir benehmen uns, als sei die Religionsfreiheit der Gipfel der Segnungen und Verfolgung immer schlecht, eine Folge der Abwesenheit von Gottes Segen, nicht eine Folge seiner Anwesenheit. Wir bringen es manchmal sogar fertig, zu genau dem Gott, der uns eine Verfolgung zumutet, zu beten, er möchte uns doch bitteschön davor bewahren.

Verschiedene Arten der Verfolgung

Es gibt drei Formen der Verfolgung, die Christen erleben können:

- *äußere Verfolgung,* durch eine nationale oder regionale Regierung, durch andere religiöse Gruppen etc.;
- *interne Verfolgung,* wenn Christen sich gegenseitig bekämpfen und verfolgen, sich den Segen vorenthalten und entziehen und das Land letztlich erfüllen mit einer Vielzahl „ärgerlicher Brüder" (Mt. 5,22-24);
- und drittens die wahrscheinlich schlimmste Form der Verfolgung, *ihre völlige Abwesenheit,* wenn es nämlich überhaupt nichts mehr zu verfolgen gibt, weil die Kirche es nicht länger wert ist, verfolgt zu werden. Werte und Lebensstil der Christen haben sich stromlinienförmig einer gottlosen oder pseudochristlichen Gesellschaft angepasst, das Salz hat seine Salzkraft verloren und wird einfach von den Leuten auf der Straße zertreten, ohne dass es jemand zur Kenntnis nimmt.

Vielleicht ist es hilfreich, dass wir uns skizzenhaft die Rolle von Verfolgung und Leiden für die Christenheit in Erinnerung rufen:

1. *Jesus wurde verfolgt, weil er sich nicht an religiöse Gesetze hielt:*

- Joh. 5,16: „Darum verfolgten die Juden Jesus und suchten ihn zu töten, weil er solches (eine Heilung) an einem Sabbat getan hatte."

2. *Christen haben Feinde, damit sie sie lieben können:*

- Mt. 5,44: „Aber ich sage euch, liebt eure Feinde und betet für die, die euch verfolgen."

- Röm. 12,14: „Segnet, die euch verfluchen, segnet und flucht nicht."

3. *Jesus hat Verfolgung vorausgesagt:*

- Mt. 10,23: „Wenn sie euch aber in einer Stadt verfolgen, so flieht in eine andere. Wahrlich, ich sage euch: Ihr werdet mit den Städten Israels nicht zu Ende kommen, bis des Menschen Sohn kommt."
- Mt. 13,20-21: „Bei dem auf den Felsen gesät ist, das ist, der das Wort hört und es alsbald aufnimmt mit Freuden, aber er hat keine Wurzel in sich, sondern ist wetterwendisch; wenn sich Trübsal und Verfolgung erhebt um des Wortes willen, so nimmt er Ärgernis."
- Lk. 21,12: „Aber vor diesem allem werden sie die Hände an euch legen und euch verfolgen und werden euch überantworten in ihre Synagogen und Gefängnisse und vor Könige und Fürsten ziehen um meines Namens willen."
- Joh. 15,20: „Denkt an mein Wort, das ich euch gesagt habe: der Knecht ist nicht größer als sein Herr. Haben sie mich verfolgt, so werden sie euch auch verfolgen."

4. *Verfolgung ist keine außergewöhnliche Erfahrung für einige Wenige, sondern ein normaler Bestandteil der christlichen Grunderfahrung aller derjenigen, „die gottesfürchtig leben wollen":*

- Röm. 8,35: „Wer will uns scheiden von der Liebe Gottes? Trübsal oder Angst oder Verfolgung oder Hunger oder Blöße oder Gefahren oder Schwert?"
- 1. Kor. 4,12: „. . . und arbeiten und wirken mit unseren eigenen Händen. Man schilt uns, so segnen wir; man verfolgt uns, so dulden wir's; man lästert uns, so reden wir freundlich."
- 2. Thess. 1,4: „. . . so dass wir uns euer rühmen unter den Gemeinden Gottes wegen eurer Geduld und eures Glaubens in allen Verfolgungen und Trübsalen, die ihr erduldet."
- 2. Tim. 3,11-12: „Du bist nachgefolgt . . . meinen Verfolgungen, meinen Leiden, die mir widerfahren sind zu Antiochien, zu Ikonion, zu Lystra. Welche Verfolgung ertrug ich da! Und aus allen hat mich der Herr erlöst! Und alle, die gottesfürchtig leben wollen in Christus Jesus, müssen Verfolgung leiden."

5. Verfolgung ist ein Segen, nicht ein Fluch:

- Mk. 10,30: „Der nicht hundertfältig empfange jetzt in dieser Zeit Häuser und Brüder und Schwestern und Mütter und Kinder und Äcker mitten unter Verfolgungen, und in der zukünftigen Welt das ewige Leben."
- 2. Kor. 12,10: „Darum bin ich guten Mutes in Schwachheit, in Mißhandlungen, in Nöten, in Verfolgungen, in Ängsten, um Christi willen; denn wenn ich schwach bin, bin ich stark."

6. Jesus identifiziert sich mit der verfolgten Kirche:

- Apg. 9,4-5/22,7-8: „Und er fiel auf die Erde und hörte eine Stimme, die sprach zu ihm: Saul, Saul, was verfolgst du mich? Und er sprach: Herr, wer bist du? Der Herr aber sprach: Ich bin Jesus, den du verfolgst."
- Apg. 26,14-15: „Als wir aber alle zur Erde niederfielen, hörte ich eine Stimme reden zu mir, die sprach auf hebräisch: Saul, Saul, was verfolgst du mich? Es wird dir schwer sein, wider den Stachel zu löcken."

7. Verfolgung hat eine lange Vorgeschichte:

- 2. Mose 1,12: „Aber je mehr sie das Volk bedrückten, desto stärker mehrte es sich und breitete sich aus. Und es kam sie ein Grauen an vor Israel."
- Apg. 7,52: „Welchen Propheten haben eure Väter nicht verfolgt? Und sie haben getötet, die da zuvor verkündigten das Kommen des Gerechten, dessen Verräter und Mörder ihr nun geworden seid."

8. Das Evangelium breitet sich durch Verfolgung aus:

- Apg. 8,4: „Die nun zerstreut waren, zogen umher und predigten das Wort."
- Apg. 11,19: „Die aber zerstreut waren in der Verfolgung, die sich wegen Stephanus erhob, gingen umher bis nach Phönizien und Zypern und Antiochien und redeten das Wort zu niemandem als allein zu den Juden."

9. Wer Verfolgung vermeidet, vermeidet möglicherweise das Kreuz:

- Gal. 5,11: „Ich aber, liebe Brüder, wenn ich die Beschneidung noch predige, warum leide ich denn Verfolgung? So hätte ja das Ärgernis des Kreuzes aufgehört."
- Gal. 6,12: „Die ein Ansehen haben wollen nach dem Fleisch, die zwingen euch zur Beschneidung, nur damit sie nicht um des Kreuzes Christi willen verfolgt werden."

Das Blut der Märtyrer ist der Same der Kirche

Es ist aus unzähligen Quellen zu lernen, dass Verfolgung der Kirche hilft, rein und heilig zu sein, keine billige Gnade zu predigen, sondern eine teure Gnade zu leben, den angemessenen Preis für das Evangelium zu bezahlen und sich nicht mit materiellem Luxus abzugeben. Das Blut der Märtyrer war – und ist noch immer! – der Same der Kirche. Aus dieser Grunderkenntnis können wir drei wichtige Einsichten für das Leben der Hauskirchen ableiten:

1. Verfolgung ist normal, Frieden ist die Ausnahme.

Wenn es stimmt, dass das Reich Gottes dem Reich dieser Welt im Kern widerspricht, dass die beiden Systeme nicht kompatibel sind, dann sind daraus entstehende Konflikte, Spannungen oder gar ein Kriegszustand zwischen den beiden Welten vorprogrammiert. In der gegenwärtigen Zeit sind das Reich Gottes und „die Welt unter der Herrschaft des Bösen" absolute Gegensätze; sie sind nicht miteinander mischbar, nicht miteinander versöhnbar, sie sind wie Schwarz und Weiß, Gut und Böse, Feuer und Wasser. Jesus kam, „um die Werke des Teufels zu zerstören". Das geschah nicht in diplomatischen Friedensgesprächen, sondern am Kreuz. Jesus war kein gutmütiger Weichling im weißen Nachthemd, sondern stellte durch sein Kommen auf revolutionäre Weise die gesamte herkömmliche Weltordnung in Frage. Die Kirche als der Leib Christi auf Erden wird deshalb geradezu unweigerlich in diesen Konflikt hineingezogen, er ist Teil ihrer schöpfungsgemäßen Bestimmung. Verfolgung ist deshalb Teil des üblichen Tagesgeschäfts der Kirchen; Friede und Harmonie können in dieser Ära nur die Ausnahmeregelung sein. Es entspricht nicht gesunder biblischer Offenbarung, die Regel generell zur Ausnahme und die Ausnahme zur Regel zu erklären.

2. Verfolgung reformiert die innere Qualität und damit die Strukturen des Christentums und stellt immer wieder apostolische und prophetische Grundmuster her.

Jesus sagte: „Liebt eure Feinde." Viele Pastoren wissen aus eigener Erfahrung, dass viele der Mitglieder ihrer Gemeinden es selbst nach zahlreichen motivierenden Predigten und Bibelstunden nicht fertig bringen, wirklich ihre (freundlichen!) Nachbarn zu lieben, ganz zu schweigen von den unfreundlichen Nachbarn. Satte christliche Bürgerlichkeit ist kein dauerhaftes Umfeld für gesunde Jüngerschaft. Verfolgung verändert einen solchen festgefahrenen Status Quo und macht aus niedergelassenen, bürgerlichen Christen wieder Pilger. Verfolgung reißt uns aus unserer netten Beschaulichkeit und macht uns zu Pionieren; sie befreit Christen aus ihrer Häuslebauer-Mentalität und formt sie zu einer revolutionären Bewegung. Jesus gab seinen Jüngern den Auftrag: „Ihr werdet meine Zeugen sein in Jerusalem, in ganz Judäa und Samaria, und bis an die Enden der Erde" (Apg. 1,8). Die Christen begannen diesen Auftrag aber erst dann auszuleben, als Gott eine Verfolgung erlaubt hat (Apg. 8,1-4). Dies brachte die Kirche wieder zurück auf dieselbe Erfahrungsebene mit ihrem verfolgten Gründer, Jesus Christus. Jesus sagte: „Gesegnet seid ihr, wenn ihr verfolgt werdet." Verfolgung bringt also Segen mit sich, eine biblische Qualität, die Gott nicht nur seinem Sohn, sondern auch seiner Kirche zumutet.

Verfolgung reißt uns aus unserer netten Beschaulichkeit und macht uns zu Pionieren; sie befreit Christen aus ihrer Häuslebauer-Mentalität und formt sie zu einer revolutionären Bewegung.

Das hat natürlich strukturelle Konsequenzen. Während Zeiten der Verfolgung lebt die Kirche wieder aus dem Koffer, braucht bewegliche Formen, muss bildhaft in einem Zelt leben und wachsen können, nicht in Immobilien und religiösen Monumenten, die fast für die Ewigkeit gebaut zu sein scheinen. Als Untergrundkirche braucht sie dynamische Formen und muss ständig bereit für Veränderungen sein. Dieses Anforderungsprofil passt kaum zu traditioneller Kirchlichkeit, aber sehr wohl zu Hauskirchen.

Manchmal mag eine Verfolgung Gottes letztes Wort an eine schläfrige Kirche sein, die sich nun lange genug den Luxus geleistet hat, apostolische und prophetische Weckrufe zu überhören. Verfolgung ist eine Alarmuhr, die nur wenige wirklich überhören können. Auf diesem Weg erneuert Gott in der Kirche eine Mentalität der Dringlichkeit und des Sendungsbewusstseins und führt sie wieder zu einem apostolischen Grundverständnis ihrer selbst zurück. Wenn Christen in alle Winde zerstreut werden, dann werden sie wahrscheinlich wieder „umhergehen und das Wort predigen" (Apg. 8,4), etwas, was sie eigentlich schon vor der Verfolgung hätten tun sollen.

3. *Verfolgung reinigt die Tagesordnung der Kirche.*

Eine innerlich und äußerlich niedergelassene, stromlinienförmig ihrer gesellschaftlichen Umwelt angepasste Kirche, die in ihrer Kultur aufgegangen ist, wird bald Werte und Prioritäten, Gewohnheiten und Traditionen entwickeln, die nicht zu dem Reich des Gottes passen, der diese Welt zur Umkehr ruft. Das Reich Gottes hat den gesellschaftlichen und sogar den religiösen Status Quo aller Zeiten zutiefst herausgefordert. Die frühe Christenheit redete auffällig wenig von den sozialen, politischen, ökologischen, evangelistischen oder holistischen Projekten, die heute in aller Munde sind, und wuchs dennoch – oder vielleicht gerade deswegen.

In Zeiten der Verfolgung schmilzt die aufgeblähte Prioritätenliste der Kirchen schnell auf das absolute Minimum zusammen, und es kann wieder nur um das Eine gehen: das Evangelium zu predigen, sich selbst auszubreiten wie ein Sauerteig, der den ganzen Teig durchsäuert und die Nationen dadurch zu Jüngern zu machen. In Verfolgungssituationen wird zudem der Machtmissbrauch und die Korruption in den Kirchen verhindert oder zumindest abgebaut, weil nur wenige der stolze Präsident, Bischof oder Direktor einer geheimen, halblegalen Organisation sein wollen, die sich in ziemlich unbeeindruckenden kleinen Gruppen trifft.

In guter Gesellschaft

Wir müssen eine gute Balance finden zwischen einer ungesunden Glorifizierung der Verfolgung wie beispielsweise beim frühen Kirchenvater Irenäus, den es zeitgenössischen Schriftstücken zufolge „nach den wilden Bestien in Rom gelüstete", und dem anderen Extrem: einer Klagemauermentalität, einer Wehleidigkeit, aufgrund der manche Christen sich beim geringsten Eingriff in ihre vermeintliche Privatsphäre sofort an die Menschenrechtskommission der Vereinten Nationen, an die Weltweite Evangelische Allianz oder die örtliche Zeitung wenden. Wir müssen lernen zu versuchen, Verfolgung und ihre Bedeutung aus den Augen Gottes zu sehen; seine Sicht der Dinge wird sich oft genug stark von unserer irdischen Perspektive, unseren Gefühlen und unserem Gerechtigkeitsempfinden unterscheiden.

In Verfolgungssituationen wird der Machtmissbrauch in den Kirchen abgebaut, weil nur wenige der stolze Präsident, Bischof oder Direktor einer geheimen, halblegalen Organisation sein wollen, die sich in ziemlich unbeeindruckenden kleinen Gruppen trifft.

Mit anderen Worten: Wir sollten wieder darauf vorbereitet sein, freudig als „Mittäter" in Gesellschaft mit dem Hauptangeklagten unserer Zeit zu stehen, Jesus Christus selbst. Wenn ein Mensch, der über ein gewisses Maß an religiöser, politischer oder wirtschaftlicher Macht verfügt, damit beginnt, die wirklichen Ansprüche von Jesus Christus auf sein Leben, seine Kirche, sein Land, seine Stadt oder seine Firma zu verstehen und sich aus welchen Gründen auch immer davor verschließt – dann wird es kein großer Schritt mehr für ihn sein, sich dem jahrtausendealten und vielgeübten Schrei anzuschließen: „Wir wollen nicht, dass dieser über uns herrsche, kreuzigt ihn!" (Lk. 9,14 und Lk. 23,21) – und mit ihm am besten alle, die den Namen des Christus tragen.

Die Botschaft der 40 Millionen Märtyrer

Zum Zeitpunkt der Steinigung des Stephanus (Apg. 7) starben nach zeitgenössischen Berichten weitere 2.000 Christen in Jerusalem den Märtyrertod, schreibt F. L. Plotter in seinem Buch „Martyrs in All Ages".

- *Philippus* wurde, nach dem Ausbrechen einer Erweckung in Phrygien, ins Gefängnis geworfen, gebunden und gehenkt.
- *Matthäus* starb Berichten zufolge in Äthiopien den Märtyrertod.
- *Jakobus,* der Bruder von Jesus, wurde noch als alter Mann mit 96 Jahren von der Zinne des Tempels gestoßen und gesteinigt, dann prügelte man ihm mit Knüppeln das Gehirn aus dem Schädel, berichtet der frühe Geschichtsschreiber Josephus.
- *Matthias* wurde gesteinigt, enthauptet und gekreuzigt.
- *Andreas* predigte in Asien und wurde schließlich auf Befehl des Algenas, dem Prokonsul Achaias, gekreuzigt.
- *Markus* gründete eine Gemeinde in Alexandria und wurde nach Berichten von Eusebius zu Tode geschleift.

- *Petrus* starb, so eine Erzähltradition, in Rom, man hatte ihn mit dem Kopf nach unten gekreuzigt.
- *Paulus* starb wahrscheinlich in Rom den Märtyrertod.
- *Judas* wurde, einigen frühen Schriften zufolge, in Jerusalem gekreuzigt.
- *Bartholomäus* wurde gegeißelt und gekreuzigt.
- *Thomas* starb wahrscheinlich als Märtyrer in Indien, durchbohrt von einem Speer.
- *Lukas* wurde wahrscheinlich an einem Olivenbaum in Griechenland erhängt.
- *Simon Zelotes* predigte in Afrika und wurde später in Britannien gekreuzigt.
- *Johannes* starb, als Ausnahme unter den ersten Aposteln, mit 98 Jahren in der Verbannung auf Patmos eines natürlichen Todes.
- *Timotheus,* der Gefährte von Paulus und späterer Bischof in Ephesus, starb den Märtyrertod.
- *Barnabas* wurde von Juden in Smyrna ermordet.

Von hier an folgt eine lange, nicht enden wollende Liste von Märtyrern wie Ignatius, Simeon, Clemens, Zenon, Faustius, Jobita, Justin der Märtyrer, Polycarp und viele andere, die sich wie ein roter Faden durch die Geschichte der Christenheit zieht.

David Barrett von der Bewegung „Global Evangelization Movement" hat versucht nachzuweisen, dass seit der Kreuzigung von Jesus etwa 40 Millionen Menschen den Märtyrertod gestorben sind; derzeit seien es immer noch etwa 160.000 Menschen pro Jahr, die wegen ihres christlichen Glaubens in den Tod gehen müssen, ganz abgesehen von denen, die wegen ihrer Bekehrung zu Christus soziale Nachteile erleiden müssen oder aus ihrem eigenen Haus, ihren Familien oder ihrem Stamm ausgestoßen und geächtet werden. Barrett schätzt, dass die Zahl der Märtyrer bis zum Jahr 2025 auf 300.000 pro Jahr ansteigen wird. Auch wenn ich persönlich diese Zahlen nicht für empirisch gesichert halte, zeigen sie doch einen Teil der globalen Dimension der Christenverfolgung auf.

Man kann die Kirche nicht verbrennen

Die wahre Kirche von Jesus Christus ist nicht brennbar. Sie ist weder aus Holz, Heu, Stroh oder Steinen gemacht, sondern besteht aus erlösten Menschen, dem Volk Gottes. Die am deutlichsten sichtbaren Monumente des traditionellen Christentums, etwa die Kirchenbauten, können angegriffen, niedergerissen oder verbrannt werden; dieses Schicksal werden die meisten Häuser, in denen Christen wohnen, aber kaum erleiden. Fast in jeder Kultur wird das Privathaus instinktiv geschützt. „Es zeugt einfach von schlechter Kinderstube, wenn jemand ein Privathaus angreift", sagt Met Castillo. Ich will damit nicht sagen, dass die Kirche in den Wohnhäusern vor Verfolgung sicher oder gar immun ist, sondern dass private Häuser nicht nur die natürlichste, sondern auch die bei weitem sicherste Heimat für die Kirche sind.

Flexible Struktur

In vielen Ländern waren Hauskirchen viele Jahre lang das geistliche Rückgrat der christlichen Bewegungen – und sind es zum Teil heute noch. Hauskirchen boten vielen Christen ein geistliches Zuhause, auch unter scharfer Verfolgung oder in einem Klima ständiger Überwachung, wie etwa in Russland, China oder dem Mittleren Osten. Da sich Hauskirchen fast unsichtbar in die Architektur einer Nation einfügen lassen, sind sie in der Lage, sich schnell auf neue Umstände einzustellen und flexibel zu reagieren. Da der Kerngedanke von Hauskirchen darin besteht, dass Christen miteinander ihr Leben teilen und nicht auffällige religiöse Veranstaltungen und dezibel-intensive Gottesdienste abhalten, können Hauskirchen ohne weiteres existieren, ohne in der gesamten Nachbarschaft oder bei der Geheimpolizei Aufsehen zu erregen. Ihre Zusammenkünfte sind nicht notwendigerweise verbunden mit lauter Musik, Händeklatschen, Tanzen, lauten Predigten und lauten Gebeten.

Da der Kerngedanke von Hauskirchen darin besteht, dass Christen miteinander ihr Leben teilen und nicht auffällige religiöse Veranstaltungen und dezibel-intensive Gottesdienste abhalten, können Hauskirchen existieren, ohne in der gesamten Nachbarschaft oder bei der Geheimpolizei Aufsehen zu erregen.

Manche Hauskirchen haben ein rotierendes System, d. h. man trifft sich nur selten am selben Ort, sondern in einer immer anderen Wohnung, einem Ort, der nur den Mitgliedern jeweils bekannt ist. Das kann auch mal ein Hotelzimmer oder ein gemieteter Bus für einen Ausflug sein, man kann sich unter einem Baum treffen oder einfach in den verschiedenen Häusern der Mitglieder. In manchen Ländern kommen die Menschen bereits früh am Morgen, immer nur allein oder zu zweit, um kein unnötiges Aufsehen zu erregen. Wenn dann doch einige Leute zu viele neugierige Fragen stellen, dann könnte es sich herausstellen, dass manche Menschen einfach unglaublich viele Bekannte haben und mit ihnen essen oder Geburtstage, Hochzeiten, Jubiläen und sonstige Familienzusammenkünfte feiern.

Selbstgemachte „Verfolgungen" vermeiden

In einer christlichen Gemeinde stand einmal ein junger Mann auf und erzählte, wie mutig er vor kurzem auf den Marktplatz eines nichtchristlichen Dorfes marschiert sei und dort laut angefangen habe zu predigen. „Ziemlich schnell wurde ich belästigt, dann geschlagen und schließlich haben sie mich aus dem Dorf gejagt. Aber ich bin stolz, dass ich für Jesus ein Zeugnis sein konnte!", meinte er. „Wer hat dir gesagt, dass du solchen Aufruhr stiften sollst?", fragte ich ihn. „Was hätte Jesus an deiner Stelle in diesem Dorf getan? Vielleicht hätte er nicht als erstes durch eine öffentliche Predigt ihre Gemüter erhitzt und ihre religiösen Traditionen frontal angegriffen. Er hätte vielleicht gar keine Bombe legen, sondern ihre Herzen gewinnen wollen. Vielleicht hätte Jesus einfach mit einem ‚Mann des Friedens' erst einmal zusammen zu Abend gegessen und man hätte ihn deswegen gar nicht aus dem Dorf jagen müssen."

In einer indischen Stadt rief eine evangelistische Großveranstaltung viele nichtchristliche Aktivisten auf den Plan. Einige Christen fühlten sich in ihrem Minderheitenstatus bedroht und ließen sich herausfordern, und einige ließen sich sogar auf Straßenschlachten mit der Polizei ein. Das Ergebnis war eine Fülle von Gerichtsverhandlungen, einige Christen wurden ins Gefängnis gesteckt, es gab Diskriminierungen und endlose Diskussionen. Das städtische Klima zum Thema Evangelium kühlte sich rapide ab. Ich sage damit nicht, dass alle evangelistischen Großveranstaltungen solche Auswirkungen haben müssen. Aber wir müssen eben weise sein und nicht blind Methoden kopieren und an immer neuen Orten das tun, was wir an anderen Orten auch getan haben, sondern uns in jedem einzelnen Fall von Gott und dem Rat der lokalen Christen leiten lassen.

Ich war einmal eingeladen, in einer kleinen christlichen Gemeinde im südindischen Bundesstaat Tamil Nadu zu predigen. Diese Gemeinde von etwa 35 Personen traf sich in einem gemieteten Saal an der Dorfstraße. Wenn mir eins aufgefallen ist an dieser Gemeinde, dann dies: Ihr Gottesdienst war unverhältnismäßig laut! Die Gemeinde hatte große Lautsprecher und eine Verstärkeranlage gemietet und die Gesänge der 35 Personen konnte man möglicherweise 500 Meter weit hören. Nur 50 Meter weiter fand eine politische Veranstaltung statt. Alle fünf Minuten kam jemand herüber und bat die Christen höflich, doch etwas leiser zu sein. Die Gemeindeleiter benutzten das jedesmal als Gelegenheit, mir zu verstehen zu geben, dass sie hier eben nicht ungestört Gottesdienst feiern konnten. „Wir brauchen die finanzielle Hilfe des Westens, um endlich unser eigenes Kirchengebäude zu haben!", schlossen sie ihre jeweiligen Erklärungen. „Es gibt vielleicht eine preisgünstigere Lösung für euer Problem", schlug ich vor. „Zieht den Stecker eurer riesigen Verstärkeranlage heraus. In einer so kleinen Gruppe ist es doch wie in einer großen Familie, wo man sich auch nicht per Lautsprecher anschreit. Und Gott ist ja auch nicht gerade schwerhörig."

Wir müssen uns nicht nur abwenden von falscher Wettbewerbsmentalität und religiösem Stolz, sondern vielleicht auch fragen, ob es in allen Fällen wirklich richtig ist, als Christen ohne nachzudenken ständig für einen vermeintlich unantastbaren christlichen Minoritätenstatus zu kämpfen. Es gibt in dieser Welt keine wirklich christlich-theokratische Nation oder politische Anlaufstelle, außer Gott selbst. Ob es daher in unseren Tagen wirklich noch sinnvoll ist, das Wort *crusade* (Kreuzzug) oder Feldzug für evangelistische Veranstaltungen zu wählen, mag jeder selbst entscheiden. Wenn es immer wieder zu Christenverfolgungen kommt, sollte das wegen des „Ärgernisses des Kreuzes" geschehen, nicht wegen unseres eigenen Mangels an Weisheit.

Stehen uns friedliche Zeiten bevor?

Jesus hat seinen Nachfolgern nie eine friedliche und harmonische Zukunft versprochen, mit einem romantischen Kirchlein im Grünen, hübschen Kapellen in einer Bilderbuchlandschaft oder eindrucksvollen Kathedralen, die das Stadtbild beherrschen. Ganz im Gegenteil! Er sagte ein Anwachsen der Spannungen voraus, Verfolgung und „Trübsal", also dramatische Unterdrückung. „Wenn sie euch in der einen Stadt verfolgen, flieht in eine andere", sagte er (Mt. 10,23). Und: „Ihr werdet überantwortet werden in Trübsal und getötet werden; ihr müsst gehasst werden um meines Namens willen von allen Völkern" (Mt. 24,9).

Das Zukunftsbild, das Jesus in Matthäus 24 und an anderen Stellen entwirft, ist keineswegs eine friedlich vereinte Welt, die harmonisch zusammenlebt und unschuldig Handel miteinander treibt, sondern ein durch schreckliche Kriege zerrissener Planet voller Bitterkeit, Verzweiflung und gottlosem politischen Wahnsinn, auf dem eine Nation sich gegen die andere stellt, eine Welt, die ständig von Erdbeben und Hungersnöten bedroht wird, und in der, vielleicht das Schlimmste von allem, immer mehr den Menschen die Fähigkeit abgeht zu lieben, um dafür umso mehr zu hassen.

Der Entwicklung voraus sein

Das politische, religiöse und selbst das wirtschaftliche Klima der Welt erhitzt sich ideologisch und geistlich immer weiter. Auch die globalen und nationalen Zusammenhänge werden von einer immer größeren Anzahl der Menschen spiritualisiert. Noah hat auch nicht erst damit begonnen seine Arche zu bauen, als es bereits in Strömen goss. Deshalb ist es ratsam, dass wir uns bereits heute auf das vorbereiten, was morgen kommen wird, und damit der Entwicklung prophetisch voraus sind:

1. Wir müssen dazu eine verfolgungssichere, innerlich unverwüstliche Mentalität entwickeln, die damit beginnt, dass unser Christentum im Hinblick auf die gelebte Qualität immer „verfolgungswürdiger" wird. Dort, wo wir uns immer mehr den Prinzipien des Reiches Gottes angleichen, für biblische und damit absolute Werte geradestehen und etwa Sünde beim Namen nennen, lassen die Spannungen mit dem System dieser Welt nicht lange auf sich warten. Wir müssen bereit werden, an einem bestimmten Punkt durchaus unser Gesicht und unseren seriösen Ruf in der respektablen Gesellschaft zu verlieren, so wie es Jesus erlebt hat. Wie können wir uns darauf vorbereiten? Indem wir Gott beispielsweise bitten, ein unauslöschliches Feuer in uns anzuzünden, in einer eschatologischen Nah-Erwartungshaltung zu leben und uns so konsequent wie vielleicht noch nie an neutestamentlichen Lebensprinzipien auszurichten.
2. Dieses Feuer braucht die richtigen Öfen, d. h. aus der inneren Qualität heraus kommt es zum strukturellen Wandel. Es wird strategisch unabdingbar sein, schon heute Strukturformen und Modelle von Hauskirchen und Hauskirchenbewegungen zu entwickeln und zu fördern, in denen nicht nur der geistliche Pulsschlag der Christen wegen der großen Flexibilität in Zeiten der Verfolgung oder Verleumdung starke Überlebenschancen hat, sondern die selbst unter starkem Druck wachsen und blühen können.

Jeder einzelne Christ, jede christliche Familie und jede Gemeinde oder christliche Organisation sollte schon jetzt die Gelegenheit ergreifen, zusammen mit anderen Christen zu beten, dass Gott hier richtungsweisende und kulturell stimmige Weichen stellt; unsere Aufgabe besteht dann darin, die jeweils erforderlichen Maßnahmen zu treffen – und zwar jetzt.

Die Mennoniten in Äthiopien

Vielen mag die Geschichte der Mennonite Church of America bekannt sein, die traditionelle Missionsarbeit in Äthiopien betrieb. Im Jahre 1982 hatte die „Meserete Kristos Church" etwa 5.000 Mitglieder. Doch dann übernahmen die Kommunisten die Regierung. Die neuen Machthaber konfiszierten alle Kirchengebäude und warfen die meisten Pastoren ins Gefängnis. Dadurch wurde die Mennonitenkirche eine „von Laien geleitete Hauskirchenbewegung" – und zwar nicht aus freien Stücken, sondern sozusagen von der Regierung verordnet. Aber anstatt das Wachstum der Christen zu stoppen, bewirkte diese Maßnahme das genaue Gegenteil. Nach nur zehn Jahren war die mennonitische Bewegung auf 50.000 Menschen angewachsen. Die explosivste Wachstumsphase begann kurioserweise genau in dem Moment, als die zwei vermeintlich unverzichtbarsten Elemente der Kirche plötzlich wegfielen, ihre Kirchengebäude und ihre Pastoren! „Jetzt haben wir eine gute Zwei-Stufen-Gemeindewachstumsstrategie für unser Land", rief ein Pastor humorvoll am Ende eines Seminar über Gemeindegründung. „Wir schließen alle kirchlichen Gebäude und bitte alle Pastoren ganz freundlich, einen sehr langen Urlaub zu nehmen!"

Die explosivste Wachstumsphase in Äthiopien begann kurioserweise genau in dem Moment, als die zwei vermeintlich unverzichtbarsten Elemente der Kirche plötzlich wegfielen, ihre Kirchengebäude und ihre Pastoren.

Wann begann Verfolgung?

Obwohl die Auserwählten Gottes, sein Volk, seine Propheten und die frommen Könige Israels fast immer bedroht und verfolgt worden sind, begannen die Tage der Verfolgung der neutestamentlichen Gemeinde nicht per Zufall. „Und Saul hatte Wohlgefallen am Tode von Stephanus. Es erhob sich jedoch *an jenem Tag* eine große Verfolgung über die Gemeinde zu Jerusalem; und sie zerstreuten sich alle in die Länder Judäa und Samarien, außer den Aposteln" (Apg. 8,1).

Wie wir in Apostelgeschichte 7 lesen können, hatte Stephanus seine Predigt vor den religiösen Autoritäten seiner Zeit gehalten. Fast alles, was er sagte, war für sie durchaus akzeptabel, bis er zu einem ganz bestimmten Thema kam. Damit fasste er in eine offene Wunde und brach wohl ein Tabu, denn es heißt: „Als sie *das* hörten, ging es ihnen durchs Herz und sie knirschten mit den Zähnen; sie schrieen laut und hielten sich die Ohren zu und stürmten einmütig auf ihn ein, stießen ihn zur Stadt hinaus und steinigten ihn."

Was genau hatten sie gehört, was sie fast um ihren Verstand brachte? Welches schreckliche und explosive Thema hatte Stephanus berührt? Er hatte gesagt: „Der Allerhöchste wohnt nicht in Tempeln, die mit Händen gemacht sind" (Apg. 7,48). Stephanus hatte die Kernsubstanz ihres Glaubenssystems in Frage gestellt: den Tempel, das „heilige Gebäude".

Im Alten Testament steht zunächst die Stiftshütte und später der Tempel im Zentrum des religiösen Geschehens. Das Neue Testament führt jedoch eine völlig neue Dimension des Gottesdienstes ein, bei der sich der Heilige Geist deutlich von den Ziegelsteinen verabschiedet. Von nun an sind die Menschen selbst der Tempel Gottes (1. Kor. 3,16; 6,19). Was bedeutet das für den alten Tempel? Etwas „Größeres als der Tempel ist gekommen" (Mt. 12,6). Der Backsteintempel wird durch den Tempel des Leibes ersetzt (Joh. 2,19-21). Das Kapitel voller Steintempel, Steinaltäre und tempelzentrierter Gottesdienste wird geschlossen, und ein neues Kapitel beginnt. Anbetung geschieht nicht länger in Jerusalem oder Samaria, in einem besonderen „Haus des Herrn", einem „Tabernakel", in sakralen Gebäuden oder um heilige Symbole oder Altäre herum, sondern „im Geist und in der Wahrheit" (Joh. 4,23-24), weil Gott Geist und Wahrheit ist. Die Zeit des Tempels in seiner Bedeutung für das Volk Gottes ist vorbei, und zwar für immer. Selbst im Himmel wird es keinen Tempel mehr geben: „Und ich sah keinen Tempel in der Stadt, denn der Herr, der allmächtige Gott, ist ihr Tempel, und das Lamm" (Offb. 21,22).

Das Neue Testament führt jedoch eine völlig neue Dimension des Gottesdienstes ein, bei der sich der Heilige Geist deutlich von den Ziegelsteinen verabschiedet. Von nun an sind die Menschen selbst der Tempel Gottes.

Als Jesus mit der samaritischen Frau am Jakobsbrunnen sprach, brachte sie das Gespräch sofort auf die richtige Anbetung, offenbar ein zentrales religiöses Thema für sie. „Unsere Väter haben auf diesem Berg angebetet, und ihr Juden sagt, man sollte in Jerusalem anbeten. Wer hat Recht?" „Niemand", antwortet Jesus. „Die Zeit kommt und ist schon jetzt gekommen, dass die wahren Anbeter Gottes ihn im Geist und in der Wahrheit anbeten werden", nicht an einem Ort, der heiliger ist als andere Orte. Das gesamte Konzept eines „heiligen Hauses", eines „Gotteshauses", eines Tempels als ein irgendwie religiöser oder gar heiliger Platz, eine Wohnstätte Gottes bei den Menschen, ist komplett aus dem Neuen Testament verschwunden.

Im Neuen Testament hat Gott niemals einen Menschen gebeten, ein Gebäude für religiöse Zwecke zu bauen. „Der Himmel ist mein Thron, und die Erde ist mein Fußschemel. Was für ein Haus wollt ihr mir denn bauen? Wo ist meine Ruhestätte?", fragt Gott (Apg. 7,49) und man spürt, dass er fast lächeln muss bei dem absurden Gedanken, dass der Schöpfer von Himmel und Erde in ein Gebäude mit 10 mal 30 Meter Grundfläche passen könnte. Stattdessen baut uns Jesus zu einem „geistlichen Haus", der Gemeinde, und macht uns zu einem Teil seines Haushalts. Nicht wir bauen ein Haus für ihn, sondern er baut ein Haus für uns, im himmlischen Jerusalem. Wie kommt es, dass ganze Generationen von Menschen dies bis heute ständig verwechseln?

Religion – der Kern des Problems

„Religion ist für Ungläubige – die Angelegenheit des gottlosen Menschen", sagte der Schweizer Theologe Karl Barth. Religion ist, was der Mensch aus Gott macht; Christentum ist, was Gott aus den Menschen macht. Christentum ist deshalb im strengen Sinne keine Religion, sondern eine lebendige Beziehung zu einem lebendigen Gott. Dort, wo Christentum zur Religion wird, beginnt es zu sterben. Religion kommt von *religare,* einem lateinischen Wort, das bedeutet sich „zurückzubinden", seinen Anker an sicherer Stelle zu setzen, so dass wir nicht durch das Leben an unbekannte und unsichere Gestade weggerissen werden. Religion versucht, den eigenen Lebensanker im Jenseits festzumachen, jenseits der Grenze der Transzendenz, auf heiligem Land, so dicht bei Gott wie möglich. Dann wird dieses menschliche Verankerungssystem peinlich genau bewacht und wird bald, umrankt mit Geschichten und Traditionen liebenswerter Menschen, wichtiger als Gott selbst. Religion sieht nicht, dass Christus für uns diese Verankerung bei Gott vorgenommen und den Weg zu Gott gebahnt hat; es ist zu billig, zu simpel, erfordert zu wenig religiöse Werke. Religion will wirklich nicht sehen, was Gott für uns getan hat, sondern will sehen, was der fromme Mensch zu tun hat.

Der religiöse Mensch fällt einen Baum im Wald, schnitzt sich daraus ein Götzenbild, stellt es vor sich auf, fällt davor nieder und ruft: „Rette mich!" (Jer. 10). Er trifft sein eigenes Arrangement mit der geistlichen Welt, und wenn er erfinderisch und charismatisch genug ist, kreiert er sogar ab und zu neue Spielarten von Religion. Religion will in geistlichen Dingen ganz auf Nummer Sicher gehen und verkrampft deshalb lieber die Hand um den Spatz, statt nach der Taube auf dem Dach Ausschau zu halten. Je mehr ein Mensch tief innen verunsichert ist über die wahre Natur Gottes und über das Leben nach dem Tod, desto fantastischer ist oft der Aufwand, den er betreibt, um seine religiösen Überzeugungen auszuleben und seine heiligen Kühe zu streicheln. Er ist überaktiv fromm und religiös, um nicht zu zeigen, wie tief verunsichert er im Grund seines Herzens ist. Statt Gottesfurcht treibt ihn Menschenfurcht – und das bedeutet auch, dass er peinlich genau darauf achtet, in der Gesellschaft nicht sein Gesicht zu verlieren.

Der religiöse Mensch muss sich täglich neu versichern und bestätigen, worüber er eigentlich tief verunsichert ist. Er möchte das Unberührbare berühren, das Unsichtbare sehen, riechen, fassen. Er möchte Gott spüren, essen, trinken, verinnerlichen, und wenn er könnte, würde er Gott gerne besitzen und ihn, oder wenigstens ein Bild von ihm, ein Taschentuch oder sonstiges vermeintlich heiliges Utensil, auf einen Thron setzen oder besser in einen Safe packen, dann dessen schwere Metalltür zuschlagen und den Schlüssel unter seiner Matratze verstecken. Dann wird der religiöse Mensch um den Safe herum einen Schrein bauen, ein kleines Altärchen, das mit den Jahren immer größer und eindrucksvoller wird. Bald stellt er einen heiligen Mann oder Priester an, der angetan mit heiligen Gewändern in regelmäßigen Abständen um den Altar schreitet und Kerzen anzündet und auch sonst das Nötige tut, um das Relikt oder die Ikone bei Laune zu halten. Bald entsteht um einen solchen selbstgemachten Götzen ein heiliges Haus, ein Tempel, den der religiöse Mensch zu bestimmten vermeintlich heiligen Stunden aufsucht, Gaben abliefert und seinen selbstgemachten Götzen um Segen für sein gottloses Leben bittet. Und so hat der religiöse Mensch sich seinen eigenen Gott und seinen eigenen Tempel geschaffen.

Tief innen weiß er, dass er dies alles selbst veranstaltet hat und dass Gott möglicherweise ganz anders und ganz woanders ist. Dieser Gedanke treibt ihn zur Verzweiflung und zur fanatischen Bigotterie. Dass er in dem allen vom Teufel verführt worden ist, der nichts anderes will als menschliche Anbetung vom wahren Gott abzulenken, kommt ihm in seinen kühnsten Träumen nicht in den Sinn. Er ist weiter fasziniert, nimmt mit vor Ehrfurcht gesträubter Gänsehaut und glänzenden Augen an religiösen Zeremonien teil, mit möglichst viel Kerzen, sakraler Musik, Glockengeläute, Weihrauchduft und ehrfurchtsgebietenden Ritualen. Er würde seine religiösen Traditionen und Praktiken bis zum letzten Blutstropfen verteidigen, wenn jemand auf die aberwitzige Idee kommen würde, diese anzuzweifeln.

Das Kernproblem besteht darin, dass der religiöse Mensch tief innen eigentlich spürt, dass er ohne Gott verloren ist; er ist nur zu stolz, das zuzugeben. Er ist durch die soziale Kontrolle durch Freunde, Familie und Gesellschaft eingeengt. Keiner hat ihm bis jetzt erklärt, dass es einen Weg gibt, mit diesen Zwängen, mit Stolz und Sünde umzugehen, nämlich im Glauben das anzunehmen, was Jesus Christus am Kreuz für uns alle getan hat.

Im Islam gibt es beispielsweise keinerlei Konzept der Heilsgewissheit; einige lehren, dass diejenigen, die in einem Heiligen Krieg im Kampf für die Sache Allahs sterben, die besten Aussichten haben, in den Himmel zu kommen. Selbst wenn also ein Moslem alle religiösen Gesetze seiner Religion peinlich genau befolgt, gibt es keinesfalls eine Garantie dafür, dass Allah ihn in das Paradies lassen wird; es kann sein, dass Allah an dem entsprechenden Tag einfach eine andere Laune hat und nein sagt. Das macht die Menschen unsicher. Und unsichere Menschen sind ein idealer Markt für Versicherungen. Ein tief verunsicherter religiöser Mensch wird dem Verkäufer eines religiösen Produktes oder einer religiösen Versicherungspolice fast alles abnehmen, um sich wenigstens etwas sicherer zu fühlen, und bildet wegen der tiefen bleibenden Unsicherheit schnell eine Interessengruppe zusammen mit anderen Abnehmern religiöser Versicherungsscheine, denn gemeinsam lässt sich das Gefühl der nagenden Leere einfach besser ertragen. Doch selbst dies kann bei vielen die Fried- und Ruhelosigkeit nur übertünchen; die innere Suche geht weiter, bis endlich das Jesus-förmige Vakuum im Menschen ausgefüllt wird.

Unsichere Menschen sind ein idealer Markt für Versicherungen. Ein tief verunsicherter religiöser Mensch wird dem Verkäufer einer religiösen Versicherungspolice fast alles abnehmen, um sich wenigstens etwas sicherer zu fühlen.

Religion ist letztlich Anbetung in die falsche Richtung, pseudoheilige Glaubensüberzeugungen und nutzlose Praktiken, die von dem „Geist dieser Welt" inspiriert und verteidigt werden. Viele Bibellehrer haben im Zusammenhang mit Religion auf die „Hure Babylon" verwiesen, die „betrunken ist von dem Blut der Heiligen und von dem Blut der Zeugen Jesu Christi. Denn von dem Wein ihrer Hurerei haben alle Völker getrunken, und die Könige auf Erden haben mit ihr Unzucht getrieben, und die Kaufleute auf Erden sind reich geworden von ihrer großen Üppigkeit" (Offb. 17,6; 18,3).

Jeder Mensch wird, so sagt es die Bibel in Psalm 51 oder Römer 3,23, als Sünder geboren und trägt ein verwundetes Gewissen in sich; er weiß instinktiv, dass er vor Gott schuldig ist, auch wenn dieses innere Wissen oft zugekleistert ist von Tausenden von selbstgerechten Ausreden oder durch das ständiges Bombardement der Sinne oft gar nicht zu Wort kommt. Der scheinbar beste und einfachste Weg, mit diesem inneren Schuldbewusstsein umzugehen, wann immer „das Gewissen schlägt", ist Religion, ein gewissermaßen serienmäßig eingebauter und vom Teufel unterstützter Selbstschutz-Mechanismus.

Die heutige Welt dampft regelrecht vor Religion, selbst wenn sie in der Form von fast religiösem Agnostizismus oder Liberalismus daherkommt und Lehren verbreitet, denen ihre Opfer mit fast fundamentalistischem Eifer anhängen. Wir müssen eigentlich gar nichts tun, um religiös zu werden; Religion ist dem gefallenen sündhaften Geschöpf wie einprogrammiert, sie schleicht sich unbewusst in unser Leben ein wie ein hässlicher Dämon, der sein Haupt triumphierend erhebt, während alles schläft. Religion baut sich auf wie statische Energie beim Laufen mit Plastikschuhen auf einem Teppich. Auch dazu ist die Kraft des Heiligen Geistes nötig, beständiger prophetischer und apostolischer Dienst und das permanente Ausrüsten der Heiligen, um diese religiöse „statische Energie" zu erden und sich einen unreligiösen und nüchternen, wachen Geist zu behalten.

Wir müssen eigentlich gar nichts tun, um religiös zu werden; Religion ist dem gefallenen sündhaften Geschöpf wie einprogrammiert.

Wenn ich mich für einen schrecklichen Moment in die Lage des Widersachers Gottes versetzte und Christen davon abhalten wollte, effektive Zeugen für Jesus Christus zu sein, würde ich mit Sicherheit die tödlichste Plage des Planeten auf die Nachfolger von Christus loslassen: Religion. Ich würde dauernd nach den schwächsten Mitgliedern der Gemeinden Ausschau halten – die manchmal übrigens aussehen, als wären sie die stärksten! – und ihnen ins Ohr flüstern: „Sollte Gott wirklich gesagt haben?" (1. Mose 3,1). Ich würde ihren Glauben an Gottes Wort und an Gott selbst untergraben und ihnen Hunger nach mehr Sicherheit, Wissen, Macht, Berühmtheit und Geld einpflanzen. Was für ein Triumph für den Teufel, wenn er den ultimativen dämonischen Schachzug fertig bringt – wie in den letzten 19 Jahrhunderten oft genug geschehen – und es schafft, den Leib Christi im Namen der organisierten Religion zu verfolgen, die Gemeinde im Namen der Kirche zu verbieten und den Kopf des Leibes Christi auf Erden buchstäblich unter Wasser zu drücken durch die Funktionäre institutionalisierter christlicher Religion.

> *Wenn ich mich für einen schrecklichen Moment in die Lage des Widersachers Gottes versetzte würde ich mit Sicherheit die tödlichste Plage des Planeten auf die Nachfolger von Christus loslassen: Religion.*

Bei der Gründung von Hauskirchen müssen wir nüchtern darauf achten, dass sich nicht religiöse Elemente durch die Hintertür einschleichen: neue heilige Kasten, eine geistliche unnahbare Elite, vermeintlich in sich selbst wirkungsvolle Rituale, pseudoheilige Anbetungsformen oder bestimmte zur neuen Norm gemachte religiöse Erfahrungen. Wir müssen lernen, die sich fast automatisch aufbauende religiös-statische Energie in allen christlichen Kreisen immer wieder ganz entschieden am Kreuz von Jesus Christus zu erden. Nur er kann uns frei machen von einer schwärmerischen religiösen Gesinnung oder einem pseudoheiligen religiösen Geist und uns immer wieder neu mit seinem Heiligen Geist füllen, bis die Erde dann eines Tages wirklich erfüllt ist mit dem Wohlgeruch Gottes, wenn „die Gläubigen Briefe sind, gelesen von allen Menschen", und „die vielfältige Weisheit Gottes durch die Gemeinde bekannt gemacht wurde" (Eph. 3,10), und zwar durch schlichte und übernatürlich natürliche Hauskirchen, in denen die Menschen ihr Leben mit Gott und miteinander teilen. Solche Häuser werden die Welt verändern.

Der religiöse Mensch wird schnell wahnsinnig, wenn man ihm seinen Tempel und seinen Kult wegnehmen will. Wir müssen uns vor Augen halten, dass in den Tagen, als Stephanus klare Worte gegen den Tempelkult sprach, nicht nur Saulus und seine Leute zu blutrünstigen Fanatikern wurden, sondern buchstäblich die Hölle los war, weil das Herzstück eines dämonisch inspirierten religiösen Selbsterlösungs-Systems direkt herausgefordert worden war und damit die Gefahr bestand, dass der Teufel und seine Dämonen ihre Gewalt über einen riesigen Prozentsatz der Menschen zu verlieren drohten, lag es doch im direkten satanischen Interesse, dass diese Menschen weiterhin, mit Blindheit und Ignoranz geschlagen, auf eine ewige Hölle zuschwammen.

Unvorhergesehenes Wachstum – unvorhergesehene Verfolgung

Wenn es stimmt, dass Gott den Leib Christi in seiner ursprünglichen organischen Form Fleisch werden lässt und Jesus, das Haupt der Gemeinde, apostolische und prophetische Grundmuster der Christenheit wiederherstellt, dann wird es in naher Zukunft zu einem noch kaum dagewesenen Wachstum von Hauskirchen in vielen Nationen kommen. Unzählbar viele Menschen werden sich entschließen, die Erlösung von Christus anzunehmen und sich in lebendige Gemeinden integrieren, Arme und Reiche, die Dorfbewohner und die Städter. Aber mitten in dieser letzten Ernteperiode sollten wir keine Sekunde lang vergessen, dass das, was Jesus vorhergesagt hat, ebenfalls wahr werden wird: Die Verfolgung der Christen wird allgemein zunehmen. Einer der Gründe dafür wird sein, dass der Teufel erkennt, dass die Christenheit jetzt ganze Sache macht und nun ausgerechnet die leicht multiplizierbare Strukturform annimmt, die er seit fast 2.000 Jahren bis aufs Blut bekämpft hat: die ganz schlichten unreligiösen Hauskirchen.

Diese globale Bewegung tritt nun aus dem Schlagschatten der organisierten Religion und ist dazu ermächtigt und in der Lage, tatsächlich die „Pforten der Hölle" zu stürmen, die ihr, so Matthäus 16,18, nicht widerstehen können. Da ich später (Seiten 284-285) noch näher darauf zu sprechen kommen werde, will ich mich hier bei der Interpretation dieser Schriftstelle nicht allzu weit vorwagen. Es scheint mir, dass es sich bei den „Pforten der Hölle" um dämonische Schutzmechanismen, geistliche Straßensperren und religiöse Denkmuster handelt, möglicherweise sogar Dämonen, cherub-artig wie diejenigen, die Gott selbst damals vor dem Tor des Garten Edens zurückgelassen hat, um Adam und Eva daran zu hindern, wieder in das Paradies zurückzukehren. Vielleicht handelt es sich um teuflische Kopien der „Schönen Pforte", an der der lahme Mann saß, der durch das Gebet von Johannes und Petrus geheilt worden war (Apg. 3). Der äußere Tempelbezirk war noch nicht das innere Heiligtum, es war einfach der erste Bereich des Tempelkomplexes.

Kann es sein, dass die „Pforten der Hölle" etwas Vergleichbares sind, geistliche Portale und dämonisch schwerstbewachte Tore zu einer Art gigantischem Wartesaal – nein, kein Fegefeuer! – auf die wirkliche Hölle, eine Phase, von der Milliarden Menschen bei ihrem physischen Tod einfach eine Stufe weitergleiten und in die ewige und unumkehrbare Verdammnis gleiten? Die amerikanische Fürbitterin

Cindy Jacobs ruft die Gemeinden dazu auf, „die Tore des Feindes in Besitz zu nehmen". Jesus hat deutlich genug gemacht, dass diese „Pforten" nicht von Dauer sind und ihre Gefangenen nicht ewig halten können.

Wir müssen vorbereitet sein auf den Moment, wenn genau das geschieht und es zu einem solchen geistlichen Dammbruch kommt, weil die defensiven „Pforten der Hölle" dem aggressiven Ansturm der Gemeinden nicht mehr standhalten können. Es ist geradezu klassisch für die verdreherischen Fähigkeiten des Diabolos, dass viele Christen lange meinten, es sei doch gerade andersherum, die Teufel würden aggressiv stürmen und die Gemeinden müssten defensiv „die Stellung halten". Genau wie zu den Zeiten Elisas (2. Könige 3-4) könnten wir bereits jetzt anfangen, „Gräben zu machen" oder „alle unsere Nachbarn um leere Gefäße bitten", wie es die Witwe aufgrund der Prophezeiung von Elisa tat. Kann es sein, dass Gott nur darauf wartet, unseren handfesten Glauben zu sehen, und dann seinen Segen wie Regen auf das Land gießen und mit seinem Öl alle ihm zur Verfügung gestellten Gefäße füllen wird?

Kapitel 7

Kein Fortschritt ohne Wandel

Die Kunst des fliegenden Wechsels oder:
Wie wir vermeiden das Neue in der Kraft des Alten zu tun

Eine Kamelkarawane trottete durch die Wüste. Plötzlich bemerkte man, dass jemand fehlte. Man fand den Mann unter einem Baum sitzend, in der letzten Oase, die die Karawane passiert hatte. Als sie fragten, warum er zurückgeblieben sei, antwortete er: „Mein Körper ist so schnell gereist, ich musste warten, bis mein Geist wieder aufholt."

Viele Christen erleben etwas Ähnliches; bei ihnen ist es allerdings der Geist, der weit den gegenwärtigen Realitäten vorausgeeilt ist. Wie in einem Traum oder einer Vision erheben sie sich plötzlich aus dem allzu altbekannten Leben und schweben hoch über den Wüsten und Ebenen des Alltags, werden vom Wind des Geistes zu unbekannten Gefilden getrieben. Wenn sie dann aufwachen, wollen sie plötzlich Pfade betreten, die vor ihnen noch niemand betreten hat, wollen unbekannte Orte aufsuchen, die noch keiner kennt, wollen Dinge tun, von denen sie zuvor noch nicht einmal geträumt hatten. Sie erleben, auf welche Weise auch immer, die klassische Spannung zwischen einer Vision der Zukunft und der ernüchternden Realität der Gegenwart.

Das scheint derzeit bei besonders vielen Christen auch im Hinblick auf das Wesen der christlichen Gemeinde zu geschehen. Um noch einmal in leichter Abwandlung das Bild unseres zurückgebliebenen Karawanenreisenden zu benutzen: Ihr Geist ist weit in die Zukunft gereist und ruht nun unter einem Baum in einer Oase, während ihr Körper sich noch im Schweiß der Sonne abmüht und aufholen will. Viele spüren die Notwendigkeit, dass ihr Körper ihren vorausgeeilten Geist einholen sollte und die gegenwärtigen Strukturen sich der neuen Qualität von Gemeinde anpassen, die sie auf ganz unterschiedliche Art entdecken.

Der Leiter einer Denomination sagte einmal nach einem Seminar über Hauskirchen: „Ich bin 100-prozentig überzeugt vom Modell der

Hauskirchen. Aber die Denomination, die ich leite, ist auf dem Modell der traditionellen Gemeinde aufgebaut. Was tue ich jetzt nur?" Er hatte die Vision einer neuen Form von Gemeinde gesehen, aber erkannte auch die gegenwärtigen Realitäten und spürte, dass nun einige durchgreifende Veränderungen anstehen würden.

In fast jedem Seminar zum Thema einer organischen Hauskirchenbewegung wird mir unvermeidbar dieselbe Frage gestellt. Es geht etwa nach dem folgenden Schema: „Ich habe verstanden, was Sie sagen, und ich stimme völlig mit Ihnen überein. Aber ich habe da zu Hause diese Gemeinde. Sie läuft völlig nach dem traditionellen Muster ab. Wie verändere ich das System, ohne dass die Gemeinde dabei zerbricht?!" Ich nenne das die „Wie-überquere-ich-einen-Fluss-ohne-nass-zu-werden-Frage". Wir alle wissen instinktiv, dass es keinen wirklichen Fortschritt geben kann ohne echte Veränderung. Das Problem ist, dass sich nicht nur die anderen ändern müssen, sondern auch wir selbst. Und das tut weh. Fast jede Veränderung ist unbequem. Neues stellt Altgewohntes in Frage, löst Unruhe aus, bricht aus eingefahrenen Gleisen und Traditionen aus. Aber wenn wir Neues erleben wollen, müssen wir bereit sein auch Neues zu tun – und Altes zu lassen. Veränderungen fangen fast immer bei uns selbst an, dann betreffen sie unsere Familie, und dann unseren Dienst.

Fast jede Veränderung ist unbequem. Aber wenn wir Neues erleben wollen, müssen wir bereit sein auch Neues zu tun – und Altes zu lassen.

Nach einem Seminar in einem asiatischen Land kam der Leiter einer Denomination auf mich zu und sagte: „Ich bin selbst als Pastor in einer traditionellen Gemeinde tätig. Was, meinst du, soll ich jetzt tun?" Es war bereits 10 Uhr abends und wir gingen zusammen über das grüne Gras einer Konferenzanlage zu unserem Schlafquartier. Ich hatte den ganzen Tag mit den dortigen Pastoren gesprochen und sagte deshalb etwas beiläufig und humorvoll: „Weißt du was? Ich würde aufhören ein traditioneller Pastor zu sein und würde, in deinem Fall, anfangen eine etwas apostolischere Aufgabe anzupacken. Dazu würde ich kündigen, damit ich die Hände für die neue Aufgabe frei habe, und dann damit beginnen, ein geistlicher Vater für eine neue Generation von Hauskirchengründern zu werden." „Das ist die Antwort, nach der ich die letzten sieben Jahre gesucht habe!", rief er aus.

Nicht alles, was neu ist, ist auch gut. Und nicht jeder Wandel ist wirklich hilfreich. Obwohl der folgende Brief manchem nicht ganz unbekannt sein wird, gefällt er mir dennoch so gut, dass ich ihn zitieren möchte. Er beschreibt nicht eine theologische Einstellung, sondern eine persönliche Grundhaltung, die um jeden Preis den Status Quo verteidigen will:

31. Januar 1829

An Präsident Jackson

Das Kanalsystem dieses Landes wird gegenwärtig bedroht durch eine neue Form der Fortbewegung, die als „Eisenbahn" bezeichnet wird. Die Regierung muss die Kanalschiffahrt aus folgenden Gründen bewahren:

1. Wenn Kanalschiffe durch die Eisenbahn ersetzt werden, wird es zu ernster Arbeitslosigkeit kommen. Kapitäne, Schiffsköche, Fahrer, Lade- und Wartungsarbeiter und die Heizer werden ohne ein Einkommen dastehen, ganz abgesehen von den vielen Bauern, die ihr täglich Brot damit verdienen, Heu für die Zugpferde der Flussschiffe bereitzustellen.

2. Die Bootsbauer würden darunter zu leiden haben und Zugseilmacher, Peitschen- und Zaumhersteller würden mittellos dastehen.

3. Kanalschiffe sind absolut unverzichtbar, um die Vereinigten Staaten zu verteidigen. Wenn es zu dem befürchteten Krieg mit England kommen sollte, wäre der Erie-Kanal der einzige Weg, wie wir unsere Truppen mit Nachschub versorgen könnten, was in der modernen Kriegführung unabdingbar ist.

Wie Sie wahrscheinlich wissen, Mr. Präsident, werden diese „Eisenbahn"-Waggons von sogenannten „Maschinen" mit der enormen Geschwindigkeit von 15 Meilen pro Stunde gezogen. Diese „Lokomotiven", die Leib und Leben der Passagiere gefährden, röhren und schnauben durch die Landschaft, setzten die Ernte in Brand, machen das Vieh kopfscheu und ängstigen Frauen und Kinder. Der Allmächtige hat sicher nie beabsichtigt, dass sich Menschen mit derart halsbrecherischer Geschwindigkeit fortbewegen.

Martin van Buren,

Gouverneur von New York

Vier Phasen eines Paradigmenwechsels

Wenn wir praktische Veränderungen erleben wollen, muss sich zunächst unser Paradigma ändern. Ein Paradigma ist die Art und Weise, wie wir die Welt sehen und sie nach eingeübten Interpretationsmustern erklären. Eine Paradigma ist buchstäblich eine Weltanschauung. Ein Paradigmenwechsel hat typischerweise vier Phasen:

❶ *„Suchen!"* Ein Paradigmenwechsel beginnt oft mit einer Krise, einem tiefen Infragestellen unserer bisherigen Ansichten und Überzeugungen. Diese Krise kann uns sehr persönlich – und nicht nur theoretisch – betreffen. Krisen sind oft sehr kreative Phasen. Ohne dass jemand gezielte und nachdrückliche Fragen stellt, ohne persönliche Suche, den brennenden Wunsch nach neuen Antworten, besteht kaum Aussicht, dass ein Mensch oder eine Gruppe neue Einsichten oder gar ein neues Paradigma aufnimmt. Falsche Zufriedenheit ist dabei der größte Feind der Veränderung. Deshalb beginnt ein Paradigmenwechsel oft damit, dass unser vermeintlich unerschütterliches Weltbild plötzlich durch eine überraschende Krise oder einen unerklärlichen Vorfall ins Wanken gerät und unser Kartenhaus von traditionellen Erklärungsmustern einfach in sich zusammenfällt. Die Krise kann durch einen Unfall oder eine Offenbarung ausgelöst werden, einer negativen oder einer positiven Erfahrung, die einfach nicht in unsere Welt zu passen scheint – und wir beginnen nach etwas Neuem zu suchen, das die Welt besser erklärt als das traditionelle Denkmuster.

❷ *„Predigen"*. In der zweiten Phase finden wir das, wonach wir gesucht haben. Ich nenne es die „Heureka-Phase", weil wir in diesem Stadium des Paradigmenwechsels gewöhnlich das aufregende und prickelnde Gefühl eines Menschen erleben, der endlich das gefunden hat, wonach er schon so lange gesucht hatte. Bildhaft gesprochen sind wir von unserem beschaulichen Platz aufgesprungen, stehen mit erhobenen Armen und verklärten Blick da, haben den Schaum der Begeisterung vor dem Mund und möchten am liebsten der ganzen Welt sofort von unserer neuen Entdeckung erzählen, mit jedem darüber streiten oder einfach nur alle so schnell wie möglich mit unserer neuen Erkenntnis evangelisieren. In Wahrheit haben wir wahrscheinlich nur ein kleines Fragment einer Antwort gefunden, ein Stückchen vom Ganzen, aber unsere verzweifelte Suche hat uns zeitweise blind für die größeren Zusammenhänge gemacht. Wir sind solange durstig gewesen, dass wir jetzt, wo wir endlich einen Brunnen mit Wasser gefunden haben, nur noch eines wollen: trinken, trinken, trinken. Dies ist die gefährlichste Phase eines Paradigmenwechsels, weil wir uns in unserer Aufregung zu unreifen und naiven Erklärungen oder Aktionen hinreißen lassen, die dann später nur schwer ungeschehen gemacht werden können.

3. *„Leben“*. In dieser dritten Phase setzen wir uns bildhaft gesprochen wieder hin, wischen uns den emotionalen Schaum vom Mund und beginnen, ein integraler Bestandteil unseres neugefundenen Paradigmas zu werden. Wir hören auf, das Neue nur zu predigen, und fangen an, es zu leben.

4. *„Lehren“*. In dieser letzten Phase werden wir selbst zum Agenten des Wandels und beginnen, anderen dabei zu helfen, das neue Paradigma ebenfalls zu entdecken und den nötigen Veränderungsprozess zu durchlaufen.

Drei mögliche Optionen

Eine neue Sicht der Dinge bewirkt, dass wir Neues tun wollen. Eines der frustrierendsten Erlebnisse, die jemand machen kann, ist zu versuchen das Neue in der Kraft des Alten zu tun. Inhalt und Form bedingen sich. Es passt eben nicht zueinander, wenn jemand durch die Lautsprecher des Kriegsschiffes einer Kolonialmacht die Demokratie predigt. Jesus lässt in seinem Beispiel vom neuen Wein und den alten Weinschläuchen keinen Zweifel daran aufkommen, dass sich zwei so unterschiedliche Elemente wie neuer Wein und alte Schläuche nicht langfristig vereinen lassen, ohne dass beide darunter leiden. Dasselbe macht er an dem Beispiel deutlich, dass ein neues Stück Stoff, das auf ein altes Tuch genäht wird, nicht lange halten wird, sondern nur noch „den Riss vergrößert“ (Mt. 9,16-17). Wenn wir Veränderungen wollen, gibt es im Wesentlichen drei Alternativen:

1. *Sie verändern überhaupt nichts und lassen alles beim Alten.* Wer einen Turm bauen will, sollte vorher die Kosten überschlagen, sagt Jesus. Wer erkennt, dass Veränderungen zwar nötig, jedoch zu kostspielig sind, zu schmerzhaft, zu risikoreich und mehr in Bewegung setzen würden, als ihm lieb ist, kann ohne weiteres seiner traditionellen Struktur treu bleiben, weiterhin in ihr arbeiten und versuchen, das Beste daraus zu machen. Gott wird das segnen, wie er es auch in der Vergangenheit schon zur Genüge bewiesen hat. Nicht jeder Mensch hat eine apostolische oder prophetische Berufung und ist daran gewöhnt, bei Veränderungsprozessen

auch vor heiklen Themen und schwierigen Personen nicht zurückzuschrecken. Nutzen Sie in einem solchen Fall die Möglichkeiten Ihrer derzeitigen Struktur. Wenn möglich, pflegen Sie darüber hinaus persönliche Kontakte und Beziehungen zu Menschen, die andere Wege eingeschlagen haben als Sie selbst. Es kann sein, dass sich in der Zukunft Umstände ergeben, in denen Sie froh um Kontakte zu Gruppen sind, die als ganze Kirche, Denomination oder Organisation bereits Erfahrungen mit anderen Modellen haben. Bereiten Sie sich schon heute auf diesen Tag vor.

2. *Ein Kompromiss.* Sie können sich bemühen, wovon ihnen wahrscheinlich schon Ihr Instinkt abrät, einen Kompromiss einzugehen: Sie versuchen, auf zwei Hochzeiten gleichzeitig zu tanzen, neuen Wein in alte Schläuche zu füllen und Bürger zweier Welten zu sein. Nach allem, was ich beobachtet habe, ist dies ein sicheres Rezept für ein Desaster; oder, im besten Fall, werden Sie in eine Übergangsphase eintreten und diese möglicherweise lange Zeit nicht mehr verlassen.

3. *Bereiten Sie sich entschlossen auf den Wandel vor.* Ihr Geist mag weit vorausgeeilt sein, nun müssen Sie dafür sorgen, dass die Strukturen aufholen können.

Das „Titanic-Modell" reicht nicht aus

Die beste und radikalste Form der Veränderung könnte für manche darin bestehen, tatsächlich noch mal von vorne anzufangen. Ein Pastor stand in einem Treffen auf und meinte betroffen: „Das bedeutet für mich, dass wir alle unsere Gemeinden schließen sollten!" Er meinte das völlig ernst. Und bei einer Gemeinde, die derzeit über 10.000 Gottesdienstbesucher und über 100 angeschlossene Gemeinden hat, ist dies eine Einsicht von weit reichender Bedeutung. Um etwa vom traditionellen kirchlichen System zu einer hauskirchlichen Bewegung umzustellen, müssen wir bereit sein, eine ganze Reihe von Neuerungen in Kauf zu nehmen; es ist etwa wie ein Umzug in ein anderes Land. Es gibt viele Wege, einen solchen Prozess des Wandels zu durchlaufen, nicht ein einziger davon ist allerdings leicht, billig, schnell oder ungefährlich, und darüber hinaus gibt es keine wirklichen Garantien, dass eine Umstellung in allen Fällen funktioniert.

Manche Firmen geben regelmäßig Millionen dafür aus, Veränderungen und Trendentwicklungen frühzeitig wahrzunehmen und sich darauf einzustellen. Wir dürfen uns aber nicht darüber hinwegtäuschen, dass es Änderungen gibt, die nichts wirklich verändern. Es sind

Aktionen, die unsere Gefühle beruhigen, aber so harmlos sind wie ein Sturm im Wasserglas. Jemand mag die Idee haben, das Kirchengebäude neu anzustreichen, das Klavier von links nach rechts zu rücken, die altbekannten Hauskreise jetzt Hauszellen zu nennen oder sich mit einer anderen, gleichartigen Organisation oder Bewegung zusammenzutun. Ich nenne diese Formen des „Wandels" das Titanic-Modell. Als die Titanic auf den Eisberg auflief, hätte ein Umstellen der Möbel, ein neuer Anstrich des Schiffes oder ein Umbau der Schiffskabinen nichts an der Tatsache geändert, dass das Schiff zu sinken begann. Alle derartigen Veränderungen hätten nur kosmetischen oder psychologischen Wert gehabt und an den Realitäten nichts verändert.

Die Revolutionäre von gestern sind oft die Kirchenväter von heute

Es mag unseren Empfindungen widersprechen, aber im Laufe der Geschichte kamen die meisten Veränderungen nicht durch einen sanften demokratischen Prozess zustande, sondern durch ziemlich unausgewogene, einseitige Personen: Radikale im besten Sinn des Wortes. Nur sehr wenige einschneidende Veränderungen kamen von Komitees oder nach Vorstandssitzungen zustande; die meisten kamen von visionären Personen, die sahen, was noch niemand sah, die sich auf verbotenes Gelände vorwagten und für ihre Zeit jeweils unerhörte Tabuthemen anpackten.

Viele der unglaublichen Revolutionäre von gestern, Menschen wie Luther, Booth, Wesley oder Hudson Taylor, sind heute zu Säulen der Kirchengeschichte geworden und aus den kirchlichen Ahnenreihen nicht mehr wegzudenken. Viele von ihnen haben Kirchen oder Bewegungen gegründet, die heute oft einen derart komplexen Verwaltungsapparat entwickelt haben, dass die statistische Wahrscheinlichkeit verschwindend gering dafür ist, dass je wieder einer einzelnen visionären Person derart viel Entscheidungskompetenz zugebilligt wird, wirklich etwas zu verändern.

Und doch beginnt Wandel fast immer mit einzelnen Menschen; vielleicht sind gerade Sie die richtige Frau, der richtige Mann dafür. Ich möchte Ihnen Mut machen, in Ihrem persönlichen Einflussbereich und gemäß Ihrer Entscheidungskompetenz Wandel einzuleiten, ganz unabhängig davon, wie viel oder wie wenig Sie zunächst verändern möchten. Fangen Sie lieber mit den Möglichkeiten an, die Sie tatsächlich haben, als weiter von den Möglichkeiten zu träumen, die Sie derzeit noch nicht haben. George Bernard Shaw sagte einmal:

„Der vernünftige Mensch passt sich der Welt an; der Unvernünftige versucht ständig, die Welt sich selbst anzupassen. Deshalb ist jeder wirkliche Fortschritt nur von den Unvernünftigen zu erwarten."

Wie „unvernünftig" wagen wir zu sein?

Pioniere und Ewiggestrige

In jedem Veränderungsprozess gibt es vier voneinander unterscheidbare Gruppen, die je unterschiedlich auf Veränderungen reagieren:

- die kleine Gruppe der *Pioniere*, die ihr Leben auf dem Ausguck des gesellschaftlichen Schiffes verbringen und bereits lange vorher sehen, was andere oft nicht einmal sehen wollen;
- dann die etwas größere Gruppe der *frühen Anwender*, die eine neue Vision dann aufgreifen, wenn sie nicht nur neu, sondern auch durch namhafte und daher glaubhafte Personen gutgeheißen wird;
- die dritte Gruppe sind die *späten Anwender.* Sie akzeptieren eine Neuerung nur, wenn sie nicht nur empfohlen, sondern bereits zur neuen Vorschrift, zur neuen „von oben" verordneten Norm geworden ist;
- die vierte und letzte Gruppe ist die erstaunlich große Anzahl der *Ewiggestrigen*, der hartgesottenen Traditionalisten, die einfach nie „die Fleischtöpfe Ägyptens" hinter sich lassen können und sich gegen jede Veränderung mit dem Hinweis stur stellen, was denn an der guten alten Tradition falsch sei.

Wer erwartet, dass sich die letzte Gruppe endlich für Veränderungen öffnet, wird grundsätzlich immer zu lange warten und bitter enttäuscht werden. Traditionalisten werden sich nicht ändern, ihr Name ist Programm. Neuerungen gegenüber stehen sie oft unter „Zukunftsschock", wie der Zukunftsforscher Alvin Toffler sagt. Damit meint er eine Lähmung, die Menschen ergreift, wenn sie spüren, dass alles zu schnell für sie geht und sie von den Entwicklungen überrollt zu werden scheinen.

In fast jeder Kirche oder Organisation werden Sie Menschen finden, denen die Aufrechterhaltung traditioneller Werte wichtiger ist, als den Herausforderungen der Zukunft auf pro-aktive oder gar prophetische Weise zu begegnen. So wie man in vielen asiatischen und afrikanischen Nationen stark ausgeprägte Ahnenkulte findet, gibt es auch bei christlichen Traditionalisten des Westens eine Art geistlichen Ahnenkult. Tradition ist grundsätzlich etwas sehr Positives, das kollektive Erinnerungsvermögen einer Gruppe. Traditionalismus jedoch wird zu einem Kult, wenn die Verehrung der Vergangenheit die Verehrung des lebendigen Jesus Christus zu überschatten beginnt, der von sich selbst sagt: „Siehe, ich mache alles neu."

Wer überkommene Glaubenssysteme und von Menschen geerbte Rituale mehr achtet als den lebendigen Gott, entscheidet sich dafür, in der Vergangenheit stehenzubleiben, steht damit in der Gefahr, dass die Erweckung von gestern zum bitteren Feind der Erweckung von morgen wird. Wenn Sie wirkliche Veränderungen in Ihrer Kirche oder Organisation anstreben, sollten Sie sich darauf vorbereiten, diese Personengruppe langfristig zu verlieren.

Fünf Übergangsmodelle

Außer dem vielleicht radikalsten Ansatz für eine Veränderung, nämlich noch einmal von vorne anzufangen, gibt es wenigstens fünf unterschiedliche Wege, eine Gemeinde, Kirche oder Bewegung in einen anderen „Aggregatzustand" überzuführen, also zu verändern oder zu reformieren, ohne dass sie daran zerbrechen muss:

1. „Windows 95"

Das weitverbreitete Computerbetriebssystem „Windows 95" erlaubt jedem Benutzer, die Grundeinstellungen, die dem Computer vorschreiben, wie er zu funktionieren hat, zu ändern. Wer hier wichtige Einstellungen in der Grundprogrammierung verändert, der erhält bald die Mitteilung auf dem Bildschirm: „Starten Sie den Computer neu, damit die neuen Einstellungen wirksam werden können." Erst wenn man den Computer heruntergefahren hat und ihn dann wieder neu einschaltet, fährt er gemäß der neuen Programmierung hoch und verhält sich von nun an den veränderten Einstellungen entsprechend.

Übertragen auf eine Gemeindesituation heißt das, dass bei normal weiterlaufendem Betrieb zunächst ein neues Programm, ein neues Wertesystem vermittelt wird. Erst nachdem das neue Gemeindeverständnis erklärt und kommuniziert wurde, schließt man das eine Kapitel und schlägt gemeinsam ein neues auf; man fährt dann die Gemeinde nach einem neuen Grundmuster, einem neuen Wertesystem. Dieser Ansatz erlaubt es, ohne Hast und mit genügend Planung und

Vorbereitung ein neues Fundament zu legen, eine neue innere Qualität zu vermitteln und darauf dann eine neue Struktur aufzubauen, die in eine veränderte Richtung weist.

2. Das Brückenkopf-Prinzip der prophetischen 20 Prozent

Dieser Ansatz besteht darin, sorgfältig und unter Gebet diejenigen 20 Prozent der Menschen in Ihrer Gemeinde oder Bewegung ausfindig zu machen, von denen Sie den Eindruck haben, dass sie am ehesten geeignet und in der Lage sein werden, Ihre Kirche oder Organisation in die Zukunft zu führen. Mit ihnen werden Sie – bildhaft gesprochen – einen prophetischen Brückenkopf in der Zukunft aufbauen, eine Art erstes Zwischenlager zwischen dem Status Quo und dem angestrebten Zustand, zu dem dann sukzessive mehr und mehr Menschen aufrücken können.

Praktisch heißt das: Bilden Sie eine oder mehrere geschlossene Hauskirchen aus diesem Personenkreis, üben Sie die neue Gemeindeform gemeinsam ein, ohne die bestehenden Strukturen anzurühren oder zunächst als Ganzes zu verändern. Für einen gewissen Zeitraum, der 6, 12 oder auch 18 Monate betragen kann, bilden Sie eine Parallelstruktur, in der das alte und das neue Modell nebeneinander herlaufen, ohne sich gegenseitig in die Quere zu kommen. Nachdem das neue Gemeindemodell über die ersten Anlaufschwierigkeiten hinaus ist und die meisten Fehler hoffentlich humorvoll verdaut worden sind, bilden diese 20 Prozent den Grundstock für den Übergang. Sie lösen nun die Experimentalphase auf und organisieren mit der Gruppe, die bereits Erfahrungen mit dem Hauskirchenmodell gesammelt hat, viele neue Hausgemeinden zusammen mit dem Rest der Gemeinde oder Kirche.

Traditionalismus wird zu einem Kult, wenn die Verehrung der Vergangenheit die Verehrung des lebendigen Jesus Christus zu überschatten beginnt.

Dabei bilden Menschen aus den „20 Prozent" zusammen mit noch relativ Unerfahrenen die Kerngruppe der neuen Hauskirchen, um die bereits gemachten Erfahrungen den neu entstehenden Hausgemeinden zur Verfügung zu stellen. Durch ihren Erfahrungsvorsprung bekommen die ausgewählten „20 Prozent" eine prophetische, richtungsweisende Funktion und sind dennoch dem Rest der Gemeinde vertraut genug, um sie glaubhaft und nachvollziehbar – sozusagen Bootsladung um Bootsladung – zu dem neuen Brückenkopf überzusetzen. Damit erklären Sie eine neue Phase für eröffnet und geben nun den Kurs in eine neue Richtung vor.

Nochmals: Um einen Wermutstropfen werden Sie wohl nicht herumkommen. Ab einem bestimmten Zeitpunkt werden Sie aufhören müssen, sich ständig weiter nach der hoffentlich kleinen Minderheit der Traditionalisten umzusehen, die nach allem Erklären und Bitten immer noch nicht bereit sind, altbekannte Ufer zu verlassen und sich „auf dieses neumodische Experiment" einzulassen. Sie werden diese Gruppe zurücklassen müssen, weil Sie sonst niemals vorwärts kommen werden, können sich aber vielleicht damit trösten, dass solche Menschen wohl kaum dem Reich Gottes an sich verloren gehen, sondern nur an einem bestimmten Punkt der Geschichte weiter verharren wollen. Es wird immer Gemeinden geben, die solchen Menschen Heimat bieten können.

3. Morphing – der nahtlose Übergang

„Morphing" nennt man das fast unmerkliche Verwandeln eines Bildes in ein anderes, mit einer derartigen Feinabstufung, dass der Wandel nahezu nahtlos erscheint. Für den Wandel einer Gemeinde bedeutet das: zu versuchen bei dem gesamten Übergangsprozess möglichst niemanden zu verlieren und so sensibel und pastoral wie möglich vorzugehen. Dieser Ansatz führt nach und nach ein neues Grundmuster ein. Das ist beileibe nicht einfach, denn es geht letztlich immer noch darum, einen Elefanten möglichst unmerklich in einen Hasen zu verwandeln, mitten im Lauf. Die verwundbarsten Zeiten bei diesem Modell sind die Augenblicke, wenn das alte Grundmuster nicht mehr voll gültig zu sein scheint und das neue Muster noch nicht voll erfasst und gelebt wird.

In unserer Arbeit sollten wir es vermeiden, Mittelmäßigkeit zu institutionalisieren, selbst wenn sie unter einem so tönenden Namen wie „gesunde Ausgewogenheit" daherkommt.

In der Praxis heißt das oft: endlose Diskussionen und Versuche, Traditionalisten zu überzeugen, was ich nur denjenigen raten kann, die geradezu einen übernatürlich guten Humor, pastorale Geduld und prophetische Weisheit besitzen. Man kann dies in einigen Stufen tun: zunächst ein neues Wertemuster einführen und darüber lehren und predigen, informieren und visitieren; dann schrittweise ein neues Verhaltensmuster einführen; dann die Verantwortung gemäß dem neuen Gemeindemuster anpassen, frühere Leiter und Mitarbeiter umschulen oder auswechseln und letztlich sich voll auf das neue Fundament stützen und mit dem Bau beginnen.

Eine kleine Gemeinde/Organisation von bis zu 100 Mitgliedern braucht üblicherweise etwa ein bis drei Jahre für diesen Prozess. Eine mittelgroße traditionelle Gemeinde oder Organisation mit 100-500 Mitgliedern braucht zwischen drei und fünf Jahren, während eine große Gemeinde oder Organisation mit über 500 Mitgliedern durchaus zwischen fünf und acht Jahren für den genannten Verwandlungsprozess braucht, in manchen Fällen noch länger.

4. „Hinter ihrem Rücken"

Dieses Modell ist für die etwas Verzweifelteren oder Abenteuerlustigeren unter uns. Hier geschieht der Neustart im Geheimen, so wie ja viele Erfindungen unter striktesten Sicherheitsvorkehrungen geschahen, weil man befürchtete, dass die Neuerung gestohlen, frühzeitig kopiert oder verhindert werden würde. Bei diesem Ansatz beginnt man nochmal ganz von vorne, ohne jedoch die eigene Gemeinde oder Organisation überhaupt damit zu behelligen; sie hat damit zunächst gar nichts zu tun. Man kann dies auf der anderen Seite der Stadt tun, an einem andern Ort oder in einer völlig neuen Zielgruppe, also buchstäblich „hinter dem Rücken der eigenen Gruppe", die möglicherweise durch ihre vielen Fragen das Experiment im Ansatz ersticken würde.

Dieser Weg ermöglicht es, etwas Neues anzufangen, ohne eine geistliche Genvermischung zu produzieren, und zunächst ohne die permanente Auseinandersetzung mit bestehenden Strukturen. Es ist beispielsweise möglich, dazu Verantwortung an andere Mitarbeiter in traditionellen Kirchen oder Organisation abzugeben, um selbst mehr Spielraum und freie Hand beim Aufbau des neuen Modells zu haben. Wenn das neue Baby dann ein wenig gewachsen ist, kann man die beiden Strukturen einander vorstellen und sehen, was geschieht. Ein Beispiel hierfür ist „The Crowded House" in Sheffield, England, ganz absichtlich (noch) nicht wohlbekannt.

5. Hong Kong style: multi-strukturelle Kirchen oder Organisationen

Das Evangelium ist in sich selbst dynamisch und in jeder Hinsicht die Erfindung eines Gottes, der alles andere als mittelmäßig ist. Das bedeutet, dass wir auch in unserer Arbeit vermeiden sollten, Mittelmäßigkeit zu institutionalisieren, selbst wenn sie unter einem so tönenden Namen wie „gesunde Ausgewogenheit" daherkommt. Geistliche Kompromisse gehen nie lange gut. Für manche mag deshalb eine Lösung darin bestehen, die zwei Modelle, Hauskirchen und traditionelle Kirche, eine Zeit lang ganz bewusst parallel zueinander zu entwickeln, ohne zu versuchen, die beiden Konzepte zu mischen.

Viele traditionelle Gemeinden haben verschiedene Gottesdienstformen für verschiedenen Zielgruppen ausgearbeitet, die sich stark voneinander unterscheiden, aber alle von derselben Einzelgemeinden organisiert werden. Ein Beispiel hierfür ist die Holy Trinity Brompton Church, eine anglikanische Gemeinde in London. Dort wird sonntags zunächst ein traditioneller Gottesdienst angeboten, ein wenig später folgt ein eher familienfreundlich aufgezogener Gottesdienst. Beide wenden sich mit ähnlichem Inhalt an verschiedene Zielgruppen. Andere, wie die baptistische Tilehurst Free Church in Reading (England), bieten Hauszellen für diejenigen Mitglieder an, die das wollen, andere wiederum können weiter zu einem traditionellen Gottesdienst gehen, wie sie es lange gewöhnt waren.

Ich nenne dies den Hongkong-Ansatz, weil dies nach demselben Muster abläuft wie das „Ein Land – zwei Systeme"-Muster Hongkongs: China und Hongkong funktionieren unter derselben Regierung, haben aber zwei verschiedene administrative Systeme. Das eine ist auf sozialistischen, das andere auf kapitalistischen Werten aufgebaut. Dies mag, wie manche meinen, nur ein temporärer Kompromiss sein. Aber in manchen Fällen ist ein administrativer – kein geistlicher! – Kompromiss immer noch besser als eine Trennung.

Einsichten aus der Welt des Management

In der Welt der Firmen, die vor ständig wechselnden Marktsituationen mit ständig neuen Produkten und im Wettlauf mit der explodierenden Technologie stehen, ist der Wandel die einzig sichere Konstante. Managementtrainer und Unternehmensberater wissen genau, dass eine Firma, die nicht in der Lage ist, sich permanent auf Veränderungen einzustellen, bald aus dem Rennen gehen und bankrott machen wird.

Ich widerstehe absichtlich allen etwas zu naiven Versuchungen, Gemeinden mit Firmen zu vergleichen, weil sie sich ungefähr so ähnlich sind wie Äpfel und Orangen. Geschäftserfolg und auf Gewinnmaximierung ausgerichtete Verkaufsstrategien sind im Kern etwas anderes als wenn wir dem Lamm Gottes nachfolgen wollen und unser Kreuz tragen. Die Gemeinde Jesu und die Geschäftswelt stehen auf verschiedenen Fundamenten und verfolgen unterschiedliche Ziele, im Extremfall sind diese so unterschiedlich wie Mammon und

Gott. Und dennoch gibt es Bereiche, in denen sich die Interessen und Einsichten überlappen.

Einer davon ist der Bereich der Organisation, denn auch die unsichtbarste Gemeinde verfügt über ein Minimum an Organisationsstruktur. Deswegen können wir es uns erlauben, einen kurzen Blick über den Gartenzaun zu werfen und zu beobachten, wie „die Kinder dieser Welt" ähnliche Sachen anpacken. Die Sprachform in der Geschäftswelt ist hinsichtlich der Frage des Wandels keineswegs vorsichtig oder diplomatisch. „Was immer Sie in der Vergangenheit erfolgreich gemacht hat, wird in Zukunft nicht funktionieren. Dies ist das Ende der Welt, so wie wir sie kennen", sagt Management-Guru Tom Peters in seinem Buch „The Circle of Innovation." Aus diesem Grund müssen sich unsere Gedanken mit „Revolution, nicht Evolution" beschäftigen, meint er. „*Incrementalism*, das stufenweise und fast unmerkliche Verändern ist der schlimmste Feind der Innovation", so Peters weiter.

Wichtiger als der Besuch eines Seminars, das „neue Erkenntnisse" verspricht, ist ein Radiergummi, der falsche Gedankengänge und überholte Lehrvorstellungen ausradiert, damit sie neuen Entwicklungen nicht länger im Wege stehen.

Frenetische Überaktivität kann in Firmen wie auch in Gemeinden oft ein Symptom für tiefsitzende Unsicherheit sein. Jim Utterback schreibt in seinem Buch „Mastering the Dynamics of Innovation" über Menschen, die sich gegen den Wandel sperren, weil ihnen die neuen technologischen Entwicklungen suspekt sind: „Sie widerstehen allen Versuchen Innovation zu verstehen, und verschanzen sich nur noch mehr hinter ihren veralteten Produkten. Das führt oft zu einer Woge der Produktivität und einer Leistungssteigerung, die die alten Technologien auf niegekannte Höhen führt. Doch in den meisten Fällen handelt es sich dabei um nichts anderes als ein letztes Aufbäumen vor dem sicheren Tod."

Wichtiger als der Besuch eines Seminars, das „neue Erkenntnisse" verspricht, so Peters, ist ein Radiergummi, der falsche Gedankengänge und überholte Lehrvorstellungen ausradiert, damit sie neuen Entwicklungen nicht länger im Wege stehen. „Wir müssen regelrecht eine strategische Vergesslichkeit fördern", meint er. „Das Problem ist nicht, wie man neue, innovative Gedankenanstöße bekommt, sondern wie man die alten Gedankenmuster vor die Tür setzt", sagt Dee Hock, der Erfinder der VISA-Kredit-Karte. Viele Firmen brauchen, so Tom Peters, einen *Chief Destructive Officer* (Hauptabreißer) dessen Arbeit darin besteht, regelmäßig sinnlos gewordene Strukturen und Traditionen abzureißen, Personenkulte zu vermeiden, regelmäßig die heiligen Kühe zu schlachten, die sich eingeschlichen haben und fröhlich vor sich hin grasen, und naive Pläne zu vermeiden, nur weil der Boss einer Firma sich in irgendein Produkt verliebt hat, das kein Mensch wirklich braucht.

„Bless the mess"

Auf der Suche nach Bestleistungen, neuen Produkten und Durchbrüchen „korrespondiert die Größe Ihrer Vision mit der Größe Ihres Papierkorbs", so Tom Peters weiter. Visionäre Geschäftsleute sind außerordentlich produktiv; aber die meiste Zeit produzieren sie völlig unbrauchbaren Abfall, bis dann einmal der goldene Moment kommt und sie dieses Körnchen an Vision haben und einer Innovation auf der Spur sind, die die Geschichte verändern wird. Das ist auch der Grund, warum Peters empfiehlt: „Bless the mess", zu Deutsch etwa: „Möge Gott das kreative Chaos segnen". Deshalb rät er dazu, Innovatoren grundsätzlich zu ermutigen, diejenigen also, die fieberhaft neue Produkte entwickeln, die Visionäre in ihrer scheinbar chaotischen Suche nach der vermeintlich unmöglichen Lösung, die manchmal nervtötenden, in sozialen Beziehungen fast unerträglichen Tüftler, die scheinbar ständig in ihren kleinen Kellerräumen, Dachstuben und Garagen werkeln und forschen wie etwa ein Bill Gates, der als Gründer der Firma Microsoft heute einen der weltweit einflussreichsten Konzerne leitet.

Wenn Tom Peters zu einer Managementberatung einer Firma eingeladen wird, die in großen Schwierigkeiten steckt, „dann habe ich oft in nur einer einzigen Sekunde die Antwort", sagt er. „Von den 150 Personen des Firmenvorstandes sind 144 zwischen 48 und 59 Jahre alt. Ich nenne sie AHC, den Alt-Herren-Club. Sie sprechen die gleiche Sprache, benutzen dasselbe Parfum, gehen zum gleichen Herrenausstatter, essen dasselbe Essen und denken dieselben Gedanken." Kein Wunder, so schließt er seine Beobachtung, dass es in einer solchen auf Konformität getrimmten Atmosphäre nicht zu kreativen Ideen kommen kann. Hier ist kein Platz für wirkliche Vision, weil jeder den andern peinlich genau beobachtet und kontrolliert.

Kapitel 8

Die Konsequenzen ziehen

Der nächste Schritt hängt davon ab, welches Ihr letzter Schritt sein soll

„Das bedeutet, dass wir fast alles umstellen müssen, was wir derzeit tun!", rief ein bekannter indischer Missionsleiter aus, nachdem er von Hauskirchen gehört und über einige der Konsequenzen nachgedacht hatte. Nicht alles wird sich jedoch ändern müssen, wenn wir beginnen, Hauskirchenbewegungen zu entwickeln. Das ewige Evangelium, eine lebendige Spiritualität und viele andere Erkenntnisse der Kirchengeschichte werden bleiben. Wir sollten jedoch aus der Perspektive der Hauskirchen „alles prüfen und das Gute behalten" (1. Thess. 5,21).

Wenn wir jedoch ernsthaft daran denken, Hauskirchen zu entwickeln, wird dies einige gravierende theologische und praktische Konsequenzen für die derzeitigen Kirchen haben, sowie für den gesamten Bereich des Gemeindewachstums, der Gemeindegründung und der Mission. „Die Wahrheit wird nie einer gerechten Sache schaden", sagte Mahatma Gandhi. Und gibt es eine gerechtere Sache als den Aufbau des Reiches Gottes in unserer Welt?

In diesem Buch geht es mir überhaupt nicht darum, irgendeine bestimmte Kirche oder Bewegung zu kritisieren. Wir werden nie aufgefordert, uns mit einem kirchlichen System zu identifizieren, sondern mit der Person von Jesus Christus und mit der Familie Gottes. Wenn sich unter uns Menschen finden, die sich ihr Leben lang mit einem bestimmten kirchlichen System identifiziert haben, kann es sein, dass sie sich nun etwas unwohl fühlen. Das liegt aber daran, dass wir uns alle an bestimmten Punkten der Geschichte möglicherweise innerlich und äußerlich festgelegt haben, uns mit einer bestimmten Gemeindestruktur zu verschmelzen und in einem bestimmten System aufzugehen. Wenn es nun aber Gott ist, der in unseren Tagen ganz gezielt an in sich geschlossenen Systemen organisierter kirchlicher Religion rüttelt, um uns loszuschütteln von strukturellen Zwangsjacken und uns zu befreien für die Arbeit in seinem großen Reich, dann nützt alles theologische Argumentieren und alles Verschanzen in ekklesiologischen Trutzburgen nichts: Der souveräne Gott wird sein Ziel mit uns – oder auch ohne uns erreichen.

Besser jedoch *mit* uns! Dazu müssen wir alle bereit werden, einander in echter Liebe anzunehmen, uns in unserer Unterschiedlichkeit zu schätzen und gemeinsam Teil der Lösung zu werden, nicht Teil des Problems zu bleiben. Viele Verantwortliche im Reich Gottes sind sich heute darüber einig, dass nüchternes Nachdenken und selbst die missionarischen Statistiken klarlegen, dass wir selbst bei einer gewaltigen Steigerung unserer derzeitigen Aktivitäten das Ziel, alle Nationen zu Jüngern zu machen, auf dem eingeschlagenen Weg wohl nie erreichen werden. Es überrascht mich manchmal zu beobachten, wie selbst empirische Forschung nicht in der Lage ist, uns dazu zu bewegen, eingefahrene Gleise zu verlassen. „Wo man nicht mit Vernunft handelt, da ist auch Eifer nichts nütze", sagt ein nicht sehr berühmter Vers aus dem Buch der Sprüche (19,2). Es kann vorkommen, dass wir die Beziehung zur Wirklichkeit verlieren und nicht mehr vernünftig handeln können, weil uns entweder der Überblick entgleitet oder wir aus anderen Gründen gar nicht mehr nach den Auswirkungen unserer eigenen Arbeit fragen.

Das Schlüsselproblem der Gemeinden ist nicht fehlendes Geld oder der sogenannte „harte Boden", sondern es ist der harte Boden in unserem eigenen Kopf, die nicht hinterfragten, gedankenlos übernommenen Konzepte, Traditionen und Rituale.

In manchen Ländern wächst die Bevölkerung schneller als die Gemeinden. Ist es da nicht richtig zu fragen, was wir ändern müssen, um diese Entwicklung zu ändern? George Barna, amerikanischer Trendforscher, behauptet, dass in den nächsten zehn Jahren etwa 100.000 christliche Gemeinden in den USA ihre Tore schließen werden. Grund? „Sie werden nicht an Mangel an Geld oder Mitarbeitern sterben, sondern einfach an Mangel an Vision", sagt Barna. Ist es dann nicht notwendig und regelrecht vernünftig, einen völlig neuen Kurs zu suchen? Evangelisationsforscher bestätigen, dass sich nur etwa 1 Prozent der „Neubekehrten" bei traditionellen evangelistischen Projekten und Großveranstaltungen tatsächlich in bestehende Gemeinden integrieren lassen. Ist es da nicht vernünftig, aktiv nach Wegen zu suchen, die riesige Rückfallquote von 99 Prozent zu verringern? Viele andere Herausforderungen könnten wir nennen: Strukturen, die dringend überholt werden müssen; große Bevölkerungsanteile, die lethargisch oder überhaupt nicht auf die traditionellen Evangelisationsmethoden reagieren; kirchliche Kreise, die an der Vergangenheit orientiert sind und sich noch nicht einmal fragen, weshalb die jungen Generationen einen kirchenlosen Weg suchen.

Stehen dem Lamm heilige Kühe im Weg?

Es wird nicht das erste und letzte Mal in der Geschichte gewesen sein, dass das Volk Gottes vor lauter Tanz um ein Goldenes Kalb taub für die Absichten Gottes geworden ist. Die meisten Christen in verantwortlichen Positionen, mit denen ich in den letzten Jahren zusammengetroffen bin, sind davon überzeugt, dass die wirklichen Hindernisse für die Ausbreitung des Reiches Gottes nicht draußen „in der Welt" liegen, sondern in unserem eigenen Denken begründet sind. Das Schlüsselproblem der Gemeinden ist nicht fehlendes Geld oder der sogenannte „harte Boden", sondern es ist der harte Boden in unserem eigenen Kopf, die nicht hinterfragten, gedankenlos übernommenen Konzepte, Traditionen und Rituale, die uns so sehr ans Herz gewachsen sind, dass wir sie im Stillen geradezu heiliggesprochen haben. Wer immer sie antastet, so meinen manche, begeht einen gotteslästerlichen Akt.

Ich nenne dies das „Heilige-Kühe-Syndrom": Scheinbar heilige Tiere (Konzepte, Traditionen und einspuriges Denken) beginnen, dem Lamm Gottes im Wege zu stehen. Im indischen Madras, meiner zweiten Heimat, wagen es die Kühe ganz offen auf den Straßen zu schlafen, so dass der ganze Verkehr sich im Zickzack hindurchschlängeln muss oder die Menschen stoisch einen Verkehrsstau akzeptieren müssen, nur weil eines der lieben Tiere gerade den Wunsch verspürt aufzustehen, sich mitten auf die Straße zu stellen und unbeeindruckt in die Luft zu starren. Anstatt die Präsenz der heiligen Kühe passiv zu akzeptieren, halte ich es für viel christlicher, auf die Hupe zu drücken oder dem guten Tier einen freundlichen Tritt anzudeuten; wer weiß, vielleicht bewegt sich der heilige Berg ja doch, die Straßen sind wieder frei und das Leben kann weitergehen.

Den Preis bezahlen

Einer der Preise, die für das Hauskirchen-Christentum zu bezahlen sind, besteht darin, nicht länger die individuelle Freiheit des Einzelnen stärker zu betonen als den gemeinsamen Gehorsam einer Gemeinde gegenüber Christus. Wenn wir wollen, was Christus will, werden wir nicht mehr länger einfach tun und lassen wollen, was uns in den Sinn kommt und was alle anderen auch tun. Unsere Häuser sind nicht länger einfach unsere privaten Trutzburgen und auch unsere Autos gehören nicht länger nur uns allein. Im Westen dreht sich das Leben vieler Christen noch immer um ihre Karriere, den Fernseher, ihre Hobbys, ihr Privatleben und ihre Haustiere, überzogen von einer dünnen und ziemlich durchsichtigen Schicht christlicher Aktivitäten wie die, einen Gottesdienst zu besuchen, vor dem Essen zu beten oder christliche Musik anzuhören.

Dieser Lebensstil unterscheidet sich nicht sehr vom Leben des durchschnittlichen westlichen Nichtchristen, wo alles in einer lebenslangen, ununterbrochenen Orgie des Individualismus darauf abzielt, möglichst schnell möglichst viel *fun* zu erleben, Geld, Sicherheit und Gesundheit zu erlangen und zu behalten und, jawohl, *als Einzelner* spirituelles Wachstum zu genießen. Können wir das wirklich so billig auf den „Fluch der Postmoderne“ schieben, der Betonung subjektiver Erfahrung auf Kosten der objektiver Wahrheit? Oder ist das einfach nur eine der vielen modernen Ausreden, Gott nicht gehorchen zu wollen?

In der nichtwestlichen Welt verläuft der Kampf an anderen Fronten. Hier geht es um die Abkehr von falschen Prioritäten, wobei beispielsweise die fast heilige Familienehre, die Loyalität zum eigenen Clan, der Kaste oder dem eigenen Stamm oft noch immer unausgesprochen wichtiger ist als Loyalität zu Gott. Eine schamorientierte Kultur kann es manchmal sehr schwer machen, die Wahrheit zu sagen, wie sie ist, oder unverschämt einander die Sünden zu bekennen. Manche Gespräche – und manchmal das gesamte Leben – bewegen sich auf einer höflichen, religiösen Oberfläche, wobei ein stilles unverbindliches Lächeln bisweilen zur defensiv benutzten Maske werden kann, die echte Beziehungen und Gemeinschaft verhindert.

Ohne unsere eigene Transformation werden wir herzlich wenig zu einer Transformation unserer Gesellschaft beitragen können.

Mit anderen Worten: Ohne unsere eigene Transformation, die mit persönlicher Buße beginnt, der Kreuzigung des eigenen Ichs und – jawohl! – einigen unserer lieb gewonnenen kulturellen Gewohnheiten und Traditionen, ohne die Aufgabe eines selbstsüchtigen Lebensstils, der sich einfach artig, schmerzfrei und stromlinienförmig der Umwelt anpasst, werden wir herzlich wenig zu einer Transformation unserer Gesellschaft beitragen können.

Christentum war noch nie billig; es hat die Menschen schon immer das frühere Leben gekostet. Fast 2.000 Jahre lang haben wir nun Erfahrung darin gesammelt, einen Kompromiss zwischen dem Reich Gottes und dem Geist dieser Welt zu finden. Eines der traurigen Ergebnisse des jahrhundertelangen Tanzes zwischen den Welten ist, dass manche Anpassungen an den jeweiligen Zeitgeist zuerst in Mode kamen und schon bald zur beliebten Traditionen wurden, die unser Denken bestimmte. Dadurch wurde unsere Art, wie wir Kirchen denken und leben, verformt. Manches davon ist Teil unseres Erbes und unseres kirchlichen Brauchtums geworden, so dass es nun vor allem für die Älteren unter uns schwierig sein kann, umzudenken. Paulus kann dieses ganze Thema in einem einzigen Satz ausdrücken: Nachdem ich ein Jünger von Christus geworden bin, existiere ich und mein altes Ego nicht mehr; sondern Christus lebt in mir.

Doppelstandards verringern

Bei einem evangelistischen Einsatz mit der Heilsarmee in Basel sprach ich in einer Rotlichtbar eine Prostituierte an und fragte sie, was Jesus Christus für sie bedeutet. Sie brach in Tränen aus und sagte unter Schluchzen, dass sie sonntags in eine evangelikale, fromme Gemeinde gehen würde, den Rest der Woche würde sie hier arbeiten. Das war damals ein Schock für mich. Wie fast jeder Pastor traditioneller Kirchen weiß, ist es nicht nur relativ einfach, sondern häufiger als viele meinen, dass Christen eines „Sonntagmorgen-Gottesdienst-und-Mittwochabend-Bibelarbeit-Christentums“ ein Doppelleben führen. Sie züchten vielleicht jahrzehntelang Lieblingssünden, ohne dass jemand davon erfährt. Das hängt unter anderem damit zusammen, dass Christen in stark veranstaltungsorientierten Formen des Christentums nur zwei bis vier Stunden in einer 168-Stunden-Woche mit anderen Christen verbringen. Dieser Zeitaufwand, etwa zwei Prozent einer typischen Woche, ist einfach nicht genug, um wirkungsvoll die Werte des Reiches Gottes aufeinander abzufärben, tiefe Beziehungen zu entwickeln und zu pflegen, Jünger zu machen, das eigene Leben füreinander einzusetzen und die Welt für Christus zu gewinnen.

Hauskirchen-Christentum vermag diesen Doppelstandard zu reduzieren und Authentizität zu fördern, weil es uns in eine Alltagsgemeinschaft einbindet und uns auf gesunde Weise einander verpflichtet. Ich will hier überhaupt nichts vormachen: Dies ist ein hoher Preis! Aber wenn unser Lebensstil als Nachfolger von Christus in irgendeiner Weise damit zusammenhängt, ob echte Menschen vor einer echten Hölle bewahrt werden können oder nicht, dann lohnt es sich, so denke ich, diesen Preis zu bezahlen.

A. Die wichtigsten Folgen

In diesem einführenden Buch möchte ich einige wenige Konsequenzen aufführen, die auf uns zukommen werden, wenn wir uns als Christen für ein Leben in Hauskirchen entschließen. Hier sind einige der ersten Veränderungen:

Wir würden aufhören zur Kirche zu gehen und anfangen Kirche zu sein

Wir würden nicht länger einfach nur in die Kirche gehen und dann wieder in den privaten Alltag abtauchen, sondern anfangen, sieben Tage in der Woche Kirche zu sein. Kirche ist damit nicht länger eine organisierte Aktivität am Sonntagmorgen, sondern ein organischer, gemeinschaftlicher, lokaler Lebensstil der Christen.

Kirche würde wieder das gesamte Leben umfassen

Wenn Gemeinde zum Lebensstil wird, wird es auch möglich, dass das gesamte Leben wieder von Gott berührt und transformiert wird, nicht nur eine religiöse Saite zu besonders frommen Stunden. Das Evangelium vom Reich Gottes würde sich wieder ganzheitlich in „Worten, Werken und Wundern" ausdrücken können, als Reaktion auf das Handeln des dreieinigen Gottes als Vater, Sohn und heiliger Geist.

Das Ende des endlosen Geldproblems

Viele traditionelle Kirchen, aber auch traditionelle Gemeindegründungs- und Missionsbewegungen, haben einen entscheidenden Minimumfaktor: das Geld. Sie brauchen Geld für Einsätze, Platzmieten, Werbekampagnen, Flugblattaktionen oder um ein Grundstück zu kaufen, ein sakrales Gebäude zu bauen oder – noch schlimmer! – zu unterhalten. Geld, um schwindelerregende Hypotheken für architektonische Sonderanfertigungen zurückzubezahlen oder jeden Sonntag eine Halle oder einen Hotelsaal zu mieten; mehr Geld, um Dekane und Prälate zu besolden oder um Sakristeien, Pfarrhäuser und Amtsstuben zu unterhalten. Dann kommen die Ausgaben für kirchliche

Sitzbänke oder Stühle, unglaublich teure Orgeln oder Musikanlagen, die Renovierung des Parkplatzes, rein sozial orientierte, kirchliche Dienstleistungsfirmen mit einem astronomischen Personalhaushalt, Lautsprecheranlagen, teuren liturgischen Kleidern und dem allgegenwärtigen Overheadprojektor.

In Hauskirchen ist das alles nicht nötig. Hauskirchen kosten kein Geld, sie produzieren Geld. Ein Teil dieses Geldes kann z. B. für die Förderung des fünffältigen Dienstes eingesetzt werden, der organisch aus den Hauskirchen hervorgeht und sich wiederum in die Multiplikation von Hauskirchen investiert. Hauskirchen brauchen keinen vollzeitlichen Pastor; ein guter Familienvater mit den biblischen Qualifikationen eines Ältesten reicht völlig.

Das Ende des Leitermangels

Was ist der zweitlauteste Wehruf der Christenheit nach dem Schrei um mehr Geld? Der Schrei nach mehr Leitern. In einer typischen programmorientierten Pastorengemeinde fallen derart viele kleine und große Veranstaltungen, Sitzungen und Versammlungen an, dass es ein großes Heer von kleinen Genies braucht, um den Betrieb mit manchmal übermenschlichem Einsatz aufrechtzuerhalten. Es mangelt nie an Arbeit und überall wird Nachwuchs gesucht, mehr Menschen, die den Jugendkreis leiten, Predigten halten oder wenigstens vorlesen, lehren, verheiraten und beerdigen, die Orgel, Gitarre und Flöte spielen, kleine und große Treffen leiten, Grußworte sagen, Geld auftreiben, Bibelarbeiten halten, Parkdienste übernehmen und den Chor leiten können.

Hauskirchen kosten kein Geld, sie produzieren Geld. Sie brauchen keinen vollzeitlichen Pastor; ein guter Familienvater mit den biblischen Qualifikationen eines Ältesten reicht völlig.

In der Welt der Hauskirchen gibt es wenig Mangel an Leitern, weil wir nicht länger nach professionellen oder halbprofessionellen Menschen suchen müssen. Weil viel mehr Menschen auf ganz natürliche Weise aktiv ins Leben einer Hauskirche integriert werden und sich im Rahmen ihrer Begabungen nützlich machen können, würde dies auch dazu beitragen, das geradezu globale Problem geistlicher Arbeitslosigkeit abzubauen. Etwa 70 Prozent der Weltchristenheit ist geistlich unbeschäftigt, zum Konsumentendasein verdammt und sieht oft keinen Weg, sich in das traditionelle kirchliche System sinnvoll einzubringen, während die Verantwortlichen dieses Systems umso lauter nach mehr Leitern rufen. In einer Hauskirchenbewegung kann sich buchstäblich jeder einbringen und einen erfüllenden, geistlichen Beitrag leisten.

Das Ende der ständigen Suche nach mittelgroßen Hallen

In manchen Städten, wie etwa London, ist am Sonntagmorgen fast keine Schulhalle, kein Hotelsaal oder kirchliches Gebäude zu mieten. Neugegründete Gemeinden und größer oder kleiner werdende Gemeinden suchen oft jahrelang nach einem passenden Gebäude, das sie kaufen, mieten, leasen oder bauen können.

Bei Hauskirchen löst sich dieses Problem von selbst. Wir können das benutzen, was es in einer Vielzahl bereits gibt: die Wohnungen und Häuser der Gemeindeglieder. Wenn eine Hauskirche zu groß wird, muss kein teurer Anbau her, sondern man kann einfach eine Straße weiter eine neue Hauskirche beginnen. Zu stadtweiten Feierveranstaltungen ist es dann finanziell nicht sehr schwierig, gemeinsam eine große Halle oder ein Stadion zu mieten, auch, weil bei Größenordnungen von 500 bis 1.000 Personen oder mehr die Konkurrenz mit anderen mittelgroßen Gruppen auf der Suche nach mittelgroßen Räumlichkeiten nicht mehr so groß ist.

Eine neue Qualität der Bekehrungen

Viele traditionelle Gemeinden organisieren missionarische Einsätze und evangelistische Veranstaltungen, um mehr Menschen für Jesus zu gewinnen und sie in die Gemeinden zu integrieren. Wie ich bereits erwähnte, ist es dabei durchaus „normal“, dass nur einer von 100, der in evangelistischen Veranstaltungen eine „Entscheidung für Christus“ getroffen hat, sich auch tatsächlich einer christlichen Gemeinde anschließt. Das bedeutet, dass bei dieser evangelistischen Methode 99 von 100 „Neubekehrten“ – es ist sicher sachlicher, sie „Suchende“ oder „am Glauben Interessierte“ zu nennen – ihren momentanen Entschluss, Jesus nachzufolgen, nicht in die langfristige Tat umsetzen. Damit ist dieses Vorgehen nicht nur finanziell und personell sehr aufwändig, sondern spricht auch von einer weniger als idealen Qualität der Bekehrungen. Die Ausnahmen bestätigen hier nur die Regel. Erwähnt werden sollte noch, dass es in den meisten Fällen Einzelpersonen sind, die auf diese Weise zur Bekehrung gerufen werden, nur selten Ehepaare oder ganze Familien.

Die am Glauben Interessierten werden oft zum Nachsprechen eines sogenannten „Übergabegebets" aufgefordert, bei dem Jesus etwa gebeten wird, „ins Herz eines Menschen zu treten". Dieses von den meisten Evangelisten punktuell verstandene Ereignis hat entsprechende Begriffe geprägt: ein Mensch hat mit dem Sprechen einer solchen Gebetsformel „den Schritt gemacht", „sich entschieden" und „Jesus aufgenommen". Das Problem ist hier weniger das Gebet an sich, sondern die Tatsache, dass es isoliert vom eigentlichen Leben des betreffenden Menschen stattfindet und ihm vom Nacharbeits-Mitarbeiter der Eindruck vermittelt wird, „er sei jetzt bekehrt". Die nüchternen Statistiken sprechen eine andere Sprache und sagen laut und deutlich, dass die überwältigende Mehrheit solcher „Bekehrungen" nicht länger als wenige Tage halten. Diese evangelistische Methodik – Veranstaltungsevangelisation plus Nacharbeitstreffen – ist aber schon so sehr zur unantastbaren Tradition geworden, dass ich mich nicht mehr wundere, wenn die meisten Verfechter dieser Methode die erwähnten Statistiken instinktiv und ohne Faktenkenntnis anzweifeln würden.

In Hauskirchen finden demgegenüber Bekehrungen in einem von persönlichen Beziehungen geprägten Umfeld statt; oft sind es ganze Familien und Haushalte, die zum Glauben kommen und sich gegenseitig ermutigen, die Bekehrung langfristig durch ein verändertes Leben umzusetzen. Tiefgehende, qualitativ überzeugende Bekehrungen sind dabei in der Regel von längerer Dauer als kurze, orthodox vielleicht richtig formulierte Gebete, die in einem flüchtigen Moment in der aufgeregten Atmosphäre einer evangelistischen Veranstaltung gesprochen wurden. Qualitativ tiefgehende Bekehrungen, so argumentiert der englische Theologe David Pawson in seinem Buch „Die normale christliche Geburt", umfassen persönliche Buße, persönlichen Glauben, das persönliche Erfülltwerden mit dem Heiligen Geist sowie die Taufe. Hauskirchen bieten für diesen Prozess ein natürliches – und nicht künstliches – Umfeld und fördern daher die Qualität der Bekehrungen, reduzieren die seelsorgerlich aufwändigen, langfristigen Probleme halbherziger Bekehrungen und stärken die Qualität des lokalen Gemeindelebens auf diese Weise erheblich.

„Von Tür zu Tür"?

„Geht nicht von Haus zu Haus!", sagt Jesus (Lk. 10). Und doch haben viele evangelistische Aktivitäten der Neuzeit das Von-Tür-zu-Tür-Gehen zum methodischen und strategischen Grundbaustein der Evangelisation erklärt. Haben wir das von der Sekte der „Zeugen Jehovas" gelernt oder von Jesus? Ging Jesus je von Haus zu Haus oder einer seiner Jünger? Lukas 10 berichtet, dass Jesus seine Jünger „je zwei und zwei" ausschickt, ohne Geld, und sie beauftragt, nach einem „Kind des Friedens" Ausschau zu halten. Das Haus eines solchen Menschen sollten sie betreten und mit ihm gewissermaßen einen Nukleus bilden, eine entstehende Hauskirche, einen Ort, wo zwei oder drei im Namen von Jesus zusammen sind. Ihr Auftrag lautet dann, „zu essen und zu trinken, was sie euch geben".

> *Wenn wir die traditionelle Pastorenkirche gegen die Hauskirche austauschen, gibt es eine Revolution: Statt die Menschen zur Kirche zu bringen würden wir die Kirche zu den Menschen bringen.*

Das gemeinsame Essen und Trinken ist ein außerordentlich wichtiges Mittel, sich mit einer neuen Gruppe anzufreunden. Wenn wir das loben, was uns zu essen angeboten wird, wird man auch in aller Regel dem aufmerksam zuhören, was wir zu sagen haben. In Indien fahren immer wieder einige Christen aus den Städten zu Tageseinsätzen „auf die Dörfer", zu sogenannten „Dorfeinsätzen". Dabei nehmen sie fast immer eigene Lunchpakete mit, weil sie den Dorfbewohnern und ihrem Essen nicht wirklich trauen. Damit machen sie es den Dorfbewohnern nicht gerade leichter, ihr Leben der neuen Botschaft der kurzfristig eingeflogenen Städter anzuvertrauen.

In vielen Kulturen ist die Gastfreundschaft eine gottgegebene Aufgabe. Wenn Fremde in ein Dorf kommen und an einer Tür anklopfen, dann ist es die Aufgabe der betreffenden Familie, die Gäste einzuladen und zu bewirten. Wenn dieselben Gäste aber nach wenigen Minuten wieder aus dem Haus kommen und an andere Türen klopfen, dann gibt es für die Dorfbewohner nur zwei Möglichkeiten, dies zu interpretieren: Entweder ist im ersten Haus etwas fürchterlich schief gelaufen, oder die Gäste sind gar keine Gäste, sondern Verkäufer, Kriminelle oder Sektenanhänger. In beiden Fällen mag es den hausierenden Christen zwar gelingen, einige Menschen aus dem Dorf zu gewinnen, aber mit großer Wahrscheinlichkeit werden sie dafür das ganze Dorf verlieren.

Dieses evangelistische Hausieren funktioniert „extrahierend", es spricht so viele wie möglich so schnell wie möglich an und versucht, aus dieser Menge die Wenigen ausfindig zu machen, die interessiert sind. Nach dem Gießkannenprinzip werden also so viele Haushalte wie möglich aufgesucht und aus den positiven Kontakten entsteht eine kleine Gruppe, mit der man sich „zur Nacharbeit“ trifft. Apostolisch-prophetische Gemeindegründung funktioniert oft genau andersherum: Man sucht nicht zuerst nach Quantität, sondern nach Qualität; die Bewegung geht von den Wenigen zu den Vielen. Es ist wichtiger, erst den richtigen Brückenkopf – den „Mann oder das Haus des Friedens“ – zu finden, und von dort aus strategisch die ganze Bevölkerung zu erreichen, als an die Tür möglichst vieler Häuser zu klopfen. Soweit uns das Neue Testament darüber berichtet, hat Jesus erstaunlich wenig verschiedene Häuser besucht und dennoch – oder gerade deswegen! – hat sein Dienst nachhaltige Auswirkungen auf das gesamte Land gehabt.

Neudefinition der Mission

Das Herzstück vieler heutiger Missionsunternehmungen ist das traditionelle Verständnis von Kirche. Aus diesem statischen Zentrum heraus machen wir „Einsätze“ zu denen, die um „die Kirchen“ herum leben, und versuchen sie dazu zu bewegen, doch die Gottesdienste in der Kirche zu besuchen. Wir nennen das Evangelisation. Wenn wir dasselbe tun, dabei jedoch wichtige ethno-linguistische Hürden oder geografische und kulturelle Grenzen überschreiten, nennen wir dasselbe Unternehmen Mission. Die Philosophie ist die gleiche: hingehen, damit andere herkommen, d. h. möglichst viele Menschen zu bewegen von nun an zur Kirche zu gehen.

Wenn wir die traditionelle Pastorenkirche als Herzstück der Evangelisation und Mission gegen die Hauskirche austauschen, gibt es eine Revolution: Statt die Menschen zur Kirche zu bringen würden wir die Kirche zu den Menschen bringen. Es wäre nicht länger eine statische Kirche, die mobile Spezialisten, genannt Evangelisten und Missionare, aussendet, sondern die Hauskirche würde sich buchstäblich selbst aussenden. Die Hauskirchenbewegung würde apostolisch handeln und funktionieren, indem sie an immer neuen Orten Ableger ihrer selbst gründet. Die Kirche würde im besten Sinne des Wortes zur Mission werden, eine ständig von Gottes Geist angestoßene, sich multiplizierende Bewegung, gleichzeitig sendend und gesandt.

Wir würden Hauskirchen in der Form von multiplizierbaren embryonalen Einheiten aussenden können, wie damals in Antiochien (Apg. 13), die durch ihren eingebauten genetischen Code alles verändern, womit sie in Berührung kommen. Jesus verglich einmal das Reich Gottes mit dem Sauerteig. Der Sauerteig sendet keine Missionare, er sendet sich selbst. Kirche ist nur Kirche, wenn sie missionarisch ist, wenn sie für andere denkt, wenn sie den Verlorenen nachgeht. Hauskirchen werden uns helfen, diese neutestamentliche, apostolische Dimension von Kirche wiederzugewinnen.

Mehr Echtheit, weniger Theater

Die traditionelle Gemeinde ist sehr stark veranstaltungsorientiert; die Betonung liegt darauf, eine Versammlung *abzuhalten*, Treffen *durchzuführen*, Sitzungen *zu leiten*, Riten *zu zelebrieren*, Predigten *zu halten* und Gebete *zu sprechen*, die, so der Hamburger Theologe Wolfram Kopfermann, oft genug an Dichterlesungen erinnern. Kein Wunder, dass der Volksmund manchmal scherzt, dass Kirchen oft sind wie ein Theater – die Vorführungen sind nur viel billiger. Das Kernproblem ist, dass bei so vielen Zuschauern keine Jüngerschaftsdynamik aufkommen kann; es ist Gemeinde ohne Gemeinschaft. Wirkliche Begegnung kann oft nur durch ein wenig Smalltalk vor und nach den offiziellen Gottesdienstzeiten stattfinden, und selbst dann hat das Ganze mehr das Flair einer nicht richtig in Gang gekommenen Party.

Das ganze Szenario und synagogale Veranstaltungsraster drängt schon von der typischen Größenordnung her – zwischen 20 und 300 – buchstäblich nach einer Veranstaltungsform, die nur noch einen erstaunlich kleinen Schritt vom echten Theater entfernt ist. Ich behaupte hier keinesfalls, dass in Kirchen Theater gespielt wird, aber ich behaupte, dass die traditionelle Veranstaltungsform von Kirche denkbar ungünstig ist für echtes, authentisches Leben. Es ist einfach zu leicht geworden, dass die jeweils wenigen Aktiven ihren Part so echt wie möglich spielen können und alles äußerlich richtig machen, während sie innerlich möglicherweise ganz woanders sind. Und es ist auch für die Besucher – die Zuschauermenge? – viel zu einfach geworden, sich hinter einer Maske von frommem Kopfnicken, Hallelujas und gemurmelten Amens an der richtigen Stelle zu verbergen, ein Sonntagsgesicht zu zeigen und völlig unverändert nach Hause zu gehen.

Es ist für die Besucher – die Zuschauermenge? – viel zu einfach geworden, sich hinter einer Maske von frommem Kopfnicken, Hallelujas und gemurmelten Amens an der richtigen Stelle zu verbergen, ein Sonntagsgesicht zu zeigen und völlig unverändert nach Hause zu gehen.

Diese Welt wird sich nicht durch die beste Botschaft im Gewand kirchlicher Schauspielkunst beeindrucken und verändern lassen – da ist man schon aus dem Fernsehen Besseres gewöhnt. Aber wenn die Kirche wegkommt von den künstlich veranstalteten Aufführungen und wieder den Alltag als Lebensraum wiedergewinnt, wird sie an Authentizität und Autorität gewinnen, und zwar genau da, wo es zählt: vor Ort, in der Nachbarschaft, mitten im richtigen Leben.

Der Netzwerkgedanke: die Verbindung lokaler und regionaler Dynamik

Wenn man mehrere Computer durch Kabel oder Telefonleitungen miteinander verbindet, spricht man entweder von einem *Local Area Network* (LAN), einem lokalen Netzwerk, oder einem *Wider Area Network* (WAN), einem überregionalen Netzwerk. Das ist eine ziemlich exakte, wenn auch der Computerwelt entlehnte Beschreibung dessen, wie sich Hauskirchenbewegungen zueinander verhalten.

Das kleine Netzwerk vor Ort ist ein Teil eines größeren, regionalen oder überregionalen Netzwerkes von Hauskirchen. Das lokale Netzwerk verbindet interdependente – nicht völlig unabhängige, in sich geschlossene! – Hauskirchen miteinander zu einer Bewegung. Diese ist wiederum Teil eines weiteren Netzes von Hauskirchen, die auf der Ebene der Stadt, der Region oder des Distrikts zusammenarbeiten, Dienste und Ressourcen austauschen und in einer strategischen Partnerschaft zusammenwirken, um die ganze Gegend mit Hauskirchen zu füllen.

Eine neue Phase der Mission unter Moslems, Hindus und Buddhisten

Es ist ein offenes Geheimnis, dass in der gegenwärtigen missionarischen Situation und mit den traditionellen Strukturen der Kirchen fast nur Randgruppen, Außenseiter und niedrige Kastenangehörige dieser drei Religionsgruppen regelmäßig den Zugang zu den Gemeinden finden, mit schmerzhaft wenigen Ausnahmen. Der derzeit größte Teil der Bekehrten der Weltchristenheit stammt aus dem Animismus, den Anhängern von Naturreligionen, und von Menschen aus formell atheistischen und namenschristlichen Bevölkerungsgruppen.

Immer mehr Christen erkennen, dass die Grundstruktur der Kirche eines der größten und vor allem selbstgemachten Probleme ist: die Kirche steht sich buchstäblich selbst im Weg. Für die meisten Moslems, Hindus und Buddhisten ist es ein spirituelles, moralisches, kulturelles und philosophisches Problem, ein Kirchengebäude zu betreten. Dort aber, wo sich beziehungsorientierte Hauskirchen als geistliche Großfamilien bilden, die sehr stark die Familienstruktur in den drei genannten Religionsgruppen widerspiegeln, eröffnet sich eine neue Perspektive für Menschen, die im islamischen, buddhistischen oder hinduistischen Umfeld groß geworden sind und von nun an Jesus Christus nachfolgen wollen. Erstaunlich viele Beispiele zeigen, dass von allen möglichen Kirchenstrukturen die Hauskirchen die bei weitem potenteste und multiplikationsfähigste Kirchenform ist, um sich in islamischen, buddhistischen und hinduistischen Volksgruppen auszubreiten.

Viele Christen haben beispielsweise über die Jahrhunderte versucht, Moslems in die Kirchen zu bringen – ohne entscheidende Erfolge. Hauskirchen ermöglichen dabei eine umgekehrte Dynamik: die Kirche zu den Moslems zu bringen ohne dabei westliche Veranstaltungsmuster, Kommunikationsformen und Gesellschaftsrituale zu benutzen, die die meisten Moslems, ähnlich wie Hindus und Buddhisten, vor den Kopf stoßen. Obwohl Jesus Asiate war, wird er von vielen Moslems, Buddhisten und Hindus immer noch als der Gott der „weißen Westler" gesehen. Wenn solche westlichen kirchlichen Formen nur stören und alte Vorurteile aufrechterhalten, was hindert uns eigentlich, uns dieser Formen schnellstmöglich zu entledigen und „den Griechen ein Grieche und den Juden ein Jude zu werden ... um ihrer etliche zu gewinnen" (1. Kor. 9,20-22)?

Nutzung des sozialistischen und kommunistischen Humusbodens

Traditionelle Kirchenformen haben sich bislang eher schwer getan, intellektuelle Studenten, Atheisten, Sozialisten und Kommunisten anzuziehen und für das Evangelium zu begeistern – obwohl diese Bevölkerungsgruppen eigentlich schon immer eine gewisse Hassliebe und merkwürdige Faszination für den revolutionären „Genossen Jesus" entwickelt haben. Wie lauten die sozialistischen Slogans? Es geht um die Umverteilung des Reichtums, materielles Teilen und um Gerechtigkeit für alle. Alles neutestamentliche Werte, die von der traditionellen Kirchlichkeit seit Jahrhunderten gepredigt, aber nur selten gelebt wurden.

Der Kommunismus als Ideologie übt für viele junge Menschen immer noch eine gewaltige Faszination aus, weil er Ungerechtigkeit direkt anprangert, die Rechte der Armen vertritt, die Umverteilung der Ressourcen fordert und so radikal ist, diese Ziele wenn nötig auch mit Gewalt durchzusetzen. Der Kommunismus unter Lenin sprach davon, „alle Macht dem Volk" zu geben, aber das Resultat war, dass eine kleine Elite von Funktionären sich „demütig" an die Spitze der Machtpyramide hochdienerte. Als Christen müssen wir versuchen, romantischen Versionen eines „Urkommunismus" fern zu bleiben, mit all den dazugehörigen träumerischen Liedern und Emotionen.

Das Christentum hat seine eigene Version von „Alle Macht dem Volk". Alle Macht gehört Jesus und er selber verteilt diese Autorität durch ein ausgeklügeltes und geniales Verteilersystem, genannt „die Gemeinde". Dort wird Gottes Macht durch die demütigen Dienste sich selbst gekreuzigter Ältester und Diakone, Apostel, Propheten, Hirten, Lehrer und Evangelisten vermittelt. Das Problem des Kommunismus ist, dass er nicht den Kern der Korruption erkennen kann und will – die menschliche Sündhaftigkeit – und deswegen machtlos und oft genug wütend und enttäuscht ansehen muss, dass die Menschen, die die „Umverteilung der Mittel" organisieren, immer auch in ihre eigene Tasche und in die ihrer Günstlinge wirtschaften und im Wesen genauso korrupt sind wie die Menschen, von denen sie den Reichtum nehmen. Sie stehen nur auf der ungefährlicheren Seite der Gewehre und der staatlichen Exekutive. Das Ergebnis ist oft genug mehr Korruption und Diktatur im Namen der Gleichberechtigung aller Menschen.

Der Kommunismus ist nach meiner Überzeugung ein unfreiwilliger Alliierter Gottes, der in mancherlei Hinsicht das Denken der Menschen für das Evangelium, so wie es in Hauskirchen gelebt wird, vorbereitet hat.

Wer die Entwicklung von Hauskirchenbewegungen in den letzten Jahrzehnten betrachtet, wird unschwer feststellen, dass sie mit ihrer Betonung auf materiellem und spirituellem Teilen und der Abwesenheit kirchlicher Machtmenschen sich sehr effektiv in sozialistischen Kulturen ausgebreitet haben, wie beispielsweise in Russland, Kuba, China, Vietnam oder Äthiopien. Der Kommunismus ist nach meiner Überzeugung ein unfreiwilliger Alliierter Gottes, der in mancherlei Hinsicht das Denken der Menschen für das Evangelium, so wie es in Hauskirchen gelebt wird, vorbereitet hat. Wenn eine sozialistische Gesellschaft darin versagt, das „kommunistische Paradies" zu errichten, können die Hauskirchen ohne viel Aufhebens in diese Lücke treten.

Die explodierenden Hauskirchenbewegungen in Kuba, China und Vietnam sind ein deutliches Beispiel dafür, und ich werde mich keine Sekunde wundern, wenn wir in Nordkorea und Libyen bald dasselbe erleben werden. Hauskirchen können vor Ort das ausrichten, worin die Nationalregierung versagt hat. Sie beantworten genau die Fragen, die von einer sozialistischen Kultur gestellt werden, und sie liefern ein Lebensmodell, das funktioniert, weil es die Antwort auf das Kernproblem des Menschen gefunden hat: die Sünde und damit verbunden den Wunsch, eigensinnig – ohne den eigenen Schöpfer zu konsultieren – im eigenen Haus oder dem ganzen Land Gott zu spielen.

Begeisterte Christen leisten bessere Arbeit

Weitaus weniger Menschen in traditionellen Kirchenstrukturen nehmen aktiv an den Diensten einer christlichen Gemeinde teil, als dies in kleinen Hauskirchen der Fall ist. Selbst in einigermaßen überschaubaren traditionellen Kirchen unter 100 Besuchern, so der Gemeindewachstumsforscher Christian Schwarz, üben nur 31 Prozent einen geistlichen Dienst aus, der direkt mit ihren geistlichen Gaben zusammenhängt. In größeren Gemeinden liegt dieser Anteil statistisch gesehen nur bei 17 Prozent.

Jedermann weiß, dass nur bei solchen Menschen wirkliche Begeisterung aufkommt, die aktiv an einem Prozess beteiligt sind. Unbeteiligte oder auch falsch eingesetzte Menschen sind schnell gelangweilt, schalten ab, klinken sich aus oder leisten nur „Dienst nach Vorschrift". Die Hauskirche ist eine partizipatorische Lebensform, bei der fast jeder sofort seinen Platz findet und einen Beitrag im Einklang mit seinen Gaben und Neigungen finden kann. Unmittelbare Folge ist, dass Begeisterung aufkommt. Und begeisterte Leute übertreffen sich selbst, machen eine qualitativ hervorragende Arbeit, leben ihr Charisma aus, sind erfülltere Menschen und deshalb attraktiv für andere.

B. Aktiv neue Schwerpunkte setzen

Als Folge der oben genannten Konsequenzen müssen wir darangehen, neue Schwerpunkte zu setzen. Wenn wir neue Dinge erleben wollen, dann müssen wir bereit sein, neue Dinge zu tun, und dabei so praktisch wie möglich werden. Ich möchte einige davon nennen:

Die Familien wieder zum Zentrum der Gemeinde machen

Das westliche Christentum und der dort grassierende Säkularismus hat sich stark auf den Einzelnen konzentriert, auf Kosten der Familie. In sich stabile und gesicherte Familien, selbst die alleinerziehende Mutter, sind eine viel gesündere soziale Einheit als doppelverdienende kinderlose Paare, die sich vielleicht heute über vermeintlich ewiggestrige Christen und ihre Familientraditionen lustig machen und kreditkartenschwingend Karriereleitern erklimmen, aber gar nicht merken, wie sie dabei ihre eigenen Ehen und wertvollsten Beziehungen und nicht selten Körper und Psyche zugrunde richten.

Wenn solche Paare, die sich auf der Überholspur des Lebens einnisten wollen, dennoch Kinder haben, werden diese oft unsicher, verstört und nicht selten gewaltbereit. Solche fast elternlose Kinder, die sprichwörtlichen „Schlüsselkinder", wachsen friedlos und ruhelos auf, sich selbst und den Medien überlassen, während ihre Eltern nach Erfolg und sozialer Bedeutung streben. Die Familie ist dabei auf dem Altar des wirtschaftlichen Gewinns geopfert worden. Die christliche Gemeinde mit ihrer Lebensbotschaft kann diesen Teufelskreis durchbrechen, weil das Evangelium die innere Suche des Menschen unvergleichlich besser befriedigen kann als materieller Wohlstand oder politischer Erfolg. Gott erfüllt einfach tiefer als alles Geld und die kurzfristigen Lorbeeren dieser Welt. Die gesunde Beziehung zwischen Mann und Frau als Kern der Familie ist deswegen auch gleichzeitig der Kern der Hauskirche, einer ganz bewusst auf Familien aufgebauten Kirchenform.

Mein Freund Kari Törmä von der Eheseelsorgebewegung „Whole Marriage Ministries" in Finnland ist überzeugt, „dass wir uns auf die herausforderndste Beziehung der Welt konzentrieren müssen, auf die zwischen Mann und Frau, um eine gesunde Grundlage für die Gemeinde und den Staat zu legen. Wer sich gut um seine Ehe und seine Familie kümmern kann, dem vertraut Gott auch Verantwortung in den christlichen Gemeinden an", sagt Törmä. Eines der besten Dinge, die beispielsweise ein Vater für seine Kinder tun kann, ist, deren Mutter zu lieben. In familienorientierten Hauskirchen werden gesunde Mütter und Väter gefördert und bestätigt. Kinder können in Hauskirchen ihren wichtigen Beitrag leisten, indem sie einfach so sind, wie sie sind, die verletzlichen und weichen Aspekte der Erwachsenen herauslocken, ihnen die rauhe Schale nehmen, sie zum Lachen und zum Weinen bringen, von abgehobenen Diskussionen auf den Boden der Realität zurückkitzeln, ihre Geduld auf die Probe stellen und sie ständig neu demütigen und begeistern. Die Keimzelle einer Hauskirche ist deshalb oft genug die Familie und darin wiederum die Beziehung zwischen Mann und Frau.

Die gesunde Beziehung zwischen Mann und Frau ist der Kern der Hauskirche, einer ganz bewusst auf Familien aufgebauten Kirchenform.

Ermächtigende Strukturen schaffen

Jesus gab ihnen Vollmacht und die Schlüssel – und die frühen Jünger stellten prompt die gesamte antike Welt auf den Kopf (Apg. 17,6). Als Christen können wir letztlich nicht Macht voneinander nehmen und hin- und herdelegieren, sondern nur von Gott. Unsere Aufgabe auf Erden besteht darin, buchstäblich das Beste im Anderen zu fördern und zur Blüte zu bringen. Das Herzstück des Missionsbefehls besteht darin, andere zu Jüngern zu machen, und das bedeutet wiederum, sie in der Kraft Gottes zu Dienern Gottes zu ermächtigen, genau wie Gott auch uns durch seinen Geist dazu ermächtigt hat.

Ich bin einem jungen und dynamischen Pastor begegnet, der viele Jahre lang unter einem „mächtigen Knecht des Herrn" gearbeitet hatte, treu die Gottesdienste leitete und tat, was immer man von ihm verlangte. Aber er hatte ein Problem: Man hatte ihm nie eigenständige Verantwortung gegeben, er handelte stets in Vertretung des *Senior Pastor,* in Erfüllung einer von oben delegierten Pflicht. Nach sechs Jahren war er am Ende, ausgebrannt, kraftlos, und wollte nur noch weg. Er suchte eine neue Arbeitsstelle und landete in einer anderen Gemeindebewegung, wo der *Senior Pastor* sofort das Potenzial dieses jungen Mannes erkannte und sah, wie dieser junge Pastor nahtlos in seine eigene Vision und Strategie passen würde. Der junge Pastor kam vom Regen in die Traufe. Er spürte, dass er nicht zu einem Jünger angeleitet worden war, und fühlte sich zum zweiten Mal für die vermeintlich heiligen Ziele eines anderen ausgenutzt und missbraucht.

Wenn wir nicht andere zu Jüngern machen, sie anleiten und sie ermächtigen, wie Jesus es vorgemacht hat, dann werden wir das genaue Gegenteil dessen erreichen, was wir vorgeben. Anstatt Menschen zu ermächtigen werden wir sie ausnutzen, sie für unsere Zwecke einsetzen, selbst wenn wir dies unter den frömmsten Vorzeichen tun.

Wenn unsere traditionellen Landes- und Freikirchen nicht auf dem Jüngerschaftsgedanken aufbauen, dann werden sie auch keine Strukturen entwickeln können, die Menschen zu Jüngern machen und sie ermächtigen, Diener Gottes zu sein. Wenn traditionelle Gemeinden noch nicht einmal ihre eigenen Mitglieder zu Jüngern machen, wenn dies nicht ihre Kernsubstanz, ihre Grundqualität ist, dann werden wir unmöglich mit diesen Strukturen den Missionsbefehl erfüllen können, wo es darum geht, „ganze Nationen zu Jüngern zu machen". Es ist die innere Qualität, die Strukturen hervorbringt, die ihrerseits wiederum Einfluss auf die Quantität haben. Wenn diese Qualität mangelhaft ist, brauchen wir uns über mangelhafte Strukturen und ausbleibendes Wachstum der Gemeinden nicht zu wundern. Als Resultat der Praxis, missionarische Jüngerschaft durch frommes und aufregendes Veranstaltungschristentum aus dem Zentrum zu verdrängen, bleiben die Menschen in einer Vielzahl von Kirchen kraftlos. Wenn aber unsere kirchlichen Systeme die Menschen nicht ermächtigen und zu vollmächtigen Jüngern machen, was fördern wir denn dann? Die systematische Entmündigung des revolutionärsten Potenzials der Welt – und das im Namen Gottes.

Dabei sind die Unterschiede zwischen ermächtigenden und entmündigenden Strukturen manchmal ganz fein und nicht immer sofort zu sehen. Hier eine kleine Gegenüberstellung:

Wie man Menschen ermächtigt	**Wie man Menschen entmündigt**
lass sie funktionieren	gib ihnen Funktionen
glaube an sie	lasse sie an dich glauben
delegiere Autorität	erwarte Unterordnung
fördere Gottes Plan mit ihnen	mache sie zum Teil deines eigenen Planes
investiere in sie	benutze sie
liebe sie (und sag's ihnen)	liebe Aufgaben mehr als Menschen
gib ihnen, was du hast	nimm, was sie haben
diskutiere mit ihnen	predige sie an
verbringe viel Zeit mit ihnen	erteile Audienzen
gib ihnen die Schlüssel jetzt	warte damit bis zur Pension
diene ihnen	lass sie dir dienen
lobe sie	genieße ihre Bewunderung
übertrage Meisterschaft an sie	demonstriere Meisterschaft

Wir müssen den Jüngerschaftsbefehl als Herzschlag der Mission wiederentdecken. Hauskirchen und der darin funktionierende fünffältige Dienst sind ein von Gott offenbarter Weg, andere Menschen systematisch zu Jüngern zu machen und sie zu ermächtigen – und dadurch letztlich die ganze Welt zu verändern. Wir sollten das nicht durch Zufall tun, sondern aus Prinzip, und uns dazu entschließen, ermächtigende Strukturen zu bilden und Strategien zu entwickeln, die andere zu Jüngern machen und sie bevollmächtigen, ihrem Gott zu dienen – auf lokaler, regionaler, nationaler und internationaler Ebene.

Behinderte und alt gewordene Älteste

Ein praktischer Weg, andere zu ermächtigen, ist, dass wir uns ganz bewusst denen zuwenden, die in unserer erfolgs- und jugendorientierten Welt als Schwache angesehen werden. 10 Prozent der Weltbevölkerung, das entspricht derzeit etwa 600 Millionen Menschen, sind behindert und entweder durch Unfälle oder Krankheiten in ihrer Bewegung stark eingeschränkt.

Eine Möglichkeit, diese Bevölkerungsgruppe zu gewinnen, besteht darin, die bestehenden Gemeinden rollstuhlgerechter zu machen und Krankenfahrzeuge anzuschaffen, um Behinderten den Zugang zu erleichtern. Ein anderer Weg würde sein, nicht länger die Behinderten in die Kirche, sondern die Kirche zu den Behinderten zu bringen! Wir müssen darangehen, behinderte Menschen, die oft genug buchstäblich an ihr Haus gebunden sind, zu Ältesten, zu Lehrern oder Hirten auszubilden, damit ihre Wohnungen und Häuser zu Hauskirchen werden können. Das fügt nicht nur theoretisch 10 Prozent der Weltbevölkerung zu der möglichen Liste von Hauskirchengründern hinzu, sondern gibt einer riesigen Anzahl von Menschen die Möglichkeit, ihre vier Wände mit Sinn zu füllen und von ihrem Haus aus einen wesentlichen Beitrag zur Revolutionierung der Welt durch das Evangelium beizutragen. Ist es nicht den Versuch wert, Behinderten Gelegenheit zu geben, mit Begeisterung die Gründung und Ausbreitung von Hauskirchen zu fördern? Machen sie den Versuch!

Es darf uns nicht nur darum gehen, AJMs zu ermächtigen – Aktive Junge Menschen – die sich sowieso im Zentrum der Aufmerksamkeit unserer Gesellschaft befinden, sondern auch unsere Senioren. Weil die traditionellen Kirchen oft sehr programmorientiert sind, bleibt für christliche Senioren nur wenig zu tun, sie können sich in den schnellen, sitzungsintensiven Ablauf einer Programmgemeinde kaum mehr einbringen. Viele christliche Senioren sind daher enttäuscht und werden maximal betreut, aber kaum ausgebildet. Wenn wir aber beginnen würden, unsere Senioren zu Ältesten von Hauskirchen auszubilden, würden wir erleben, wie viele von ihnen noch einmal aufblühen, genauso wie die Gemeinden in ihren Häusern aufblühen werden. Und täte es den christlichen Gemeinden, jungen Ehepaaren und Singles nicht gut, wenn sie immer wieder regelmäßig eine gute Dosis lebenserfahrener Weisheit abbekommen und lernen, weiße Haare zu würdigen, Krankheit, Schwäche und Tod nicht zu verdrängen? Statt die Senioren in die Gemeinden zu holen, müssten wir nur die Gemeinden zu den Senioren bringen. Wir bräuchten dann neben JmeM – „Jugend mit einer Mission" – möglicherweise auch ganz neue Bewegungen wie OmeM, für all die „Omas und Opas mit einer Mission".

Inkarnieren, nicht kontextualisieren

Jesus war Asiate, nicht Europäer. Die meisten Christen und Noch-Nicht-Christen spüren, dass eine kontextualisierte – dem Kontext angepasste –, aber im Wesentlichen immer noch westliche Kirche nicht wirklich nach Afrika, Asien oder Lateinamerika passt. Jede Nation muss ihre eigenen Modelle von Kirche entwickeln können, wobei Christus immer wieder neu Fleisch wird, sich in die jeweilige Zeit, Kultur und die lokalen Gegebenheiten hinein inkarniert. Die Kontextualisierung war eine hilfreiche missionarische Methodik der Vergangenheit, wobei man das Evangelium und die zumeist westlich geprägten Formen von Kirche der örtlichen Sprache und Kultur angepasst hat. Die Folge war ein zwar adaptiertes, aber letztlich weiterhin importiertes, ausländisches Kirchenmodell, das oft instinktiv von den einheimischen Volksgruppen als solches durchschaut und abgelehnt wurde.

Jede Nation muss ihre eigenen Modelle von Kirche entwickeln können, wobei Christus immer wieder neu Fleisch wird, sich in die jeweilige Zeit, Kultur und die lokalen Gegebenheiten hinein inkarniert.

Heute gibt es Christen in buchstäblich jeder Nation der Erde, nicht zuletzt durch die missionarischen Bemühungen westlicher Christen. Das bedeutet aber auch, dass wir eine neue Faktenlage haben. Wir müssen heute den Christen in anderen Kulturen – auch den Subkulturen innerhalb der westlichen Welt! – Gelegenheit geben, unbeeindruckt vom Rest der Welt ihre eigenen Gemeindeformen zu entwickeln und diese in ihren Dörfern, Städten, Kulturen und Szenen zu inkarnieren. Dass diese einheimischen Kirchenformen fast immer Hauskirchenformen annehmen, wird Sie inzwischen sicherlich nicht mehr überraschen.

Unsere Anbetung erweitern

Mission existiert, weil noch immer nicht genug Menschen Gott anbeten. Die Ausgießung des Heiligen Geistes hat die tempelzentrierten Anbetungsmuster und Riten des Alten Testaments verändert; im Neuen Testament werden Christen aufgefordert, Gott „im Geist und in der Wahrheit anzubeten". Wir sollten nicht übersehen, dass echte Anbetung mehr mit geisterfülltem Gehorsam zu tun hat (Röm. 12,1-2) als mit Musik und dem Singen einiger „Anbetungslieder". Unsere Anbetung drückt sich vor allem aus durch ein opferbereites Leben, das bereit ist, Leib, Familie, Haus, Freundschaft, Besitz, Ansehen und Ehre zu riskieren, um unter Gottes Führung darauf hinzuwirken, „daß die Erkenntnis des Herrn die Erde bedeckt wie das Wasser das Meer" (Jes. 11,9).

Es muss teurer und nicht billiger werden, Christ zu werden, da es schließlich darum geht, das Leben mit anderen Menschen zu teilen und nicht nur einige Veranstaltungen gemeinsam durchzustehen.

Abraham hatte dies verstanden. Auf dem Weg zum Berg Moria, wo er seinen Sohn Gott opfern wollte, sagte er zu seinen Dienern: „Ich gehe hin anzubeten" (1. Mose 22). Dies hat Gott so beeindruckt, dass er ihn sogar zweimal vom Himmel her anrief und ihm sagte, er würde ihn zu einem Segen für die Nationen machen. Anbetung und eine Haltung der willigen Selbstaufgabe hängen engstens zusammen. Schon deshalb mag es wichtig sein, einige der wirklich neutestamentlichen Formen von Anbetung wiederzuentdecken, beispielsweise in wortloser Anbetung flach vor Gott auf dem Boden zu liegen (Mt. 28,9; Offb. 4,10) und damit zum Ausdruck zu bringen, dass wir bereit sind, selbst unser eigenes Leben für Gott hinzugeben, wenn es nötig ist und er es wünscht.

Es ist manchmal nicht ganz hilfreich, wenn in christlichen Gemeinden jemand das Mikrofon ergreift und erklärt: „Wir gehen jetzt in die Anbetung!", womit die Person meint, dass jetzt die Gemeinde einige Lieder gemeinsam singen wird; denn wo waren wir denn vorher und wo gehen wir denn nachher hin? Hier steht Anbetung in Gefahr, ganz buchstäblich instrumentalisiert zu werden. „Es ist erstaunlich festzustellen, dass im Neuen Testament die Anbetung niemals als Grund dafür genannt wird, dass Christen zusammenkommen, auch wenn wir das fast automatisch so annehmen. Sie kommen zusammen, um sich gegenseitig aufzuerbauen und Gemeinschaft zu haben (1. Kor. 14,26; Hebr. 10,24-25). Es geht im Neuen Testament mehr um das Wie, nicht das Wo und Wann der Anbetung", sagt Peter Ignatius von der Christian Fellowship in Madras.

Das Neue Testament bezieht sich niemals darauf, dass sich die Gemeinde zu einem *worship meeting* trifft, einem Anbetungsgottesdienst. Anbetung ist also nicht so sehr das, was wir tun, sondern die Art, *wie wir es tun;* nicht so sehr das, was wir singen oder sagen, sondern ob wir ein lebendiges Opfer sind, bereit, wie ein Trankopfer ausgegossen zu werden für Gott. Sicherlich kann das auch, wie im Alten Testament häufig, in Liedform geschehen. Doch nach dem Zeugnis des Neuen Testaments scheinen die Christen erstaunlich selten laut gesungen zu haben – in Zeiten der Verfolgung oder auch der rechtlich umstrittenen Frage in den USA und Teilen Europas, ob christliche Gemeinden in Wohngebieten sein dürfen, war und ist es ja auch nicht gerade ratsam, durch lautes Singen, Klatschen und Trommeln auf sich aufmerksam zu machen.

Die meisten Christen denken oft instinktiv, dass Paulus und Silas im Gefängnis laut gesungen haben – aber dort steht nur, dass „sie gebetet und Gott gelobt" hatten. Das Singen haben wir unbewusst miteingefügt und hineininterpretiert. Paulus beschreibt es so: Wir „singen und spielen Gott *in unseren Herzen", reden* zueinander in Psalmen und Lobgesängen (Eph. 5) und loben Gott – ich würde hinzufügen: manchmal auch mit Instrumentalbegleitung!

Die Eintrittsschwelle erhöhen

In vielen Nationen haben lange die Geheimgesellschaften geblüht und tun dies auch heute noch. Die Neugier des Menschen am Unbekannten, das Rütteln an verschlossenen Türen und das Suchen nach dem Geheimnisvollen ist Teil unserer menschlichen Natur. Jeder Mensch möchte gerne zu einer speziellen Gruppe gehören, die nicht jedem offen steht. Hauskirchen-Christentum war im Wesentlichen eine Geheimgesellschaft, eine Untergrundbewegung, eine halblegale und etwas geheimnisvoll operierende Gruppe von Menschen. Das ist auch heute noch so oder kann sich sehr schnell wieder dahin entwickeln.

Es muss teurer und nicht billiger werden, Christ zu werden, da es schließlich darum geht, das Leben mit anderen Menschen zu teilen und nicht nur einige Veranstaltungen gemeinsam durchzustehen. Dies ist ein weitaus höherer Eintrittspreis als der kleine Mitgliedsbeitrag für einen freiwilligen Club, wo es reicht, ab und an sein Gesicht zu zeigen.

Es scheint so zu sein, dass die Menschen durchaus bereit sind, tief in die Tasche dafür zu greifen oder Erstaunliches über sich ergehen zu lassen, um bei einer exklusiven Gruppe dabeizusein, wie Golfclubs, Geheimzirkel, Sekten, Tätowier-Gangs und Jugendbanden uns zeigen. Ein mir bekannter deutscher Pastor hat einmal das Gerücht in Umlauf gesetzt, „dass die Predigten in meiner Kirche intellektuell so anspruchsvoll sind, dass sie längst nicht jeder versteht!" Resultat? Eine ganze Menge von Leuten kam extra deswegen in seine Kirche, um herauszufinden, ob der Mann Recht hat. Je enger eine Pforte ist, desto mehr scheinen daran interessiert zu sein, sich durchzuquetschen.

Viele Gemeinden experimentieren mit sogenannten „Einführungskursen", die es durchaus nicht jedem leicht machen, sich neu einer christlichen Gemeinde anzuschließen. Bei Hauskirchen geht dieser Gedanke noch viel weiter: Viele Hauskirchen schließen sogar regelrecht einen Bund miteinander. Da dadurch von Anfang an ein recht hohes Maß an Bereitschaft von jedem Mitglied erwartet wird, ist auch die Verbindlichkeit in Hauskirchen meistens weitaus höher als in traditionellen Gemeinden. Und Verbindlichkeit schweißt zusammen, schafft tiefere Gemeinschaft, gibt wichtige Stützen, weil man sich aufeinander verlassen kann, und lässt einen Krisen und Freuden besser verarbeiten. Und nicht zuletzt schafft ein hoher Grad an Verbindlichkeit in den Augen der Außenstehenden das Bild eine verschworenen Gesellschaft. Und das zieht wiederum die Neugierigen an.

Den Stamm als die Urform menschlicher Gesellschaft wiederentdecken

Nachdem der Mensch aus dem Garten Eden vertrieben worden war, den Gott als „Heimat" für Adam und Eva geschaffen hatte, wurde er im Grunde heimatlos, ein getriebener Obdachloser. Der Ort, wo das Geschöpf sich mit seinem Schöpfer treffen sollte, war von nun an für den Menschen verschlossen. Dies hinterließ ein heimatförmiges Vakuum im Herzen und im Verstand des Menschen. Dies erklärt auch die unstillbare Sehnsucht, ein Heim zu haben, eine Burg, eine Familie, einen Clan, einen Zufluchtsort, an dem wir sicher und geborgen sind. Einen Ort eben, mit einem kleinen Garten Eden vor der Haustür, an dem wir für einen kurzen Moment vergessen können, dass uns Gott aus seiner Gegenwart vertrieben hat.

„Der Mensch ist ein Stammeswesen", schreibt Peter Marsh in seinem Buch „Tribes". „Die frühe Bevölkerung der Erde bestand im Wesentlichen aus Jägern und Sammlern, die kleine Jagdgruppen bildeten, um besser überleben zu können. Eine Gruppe von sechs bis acht Jägern bedeutete, dass diese Jagdgruppe zusammen mit den Frauen und Kindern etwa 20 bis 25 Personen groß war. Diese Gruppengröße war genug für den Zweck des Jagens, aber nicht für soziale Bedürfnisse wie Heiraten und Handel. Dafür wurde eine größere gesellschaftliche Gruppe gebraucht, der Stamm. Aus etwa 20 Jagdgruppen entstanden oft die ersten Dörfer, die dann zusammen etwa 500 Menschen umfassten", so Marsh. Unsere soziale Identität besteht darin, wer wir in Beziehung zu anderen Menschen sind. Viele Wissenschaftler sehen den Ursprung menschlicher Verhaltensmuster wie Territorialität, Ehe, Verwandtschaft, Tabus und soziale Beziehungen im Stammesdasein begründet. Der Stamm als Lebensform, so sagen sie, ist uns allen so tief eingepflanzt, dass wir dieses instinktive Stammesdenken weder auslöschen könnten noch sollten.

Wenn Menschen zusammenleben, entwickeln sich fast automatisch Stammesmuster, Jagdbanden und Clans, und zwar sowohl bei den heutigen Volksstämmen und Eingeborenenstämmen, den Aborigines, als auch den modernen Stämmen unserer Gesellschaft, den Jagdvereinen oder Fußballanhängern, Militärkommandos oder Kriminellenbanden, Gewerkschaftsgruppen oder Terroristen, Pfadfindern oder Hells Angels. Alle diese Gruppen und modernen Stämme funktionieren nach sehr ähnlichem Muster und gehorchen gleichen sozialen Gesetzmäßigkeiten. Stammeskulturen gibt es überall: in unseren Vorständen und Komitees, Teams und Aufsichtsräten, Ratsversammlungen und Vereinen, den Protestvereinigungen und Bürgerrechtsbewegungen, unseren Instituten, Gangs, Schuljubiläumsgruppen und den Fangemeinden der Musikgruppen und Sänger.

Häuptlingskulturen und kopflose Stämme

Anthropologen definieren einen Stamm als „eine Vereinigung von Gruppen, die eine gemeinsame Sprache, grundlegende kulturelle Eigenschaften und in der Regel ein Territorium miteinander gemeinsam haben". Es gibt grundsätzlich zwei verschiedene Stammesformen: die azephalen, d. h. kopflosen Stämme, die ohne ein einziges Oberhaupt, einen Häuptling oder eine zentralisierte Autorität auskommen, wobei alle Erwachsenen gleichermaßen an Entscheidungsprozessen beteiligt sind und mehr oder minder ähnlichen Status haben; die andere Stammesform ist die Häuptlingsstruktur. Diese Stammesform kennt eine klare, zentrale Figur, einen Stammeshäuptling, um den herum sich eine oft pyramidenförmig abgestufte Macht- und Autoritätsstruktur bildet.

Initiationsriten

Ein entscheidender Schritt, vollwertiges Mitglied eines Stammes zu werden, ist die Initiation, die Einweihung. Sie markiert den Übergang von einer Lebensphase in die andere und hat in der Regel vier Phasen.

- Zunächst gibt es den unbeteiligten Außenseiter, der nicht zum Stamm gehört. Er ist dem Stamm gegenüber ein vorsichtiger Fremder und auch der Stamm hat es gelernt, alles Fremde mit Vorsicht zu genießen.
- Will sich jemand einem Stamm anschließen, kommt zuerst die Novizen-Phase, in der ein Mensch eine Test- und Ausbildungsperiode beginnt, die üblicherweise mit symbolischen Todesritualen wie der Beschneidung oder der Isolation des Novizen vom Rest des Stammes abschließt, für den nun sein früheres Leben abgeschlossen ist und der fortan für den Stamm lebt. Durch besonders mutige und waghalsige Taten beweist der Novize seine neue Verbindlichkeit und seinen Mut.
- In der dritten Phase wird der ehemalige Novize als vollgültiges Glied des Stammes aufgenommen.
- In der vierten und letzten Phase wird er selbst zu einem Initiator, der aktiv daran beteiligt ist, andere in den Volksstamm aufzunehmen und so für den Weiterbestand des Stammes zu sorgen.

Auch heute noch gilt dieser Initiations-Rhythmus, wir können ihn sogar in verschiedensten Formen in unserer modernen Gesellschaft beobachten. Ich bin davon überzeugt, dass eine Kenntnis dieser Abläufe auch für das Christentum in unseren Kulturen wichtig ist.

Aufnahmerituale und Mutproben

Wenn neue Schüler in die Schule oder Schulabgänger in die Universitäten oder die Armee aufgenommen werden, wartet auf sie normalerweise eine kleine Überraschung. Die älteren Schüler, Studenten oder Soldaten haben sich oft eine demütigende Mutprobe als Aufnahmeritual ausgedacht, die zeigen soll, aus welchem Holz die Neulinge geschnitzt sind und um sie spüren zu lassen, dass es etwas Besonderes ist, von nun an zu dieser Truppe zu gehören; ein Initiationsritual also. Erst nach dem Bestehen oder Erdulden dieses Aufnahmerituals werden sie in den „akademischen Stamm", die Truppe oder die Schülergemeinschaft aufgenommen und als vollwertig akzeptiert; sie sind von nun an „einer von uns".

Jugendbanden verlangen oft von zukünftigen Bandenmitgliedern, dass sie erst einmal zeigen sollen, ob sie Mumm haben und es wert sind, zu der Bande zu gehören. Oft wird von den Neulingen erwartet, dass sie eine kleine Gesetzlosigkeit begehen, etwa einen Apfel oder ein Auto stehlen, um den geforderten Aufnahmetest zu bestehen. Auf diese Weise ist „der Neue" durch seine kriminelle Tat und Komplizenschaft an die Bande gebunden, ständig von der unausgesprochenen Drohung begleitet, dass die ganze Welt von seiner Tat erfahren wird, wenn er es wagen sollte, die Bande zu verlassen.

Viele der heutigen Stämme, wie auch die Geheimgesellschaften, haben ziemlich rauhe Initiationsriten; bei manchen Geheimzirkeln wird vom Neuling verlangt, seinen Kopf in eine Schlinge zu stecken und auf einem Bein zu stehen, als Symbol dafür, dass man verstanden hat, was mit einem geschieht, sollte man je die Gesellschaft verraten. Allein in England hat beispielsweise die Freimaurerei, gegründet um 1717, etwa 500.000 Mitglieder, Männer, die sich monatlich in ihren „Logen" treffen. Solche Gruppen üben auch heute noch Faszination aus – nicht trotz, sondern oft gerade wegen ihres geheimen Charakters und ihrer archaischen Initiationsrituale.

Hauskirchen können die Stammesdynamiken nutzen

Die traditionelle Pastorengemeinde mit einer Durchschnittsgröße von zwischen 80 und 150 Besuchern ist eine der wenigen gesellschaftlichen Strukturen, die nicht in das Stammesdenken hineinpasst und viele gesellschaftliche Konventionen und Regeln bricht – und dadurch viele eingebaute Gesetzmäßigkeiten der menschlichen Gesellschaft nicht nutzen kann! Ja, sie verletzt sogar viele tiefsitzende Verhaltensmuster. Dieses soziale Muster steht dem natürlichen Bedürf-

Die traditionelle Pastorengemeinde ist eine der wenigen gesellschaftlichen Strukturen, die nicht in das Stammesdenken hineinpasst und viele gesellschaftliche Konventionen und Regeln bricht.

nis des Menschen, Beziehungen und eine soziale Identität aufzubauen, oft genug im Weg.

Die Gemeinden sind entweder viel zu groß für die organische Dynamik der kleinen Jägergruppe oder zu klein, um echte Dorfatmosphäre und Stammesbewusstsein aufkommen zu lassen. Die Gemeinden haben traditionellerweise versucht, diese fehlenden Gemeinschaftsdynamik durch eine straffe Organisation, eine starke Leiterfigur an der Spitze – etwa den sogenannten Pfarrherrn – und eine vorgegebene Liturgie zu ersetzen, doch mit wenig überzeugendem Erfolg. Immer dann jedoch, wenn sich eine christliche Gemeinschaft entweder der Gruppengröße 20 oder 500 zu nähern beginnt, einem der beiden numerischen Pole der Stammeskultur, nämlich der Jagdgruppe oder dem zu einem Dorf zusammengeschlossenen Stamm, werden besondere soziale und gesellschaftliche Stammesdynamiken freigesetzt, die sonst nicht zum Tragen kommen können.

Hauskirchen und größere Stadt- oder Feiergottesdienste können solche dem Menschen eigene Stammesdynamik nutzen. Durch die kleinen Hauskirchen wird die Jagd- und Sammlergruppe mit ihren eigenen Gesetzmäßigkeiten gefördert, während die stadtkirchlichen Zusammenkünfte den Wunsch des Menschen nach einer größeren Stammeszugehörigkeit abdecken. Auch das Christentum kennt Initiationsriten, wie etwa die Taufe oder auch das materielle Teilen mit der Gemeinschaft. Und was ist mit den kleinen kriminellen Vergehen der Jugendbanden, die von neuen Mitgliedern gefordert werden? Hierfür gibt es ein sehr wirkungsvolles christliches Gegenstück: das offene Bekennen von Sünde. Wenn jemand in einer Hauskirche seine Sünden bekennt, was wegen der familiären Atmosphäre wahrscheinlicher ist als in einer Veranstaltungskirche, mag er zwar sehr wohl sein früher wohlgewahrtes Gesicht verlieren und erkennen, dass er nicht mehr einfach so in „die Welt" zurückgehen kann, aber er würde auch durch die Liebe, Annahme und Vergebung, die ihm seine neue geistliche „Jagd- und Sammlergruppe" geben kann, eine neue Identität und einen sozialen Platz finden.

Unsere Lehrmethoden ändern

In einem afrikanischen Land fiel genau in dem Moment der Strom aus, als ich zu etwa 200 Pastoren und Evangelisten sprechen wollte. Ich versuchte die Situation positiv zu nutzen und wählte sechs „Jünger", von denen ich wusste, dass sie gut Englisch sprachen. Alle anderen bat ich füreinander zu beten. Ich erklärte meinen sechs „Jüngern" eine einfache Lektion, wozu ich 15 Minuten brauchte. Dann forderte ich sie auf, sich nun ihrerseits aus den Konferenzteilnehmern sechs Jünger zu suchen und ihnen genau das weiterzugeben, was ich ihnen gerade eben beigebracht hatte. Diese 36 Jünger meiner ursprünglichen Jüngergeneration sollten sich danach ebenfalls jeweils sechs Jünger suchen – womit alle 200 Personen erreicht waren – und auch ihnen dieselbe Lektion weitervermitteln. Danach bat ich einen der letzten Jüngergeneration, die die Lektion bereits durch zwei vorangegangene Jüngergenerationen vermittelt bekommen hatten, aufzustehen, nach vorne zu kommen und mit seinem mächtigen Stimmorgan ganz ohne Lautsprecher und Mikrofon vor uns allen zu wiederholen, was er gelernt hatte. Wenn er richtig lehrte, gab es ein Daumen-hoch-Signal; wenn er entweder neue oder sogar falsche Lehren einführte oder einfach nur blumige Ausschweifungen einflocht, die er nicht von mir hatte, gab es ein Daumen-nach-unten-Zeichen und viel schallendes Gelächter.

Die Gemeinden sind entweder viel zu groß für die organische Dynamik der kleinen Jägergruppe oder zu klein, um echte Dorfatmosphäre und Stammesbewusstsein aufkommen zu lassen.

Als Ergebnis hatten wir nicht nur viel Spaß miteinander, sondern sparten auch noch Strom, ermöglichten 43 Christen, sich als Lehrer zu versuchen, wobei wir einige echte Talente entdeckten, aber auch andere, die, sagen wir mal barmherzig, etwas mehr Gebet brauchen. Das Wichtigste jedoch war, dass sie eine Lehrform kennenlernten, die sich blitzartig multiplizieren ließ und sich von Haus zu Haus fortpflanzen konnte, auch ohne große Konferenzen.

An wie viele Lektionen aus ihrer Schulzeit können Sie sich noch erinnern, als uns ein Lehrer oder eine Lehrerin irgendein Fach unterrichtete und wir alle pflichtbewusst mitschrieben, um beim unausweichlichen Examen nicht durchzufallen? Klassenzimmer-Unterricht gehört, so sagen uns Kommunikationswissenschaftler, zu den nachweislich unwirksamsten Methoden der Menschheitsgeschichte, Lerninhalte zu vermitteln und langfristig zu behalten. Und dennoch haben wir uns so sehr daran gewöhnt, dass wir in Lehrsituationen fast immer auf das Klassenzimmer-Modell zurückgreifen. Selbst die Kirchen und Gemeinden sind davon nicht verschont geblieben.

Wenn wir die Qualität der Gemeinden fördern wollen, tun wir gut daran, auch unsere Lehr- und Lernmethoden zu verändern und von statischen zu dynamischen Lehrmethoden zu wechseln (siehe Seiten

108-111). Im Neuen Testament ist die Lehrmethode darauf aus, das Leben der Menschen dadurch zu verändern, dass die inneren Werte und Prioritäten verändert werden und ein neuer Lebensstil eingeführt wird. In den Hauskirchen spielt die Jüngerschaft eine zentrale Rolle, und so können wir dort auch wieder anfangen einander beizubringen, wie man lebt – und nicht nur, Vers für Vers bestimmte Themen „durchzugehen" und Vorträge und Bibelarbeiten zu halten oder anzuhören.

In der hebräischen Tradition gibt es sogenannte rabbinische Denkschulen. Hier geht es zunächst darum, den Schülern das Denken beizubringen, ihnen zu zeigen, wie sie die ihnen von Gott gegebenen intellektuellen Instrumente benutzen können; wenn sie das einmal gemeistert haben, können die Studenten diese Fähigkeiten auf jedes beliebige Fach oder Subjekt anwenden. Viele der Schüler solcher Schulen bestehen das Abitur „mit links".

Ich plädiere dafür, dass dynamisches Lehren in Frage- und Antwortform unsere klassenzimmerartigen Lehrvorstellungen, langen Predigten und monologisierenden Bibelarbeiten ersetzt. Die wichtigsten Lehr- und Studienzentren der Welt sind die Häuser, wo wir einander durch unser Vorbild, durch Frage und Antwort, durch einen dynamischen Prozess lehren können. An diesem Prozess ist jeder beteiligt und jeder hat etwas zu geben und zu nehmen . Dieses System fördert einen Konsens, ein kollektives Verständnis und deshalb eine geistliche Bewegung, nicht nur das Kopfwissen einiger Personen.

Sie sehen, es gibt viel zu tun. Helfen Sie mit?

Kapitel 9

QSQ

Werte und Inhalte kommen zuerst;
dann kommen Methoden, Strukturen und Pläne,
das Wachstum und die Zahlen ganz zum Schluss:
Wie wir in den Kategorien Qualität – Struktur –
Quantität denken lernen

In Nordafrika gibt es ein wunderbares Gericht mit dem Namen Kouskous oder Qousqous, wie ich es in diesem Buch schreiben will. Es ist aus Grieß, Fleisch und Gemüse hergestellt und wird normalerweise als Gemeinschaftsmahl eingenommen, wobei man auf dem Boden eines Zeltes um eine große Platte herum sitzt und mit der Hand kleine Bällchen formt und isst. Wenn ich mich im Sudan aufhalte und mit meinen Freunden dort bei einer Tagung zusammen esse, stellen wir uns normalerweise in einer Schlange auf und warten, bis wir das Essen ausgeteilt bekommen. Immer zwei Personen bekommen einen Teller und so isst man gemeinsam eine Mahlzeit aus Reis und Sauce, indem man die flexibelste aller Gabeln benutzt, die es gibt, die rechte Hand. Ab und zu kommt es vor, dass einem jemand auf den Rücken klopft und dann mit breitem Lächeln die Reste seines Tellers auf den eigenen Teller löffelt, ein unmissverständliches Zeichen tiefer Zuneigung und Ehrerbietung. Wenn sich nun auf diese Weise sogar unser Schweiß und unser Speichel miteinander mischen, entsteht eine tiefe Verbundenheit. In manchen Ländern wird noch heute ein Geschäftsabschluss durch eine gemeinsame Mahlzeit besiegelt.

Was hat dies alles mit „QouSQous" zu tun? Die Botschaft von QSQ, ein Akronym, das für Qualität, Struktur und Quantität steht, ist einfach: Reformation, Erweckung, Gemeindewachstum und Gemeindegründung finden typischerweise in den folgenden drei Phasen statt:

- zuerst entsteht die Qualität,
- dann bildet sich daraus eine angemessene Struktur,
- und diese Struktur entwickelt schließlich ihre eigene Wachstumsdynamik (Quantität).

Diese drei Elemente sind alle eng miteinander verbunden und gehen organisch und logisch auseinander hervor. Jede einzelne Phase für sich genommen ist nicht vollständig, bietet nicht das ganze Bild eines Prozesses und kann damit zu Trugschlüssen führen.

Die Kernaussage dieses Kapitels ist, dass Gott auf der ganzen Welt „Q“ wiederherstellt, radikales, apostolisch-prophetisches Christentum in neutestamentlicher Qualität. Diese wiedergefundene Qualität bildet ihre eigenen Strukturen aus, die von innen her entstehen und nicht durch Importleistungen von außen zustande kommen. Diese neuen Strukturen erweisen sich wiederum als fähig, sich schnell zu multiplizieren und zu erstaunlichem Wachstum zu führen, also zu Quantität. Das Resultat? Überall entstehen weitaus zahlreichere, qualitativ bessere und, für viele vielleicht überraschend, viel kleinere Gemeinden als wir es möglicherweise gewohnt sind.

Qualität

Qualität – nicht länger das stille Opfer

Die Kirche war schon immer in der Gefahr diese Ordnung umzukehren und die Arbeit mit Zahlen und Methoden zu beginnen, anstatt mit der Qualität. Dafür gibt es zwei wichtige Gründe. Erstens ist die Kirche nicht immun dagegen, auf falsche Propheten zu hören, die oft auf den ersten Blick sehr eindrucksvoll sind, weil sie wie ständige Gewinner und Erfolgstypen aussehen. Ihre simple Botschaft ist: Wir haben den magischen roten Knopf gefunden, den jedermann nur zu drücken braucht, um sofortigen Erfolg in der Nachfolge von Jesus Christus zu haben; siegreiches Christentum wie Pulver aus der Instantpackung, man muss nur noch mit Wasser auffüllen, umrühren, fertig!

Mit diesen einfachen Botschaften beeinflussen sie eine leicht depressive Christenheit und vermitteln einen ungesunden Schwerpunkt auf der Quantität, ja, verführen sogar in Einzelfällen zu vermeintlich evangelistischen Megaprojekten, „die so viele Menschen wie noch nie so schnell wie noch nie erreichen werden“. Diese Haltung, die dem Neuen Testament völlig fremd ist, wird zu stark von Zahlen angetrieben und sagt den Kirchen im Endeffekt: Handelt jetzt, denken könnt ihr später! Schießt jetzt, zielt später; evangelisiert jetzt, macht die Nacharbeit später; genießt jetzt den Erfolg, macht die Feinarbeiten später; klinke dich jetzt in den Segen Gottes ein, überlasse die Reformation und die Arbeit an der Qualität anderen. Dann machen sie sich auf in eine andere Stadt oder ein anderes Land, predigen dort dasselbe und überlassen den nationalen oder lokalen Gemeinde das Problem, die Scherben aufzukehren.

Der zweite Grund, sich nur auf die Quantität zu konzentrieren, ist der, dass heute unglaublich viel Geld für missionarische und evangelistische Projekte gespendet wird, solange diese den Anschein erwecken, sehr schnell sehr viel zu bewirken. Längst nicht alle, aber erstaunlich viele Sponsoren, Stiftungen und Großgeldgeber der Christenheit verbinden mit ihrer Spende an Gemeinden und Missionswerke den Wunsch nach einem schnellen Ertrag, einer erfolgreichen Umsetzung durch gewiefte Programme und Projekte, möglichst messbar in harten Zahlen und nachprüfbaren Resultaten. Damit erhalten Menschen, die von Gott möglicherweise keinerlei apostolische oder prophetische Begabungen bekommen haben, aber über viel Geld verfügen, einen ungebührlich großen Einfluss auf missionsstrategische Entscheidungen und fördern völlig verquere Entwicklungen, ohne dass jemand etwas zu sagen wagt, weil ja dann der Geldhahn zugedreht werden könnte. Ich nenne dieses Problemfeld „Die Goldene Regel". Die Goldene Regel lautet: Wer das Gold gibt, macht die Regeln.

Die 30er Jahre – als Masse zum neuen Gott wurde

„Vor langer Zeit war Qualität ein natürlicher Teil des ganz alltäglichen Handels", schreibt Steve Smith in seinem Management-Buch „The Quality Revolution". „Dann, nach dem Jahr 1930, begann das Massendenken. Erst kam die Massenproduktion, dann der Massenservice. Die Ware hoch stapeln, schnell verkaufen, war die Maxime. Masse wurde zum neuen Gott." Die frühen Jahrzehnte des 20. Jahrhunderts waren auch die Zeiten, als viele der modernen massenevangelistischen Bewegungen geboren wurden. Manchmal passten die Dienstphilosophien der Massenkampagnen einfach zu gut zum jeweiligen Zeitgeist, so dass niemand die Schwachstellen entdeckte und etwas zu sagen wagte. Die beginnenden und immer populäreren Massenevangelisationen schufen einen blinden Fleck im Bereich der Qualität der Bekehrungen und der Integration ins Gemeindeleben, eine Hypothek, die wir bis heute mit uns herumtragen.

Steve Smith schreibt weiter: „Viele Firmen sind sich über den Qualitätsgraben völlig im Unklaren, den Unterschied nämlich zwischen dem, was der Kunde erwartet, und dem, was die Firma wirklich leistet. Der Grund dafür liegt zum einen darin, dass diese Firmen nur auf sich selber sehen (ihre Prüfmethoden sind rein intern und beweisen im Wesentlichen das, was sie beweisen sollen, nämlich dass doch alles bestens läuft), und zum andern liegt der Grund für ihre Blindheit gegenüber dem Qualitätsgraben darin, dass sie es einfach nicht wissen wollen."

„Schnell, schnell – handle jetzt, denken kannst du später", so sagt uns Francis Schaeffer, „ist ein Wort, das direkt aus der Hölle kommt" – und doch begrüßen wir es oft wie eine Offenbarung vom Himmel. Wenn wir zu sehr auf Zahlen, Wachstum und Erfolg schielen, so dass dies unsere Sicht auf die Qualitätsfrage versperrt, dann werden wir versucht sein, unsere Strukturen, Mittel, Methoden, Pläne, Techniken und Projekte nur dazu zu verwenden, numerische Ziele zu erreichen. Normalerweise ist damit die Qualität das schweigende Opfer dieses aktions- und erfolgsorientierten Prozesses. Als Christenheit werden wir jedoch nicht umhin kommen, den Preis für die Qualität unserer Arbeit zu bezahlen, entweder früher oder später.

Die Straßen von Madras

Ich will dies illustrieren. Während ich diese Zeilen schreibe, lebe ich in der südindischen Millionenstadt Madras. Unsere Stadt erlebt jedes Jahr einen außerordentlich heftigen Monsunregen. Diese für Europäer unvorstellbaren Regengüsse schwemmen ganze Hütten und Straßen weg und richten so viel Schaden an, dass danach monatelang gearbeitet werden muss, alles wieder herzurichten. Weil Madras kein angemessenes Abwassersystem hat, ist dann normalerweise die halbe Stadt – und auch mein Büro – überflutet. Nachdem der Regen aufgehört hat, schwärmen kleine Reparaturtrupps überall in der Stadt aus, füllen die ausgewaschenen Schlaglöcher mit allem möglichen Material, das sie gerade zu finden scheinen, sei es Schmutz, Sand, Staub, Steine, Plastiktüten oder auch Holzstücke, überziehen das Ganze mit einer generösen Schicht Teer und ziehen weiter. Durch den mörderischen Verkehr, die sengende Sonne und weiteren Regen bekommt das wunderbare Reparaturwerk schnell Risse – und schon öffnen sich die eilig verstopften Löcher hier und da und sind bereit

> *Wenn wir zu sehr auf Zahlen schielen, so dass dies unsere Sicht auf die Qualitätsfrage versperrt, dann werden wir versucht sein, unsere Strukturen, Mittel, Methoden, Pläne, Techniken und Projekte nur dazu zu verwenden, numerische Ziele zu erreichen.*

für den nächsten Monsun, der die Straßen wieder wegschwemmt, so dass sich der ganze Kreislauf wiederholt.

Die Reihenfolge ist hier Folgende: Zuerst kommt die Quantität (so schnell wie möglich so viele Schlaglöcher wie möglich zuteeren), dann die Struktur (man arbeitet mit Akkordarbeitern, die an einer wirklichen Reparatur nicht interessiert sind, sondern ihren Job behalten wollen); das Opfer ist die Qualität. Indien erhält große Summen von Entwicklungsgeldern aus dem Ausland, unter anderem dafür, Straßen zu bauen und zu reparieren. Solange das Geld fließt, wird sich dieser Kreislaufprozess auf Madras' Straßen wohl nicht ändern – irgendwie geht es ja immer voran. Doch der Preis für diese Haltung, einschließlich der Verwendung der Finanzleistungen aus dem Ausland, ist hoch: Es gibt keinen wirklichen Fortschritt, nur ein Aufrechterhalten des Status Quo.

Gute Fundamente

Obwohl die meisten Vergleiche hinken, denke ich, dass die Fundamente einer Gemeinde mit dem Fundament eines Hauses verglichen werden können. Ein gutes Haus zu bauen hängt von sechs Faktoren ab:

- dem Charakter, der Weisheit und der Vision des Architekten
- der geografischen Lage des Bauplatzes
- der Qualität der Fundamente
- dem verwendeten Baumaterial
- der Qualität des Baumeisters
- der Fähigkeit und Begeisterung der Arbeiter

Jesus spricht deutlich davon, dass Gott selbst der Erfinder, Visionär und Vater der Gemeinde ist; Jesus selbst, nicht irgendein sandiger Platz, ist der Fels und das Fundament der Gemeinde (Mt. 7; 1. Kor. 3,11). Als „Bauplatz" hat Jesus „die richtigen Personen" erwählt, auf denen er seine Gemeinde aufbaut, wie etwa Petrus (Mt. 16,18) oder ein „Kind des Friedens" (Lk. 10,6). Nicht jeder ist der Richtige, um mit ihm eine Gemeinde zu beginnen. Der apostolische und prophetische Dienst ist von Gott u. a. dazu eingesetzt worden, Fundamente für die Gemeinden zu legen (Eph. 2,20); die Gemeinschaft der Heiligen sind dann die „lebendigen Steine", die darauf aufbauen (1. Petr. 2,5); Jesus selbst wiederum ist der oberste Baumeister (Mt. 16,18), der apostolische Menschen als seine Vorarbeiter oder „weise Baumeister" (1. Kor. 3,10) einsetzt.

Wer baut was?

Zwischen dem Gründen einer Gemeinde und dem mechanischen Bau eines Hauses gibt es natürlich große Unterschiede. Wir können nicht einfach „sechs Bauprinzipien" nehmen und – unabhängig von unserem Schöpfer – darangehen, eine Gemeinde, das „Haus Gottes" zu bauen. Gott hat in weiser Voraussicht diesen ganzen Prozess an sich selbst gebunden. In der ihm eigenen Art, souveräne Gnade zu üben, hat sich Gott das Recht vorbehalten, Wachstum dort zu schenken, wo es ihm beliebt. Jesus, der Gott, der auf dieser Erde lebte, hat dies in den berühmten Worten zusammengefasst: „Ich will meine Gemeinde bauen."

Ich sehe vier verschiedene Möglichkeiten, wie wir Menschen an das Thema Gemeindeaufbau herangehen können, von denen mich allerdings nur die letzte Variante überzeugt. Das Interessante an den anderen drei Möglichkeiten ist, dass sie oft unausgesprochen bleiben und daher von manchem gar nicht als Irrweg durchschaut werden:

❶ *„Wir bauen unsere Gemeinde"* – das bedeutet, dass Menschen in eigener Kraft und mit traditionellen Methoden ihre eigenen kleinen Königreiche bauen. Das Resultat ist ein menschengemachter religiöser Kult. Fleisch baut Fleisch.

❷ *„Wir bauen seine Gemeinde."* Diese Auslegungsvariante ist gefährlicher als die erste, weil sie sich an die Einsatzwilligen und die Aktivisten richtet und vorgaukelt, dass Menschen Gottes Haus bauen können. Fleisch baut hier Geist oder versucht es wenigstens, in der Überzeugung, dass großartige menschliche Strategien und Projekte das Reich Gottes einläuten werden. Das Resultat ist etwa ähnlich dem ersten Modell, aber spirituell ist es täuschender und hat manchmal triumphalistische Obertöne. Manche nennen diesen Ansatz sogar „moderne Zauberei", weil hier versucht wird, mit anderen Mitteln als dem Heiligen Geist geistliche Ziele zu erreichen. Dies führt oft genug zu Manipulation und geistlichem Größenwahn.

❸ *„Jesus baut unsere Gemeinde."* Diese Interpretation behauptet, dass Jesus seine Mittel und Wege benutzt, um unser Königreich aufzubauen; Geist baut Fleisch. Wir sind, so denkt dieser Ansatz, die wenigen wirklich Auserwählten Gottes, die richtige Denomination oder Gruppe, ein heiliger – oder manchmal sogar der einzige – Überrest, und Jesus hat sich nun entschlossen, unsere Gemeinde zu bauen. Hier würden Menschen Gott für ihre eigenen Zwecke missbrauchen, wenn sie könnten. Unsere eigene Kirche oder Denomination steht in diesem Fall an erster Stelle und es kommt uns nicht in den Sinn, dass Jesus seine weltweite Gemeinde bauen möchte, in der wir nur ein winzig kleiner Teil sind. Dieser Gedanke macht uns glauben, dass Jesus sein Öl auf unser Feuer gießt. Das Resultat ist wiederum nichts anderes als ein kurzes Aufflackern eines menschlichen Königreiches. Bei dieser Variante gibt es noch einen weiteren fatalistischen Haken: Wenn nichts wächst und nichts geschieht, dann muss dies ausdrücklich Gottes Wille sein; denn es kann ja gar nicht sein, dass mit uns irgendetwas nicht stimmen könnte.

4 *„Jesus baut seine Gemeinde."* Dies besagt, dass Jesus selbst der Baumeister ist und er an alle eine ausdrückliche Einladung ausspricht ihm beim Bau seiner Gemeinde auf seine Weise zu helfen und seine „Mitarbeiter im Reich" zu werden (1. Kor. 3,9). Dies ist etwas demütigend, weil dabei unser menschlicher Einsatz nicht besonders gut aussieht, sondern alles an der geistlichen Partnerschaft mit Jesus und seinem Geist legt, der unser Seniorpartner bei allen Unternehmungen ist. Doch das Resultat dieser Partnerschaft wird Gottes Handschrift tragen, weil er selbst das Mandat zum Bauen gab, und seine eigenen geistlichen Gene von vornherein eingebaut sind. Geist baut Geist. Nur durch die Gnade Gottes werden wir anerkennen können, dass dies der einzige Weg missionarischen Handelns ist, weil es nur einen einzigen Namen gibt, der bei diesem Baustil wirklich groß herauskommt: das Lamm Gottes.

Mehr als Reform und Erneuerung

Über die Jahrtausende hinweg war der fürchterlichste Graben im Christentum nie der zwischen einigen Denominationen, Konfessionen oder zwischen den Charismatikern und Nichtcharismatikern, sondern immer zwischen Fleisch und Geist, zwischen menschengemachter Religion und Bewegungen, die von Gottes Geist initiiert wurden. Es gibt in vielen Ländern Reform- und Erneuerungsbewegungen, die teilweise seit Jahrhunderten oder auch Jahrzehnten versuchen, die traditionellen Kirchenstrukturen zu erneuern. Entweder geschieht das dadurch, dass die Gemeinden zum Wort Gottes zurückgerufen werden oder zum Geist Gottes oder zur ursprünglichen Bekenntnisschrift der Gründerväter der jeweiligen Bewegung. Wenn wir die Kirchengeschichte studieren oder einige der derzeitigen, herausragenden Leiter von heutigen Erneuerungs- und Reformbewegungen der Kirchen fragen, werden wir feststellen, dass keine dieser drei Erneuerungswege wirklich durchschlagenden Erfolg hatte oder nachhaltige Früchte zeigte, so dass alle Beteiligten begeistert wären.

Die wirkliche Antwort auf das Problem erkalteter Kirchen und ihrer Strukturen ist wahrscheinlich viel radikaler, als den meisten von uns lieb ist. Die Reformbemühungen gehen einfach nicht tief genug. Wir mögen in einer Bewegung sein, die im Vergleich zu anderen Bewegungen fast brillant aussieht, aber die letztlich in einer tiefen Krise ist, weil sie immer noch nicht Gottes Standards entspricht und einen genetischen Code in sich trägt, der dringend erneuert und radikal ergänzt werden muss. Anstatt die Krise zu erneuern und zu verlängern, müssten wir die Frage stellen, ob wir nicht doch lieber neuen Wein in neue Weinschläuche füllen sollen. Sonst stehen wir in der Gefahr, die nächsten Jahrzehnte oder Jahrhunderte damit zu verbringen, brüchig gewordene Weinschläuche zu flicken, etwas, wovon Jesus ausdrücklich abrät. Wenn wir im Blick auf die Qualität des Christentums irgendwelche Kompromisse machen, und sei es aus „Liebe zur Kirche", was oft nicht mehr ist als schlechtverhüllter religiöser Stolz, können wir durch frenetische Erneuerungsaktivitäten niemals wettmachen, was uns an neutestamentlicher Substanz fehlt.

Wir mögen in einer Bewegung sein, die im Vergleich zu anderen Bewegungen fast brillant aussieht, aber die letztlich in einer tiefen Krise ist, weil sie einen genetischen Code in sich trägt, der dringend erneuert und radikal ergänzt werden muss.

„Gebt mir meine Kirche zurück!"

Gott ist gut und damit ist auch der Standard bereits gesetzt für seine Gemeinde, die er bauen will. Normal ist aus dieser Perspektive nur das, was der Norm gerecht wird, die Gott setzt; unabhängig davon, welche Rolle eine bestimme Kirchenform oder ein theologisches Konzept in der Geschichte hatte oder ob viele oder wenige Menschen ihm zustimmen. Das Reich Gottes ist keine Demokratie, die auf Mehrheitsbeschlüsse angewiesen ist.

Vor wenigen Jahren wurden die englischen Kirchen und Gemeinden durch ein prophetisches Wort aufgeschreckt, das im Lande kursierte. Gott soll, so einige Propheten, gesagt haben: „Gebt mir meine Kirche zurück!" Immer mehr Christen spüren, dass es aber genau darum geht, dass Gott nämlich tatsächlich seine Kirche aus den Händen religiöser Machthaber wieder zurückfordert und die Positionen neu verteilt. Gott ruft laut und deutlich die christliche Gemeinde zu neutestamentlichen Standards zurück, aufgebaut auf guten, apostolischen und prophetischen Fundamenten.

Wenn die Sanftmütigen das Erdreich besitzen

Dieser Ruf zurück zu neutestamentlicher Qualität bedeutet für uns, alle behaglichen, selbstgefälligen Haltungen aufzugeben und Gott um Erweckung zu bitten, selbst dann, wenn wir bisher fest überzeugt waren, bereits zu „den Erweckten" zu gehören. Gott ruft uns von Oberflächlichkeit zu mehr Tiefgang, von Lauwarmheit zur Glut, von der Mittelmäßigkeit zu geistlicher Exzellenz, von einem nur angenehmen Dasein zu einem passionierten Leben, von einem Scheinfrieden mit dieser Welt zu einem Leben unter Gottes Kriegsgesetz, von einem Angepasstsein an diese Welt dazu, uns in das Bild von Christus zu verwandeln, von der naiven und teuren Methode einfach nachzumachen, was andere machen, prophetisch einen eigenen Weg von Gott zu erbitten. Es ist ein Ruf, unsere niedergelassene und satte Bürgermentalität zugunsten einer Pilgermentalität aufzugeben, uns nicht länger nur auf das Ich, sondern auf das Wir zu konzentrieren, von einem Denken in individuellen Kategorien zu einem Denken in gemeinschaftlichen Kategorien zu finden, von einem Leben in Sünde zu einem Leben im Licht. Das bedeutet auch, dass wir aufhören, uns selbst aufzublähen und stolz „uns selbst" oder „unsere Gruppe" zu predigen, und lernen, in echter Schwäche stark zu sein. Erst dann werden wir verstehen, was Jesus meinte, als er das unglaubliche Wort sagte, dass die Sanftmütigen das Erdreich ererben werden, etwas, was alle menschlichen Weisheiten auf den Kopf stellt.

Sein vor Tun

Einige der Qualitäten Gottes sind Liebe, Hoffnung, Glaube, Treue, Licht, Wahrheit und Barmherzigkeit. Diese Kernqualitäten hängen nicht so sehr damit zusammen, was er tut, sondern damit, wer er ist. Weil Gott zunächst einmal der große „Ich bin" *ist*, der, der einfach am Anfang *war*, geht alles, was er tat und tut, aus seinen Kernqualitäten, seiner Persönlichkeit und seinem Wesens hervor. Das ist auch für uns als seine Nachfolger entscheidend wichtig, besonders in einer hektischen Leistungsgesellschaft, wo wir ständig danach gefragt und bemessen werden, was wir tun und was wir erreichen. Es ist viel wichtiger, wer wir sind, wenn niemand uns sieht, als das, was wir vorgeben zu sein. Gott ruft uns dazu auf, erst zu *sein* und dann zu *tun*.

Charakter kommt vor allen Orden und Titeln, die Menschen uns geben. Weil Gott ein Liebhaber ist, deswegen liebt er. Was Gott tut, zeigt uns, wer er ist. Und weil er ein guter Gott ist – rundum ein Qualitätsgott, nicht wie die merkwürdigen, unausgegorenen Götzen und zu Göttern erhobenen Menschen dieser Welt – sind seine Taten von guter, übernatürlicher Qualität. Das Evangelium ist „Gute Nachricht", weil es von dem einzigartigen Gott spricht, der die Menschheit von abstoßender Sünde erlöst, indem er seinen eigenen Sohn ans Kreuz schickt, um uns aus der Gefangenschaft von einem System zu befreien, aus dem wir aus eigener Kraft niemals entkommen können. Damit nicht genug, gibt er uns ein neues System, wie wir unser neues, von Christus geschenktes Leben führen sollen, eine Struktur genannt Gemeinde, vor der selbst die Hölle machtlos ist. Selbst die Pforten der Hölle werden der Gemeinde nicht standhalten, sagt Jesus (Mt. 16,18). Zu dieser Gemeinde, zu dieser Qualität müssen wir zurückkehren, egal wer wir sind, egal in welcher Kirche und Gruppe wir leben, egal was es kostet.

Struktur

Jedes Lexikon beschreibt uns in unterschiedlichen Variationen Struktur als die Art, wie die Dinge zusammengefügt und organisiert sind. Da die Bibel die lokale Gemeinde als den Leib Christi bezeichnet, wird es nicht anders gehen als dass wir die Qualitäten und das Wesen Gottes in unseren Gemeinden wiederfinden sollten. Es geht nicht nur darum, dass wir als Einzelne „heilig und vollkommen" sein sollen, sondern darum, als Gemeinschaft nach diesem Ziel zu streben. Auf Gottes Prioritätenliste scheint zahlenmäßiger Erfolg nicht unbedingt an erster Stelle zu stehen. Viele der Qualitäten Gottes sprechen davon, wie er *in Gemeinschaft mit anderen ist*. Deshalb sind die sogenannten „einander"-Stellen im Neuen Testament nicht nur interessant und wichtig, sondern ein untrüglicher Qualitätsindikator unseres Gemeindelebens: ehrt einander, liebt einander, betet füreinander, usw.

Viele der Werte des Reiches Gottes können nicht von Einzelnen in einem frommen Vakuum ausgelebt werden, sondern nur in der Gemeinschaft mit anderen. Es braucht mindestens zwei, um zu lieben. Das bedeutet auch, dass viele der Qualitäten Gottes nur gemeinschaftlich ausgelebt und erfahren werden können. Man wird sie in unserem Lebensstil sehen, in der Art, wie wir gemeinsam Jesus folgen. Dazu ist etwas Struktur notwendig. Ich bin überhaupt kein Anwalt davon, eine perfekte oder gesetzliche Struktur zu finden, eine neue heilige Liturgie und ein unfehlbares System. Die Bibel fordert uns einfach auf, miteinander gnädig, vergebungsbereit, sowie in Liebe und Wahrheit umzugehen – nicht nur in Wahrheit allein! –, in einer warmen, herzlichen Atmosphäre gegenseitiger Wertschätzung und Annahme. Doch genauso wenig dürfen wir vergessen, dass es einen übernatürlichen, von Gott gestifteten Zweck und eine Struktur für die Gemeinde Gottes gibt, die eben mehr ist als nur ein sozialer Klub, weil sie eine göttliche Berufung zu erfüllen hat.

Struktur und Kultur

Jesus wurde Fleisch und wohnte unter uns. Er erwählte sich Bethlehem, vor 2.000 Jahren, einen ganz bestimmten Ort in Zeit und Raum. Er lebte, aß, sprach und bewegte sich auf eine ganz bestimmte Weise mit den Menschen seiner Zeit, die für uns schwierig nachzuahmen ist, weil wir in einer anderen Zeit und meistens in einer anderen Kultur leben. Seine Fleischwerdung bedeutete, dass der ewige Gott einer von uns wurde, und in Jesus konnten wir Gott den Vater zum ersten Mal sehen: „Wer mich sieht, der sieht dn, der mich gesandt hat", sagt Jesus (Joh. 12,45).

Wenn Jesus heute in Südfrankreich inkarniert werden würde, würde er sich wahrscheinlich sehr ähnlich – und doch anders – verhalten, als er es in Palästina tat. Die Kernqualität seines Lebens, seine Prinzipien und seine Bestimmung würden dieselbe sein, aber die Art und Weise, wie er sprechen und handeln würde, wären möglicherweise ziemlich unterschiedlich. Das bedeutet auch für die Gemeinde, den Leib Christi, dass sie im Kern überall auf der Welt dieselbe ist und doch immer wieder unterschiedlich aussieht, weil sie in verschiedenen Kultur- und Sprachkreisen Fleisch gewinnt. Der Kern, die Qualität ist dieselbe, die Struktur und äußere Form mag allerdings sehr anders aussehen.

Predigen wir die Kirche oder predigen wir Jesus?

Vincent Donovan, ein Missionar unter dem afrikanischen Stamm der Massai, erklärt in seinem Buch „Christianity Rediscovered", dass sich in der Vergangenheit die christlichen Missionare bei dem Versuch, diesen berühmten afrikanischen Stamm mit dem Evangelium zu erreichen, fast nur auf landwirtschaftliche und soziale Projekte konzentriert haben, etwa den Bau von Schulen etc. Dieser Ansatz hatte fast keine Auswirkungen auf die Massai, sagt Donovan. Er fragte sich selbst: Kann ich alles das zurücklassen, was die anderen Missionare tun, und ihnen nur einzig und allein die Botschaft von Jesus bringen? Als Resultat seines Experiments erlebte er, „wie ganze Dörfer zu Christus fanden".

Er fasst seine Erfahrungen in zwei Lektionen zusammen: „Predige die Kirche und das Resultat wird aussehen wie die Kirche, die dich gesandt hat. Predige Jesus und das Resultat wird sehr anders aussehen." Die zweite Lektion war, dass er selber das Evangelium durch diesen Prozess neu entdeckte, als die Gemeinde in einer bislang vom Evangelium unberührten Kultur „Fleisch wurde" und ihre eigene Geschichte entwickelte.

Nicht Kultur und geistliche Realitäten verwechseln

Es war in einer christlichen Gemeinde in Asien, als einige junge Christen aus den USA nach vorne gingen, um über einen evangelistischen Einsatz in Kalkutta zu berichten. Diese Stadt hatte wirklich ihr Herz zerbrochen; sie konnten kaum ihre Tränen zurückhalten, als sie berichteten, wie dort die Menschen die Götzenstatuen in den Tempeln anbeteten – und erwähnten dabei mit keinem Wort, dass in ihrem eigenen Land der Fernseher unaufhörlich läuft, um nicht tote Statuen, sondern lebende Menschen und Sport-, Gesangs-, Film- und Mode-Idole zu vergötzen.

Sie konnten kaum die unglaubliche materielle Armut in Kalkutta verkraften, nahmen aber die geistliche und emotionale Verarmung von Millionen von Menschen in ihrem eigenen Land nicht wahr, die einsam und sinnlos in ihren Häusern lebten. Sie konnten es nicht fassen, dass die Menschen den Götzen Blumen und sogar Tiere opferten, es kam ihnen aber nicht in den Sinn, dass in ihrem eigenen Land sogar lebendige Kinder und Familien auf dem heiligen Altar des beruflichen Erfolgs regelmäßig und strategisch geopfert werden. Sie waren bass erstaunt über die Räucherstäbchen und Feuerchen, die „diese Heiden für ihre Götter bringen", und konnten nicht erkennen, wie ihre eigenen Straßen durch den unglaublichen Individualismus mit Smog und Autoabgasen erfüllt sind, weil in den Straßenkreuzern fast immer nur je eine Person sitzt; sie bemerkten mit keinem Wort die Industrieschlote, die zu Hause die Umwelt verpesten und die Zigarettenraucher, die die Zimmer verräuchern und vielen anderen ungefragt Lungenkrebs vermitteln. Sie sagten: „Diese Kinder hier sind so dreckig!", und beklagten sich nicht darüber, dass die meisten Kinder in ihrem eigenen

Land zwar zumeist frisch geduscht sind, aber ihren Eltern kaum gehorchen, eine geradezu unglaublich dreckige Sprache haben und von Fantasien umgetrieben werden, die den meisten Kindern und Teenagern im Mittleren Osten und Asien die Schamesröte ins Gesicht treiben würden.

Kurz gesagt, sie sahen und beurteilten den äußeren, auffälligen und exotischen Teil Kalkuttas, der ihnen durch die kulturelle Andersartigkeit schockierend ins Auge und ins Herz stach; aber sie sahen nicht das, was dahinter lag, die geistlichen Realitäten, die Dinge, die in New York genauso sind wie in Kalkutta. Menschliche Sünde ist im Kern immer dasselbe, in Kalkutta und New York, auch wenn es nach außen hin anders aussehen mag. Andersartigkeit ist keine Sünde; dieselben Sünden jedoch drücken sich in anderen Kulturen eben anders aus. Wenn wir dies nicht unterscheiden, beginnen wir kulturelle Andersartigkeiten „zu missionieren": den Menschen in Kalkutta zu helfen etwas mehr wie die Bürger von New York zu werden, und dabei gehen wir meilenweit am Kern des Problems vorbei.

Andersartigkeit ist keine Sünde; dieselben Sünden jedoch drücken sich in anderen Kulturen eben anders aus. Wenn wir dies nicht unterscheiden, beginnen wir kulturelle Andersartigkeiten „zu missionieren": den Menschen in Kalkutta zu helfen etwas mehr wie die Bürger von New York zu werden.

Nationale Sünden und nationaler Segen

Genau wie ein Mensch hat auch jede Nation und jede Volksgruppe oder jeder Stamm seine eigenen Sitten und Gebräuche entwickelt, seine eigene kollektive Persönlichkeit geformt, seine eigenen Werte, Sprache, Verhaltensmuster, Kommunikationssysteme, Tabus und Traditionen hervorgebracht, Stärken und Schwächen sowie Segen und Sünden etabliert. Genauso wie es unter uns Menschen Lügner und Leutnants, Mörder und Mechaniker, Trinker und Trompeter gibt, werden wir erkennen können, dass jede Nation in gewisser Hinsicht eine eigene Identität und Persönlichkeit einwickelt hat, mit besonderen Stärken und Schwächen, besonderen Segnungen und besonders ausgeprägten Sünden, Gaben und Flüchen.

Wie einzelne Menschen auch haben die meisten Nationen und Volksstämme die eigentlich sympathische Angewohnheit betriebsblind zu sein, und zwar ausgerechnet im Bereich ihrer Schwächen und

Sünden, dafür aber ihre Stärken überzubewerten. An welche Nation denken wir unwillkürlich, wenn wir uns nationale Eigenschaften wie Perfektionismus, Ängstlichkeit, Scheu, Unsicherheit, Größenwahn, Faulheit, Furcht, Stolz, Oberflächlichkeit, Militanz, Lust, Völlerei, Geiz, Korruption, Einsamkeit oder Neutralität vorstellen?

Konform mit Gott oder der Welt?

Eines der für mich faszinierendsten Worte des Neuen Testaments ist der griechische Begriff *stoicheia* (Kol. 2,8.20; Gal. 4,3), das, ganz ähnlich wie das griechische Wort *aion* (in Röm. 12,1-2), „Muster, Lebenskraft, Prinzipien" bedeutet. „Stellt euch nicht ‚den *stoicheia*' dieser Welt gleich", sagt Paulus, wobei Luther die Worte *aion* und *stoicheia* mit Satzungen, Elemente oder, wie in Römer 12, gar nicht übersetzt. Ursprünglich bedeutete das Wort *stoicheia* die Urelemente der Welt, etwa Erde, Wasser, Feuer, Luft.

Doch Paulus sieht dahinter noch viel mehr, er erkennt eine geistliche Struktur hinter „dem Lauf dieser Welt", ein System, das wie geistliche Naturgesetze die in Sünde gefallene Welt regiert und längst ihre eigenen Traditionen, Institutionen und „Kulturen" geformt hat, in die jeder Mensch automatisch hineingepflanzt wird. Es ist ein gefallenes Weltsystem, das alle Menschen zutiefst durchdrungen hat, das die Sünde sogar legitimiert und akkreditiert und möglicherweise von dämonischen Wesen „unter Strom" gesetzt worden ist. Ist es das, was der deutsche Psychoanalytiker C. G. Jung gemeint hat, als er sagte: „Man kann Europa nicht verstehen ohne die Dimension des Dämonischen"?

Die zwei Magnete

Ich vergleiche die Auswirkungen dieser *stoicheia* gern mit einem gigantischen Magnetfeld. Viele von uns werden sich an die physikalischen Schulversuche erinnern, als der Lehrer Eisenfeilspäne auf einer Fläche ausbreitete und dann einen Magneten mitten hineinlegte. Diese Eisenfeilspäne richteten sich gewissermaßen automatisch am Magnetfeld aus. Genauso ist es, wenn wir Menschen als „menschliche Eisenfeilspäne" in ein geistliches Magnetfeld hineingeboren werden: Wir beginnen uns automatisch und instinktiv nach dem spirituellen magnetischen Grundmuster unserer Zeit auszurichten und, durch Gruppendruck und soziale Kontrolle, auch daran ausgerichtet zu bleiben. Wir sind erfolgreich gleichgeschaltet und „konformiert" worden. Dies ist kein magisches Prinzip, sondern eine Folge der Tatsache, dass diese Welt

„in Sünde gefallen ist". Sünde kann, so stellt die Bibel klar, das Land verderben und „mit Greuel anfüllen", schänden und verderben (5. Mose 24,4; Jer. 16,18; 4. Mose 35,33; 2. Chr. 7,14; Esra 9,11; 1. Mose 6,11).

Seit Adam und Eva wissen wir, dass Sünde die Eigenschaft hat sich fortzupflanzen und Komplizen zu suchen. Und so konnte es kommen, dass die Sünden von Einzeltätern durch dämonische Verstärkung zu Gemeinschaftssünden und kollektiver Schuld wurden, die sich schließlich durch den Zahn der Zeit und die Masse der Sünder zu akzeptierten Eigenheiten, Traditionen, Sitten und Gebräuchen verfestigten, bis sie schließlich gewissermaßen institutionalisiert waren und dadurch ganze Kulturen und Nationen prägen konnten, weil diese geistlichen Muster den Geist, den Verstand und die Denkschemen von Millionen von Menschen bereits von Kind an prägten. Wenn eine Person in einem bestimmten Kulturkreis aufwächst, nimmt sie dieses geistliche Grundmuster, diese *stoicheia,* sozusagen mit der Muttermilch in sich auf, wird ein Teil eines übermächtigen geistlichen Systems. Aus der eigenen Perspektive würde sich ein solcher Mensch jedoch als „völlig normal" bezeichnen.

Durch das Kommen des Reiches Gottes tritt jedoch eine völlig neue Dimension auf den Plan. Ein neuer, sehr starker Magnet wird – bildhaft gesprochen – vom Himmel gelassen, der sein eigenes Magnetfeld entwickelt und beginnt, die Art und Weise, wie die Menschen denken und sich verhalten, zu verändern. Früher oder später beginnen einige der „menschlichen Eisenfeilspäne" ihre magnetische Allianz zu verändern und ordnen sich an dem neuen Magnetfeld des Reiches Gottes aus. Das schafft keine geringe Verwirrung, weil die beiden magnetischen Systeme – die Elemente der Welt und das Reich Gottes – überhaupt nicht kompatibel sind und in zwei völlig unterschiedliche Richtungen ziehen. Die Art und Weise, wie ein Mensch lebt, macht bereits deutlich, welchem Magnetfeld er angehört, dem Reich Gottes oder dem Reich dieser Welt. Sein Leben zeigt, wohin er gehört.

Die Art und Weise, wie ein Mensch lebt, macht bereits deutlich, welchem Magnetfeld er angehört, dem Reich Gottes oder dem Reich dieser Welt. Sein Leben zeigt, wohin er gehört.

Deshalb ist der alltägliche Lebensstil der Christen vielleicht der wirklich entscheidende Ort für das, was man vielerorts „geistliche Kampfführung" nennt. Deswegen ist es auch so entscheidend, dass wir von unserer religiösen Veranstaltungsmentalität wegkommen und wieder erkennen, dass das Christentum tatsächlich ein prophetischer, von Gottes Geist ermöglichter Lebensstil ist, und unser Leben ein einziger Indizienbeweis für die Existenz Gottes sein sollte.

Drei Arten des Gemeindeaufbaus

Das Evangelium vom Reich Gottes fordert das Wesen, die Grundüberzeugungen und das Wertesystem einer in Sünde gefallen gottlosen Welt bis aufs Äußerste heraus. Dabei werden sündige Verhaltensmuster gekreuzigt und die positiven, gesunden Aspekte einer Nation, die Gott in sie hineingelegt hat, gefördert und hervorgehoben. In jedem Kulturkreis gibt es deshalb im Wesentlichen drei verschiedene Wege Gemeinde zu bauen:

1. Man kann versuchen sich den Mustern und „Elementen der Welt" anzupassen und die Gemeinde so zu arrangieren, dass sie so stromlinienförmig wie möglich in eine bestehende Kultur hineinpasst. Dieser Ansatz betrifft durchaus nicht nur das sogenannten Landeskirchentum, sondern schimmert auch bei vermeintlich evangelistischen Konzepten durch, die etwa versuchen, die Leute dort zu kratzen, wo es sie juckt, einfach um zu beweisen, wie sehr die Christen im Trend sind. Die Katholische Kirche hat beispielsweise an vielen Orten der Welt die Menschen so schnell wie möglich getauft, ihnen ihre Götzen gelassen und diese später zu „katholischen" Heiligen umfunktioniert. Auf den ersten Blick erscheint dies ein großartiger Erfolg zu sein. Das Problem ist aber, dass dieser Ansatz nicht tief genug durch das geistliche Wurzelwerk des Aberglaubens oder anderer religiöser Konzepte dringt und die unterirdischen religiösen Wasseradern und spirituellen Leitungen völlig unversehrt lässt. Dadurch bleiben sündige Strukturen unbehelligt und eigentlich ändert sich nur das Etikett auf der Flasche, der Inhalt bleibt derselbe. Das Ergebnis ist blanker Synkretismus, die Vermischung von Fleisch und Geist, von Religion und Christentum. Oberflächlich gesehen ist eine solche Kirche ein phänomenaler Erfolg mit erstaunlichen ersten Wachstumsraten – aber mit einem viel zu hohen Preis. Es dauert oft nicht lange und die Kirche wird buchstäblich von ihrer Umwelt aufgesaugt, verliert ihre Kraft und Identität und wird zum salzlosen Salz. Mit anderen Worten, sie ist gestorben und hat aufgehört, Kirche von Jesus Christus zu sein, auch wenn die Namensschilder auf den Sakralbauten und die Denkmäler noch nicht weggeräumt wurden.
2. Das andere Extrem ist, die Grundmuster dieser Welt völlig zu ignorieren, die lokale Kultur, wie man hier die Dinge tut, außer

Acht zu lassen und eine Insel der Heiligen zu eröffnen. Dadurch wird die Kirche zu einem exotischen Fremdkörper auf einer abgehobenen Wolke, der sich fast nur die Merkwürdigen und Außenseiter einer Kultur anschließen. Diese Form der Gemeinde versteckt auf effektive Weise das Evangelium vor der Gesellschaft hinter den Mauern der in sich gekehrten Frömmigkeit und bleibt verdächtig, ausländisch, zahlenmäßig klein und machtlos, völlig ineffektiv darin, Menschen zu Jüngern zu machen oder gar eine ganze Nation in die Nachfolge von Christus zu rufen.

3. Der dritte Weg, den ich befürworte, ist nicht ein Kompromiss der Goldenen Mitte, sondern das Resultat aus einer gottgewirkten Unterscheidungsfähigkeit, die Schwächen und Sünden einer Kultur kreuzigt und sich davon löst, jedoch andere, positive Elemente aufgreift und fördert. Hier können und dürfen wir uns nicht allein auf menschliche Weisheit, anthropologisches Wissen und allgemeine Erfahrungswerte verlassen, sondern auf göttliche Offenbarung, Prophetie und gesundes apostolisches Denken.

Das ist auch ein weiterer Grund dafür, weshalb Gemeindegründung als transnationale und manchmal sogar globale Partnerschaft angegangen werden sollte. Gott benutzt Christen aus den verschiedenen Nationen, die blinden Flecke, geistlichen Straßensperren und „spirituellen Festungen" einer Kultur zu erkennen, die andere deshalb schon nicht mehr sehen, weil sie von Kindesbeinen an daran gewöhnt sind. Wir brauchen geistliche Querbefruchtungen, indem wir uns über unsere nationalen Grenzen dabei helfen, unsere jeweils eigenen *stoicheia*-Muster zu erkennen, negative Aspekte abzulegen und mit den guten Talenten, die Gott unserer Nation anvertraut hat, zu wuchern. Dadurch wird es möglich, dass wir einander als Nationen anspornen das Beste zu geben, was wir haben, und einander Partner darin sind, Gottes heilsgeschichtliche Ziele mit unseren Völkern, Städten und Nationen zu erreichen.

Wenn Yuppies und Eingeborene demselben Gott dienen

Es gibt nur ein Problem mit den „glücklichen Wilden", jenem Bild von Eingeborenen, die in scheinbarem Einklang mit der Natur ein friedvolles Leben führen, das uns oft genug von säkularen Anthropologen und Ethnologen vorgegaukelt wird: Es stimmt nicht. Die grausame Wahrheit ist die, dass die meisten dieser „Wilden" genau das sind, was dieses Wort bedeutet: wild. Ihr Lebensraum ist nicht nur voller Blumen, Blüten und Lachen und Tanzen (das ist der Teil, der in den Fernsehreportagen dargestellt wird), sondern roh, übermächtigen geistlichen Kräften und Dämonen fast hilflos ausgeliefert, oft unglaublich grausamen Gesetzen unterworfen, schutzlos, wie etwa die jungen Mädchen bei der weiblichen Beschneidung, ständig auf Trab, um ferne und meist wütende Gottheiten zu besänftigen und zu beeindrucken, die den Menschen das Mark aus den Knochen saugen.

Es gibt aber eben nicht nur die „Wilden des Wald-Dschungels", sondern auch die „Wilden des Asphalt-Dschungels" westlicher Kulturzentren, wie etwa die modernen Yuppies, Young Urban Professionals, die zum dröhnenden Takt des Gruppendrucks um die Karriereleiter tanzen, den grausamen und kostspieligen Gott der Mode befriedigen und auf einer dauerhaften Flucht leben, um allen Problemen durch Hyperaktivität möglichst eine Nasenlänge vorauszusein. Der moderne erfolgs- und vergnügungssüchtige Yuppie und der Eingeborene im Dschungel sind beide derselben Lüge aufgesessen, dass man eben das Leben nicht ändern kann und dass es keinen lebendigen Gott gibt; beide haben sich in ihr jeweiliges geistliches Magnetfeld eingeordnet, und beide brauchen dringend dieselbe Erlösung in Jesus Christus, wenn auch in unterschiedlicher äußeren Form.

Eine nationale Kirche und die heilsgeschichtliche Aufgabe der Nationen

Jede Nation und Volksgruppe hat ihre eigene Identität. Das bedeutet auch, dass sich in jeder Nation eine einzigartige und im besten Sinne des Wortes „eigenartige" Gemeinde heranbilden wird. Jesus muss in jeder Nation und in jedem heimischen Boden neu inkarniert, Fleisch werden. Diese Gestaltform von Gemeinde wird der Gemeindequalität in anderen Nationen und Stämmen sehr ähnlich sein, aber äußerlich durchaus andere Formen annehmen und andere Strukturen ausbilden.

Ich bin davon überzeugt, dass die Christenheit einer Nation eine jeweils besondere Aufgabe zu erfüllen hat und aufgerufen ist, diesen heilsgeschichtlichen Platz unter den Gemeinden der Nationen zu finden. Mission hat deshalb in jeder Nation drei Ziele:

1. Eine nationale, nicht importierte und eigenständige Gemeinde mit eigenen Formen auszubilden.
2. Die Nation dadurch in die Nachfolge von Christus zu rufen, indem diese Gemeindeform solange multipliziert wird, bis das ganze Land davon erfüllt ist.

3. Dem Land zu helfen, seinen eigenen Beitrag in der Weltmission zu leisten, entsprechend der heilsgeschichtlichen Aufgabe, die Gott für jede Nation hat.

Mehr Gemeinden der südlichen Baptisten im nördlichen Irak?

Wenn sich in einer hoch militarisierten und städtischen Kultur Gemeinde Jesu bildet, einem Kulturkreis, in dem jahrhundertelang mächtige Könige und Fürsten die Geschicke der Gesellschaft bestimmt haben und das „gemeine Volk" dahingehend geprägt ist, ständig im Schlagschatten eines mächtigen Generals und Leiters zu stehen und von einem Standartenträger Befehle zu erhalten – wie würde eine solche Gemeinde aussehen? Welche Formen würde sie annehmen? Sie würde wahrscheinlich nach Armee riechen, ordentlich in Fähnlein aufgeteilt sein, mit einer klaren Rangabstufung der Leiter und einer präzisen Aufgabenverteilung der Mitglieder, wobei es völlig außer Zweifel steht, dass die ganze Bewegung unter der Schirmherrschaft eines gütigen Königs oder *Senior Pastor* steht.

Aber wie würde eine Gemeindebewegung aussehen, die sich auf dem Lande, in einer matriarchalen Stammeskultur bildet, in der die Frauen die Entscheidungen treffen? Oder in einem demokratischen Land mit föderalistischer Struktur, in der die Freiheit des Einzelnen mehr als alles andere gewahrt ist, man starken Leitern fast schon grundsätzlich mit Argwohn begegnet und Flaggen als Symbol einer militärischen Vergangenheit betrachtet werden, die man möglichst schnell vergessen will? Die Antwort ist, dass diese Gemeindebewegungen sehr unterschiedlich aussehen würden und sich von den Formen und Strukturen her nur sehr schwer auf andere Situationen übertragen lassen. Ein Gemeindemodell, das in Singapur funktioniert, muss deshalb noch lange nicht in der Schweiz funktionieren, und ein Modell, das in Amerika Furore macht, erntet möglicherweise eben gerade deshalb in Schottland nur ein müdes Achselzucken.

Ein Gemeindemodell, das in Singapur funktioniert, muss deshalb noch lange nicht in der Schweiz funktionieren, und ein Modell, das in Amerika Furore macht, erntet möglicherweise eben gerade deshalb in Schottland nur ein müdes Achselzucken.

Ich stand einmal vor einer Kadertruppe der „Southern Baptists", einer amerikanischen Freikirche. Da ich viele von ihnen als joviale, visionäre, demütige und humorvolle Christen kennengelernt habe, erlaubte ich mir, ihnen zu sagen, dass wir aus dem oben beschrieben Grund eben nicht „mehr Gemeinden der südlichen Baptisten im nördlichen Irak brauchen", sondern nur solche Gemeinden, die im Norden Iraks geboren sind. Diese werden im Norden Iraks auch langfristig blühen und ihr Ziel in dieser schwer geprüften geografischen Region erreichen können. Die baptistischen Freunde haben mich damals verstanden. Verstehen Sie es auch?

Dieselbe Qualität – verschiedene Strukturen

Ich versuche es nochmals zusammenzufassen: die Gemeinden können sehr wohl dieselben Qualitätsmerkmale haben und geistliche Reife zeigen und in den verschiedenen Nationen und Kulturkreisen dennoch völlig unterschiedlich aussehen.

Die westliche Welt ist mit einem jüdisch-christlichen Wertesystem aufgewachsen, das seit Jahrtausenden von einem griechischen und römischen System der Logik eingefärbt worden ist. Dieses System funktioniert „östlich des Jordans" nicht mehr sehr gut. Wir dürfen gegenüber den gottgegebenen Qualitäten des Reiches Gottes niemals Kompromisse eingehen, indem wir einfach Kopien kulturell bedingter Gemeinden exportieren, sondern müssen spüren, wie Jesus in den verschiedenen Kulturen Gemeinden bauen will und welche Strukturen und Formen sie annehmen sollen. Hierbei müssen wir manchmal nach dem Ausschau halten, was die Völkerkundler ein „dynamisches Äquivalent" nennen, ein schöpferischer, einfallsreicher Weg, das Unerklärliche zu erklären, wie etwa Weintrauben den Eskimos, Schnee den Sudanesen und Sonnenschein unseren verregneten Nachbarn, den Engländern.

Wer ein erfolgreiches Modell abkupfert, wird wahrscheinlich erleben, was viele auf diesem Weg schon vor ihm erlebt haben: eine kurzfristige Begeisterung und eine langfristige Depression.

Der Inhalt der Botschaft des Evangeliums muss originalgetreu sein, aber eine Form annehmen können, die seinem Hörer einleuchtet und Sinn für ihn macht. Lokale Gemeinden sind immer einzigartig und haben ihre eigenen Formen entwickelt. Das ist auch der Grund, weshalb es sehr schwierig ist, kirchliche Modelle einfach zu transplantieren, zu übersetzen, zu kontextualisieren und zu importieren und dann zu erleben, wie sie in ihrer neuen Umgebung aufblühen.

Viel besser ist es dabei, die grundlegenden Prinzipien einer wachsenden Gemeindebewegung zu erforschen und lokal umzusetzen. Wer nur ein erfolgreiches Modell abkupfert, wird wahrscheinlich erleben, was viele auf diesem Weg schon vor ihm erlebt haben: eine kurzfristige Begeisterung und eine langfristige Depression bis dahin, dass es Zerbruch gibt und in manchen Fällen sogar die Bildung eigenständiger, lokaler Gemeindeformen verzögert oder gar verhindert wird.

Kreieren, nicht Kopieren

„Ich habe es ja versucht, aber es hat nicht geklappt!" Ich weiß nicht, wie oft ich diesen Satz schon gehört habe. Ich schätze, dass derzeit weltweit etwa 200.000 Pastoren unter der „Yonggi-Cho-Depression" leiden. Eines ihrer Symptome ist u. a. der eben zitierte Satz. Der Pastor der größten Gemeinde aller Zeiten hat – ich unterstelle: natürlich völlig unbewusst – in den vielen Pastoren, vor denen er weltweit gesprochen hat, den einen Wunsch geweckt: „So wie er möchte ich es machen, seinem Beispiel folgen." Und so haben es viele versucht – und die allermeisten sind gescheitert. Es hat einfach nicht geklappt – und unzählige Pastoren fühlen sich heute schuldiger und unfähiger denn je. Erst viel später hat sich bei einzelnen die Erkenntnis durchgesetzt: „Das Geheimnis von Yonggi Cho ist Yonggi Cho!" Es lässt sich nicht kopieren, weil Yonggi Cho einmalig ist. Und die Mehrheit? Leidet noch heute und sucht den Fehler bei sich selbst – oder bei Yonggi Cho. Liegt das Problem nicht bei beiden? Die stetige Dienst-Projektion bei den einen („Hurra, mache es wie ich!") und eine fast an Sucht erinnernde Kopierversessenheit („Hurra, ich mache es wie er!") bei den anderen?

Vor einiger Zeit saß ich in Sri Lanka zusammen mit Colton Wickramaratne, dem Pastor der großen Assemblies of God Church in Colombo. Ihm hatte man einmal mit leuchtenden Augen „das wunderbare Evangelisationsmodel *Evangelism Explosion*" vorgestellt, so Colton. „Pastor Kennedys Gemeinde in Fort Lauderdale, Florida", so sagte man ihm, „ist mittels dieses Programmes buchstäblich explodiert." Und die trockene Antwort von Pastor Colton? „Wie kann ich denn mit der Explosion eines andern selbst explodieren?! Verkaufe ich mich denn da nicht unter Niveau?"

In den deutschsprachigen Ländern haben viele Gemeinden von 1986 bis 1992 John Wimber und sein Modell kopiert. Als Ergebnis haben wir in vielen Gemeinden eine neue, unausgesprochene Liturgie: 1 Stunde Anbetung, 45 Minuten Predigt, 20 Minuten Gebetsdienst. Seit 1994 ist John Wimbers Modell von John Arnotts Modell der damaligen Toronto Airport Vineyard Gemeinde abgelöst worden. Mitte 1996 haben mir viele Pastoren, mit denen ich in Deutschland spreche – zugegeben zögerlich – gestanden, dass sie gerade eben aus der Post-Toronto-Depression emporkommen. „Aber zum Glück", sagte mir einer, „kommt jetzt Willow Creek. Das haut wirklich!"

„Zum Glück?", dachte ich und verbiss mir, was ich ihm sagen wollte, dass ich nämlich die Post-Willow-Creek-Depression schon am Horizont sehe. Aber das wollte man damals nicht hören.

Sechs Schritte, aus einem Segen einen Fluch zu machen

Ist die Kopier-Falle nicht einfach perfekt? Dabei fängt es so schön an: Jemand macht eine segensreiche Erfahrung, ein anderer berichtet in Zeugnisform darüber, der Dritte schafft daraus ein Modell, das ein Vierter kopiert. Ein Fünfter macht daraus eine Institution und der Sechste erhebt das Ganze zum Gesetz, das denjenigen schuldig spricht, der es anders macht. Zum Schluss legen wir die Hand an den Pflug und sehen zurück, bevor wir überhaupt arbeiten, und erinnern uns womöglich gar nicht mehr daran, dass Jesus gesagt hat, solch ein Arbeiter sei unfähig, im Reich Gottes zu arbeiten. Aus dem vermeintlichen Segen ist ein Fluch geworden, weil er uns behindert, das Einzigartige zu tun, was Gott nur von uns allein möchte, dass wir es tun.

Ist die Zeit denn nicht gekommen, dass wir in Gottes Namen das kreative, erfinderische Potenzial wecken und nähren, das unser Schöpfergott längst in uns alle hineingelegt hat? Das bedeutet auch, dass wir lernen müssen zu verstehen, welche Wege Gott derzeit in unseren eigenen Breitengraden geht, um Menschen für seine Gemeinde zu gewinnen. Vor lauter Blick über den Atlantik nehmen wir vielleicht die mutmachenden Ansätze vor der Haustür gar nicht wahr.

Aber wollen wir realistisch sein. Die Statistik spricht eine traurige Sprache. 80 Prozent aller Pastoren werden ihr Leben lang einfach nur Modelle kopieren. 15 Prozent aller Pastoren übernehmen Modelle von andern und wandeln sie leicht ab. Nur 5 Prozent sind Erfinder eigener Modelle.

Die Kerngedanken des Evangeliums sind für den unerlösten Verstand fast unverständlich. Dinge wie Liebe, Glaube, Hoffnung sind zwar logisch nur sehr schwer zu erklären, werden aber von kindlichen Naturen sofort begriffen. Darf ich deshalb an dieser Stelle einmal einen sehr „unrealistischen" Vorschlag machen? Wollen wir nicht, im Namen von Jesus und in der Kraft des Heiligen Geistes, alle diese Statistiker das Fürchten lehren und diese traurigen Zahlen auf den Kopf stellen? Wie? Indem wir aufhören nur zu kopieren und anfangen, im Namen des Schöpfer-Gottes, der in uns allen lebt, Neues zu schaffen – ob wir nun ein Pastor sind oder nicht!

Quantität

Wie lange brauchte die erste Hauskirchenbewegung der Apostelgeschichte, um „ganz Jerusalem mit der Lehre (von Jesus Christus) zu erfüllen" (Apg. 5,28)? Vielleicht zwei bis drei Jahre, sagen uns die Kirchengeschichtler, möglicherweise ging es sogar schneller. Hier sehen wir es einmal mehr: Quantität, also zahlenmäßiges Wachstum, begann mit Qualität, in diesem Fall vielleicht sogar in den tränenerfüllten Augen des Mannes, der für diese Stadt weinte (Lk. 19,41). Nicht lange danach hören wir aus dem Mund der ausgesprochenen Feinde der ersten Christen, den Vertretern der organisierten, staatlich legitimierten Religion, dass die ganze Stadt mit der Lehre von Jesus erfüllt worden war.

Wir sehen hier eine christliche Bewegung, die schnell eine kritische Masse erreichte und bei der es zu einer unaufhaltsamen Kettenreaktion kam, die von niemandem wirklich kontrolliert werden konnte, außer von Gott selbst.

Geistliche Erbanlagen

Über die Arbeit des österreichischen Mönchs Gregor Mendel (1822-1884) hinaus waren es die amerikanischen Biologen Francis Crick und James Watson, die im Jahre 1953 die chemische Struktur der Desoxyribo-Nuclein-Säure, kurz DNS, entdeckten, dem chemischen Grundbaustein des Lebens. Die DNS enthält Zuckermoleküle (die Desoxyribose) sowie Phosphatmoleküle, die in regelmäßiger Anordnung das Rückgrat der DNS bilden. An diese Zuckermoleküle angehängt ist jeweils eine der vier Basen oder genetischen Buchstaben, genannt Adenin, Zytosin, Guanin und Thymin. Die Reihenfolge, in der die vier genetischen Buchstaben A, Z, G und T aneinander gereiht sind, bestimmt den Informationsgehalt dieses genialen Prinzips. Aus diesen genetischen Buchstabenkombinationen bestehen die Chromosomen, die Samenstruktur des Lebens. Sie bestimmen, welche Art von Organismus oder Lebensform daraus entstehen wird. Die erstaunlich wirkungsvollen Dynamiken einer sich ausbreitenden Virusinfektion, von der ich schon wiederholt gesprochen habe, liegt beispielsweise sehr stark an der Potenz der im Virus enthaltenen DNS. Das Virus infiziert eine ansonsten normale Zelle und überträgt ihr die eigene DNS, wodurch die unfreiwillige Gastzelle sich durch die Virus-DNS verändert und erkrankt, und durch Zellteilung multipliziert sich das Virus, was dann zu epidemieartigen Ausbreitungszahlen führt.

In gewisser Hinsicht sind wir alle Träger eines geistlichen genetischen Codes, der DNS des Reiches Gottes, und tragen damit auch zum Teil die Grundstruktur der neutestamentlichen Gemeinde in uns. Sie ist integraler, im Evangelium vom Reich Gottes abgespeicherter Teil der Information, so dass wir alle diejenigen, die durch uns in Berührung mit dem Evangelium kommen, in gewisser Hinsicht mit den Grundwerten des Reiches Gottes infizieren oder wenigstens beeinflussen werden. Im Idealfall nimmt durch den Heiligen Geist und persönliche Reifung diese genetische Erbanlage die Gestalt von Christus in uns an. Sie verändert nicht nur uns, sondern auch die, die durch uns mit diesem genetischen Code angesteckt werden.

In gewisser Hinsicht sind wir alle Träger eines geistlichen genetischen Codes, der DNS des Reiches Gottes, und tragen damit auch zum Teil die Grundstruktur der neutestamentlichen Gemeinde in uns.

Das Resultat wäre eine epidemieartige Ausbreitung, die sich durch Infektion ausweitet und – ganz ähnlich wie ein Sauerteig – sich in der gesamten Bevölkerung fortpflanzt. Wenn die innere Qualität der DNS stimmt, dann brauchen wir nur noch auf das Bilden einer kritischen Masse hinzuarbeiten und angemessene Strukturen nutzen. Dann können wir es getrost dem „Gott des Buches Numeri" überlassen, auf welche zahlenmäßigen Höhen er die ganze Bewegung führen möchte.

Der richtige Prototyp ist wichtiger als ein volles Lager

Dies führt uns zu einer drängenden, aber schmerzhaften Frage: Wenn unsere Gemeinden in der derzeitigen durchschnittlichen Qualität, ihren derzeitigen Strukturen und den damit zusammenhängenden Methoden und Programmen nicht notwendigerweise dazu führen, dass unsere Ländern qualitativ und quantitativ mit dem Evangelium erreicht werden, was sollten wir dann tun?

In der Geschäftswelt sind die beiden Bereiche Forschung und Entwicklung äußerst wichtig. Bei der Entwicklung eines neuen Produkts wird allergrößte Aufmerksamkeit darauf gelegt, einen funktionierenden Prototyp herzustellen, der auf Herz und Nieren getestet wird; erst dann läuft die Massenproduktion an. Der geringste Fehler könnte sich sonst millionenfach multiplizieren und die Kosten für Rückrufaktionen und der damit verbundene Gesichtsverlust könnte katastrophal für die Firmen sein. Der richtige Prototyp ist also wichtiger als ein Lager voller mittelmäßiger Waren. Managementberater rechnen uns vor, dass es 50 mal einfacher ist nochmals von vorne anzufangen als ein entstandenes Problem zu korrigieren. Ich denke deshalb, dass es nur angemessen ist, als Christen einen beträchtlichen Teil unserer Zeit darauf zu verwenden, zunächst durch Forschung und Gebet in jeder Nation oder Volksgruppe funktionierende Gemeindemodelle zu entwickeln, bevor wir Strategien für die Multiplikation von Gemeinden umzusetzen beginnen.

Doch da ist eine Falle, die wir vermeiden müssen. Es gibt immer wieder Menschen, die von Qualität an sich fasziniert sind und eine leicht perfektionistische Haltung haben. Oft genug verbirgt sich unsere größte Schwäche im Schatten unserer größten Stärke. Die Gefahr besteht, dass wir zu lange in unseren theologischen Labors sitzen bleiben und niemals mit unserem Werk an die Öffentlichkeit gelangen, weil wir den Eindruck nicht loswerden, dass unser Produkt noch immer nicht gut oder reif genug sei. Ein gutes Zeichen dafür, dass ein Prototyp sich dem Reifestadium nähert, ist, wenn er frühzeitig durch Industriespionage gestohlen, durch korrupte Wissenschaftler für eine lächerliche Summe verkauft und von den Verkäufern direkt aus dem Labor in die Verkaufsetagen einer Firma gebracht wird – oder, wenn es sich um ein lebendiges Wesen handelt, mit dem wir arbeiten: wenn es sich einfach selbstständig macht und auf eigenen Beinen das Labor verlässt.

Gott möchte, dass alle errettet werden

„Aber der Stein, der an die Statue stieß, wurde ein großer Berg, der die ganze Erde erfüllte", lautet eine Prophezeiung aus dem Buch Daniel (2,33-34.44), wobei es ganz offensichtlich um das Reich Gottes geht und damit auch die christliche Gemeinde mit einschließt. Die Bibel spricht deutlich davon, dass die Zahl der Erlösten Ausmaße erreichen wird, die, wie es Johannes in der Offenbarung formuliert, „niemand zählen kann" (Offb. 7,9). Gott möchte, „daß alle errettet werden" (1. Tim. 2,4), „den Gehorsam des Glaubens unter allen Heiden aufzurichten" (Röm. 16,26) und, „dass der Sauerteig den ganzen Teig durchsäuert" (Mt. 13,33). Gott wird „die Nationen und die Enden der Erde zum Erbteil und Besitz" von Jesus machen (Ps. 2,8), die Erde wird voller

Erkenntnis der Herrlichkeit Gottes sein wie Wasser das Meer bedeckt (Hab. 2,14). Und was ist das Gefäß, durch das Gott diese globale Botschaft der „mannigfachen Weisheit Gottes“ offenbar wirkungsvoll kommunizieren wird? Die christliche Gemeinde (Eph. 3,10).

Sind wir zufrieden mit einer relativ vollen Hölle und einem relativ dünn besiedelten Himmel?

Derzeit leben auf der Erde etwa sechs Milliarden Menschen. Das bedeutet, dass etwa 25 Prozent aller geschätzten 20 Milliarden Menschen, die in der gesamten Menschheitsgeschichte jemals auf dem Planeten existierten, heute leben. Jesus erklärte, dass er nicht zum Gericht in die Welt gekommen sei, sondern dass die Welt durch ihn errettet werden würde. Doch viele Christen sind merkwürdigerweise darüber begeistert, nur ein wenig an der Oberfläche der Menschheit zu kratzen, ein paar wenige zu gewinnen – und weit davon entfernt, „die Welt zu gewinnen“. Selbst wenn die meisten unserer derzeitigen evangelistischen Pläne, Träume und Strategien wahr werden würden, hätten wir im Endeffekt noch immer eine relativ volle Hölle und einen relativ dünn besiedelten Himmel. Können wir wirklich sagen, dass dann, wenn 5 Prozent unserer Bevölkerung Jesus persönlich kennen, unsere Mission beendet ist?

Wenn wir uns zu sehr an mittelmäßig effektive christliche Gemeinden und an mittelmäßige missionarische Resultate gewöhnen, besteht die Gefahr, dass wir zu glauben beginnen, dass deswegen auch die Zukunft von mittelmäßigen Erfahrungen geprägt sein wird.

Wenn wir uns zu sehr an mittelmäßig effektive christliche Gemeinden und an mittelmäßige missionarische Resultate gewöhnen, besteht die Gefahr, dass wir zu glauben beginnen, dass deswegen auch die Zukunft von mittelmäßigen Erfahrungen geprägt sein wird. Einmal mehr würden wir unsere Hand an den Pflug legen und erst zurücksehen, bevor wir mit dem Pflügen beginnen, etwas, was uns für die Arbeit im Reich Gottes ausdrücklich disqualifiziert (Lk. 9,62). Wir würden uns vielleicht nach einiger Zeit daran gewöhnen, dass es durchaus realistisch sein könnte, nicht 5, sondern 10 oder gar 20 Prozent unserer Bevölkerung für Christus zu gewinnen, weil wir immer wieder von Erfahrungen in anderen Ländern gehört haben, etwa in Guatemala, China oder Brasilien, die dies andeuten.

Aber das Kernproblem ist, dass viele von uns an dieser Stelle eine innere Blockade haben und „es sich einfach nicht vorstellen können", dass es Gottes Wille sei, mehr Menschen zu erretten als vielleicht einen aus fünf, dass Gott wirklich *alle* meint, wenn er *alle* sagt. Und liegt es nicht schließlich allein an Gottes Erwählung, wer gerettet werden wird? Ich will hier keine billigen Antworten geben. Aber eines weiß ich: Gott hat die Erwählten vor allem deswegen erwählt, damit sie es sich auswählen, sich um die noch nicht Erwählten zu kümmern.

Der Gott, der mit sich reden lassen will

In 1. Mose 18 wird berichtet, wie Abraham etwas linkisch mit Gott über das Schicksal von Sodom und Gomorrha feilscht. Gott gibt ihm dabei ganz erstaunliche Freiheiten, während Abraham wohl mehr damit zu kämpfen hat, dass Gott doch sicherlich verärgert sein würde über seine wagemutigen Forderungen. In Hesekiel 22 sucht Gott nach einem Fürbitter, der „in der Riss tritt", um buchstäblich das kommende Gericht über eine Nation abzuwenden. Erst als er niemanden findet, geht er daran die vorhergesagte Zerstörung auszuführen, etwas, von dem Gott klar sagte, dass es nicht hätte geschehen müssen.

Nicht jedes Unheil ist unabwendbar, wie Brother Andrew, „der Schmuggler Gottes", in seinem Buch „Da änderte Gott seine Meinung", ausführt. Jesus deutet auf die bittende Witwe, die erst dann gesegnet wurde, als sie sich weigerte, sich abweisen zu lassen (Lk. 18,1-8). Von Mose und Paulus ist bekannt, dass sie beide bereit waren auf ihr eigenes Seelenheil zu verzichten und verdammt zu werden, wenn doch Gott auf irgendeine Weise dadurch ihre Landsleute retten würde.

Nur ganz wenige Christen würden wohl heute vor den allmächtigen Gott treten und tun, was Abraham, Moses und Paulus taten. Sie haben ja buchstäblich gesagt: „So nicht, Gott!" Sie hatten die Frechheit, die göttlichen Absichten in Frage zu stellen, vor allem deshalb, weil sie aus ihrer menschlichen Perspektive Gottes Wesenszüge erkannten, seinen Charakter, seine Liebe und seine Macht, und deshalb an seine sprichwörtliche Barmherzigkeit appellierten. Sie wiesen Gott darauf hin, welche Schande es seinem eigenen Namen in aller Welt bereiten würde, wenn er sich von seinem eigenen Volk abwenden würde.

Wenn wir eines über das Gebet wissen, dann das, dass wir „im Willen Gottes" beten sollen, also übereinstimmend mit den tiefsten Absichten Gottes. Wir wissen, dass Gott, der Schöpfer aller Dinge, wünscht, dass niemand verloren geht, dass alle zur Erkenntnis der Wahrheit kommen sollen, dass alle zur Umkehr finden, dass alle errettet werden. Wartet Gott womöglich darauf, dass an allen Enden und Ecken der Erde Hunderte von Millionen von Christen damit beginnen, ihn zu bitten, diese seine eigenen Ziele einzulösen, und so lange weiterbeten, flehen, klopfen und feilschen, bis Gott diese Gebete erhört? Wartet Gott möglicherweise seit Jahrhunderten darauf, dass die Mehrzahl der Christen aus ihrer pathetischen Passivität und manchmal geradezu Karma-haften Ergebenheit aufwachen und ihm wegen der Errettung der Welt in den Ohren liegen? Wartet er auf Menschen, die „in den Riss treten" und die sich nur mit einem vollen Himmel und einer so dünn wie möglich besiedelten Hölle zufrieden geben? Was ist es, das eine solche Entwicklung möglicherweise verhindern könnte?

Die Denkblockaden im eigenen Kopf überwinden

Aus dem Gebetszweig der Bewegung „AD 2000" unter der Leitung von C. Peter Wagner, Beverley Pegues und anderen wird berichtet, dass sich heute bereits zwischen 20 und 50 Millionen Christen regelmäßig zum Fürbittegebet mobilisieren lassen. Wenn es um Fürbittegebet in derart globalen Ausmaßen geht, dann müssen auch in unserem eigenen Kopf langgepflegte Überzeugungen, Denksperren und Barrieren, weshalb Gott nicht tun kann, was er sagt, zerbrechen.

Paulus beschreibt in 2. Korinther 10 das „Zerstören von Festungen und Höhen, die sich wider die Erkenntnis Gottes erheben, und nimmt alle Gedanken gefangen unter den Gehorsam Christi". Ist es genau das, was geschehen muss, möglicherweise auch in unserem eigenen Kopf? Der argentinische Evangelist Ed Silvoso hat in seinem Buch „That None Should Perish" eine eigene Definition für eine solche „paulinische Festung" formuliert:

> *„Eine geistliche Festung ist ein Denken, das hoffnungslos Dinge als unveränderlich akzeptiert, von denen wir genau wissen, dass sie nicht dem Willen Gottes entsprechen."*

Wenn wir uns weigern, aus welchen Gründen auch immer, selber zu beten, „dass niemand verloren geht und alle gerettet werden", wäre dann unsere erstaunliche Weigerung nicht ein deutliches Zeichen für eine solche geistliche Blockade, für „harten Boden" in unserem Denken? Sollten wir nicht zuerst Gott bitten, uns solche Barrieren zu nehmen um persönlich umzukehren, bevor wir uns daran machen, missionarische, evangelistische und Gemeinde gründende Strategien zu entwickeln? Fängt der geistliche Durchbruch nicht in unseren eigenen Köpfen an? Dort, wo hoffnungslose, deprimierte, scheinbar realistische und begrenzende Gedanken in der Kraft dessen überwunden werden, der kam, um die Welt zu retten?

Satan wird über jede Person triumphieren, die unnötigerweise in der Hölle landet, nur weil da eine Gemeinde schläft, weil Christen die Vision abhanden gekommen ist, weil sich unsere Leiter bemühen, respektabel zu bleiben und kompromissbereit „einen Weg der Mitte zu finden", und weil sich die meisten Christen selbst verteidigen, anstatt mit ihren Gebeten und Handlungen „die Hölle zu plündern".

Jesus sagte in einigen seiner wenigen Aussagen über die Gemeinde, „dass die Pforten der Hölle ihr nicht standhalten werden" können (Mt. 16,18). Ganz im Gegensatz zum gängigen und durch einen Übersetzungsfehler geförderten Denken ist es eben nicht so, dass die arme geplagte Gemeinde in der Defensive ist und wunderbarerweise dem aggressiven Ansturm der Höllenmächte trotzen wird. Es ist genau umgekehrt. Der griechische Urtext dieser Stelle sagt deutlich, dass es nicht die „Pforten der Hölle" sind, die da stürmen, sondern die Gemeinde, die gegen die „Pforten der Hölle" stürmt, die dann diesem Ansturm nicht standhalten werden können. Wo, wer oder wie auch immer diese „Pforten" sind und aussehen, sie werden nachgeben müssen. Es ist die christliche Gemeinde, die nach dieser Prophezeiung die Zugangstüren der Hölle stürmen und den Vorhof der Hölle entvölkern wird, weil sie begriffen hat, dass die Hölle niemals für Menschen gemacht worden ist (Mt. 25,41).

Bei der derzeitigen Bevölkerungsexplosion müssen wir uns immer wieder Folgendes verdeutlichen: Wenn es je eine Zeit gab, in der auch nur die kleinste Justierung im Bereich des Wagemuts unserer Gebete, unserer Vision und unserer Lebensstrategien, maximale Konsequenzen für die ewige Zukunft der Weltbevölkerung haben kann, dann ist es jetzt!

Die kleine Herde, die das Reich erben wird

Viele haben aus der „kleinen Herde", von der Jesus in Lukas 12 spricht, geschlossen, dass die Gemeinde immer eine kleine Minorität sein wird. Dies kann man künstlich koppeln mit Bibeltexten, die scheinbar dasselbe sagen: „Der Glaube ist nicht jedermanns Ding", „Viele sind berufen, aber nur wenige sind auserwählt", „Schmal ist der Weg, der zum Leben führt, und wenige sind es, die ihn finden". Daraus ergibt sich schnell eine depressive Grundstimmung, ein negatives Zukunftsszenario, das manchen genügt, um sich quietistisch auf das eigene Ghetto zu konzentrieren, „zu halten, was sie haben" und darauf zu warten, dass Jesus hoffentlich bald wiederkommt, um uns aus „dem Erdenübel zu erlösen".

Doch wenn Jesus von der „kleinen Herde" spricht, kann es nicht auch sein, dass er ganz buchstäblich das meinte, was er sagte, nämlich dass die christlichen Gemeinden klein sein werden? Die ersten Hausgemeinden waren klein, etwa 10 bis 15 Personen. Sind sie die kleinen Herden, die ein großes Erbe antreten? Die recht unbeeindruckenden Strukturen einer Hauskirche sollten niemanden darüber hinwegtäuschen, welches geistliche, moralische, wirtschaftliche und sogar politische Potenzial sie haben. Es war schon oft die Handschrift Gottes, dass er die Erwartungen und Standards der Welt auf den Kopf stellte. Kann es nicht sein, dass einmal mehr nicht die politischen Ellbogenmenschen, sondern die Sanftmütigen mit ihren ebenfalls ziemlich sanften Strukturen die Erde erben werden?

Die recht unbeeindruckenden Strukturen einer Hauskirche sollten niemanden darüber hinwegtäuschen, welches geistliche, moralische, wirtschaftliche und sogar politische Potenzial sie haben.

Gottes Gedanken heben sich so sehr von unserem Denken ab, „so hoch der Himmel über der Erde ist". Wenn wir versuchen, Gottes Vision und seine Pläne mit dieser Welt zu erfassen, werden wir in alle Richtungen gedehnt werden, und selbst wenn wir Einblick in einen winzigen Teil seiner Absichten haben, werden wir wahrscheinlich mit offenem Mund sprachlos dastehen müssen. Die kleine Herde eines großen Gottes ist wahrscheinlich immer noch größer als die große Herde eines kleinen Gottes.

Je kleiner die Gemeinde, desto größer ihr Wachstumspotenzial

In einer weltweit einmaligen Forschungsstudie untersuchten Christian Schwarz und Christoph Schalk in 32 Ländern u. a. den Zusammenhang zwischen der zahlenmäßigen Größe einer Gemeinde und ihrer Fähigkeit neue Menschen zu integrieren. In der folgenden Tabelle wird deutlich, wie viele Menschen in jeweils einem Untersuchungszeitraum von fünf Jahren statistisch gesehen zu einer Gemeinde hinzukommen und welche Wachstumsdynamik dies offenbart (Wachstum in Prozent innerhalb von fünf Jahren):

Größe der Gemeinde (Gottesdienstbesucher)	**Neue Besucher nach 5 Jahren**	**Wachstum in Prozent**
1-100 *(Schnitt 51)*	32	63
100-200	32	23
200-300	39	17
300-400	25	7
über 1.000 *(Schnitt 2.856)*	112	4

Eine relativ kleine Gemeinde von zwischen 1 bis 100 Besuchern (der statistische Schnitt in der Untersuchung war 51 Besucher) hat in fünf Jahren typischerweise 32 neue Menschen dazugewonnen und wuchs in diesem Zeitraum von 52 auf 84 Besucher an, ein Wachstum von umgerechnet 63 Prozent. Eine Megakirche mit mehr als 1.000 Besuchern (statistischer Schnitt in der Forschungsstudie: 2.856 Besucher) hat im selben Zeitraum von 5 Jahren 112 neue Besucher hinzugewonnen, umgerechnet entspricht das einem Wachstum von 4 Prozent.

Schon wenn man Gemeinden mit einer Besucherzahl von unter 100 mit Gemeinden mit einer Besucherzahl zwischen 100 und 200 vergleicht, fällt die stark unterschiedliche Wachstumsrate auf: Die kleineren Gemeinden haben fast das dreifache Integrations- und damit Wachstumspotenzial der größeren Gemeinden. Diese empirische Studie zeigt weiter, dass eine Megakirche von statistisch gesprochen 2.856 Besuchern, obwohl sie etwa 56 mal größer ist als die „kleine Gemeinde" von 51 Besuchern, nur wenig mehr als dreimal so viele Menschen in fünf Jahren integrieren kann wie die typische Gemeinde zwischen 1 und 100 Besuchern.

Anders ausgedrückt: Wenn wir eine Megakirche nähmen und sie in 56 Gemeinden à 51 Personen aufteilten, dann würden diese 56 Kleingemeinden in fünf Jahren (bei einer Wachstumsrate von durchschnittlich 63 Prozent in diesem Zeitraum) um insgesamt 1.792 Personen wachsen – 16 mal mehr als die Megagemeinde gewinnen würde, wenn sie Megagemeinde bliebe. Noch anders ausgedrückt: Die Megakirchenstruktur *verhindert,* dass 1.680 Menschen (die theoretisch 1.792 von den Kleingemeinden gewinnbaren minus 112, die statistisch im Zeitraum von fünf Jahren von Megakirchen gewonnen werden) auch tatsächlich gewonnen werden. Das Resultat dieser Studie, die viele Gemeindewachstumsmythen wie *big is beautiful* auf den Kopf stellt, zeigt, dass kleinere Gemeinden einfach effektiver darin sind, neue Menschen zu integrieren. Sie haben, statistisch gesehen, eindeutig das stärkere Wachstum. Es ist wie bei der Wippe auf dem Kinderspielplatz: Wenn die Quantität nach oben geht, sinkt das Wachstumspotenzial nach unten.

Der Quantensprung vom organisierten zum organischen Wachstum

Was die Studie von Christian Schwarz uns allerdings nicht zeigt, ist, was geschieht, wenn wir die organisch wachsenden und sich multiplizierenden Hauskirchen einer Durchschnittsgröße von zwölf Personen mit den organisierten „Kleingemeinden" einer durchschnittlichen Größe von 51 vergleichen. Der Vergleich ist ungefähr so, als ob wir das Wachstumspotenzial eines Senfkorns mit einer Gruppe von Menschen vergleichen, die Steine zu einem Haufen zusammentragen.

Das traditionelle Gemeindemodell wächst in der Regel durch Addition (neue Besucher kommen hinzu); das Hauskirchenmodell wächst durch Multiplikation (neue Gemeinden kommen durch Vervielfältigung hinzu). Das eine führt zu linearem Wachstum der traditionellen Kirchenformen, das andere zu exponentiellem Wachstum der Hauskirchenformen. Auch wenn mir noch keine empirischen Zahlen aus den meisten Ländern der Erde vorliegen, zeigen die ersten Beobachtungen eindeutig, dass das Wachstumspotenzial weiter wächst, wenn die durchschnittliche Gemeindegröße kleiner wird, und es scheint bei einer Größe von 10-15 Personen pro Gemeinde ein absolutes Maximum zu erreichen.

Kleine Gemeinden haben, statistisch gesehen, das stärkere Wachstum.

Das explosive Wachstumspotenzial der Hauskirchen

Viele Hauskirchen mit einer Durchschnittsgröße von zwölf Personen erleben ihre eigene Multiplikation nach sechs bis neun Monaten, in erwecklichen Situationen verdoppeln sich Hauskirchen manchmal sogar alle zwei oder drei Monate, in Einzelfällen noch schneller.

Wenn wir einmal alle triumphalistischen Anwandlungen und hyperoptimistischen Theorien beiseite lassen und von einem eher pessimistischen Standpunkt aus ein leicht düsteres Szenario entwickeln, dann kann es ungefähr wie folgt aussehen:

Zahl der Hauskirchen	nach Jahren	Zuwachs	Zahl der Mitglieder
1 *(statt 2)*	1		12
2	2	12	24
4	3	36	48
8	4	84	96
12 *(statt 16)*	5	112	144

In dieser Aufstellung gehe ich davon aus, dass sich unsere Hauskirchenbewegung nicht alle sechs bis neun Monate, sondern nur alle zwölf Monate verdoppelt, der Verdoppelungsfaktor ist also fast um die Hälfte gegenüber dem statistischen Mittel vieler derzeitiger Hauskirchenbewegungen verlangsamt. Dennoch findet exponentielles Wachstum statt. Nach dem ersten Jahr gehen wir davon aus, dass statt der erwarteten Multiplikation von einer auf zwei Hauskirchen die Zeit noch immer nicht wirklich reif ist, sich zu verdoppeln. Rechnen wir bewusst mit Anfangsschwierigkeiten und allen möglichen Problemen, die auftauchen könnten. Nach einem Jahr sind wir also in diesem Szenario nicht zwei, sondern immer noch erst eine einzige Hauskirche. Dann aber finden wir langsam zueinander und es beginnt sich Wachstumspotenzial zu bilden. Nach zwei Jahren sind wir dann zwei Hauskirchen – und dann multipliziert sich diese Bewegung jedes Jahr: von zwei auf vier Hauskirchen nach dem dritten Jahr, von vier auf acht im vierten Jahr, und von acht auf 16 Hauskirchen nach dem fünften Jahr.

Rechnen wir noch eine weitere Schwierigkeit hinzu, die ich in Anlehnung an 3. Johannes 9-10 den „Diotrephes-Faktor" nenne: 25 Prozent der Hauskirchen, eine von jeweils vier, wird während einer typischen Fünf-Jahres-Periode eingehen, absterben, von Sekten übernommen werden oder, wie zur Zeit von Diotrephes, sich einigeln und ein privates religiöses Königreich unter der Herrschaft von Diotrephes und dessen geistlichen Kindern und Kindeskindern eröffnen. Dann bleiben am Ende der ersten fünf Jahre nicht 16, sondern nur noch zwölf Hauskirchen übrig, bei einer durchschnittlichen Mitgliederzahl von zwölf also eine Gesamtzahl von 144 Personen.

Damit hätte allerdings diese erste Hauskirche etwas Unglaubliches geleistet, nämlich in nur fünf Jahren 132 Menschen neu hinzugewonnen, was einem Wachstum von etwa 1.100 Prozent entspricht. Das ist eine um den Faktor 17 höhere Wachstumsrate als die 63 Prozent der mit

51 Besuchern „kleinen" Gemeinde und etwa 275 mal mehr als die Wachstumsrate einer durchschnittlichen Megakirche (4 Prozent). Die „kleine Hauskirchenbewegung" hat in nur fünf Jahren mit insgesamt 132 neu dazugekommenen Menschen mehr Personen für die Gemeinde gewonnen als eine Megakirche von statistisch gesehen 2.856 Besuchern, die im selben Zeitraum nur etwa 112 Personen gewinnt!

Richtig interessant wird es in dem Moment, wo wir die Wachstumsdynamiken der Hauskirchen über die ersten fünf Jahre hinaus verfolgen. Wir würden vor einem Phänomen stehen. Denn in nur zehn Jahren wäre die einst kleine Hauskirche, die sich jedes Jahr verdoppelt (den Diotrephes-Faktor bereits eingerechnet!) zu einer Gemeindebewegung von knapp 3.500 Menschen herangewachsen. Damit wäre sie bereits größer geworden als die durchschnittliche Megakirche. Theoretisch könnte diese Bewegung dann nach weiteren fünf Jahren von 3.456 auf 82.944 und nach weiteren fünf Jahren, also nach den ersten 20 Jahren einer Hauskirchenbewegung, auf knapp zwei Millionen Menschen anwachsen. Dass dies nicht nur eine rechnerische Theorie ist, können wir derzeit im Kongo / Kinshasa und Brazzaville oder auch in Kuba, China und Indien sehen. Die Hauskirchenbewegungen in diesen Ländern zeigen, dass die genannten Zahlen bisweilen sogar übertroffen werden können.

Große Gemeinden haben eine größere Tendenz, Besucher zu passiven Konsumenten eines grandiosen religiösen Programmes zu machen als kleine Hauskirchen, für die die aktive Mitarbeiterschaft aller Beteiligten ein absolutes Muss ist.

Die meisten von uns sind bestimmt schon Zahlenspielereien und evangelistischen Pyramidenschemen begegnet, die errechnet haben, in wie vielen oder wenigen Jahren die ganze Welt bekehrt sein wird. Ich stimme allen denen zu, die behaupten, man sollte solche Prognosen nicht allzu wörtlich nehmen. In diesem Buch geht es mir einzig und allein darum, das explosive Wachstumspotenzial der organischen Hauskirchen aufzuzeigen, was von vielen schon allein deshalb unterschätzt wird, weil sie es noch nie persönlich erlebt haben.

Kleinere Gemeinde sind oft bessere Gemeinden

Eine weitere Vermutung, die viele bereits erahnt haben, ist nun durch die empirische Studie von Schwarz und Schalk erhärtet worden: Je größer die Gemeinde, desto geringer ist statistisch gesehen ihre Qualität. Ein weitaus kleinerer Prozentsatz der Mitglieder großer Gemeinden dienen im Einklang mit ihren geistlichen Gaben, als dies beispielsweise in kleinen Gemeinden der Fall ist. Und: Je kleiner die Gemeinde, desto besser ist auch oft (nicht immer!) die Qualität der Gemeinschaft, der *koinonia.* Schließlich: Große Gemeinden haben eine größere Tendenz, Besucher zu passiven Konsumenten eines grandiosen religiösen Programmes zu machen als kleine Hauskirchen, für die die aktive Mitarbeiterschaft aller Beteiligten ein absolutes Muss ist.

Ein Schaufenster Gottes in unmittelbarer Erreichbarkeit jedes Menschen

Wenn alle Menschen der Erde nicht nur das Evangelium hören und lesen, sondern „sehen und verstehen" sollen, wie Paulus seine eigene Zielsetzung in Römer 15,18-21 beschreibt, und sich die wirtschaftliche Lage in den nächsten Jahrzehnten nicht dramatisch verbessert, wird das bedeuten, dass der weitaus größte Teil der Weltbevölkerung noch immer keine privaten Transportmöglichkeiten haben wird, um regelmäßig dorthin zu fahren, wohin es ihnen beliebt, zum Beispiel in eine für Mittelstandsbürger nahegelegene, „nur 20 Autominuten" entfernte Gemeinde. Für jeden einzelnen der zwei Milliarden Armen der Weltbevölkerung ist dies noch immer unerreichbar weit. Doch es gibt eine einfache logische Antwort auf dieses logistische Problem:

Wir sollten gemeinsam strategisch auf das Ziel hin arbeiten, dass noch in unserer Generation jeder Mensch auf diesem Planeten eine Gemeinde, die er zu Fuß erreichen kann, in seiner Umgebung hat.

Um der Weltbevölkerung dabei zu helfen, zu sehen, wie Christen „einander liebhaben" und daran zu erkennen, dass sie tatsächlich Jünger von Jesus Christus sind, müssen wir nichts anderes tun, als die christliche Gemeinde, dieses „Schaufenster Gottes", in das Umfeld eines jeden Menschen auf Erden zu bringen.

Nur noch 28 Millionen Gemeinden

Derzeit gibt es etwa drei Millionen christliche Gemeinden auf der Welt. Wenn sich alle diese Gemeinden in den nächsten 30 Jahren jeweils dreimal verdoppeln würden, hätten wir das Ziel, noch weitere 28 Millionen Gemeinden zu gründen, schon fast erreicht. Aber wir wollen realistisch sein, die meisten Gemeinden werden dies nicht tun, es sei denn, sie lassen sich von den sich „hasenartig" multiplizierenden Hauskirchen herausfordern und mitreißen. Warum sollte das aber nicht möglich sein?

Doch warum 28 Millionen neue Gemeinden? Eine typische Hauskirche von zwölf Personen vermag vielleicht 200 bis 250 Menschen durch ihre Lebenszeugnis in ihrem direkten geografischen oder ethnisch-linguistischen Umfeld mit dem Evangelium zu erreichen; dann bräuchten wir rein rechnerisch etwa vier Hauskirchen pro jeweils 1.000 Einwohner. Wenn wir alle sechs bis sieben Milliarden Menschen der derzeitigen und der kommenden Generation erreichen wollen, also nicht nur alle Menschen, die derzeit leben, sondern die in den nächsten 30 bis 40 Jahren geboren werden, dann stehen wir vor der Herausforderung, weltweit in der nächsten Generation sieben Milliarden geteilt durch 250, also etwa 28 Millionen Gemeinden zu gründen.

Immer mehr Menschen lassen sich von solchen apostolischen Zielsetzungen packen und sind bereit, sich gemeinsam mit dem Rest des Leibes Christi an diese menschlich unglaubliche Aufgabe zu machen. Sie erkennen, dass Gott jemand ist, der sich auf das Lösen unmöglicher Probleme spezialisiert hat. „Nichts ist unmöglich" ist ein Werbespruch, den die japanische Autofirma Toyota von Gott gestohlen und dabei noch das Entscheidende weggelassen hat: „Nichts ist unmöglich dem, der glaubt!" Je mehr Menschen sich berufen lassen, dafür zu beten und zu arbeiten, zu leben und wenn nötig zu sterben, dass ihre Straße, ihr Wohnviertel, ihr Dorf, ihre Städte, Regionen, Landkreise, Bundesländer, Kantone und Nationen von lebendigen „Schaufenstern Gottes" in Form von organischen Hauskirchen erfüllt werden, desto mehr wird auch Gottes Ziel mit dieser Welt erfüllt werden.

Darf ich auch Sie persönlich aufrufen, sich mit Ihren Fähigkeiten, Ihrem Geld, Ihren Beziehungen und allem, was Gott Ihnen gegeben hat, dafür „mit ganzem Herzen, ganzer Seele und ganzem Gemüt" einzusetzen und damit „den Nächsten zu lieben wie sich selbst"? Was kann Ihrem Nachbarn Besseres geschehen, als die Liebe und Vergebung Gottes persönlich zu erleben?

Kapitel 10

Der Segen der Väter für eine neue Generation

Von der Mobilisation des geistlichen Nachwuchses oder: Wie man Rebellen zu Revolutionären macht

Wer soll so viele Hauskirchen gründen? Wer wird sich in den fünffältigen Dienst berufen lassen? Woher werden alle diese Menschen kommen? Wer wird die ganze Arbeit tun, die vor uns liegt?

Letztlich ist es uns allen klar, dass es ganz gewöhnliche Menschen sein werden, die von Gott zu Ungewöhnlichem berufen und begabt sind. Wenn es Älteste sein werden, die Hauskirchen gründen und „bevatern", dann müssen wir uns an die Aufgabe machen, potenzielle Älteste strategisch zu entdecken und zu fördern. Älteste sind weise und bodenständige Leute, die oft durch das Leben selbst „zur Ordination vorgeschlagen" werden und in aller Regel gestandene Väter und Mütter von Familien sind. Heute gibt es beispielsweise eine breite Palette von christlichen Werken, die sich auf Arbeit mit Familien und Ehepaaren spezialisiert haben. Könnte es sein, dass wir in der Familienarbeit (Familienfreizeiten, Eheberatung, Männer- und Frauenarbeiten etc.) bereits eine unübersehbare Anzahl von potenziellen Gemeindegründern ausgebildet haben – ohne die Verbindung mit der Thematik der Gemeindegründung und damit der Mission zu sehen?

Könnte es sein, dass wir in der Familienarbeit bereits eine unübersehbare Anzahl von potenziellen Gemeindegründern ausgebildet haben – ohne die Verbindung mit der Thematik der Gemeindegründung und damit der Mission zu sehen?

Wenn es ganz normale, im Leben verwurzelte Menschen sein werden – also Bäcker, Taxifahrer, Metzger, Hausfrauen, Farbberaterinnen, Krankenpfleger, Sozialarbeiterinnen und ab und zu ein Arzt –, die dazu beitragen werden, die nötigen Tausende von neuen Hauskirchen zu gründen, die wir brauchen, dann müssen wir diese Bäcker, Taxifahrer, Metzger, Hausfrauen und Farberaterinnen usw. finden, fördern und freisetzen, damit sie sich dieser Berufung von Gott mit Begeisterung stellen können.

Wenn es, wie ich behaupte, einen direkten Zusammenhang gibt zwischen gesunden Familien und der Gründung von Hauskirchen, dann bedeutet das, dass der Löwenanteil der Seelsorge, Förderung und Ausbildung solcher zukünftiger Gemeindegründer bereits von einer Vielzahl von christlichen Werken und Gemeinden geleistet wurde. Das bedeutet aber auch, dass möglicherweise Tausende von Menschen in unserer Gegend buchstäblich darauf warten, in ein Ältestenamt berufen zu werden, und eigentlich nur durch die in der Vergangenheit fehlende Vision von Hauskirchen vom christlichen Dienst ausgeblendet waren. Durch das organische, familienorientierte Modell der Hauskirche ist es plötzlich realistisch, dass wir viele Tausende von Menschen, die bislang geistlich relativ arbeitslos in den traditionellen Gemeindestrukturen mitgeschwommen sind oder unbeachtet an den Rand des Geschehens gespült wurden, an ihre gottgegebene Aufgabe als geistliche Väter und Mütter ihrer Straße, ihres Wohnviertels, ihrer Region oder Stadt berufen können.

Polizisten ohne Uniform?

Leiterausbildung im Rahmen traditioneller kirchlicher Strukturen bestand häufig darin, Menschen für eine vorgezeichnete Schablone auszubilden. Sie sollten einer Arbeitsbeschreibung für eine Dienststelle gerecht werden, eine Weiterbildung machen, um ihren Job als kirchlicher Funktionär oder Beamter anzutreten, damit letztlich die „Organisationsform Kirche" aufrechterhalten wird. Leiterschaft und Verantwortung wurde vielen Menschen sozusagen auf dem „Dienstweg" vermittelt, nach Absolvieren eines Seminars oder Studiums zuerteilt, per Beförderung von oben anvertraut, von irgendeinem kirchlichen Chef delegiert. Das ist zwar ein verständlicher bürokratischer Prozess; aber ist er gesund, und, noch wichtiger, ist er biblisch?

In vielen Kulturen ist von oben her verordnete oder delegierte Autorität von vornherein suspekt. Man hat bereits viel zu viele politische oder religiöse Führer erlebt, die Honig auf den Lippen haben, aber eine eiserne Faust in der Tasche. Eine der Gruppen, die fast prinzipiell traditionelle, von oben herab diktierte Autorität ablehnen, ist die sogenannte „Generation X", die Bevölkerungsschicht, die den Löwenanteil der derzeitigen jungen Menschen in den Ländern des Westens stellt. Von allen Formen von Autorität werden „Gen-Xer" und ihnen verwandte Gruppen (wie etwa postkommunistische Russen) am allerwenigsten institutionalisierte Autorität akzeptieren: von irgendwelchen fernen Ämtern eingesetzt, zentralistisch vorgeschrieben, von einer künstlichen Superstruktur getragen, die aus einem Heer von Amtsträgern mit Titeln, Abzeichen, Medaillen und Uniformen oder auch liturgischen Gewändern und religiösen Machtsymbolen besteht.

Der Großteil der Bevölkerung nimmt die religiösen Beffchen, liturgischen Umhänge und Kränze, Kreuze, Roben, Talare und kirchlichen Titel einfach nicht mehr ernst.

Stellen wir uns einen Polizisten vor, der in seiner Freizeit ohne seine Uniform auf einer Kreuzung steht und versucht, den Verkehr zu regulieren. Er würde ausgelacht, ignoriert oder gar von Autos überfahren werden, weil er nicht das Symbol seiner Autorität, die Uniform, trägt. Viele Kirchen fühlen sich in der Gesellschaft ähnlich wie unser unglücklicher Polizist: Der Großteil der Bevölkerung nimmt – trotz religiöser Beffchen, liturgischer Umhänge und Kränze, Kreuze, Roben, Talare und kirchlicher Titel – die Kirche einfach nicht mehr ernst. Die Formen von Kirche, wie sie sie erleben, stimmen einfach nicht mit der revolutionären Botschaft überein, die möglicherweise hier und da noch verkündigt wird. Das Ergebnis ist, dass der Großteil der Bevölkerung sich die Freiheit nimmt, kirchliche Autorität mit den entsprechenden äußerlichen Insignien, zu belächeln oder einfach zu ignorieren. Sie suchen im Dienst bewährte und durch Begabung verdiente Leiterschaft, die sich dennoch täglich neu auf die Probe stellen lässt.

Bilden wir wirklich Leiter aus?

In der Vergangenheit haben viele Christen Gott darum gebeten, mehr „Arbeiter in die Ernte auszusenden". Das ist und bleibt richtig. Als die ersten zwölf Jünger von Jesus dies taten, wurden sie jedoch selbst Teil der Antwort auf ihre Gebete – sie waren die ersten, die ausgesandt wurden (Mt. 9-10). Jeder, der daran interessiert ist, dass mehr Menschen Verantwortung im Reich Gottes übernehmen, wird unweigerlich selbst in den Prozess miteinbezogen werden. Man kann nicht aus der unbeteiligten Distanz Menschen für das Reich Gottes rekrutieren oder ausbilden, ja noch nicht einmal beten, ohne selbst von Gott mit einem gewissen Maß an Verantwortung betraut zu werden.

Es ist gute Tradition, dass wir Missionskonferenzen für junge Leute veranstalten und erleben, wie sie sich auf „Altarrufe" hin zur Verfügung stellen. Es ist richtig, missionarische Mobilisierung zu betreiben, die Werbetrommel für unsere Missionsbewegungen oder -organisationen zu rühren, Leiterschaftsseminare durchzuführen, Bibelschulen und theologische Ausbildungsstätten zu gründen, Bücher zu schreiben und Lehrmaterial herzustellen. Doch ist das alles ausreichend? Nein. Das Herzstück neutestamentlicher Verantwortung ist nicht Kopfwissen, sondern die fast naive Fähigkeit eines Geschöpfes, der Stimme seines Schöpfers zu gehorchen. Ich werde nicht vergessen, was mir mein Freund Greg Groh vom „World Leadership Council" einmal gesagt hat: „Ich habe nur ein einziges Problem mit unseren gegenwärtigen Ausbildungsstrukturen für neue Leiter: Sie bilden keine Leiter aus."

Leiter ausbilden oder Söhne großziehen?

In der Beziehung von Barnabas und Paulus, von Paulus und Timotheus oder von Elia und Elisa können wir sehen, dass apostolische und prophetische Dienste neue Leiter vor allem dadurch hervorbringen, dass geistliche Väter geistliche Söhne und Töchter zur Welt bringen. Paulus schreibt den Galatern: „Meine lieben Kinder, die ich einmal mehr mit Schmerzen gebäre, bis Christus in euch Gestalt annimmt, ich bin irre an euch geworden" (Gal. 4,19-20). Er spricht die Galater nicht als seine Studenten oder Auszubildende an, sondern als seine Kinder. Das ist ein fast untrügliches Kennzeichen neutestamentlicher und zeitgenössischer Apostel: Sie sind fast immer in einer Art „geistlicher Wehen".

Der Prozess christlicher Reife geschieht dann, wenn geistliche Söhne und Töchter geistliche Väter und Mütter in Christus haben.

Es ist unnatürlich für einen Mann, Kinder zur Welt zu bringen. Das ist die besondere Gabe der Frauen. Menschen werden jedoch durch den Geist Gottes neu geboren und auch in ihren geistlichen Dienst durch denselben Heiligen Geist hineingeboren. Fast jeder Dekan einer theologischen Hochschule und jeder Bibelschulleiter oder Lehrer hat beobachtet, dass der mechanische Prozess des Aneignens biblisch-theologischer Lehrinhalte an sich noch lange keine starken christlichen Leiter produziert. Der Prozess christlicher Reife geschieht dann, wenn geistliche Söhne und Töchter geistliche Väter und Mütter in Christus haben.

Das Problem bestand in der Vergangenheit vielfach darin, dass wir viele christliche Nachwuchsleiter ausbilden wollten, aber übersehen haben, dass Gott der Vater möchte, dass wir geistliche Kinder heranziehen. Die Erziehung eines Sohnes beinhaltet viel mehr als nur, ihm einige Lektionen zu verabreichen. Jeder, der Kinder hat, wird mir wahrscheinlich zustimmen wenn ich behaupte, dass es keine schmerzfreie Erziehung gibt. Die Erziehung von Kindern nimmt uns völlig in Beschlag; es ist eine Aufgabe, die uns sowohl niederschmettern als auch begeistern kann, die uns demütigt und elektrisiert, die uns auf die Knie treibt und uns Bäume besteigen lässt, die uns zum Lachen und Weinen bringt und bei der man oft nicht mehr weiß, wo einem der Kopf steht, ganz wie Paulus es uns mit seinen Galatern beschreibt.

Kindererziehung ist die herausfordernste Aufgabe, die ich kenne. Genau das ist jedoch der Preis, den es uns kosten wird, die kommenden Generationen für ihre Aufgaben im Reich Gottes auszubilden. Sind wir dazu bereit? Bequeme Abkürzungen, mechanisch-technische Seminare und rein akademische Bemühungen sind dabei ungefähr so effektiv wie jemand, der kühl-distanziert ein korrektes Buch über Gefühle schreiben will.

Gemeindegründung beginnt im Kinderzimmer

Eine der biblischen Qualifikationen für einen Ältesten besteht darin, dass er „dem eigenen Haus wohl vorsteht und dem seine Kinder gehorchen. Wenn jemand seiner eigenen Familie nicht vorstehen kann, wie kann er sich dann um die Gemeinde Gottes kümmern?" (1. Tim. 3,4-5). Dieser erste Lackmustest der Authentizität unserer Persönlichkeit durch unsere eigenen Kinder ist derart natürlich, dass ich oft etwas humorvoll bemerke, „dass Gemeindegründung im Kinderzimmer beginnt". Gesunde Kinder respektieren echte Autorität, verneinen aber instinktiv autoritäres, rückgratloses Gehabe und kalte, charakterlose Diktatoren.

Wenn ein Vater den verhängnisvollen Fehler begeht und nur blinden Gehorsam von seinen Kinder einfordert, ohne dass sie ihm den freiwillig als Reaktion auf seine bedingungslose Liebe entgegenbringen, dann ist der Moment, wo der Vater „mit der Faust auf den Tisch haut" auch gleichzeitig der Moment, in dem er seine Kinder verliert. Sie kündigen innerlich die kostbare Beziehung auf. Keine noch so wutschnaubenden Drohungen und Bestrafungen können das zerstörte Vertrauen ersetzen. Der einzige Weg der Versöhnung ist durch demütige Tränen, echte Zerbrochenheit und die Bitte um Vergebung, gerichtet an die eigenen Kinder.

Ich bin überzeugt, dass Gott schon sehr junge Kinder für seine Ziele beruft; der Heilige Geist, der in Kindern wohnt, die sich entschlossen haben Jesus nachzufolgen, ist nicht zwei, fünf oder sieben Jahre alt, sondern es handelt sich auch hier um den ewigen Heiligen Geist. Dieser Heilige Geist ist in der Lage, alles das zu tun, was er auch durch einen reifen und gealterten Jünger tun kann. Und doch gibt es einen Unterschied. In manchen Ländern ist es bereits gute Tradition, etwa in den Sommerferien Teenager und junge unverheiratete Christen auf evangelistische oder missionarische Kurzzeiteinsätze zu schicken. Die Auswirkungen solcher Einsätze sind, in den meisten Fällen, sehr positiv für die jungen Christen. Die meisten Pastoren jedoch, die ich dazu befragt habe, sagen, dass diese evangelistischen Kurzeinsätze von noch sehr jungen Christen nur einen begrenzten Wert haben, wenn es darum geht neue Gemeinden zu gründen. Obwohl Jesus selbst, oder etwa Timotheus, unverheiratet waren, hat Gott es generell so gewählt, dass er das Gründen neuer Gemeinden mit dem bewährten Leben von gestandenen Vätern und Müttern verbindet, die sich im Lebensalltag bewiesen haben, die ihren Söhnen und Töchtern gute Eltern sind und dadurch ein irdisches Echo für den Herzschlag des Vaters im Himmel geworden sind, eine Bodenstation des Vaters aller Väter.

Der Heilige Geist, der in Kindern wohnt, die sich entschlossen haben Jesus nachzufolgen, ist nicht zwei, fünf oder sieben Jahre alt, sondern es handelt sich auch hier um den ewigen Heiligen Geist.

Meister und Jünger, nicht Lehrer und Studenten

Eine neue Generation von geistlichen Söhnen und Töchtern zu fördern bedeutet den Transfer von Leben an die nächste Generation. Dieser Prozess braucht Zeit und ist gerade nicht mit einer Staffettenübergabe im Stadion zu vergleichen, wo sich die Hände zweier Läufer für einen flüchtigen Moment berühren. Das Leben wurde dem ersten Menschen von Gott buchstäblich eingehaucht, nachdem Gott seinen Körper geformt hatte. Der Transfer von Leben geschah nicht im Rahmen einer akademischen Lektion, sondern durch persönliche, sehr nahegehende Begegnung.

Das biblische Modell der Jüngerschaft funktioniert ähnlich, durch die enge und natürliche Beziehung und das geteilte Leben zwischen einem Meister und seinen Jüngern, einem Vater und seinen geistlichen Söhnen, die den Vater zunächst einmal schamlos imitierten. Ein Professor, der nur auf brillante Weise seine Studenten unterrichtet, aber sich nicht auf deren Leben einlässt oder sie an seinem eigenen Leben teilhaben lässt, ist viel weniger wirkungsvoll als ein geistlicher Vater, der mit seinen Söhnen das Leben teilt. Meister und geistliche Väter bilden eben nicht nur Lehrlinge und Jünger im technischen Sinne aus, sondern sind buchstäblich Geburtshelfer von Lebensberufungen, die potenziell in allen von uns schlummern und geweckt werden müssen. Dann kommt die Phase der Erziehung, die oft damit endet, dass der Meister seinen Jüngern buchstäblich seinen Geist eingepflanzt und sich auf diese Weise multipliziert.

Ich selbst hatte viele faszinierende Lehrer und Professoren; aber wenn ich ehrlich sein soll, erinnere ich mich nur an sehr wenige Worte aus ihrem Mund. Was mir aber unauslöschlich geblieben ist, war ihre Art, ihr Stil, ihre Wesenszüge, ihre Körpersprache, die ich noch heute ohne nachzudenken imitieren könnte. Dort, wo Meister und Jünger miteinander ihr Leben teilen – und nicht nur 45 Minuten pro Woche in einem sterilen Klassenzimmer – können sie einander christliche Liebe zeigen, sich begegnen, unterrichten, korrigieren und ermutigen. Im Alltag machen sie sich gegenseitig verwundbar. Genau dies ist der Preis, den wir zu zahlen haben, wenn wir Menschen zu Jüngern machen wollen, eines der Herzstücke der Lebensbotschaft von Jesus. Wir können diese Aufgabe nicht an Papier oder ein Programm delegieren oder es via Radio, von einer hohen Kanzel oder dem Thron eines Direktors aus tun. Ein Programm ist genauso unfähig, jemanden zu einem Jünger zu machen, wie eine Maschine einen Sohn hervorbringen kann. Jüngerschaft bedeutet, dass sich Meister und Jünger finden – und dann nach dem gegenseitigen Formen des Lebens sich gegenseitig freizugeben und möglichst den Prozess mit anderen Menschen zu wiederholen.

Ein Programm ist genauso unfähig, jemanden zu einem Jünger zu machen, wie eine Maschine einen Sohn hervorbringen kann.

Söhne ohne Väter

Kaum einen Jünger fasziniert es, Teil unseres wundervollen Jüngerschaftsprogrammes zu werden und als Absolvent Nummer 876 abzuschließen. Jünger wollen kein Papier, sie wollen Sie! Mir ist aufgefallen, dass viele der heutigen Leiterpersönlichkeiten in der christlichen Welt nicht wegen, sondern trotz der Personen, die ihre geistlichen Väter hätten sein können, ihre Berufung angetreten haben. Jesus hatte ein völlig ungebrochenes Verhältnis zu seinem Vater.

Viele christliche „Leiter", die mir begegnet sind, sind durch schwerste Kämpfe oder Krisen gegangen und haben sich von ihren Kirchen, Gemeinden und Organisationen loseisen und oft genug trennen müssen, um ihre geistliche Berufung auszuleben. Häufig geschieht es dann, dass sie selbst eine Generation später wiederum dasselbe erleben, dass nämlich ihre eigenen geistlichen Zöglinge sich von ihnen auf ungute Weise trennen, um verbittert ihre eigenen Wege zu ziehen. Kann es sein, dass dieses Trauma der unguten Trennungen die missionarische Arbeit mehr behindert, als wir jemals geahnt haben? Ist hierfür vielleicht ein von vielen unerkannter Fluch verantwortlich?

Wie wir erben ist genauso wichtig wie das, was wir erben

Es steht außer Frage, dass wir für die Aufgabe, die über 230 Nationen der Welt in die Nachfolge von Jesus Christus zu rufen und die Nationen „zu Jüngern zu machen" ein Heer von mutigen, radikalen, furchtlosen und treuen Menschen brauchen, sowohl alte wie auch junge. Der größte Teil der älteren Generation der Christen ist in Unruhe darüber, „wo die Jungen sind, die fähig genug sind, um in unsere Fußstapfen zu treten und unser Lebenswerk weiterzuführen". Könnte es sein, dass diese Furcht damit zusammenhängt, wie sich die Generationen derzeitig zueinander verhalten? Hat sich ein Verhaltensmuster entwickelt, das durchtränkt ist mit als Tradition getarnter Sünde, das im Endeffekt bewirkt, dass die junge und die alte Generation sich regelmäßig voneinander distanziert, und jede Generation vor der undankbaren Aufgabe steht, das Rad neu zu erfinden? Oder noch schlimmer: Haben wir einen ungebrochenen Fluch von Generation zu Generation weitergereicht, der die jeweils junge und alte Generation hindert, auf segensreiche und effektive Weise „die Fackel weiterzureichen", damit Gottes Werk zu Ende geführt werden kann? Warum ist es so, dass in den jungen Generationen ständig neu geistliche oder missionarische Initiativen erfunden werden müssen, die vor allem davon getrieben sind, aus den alten, eingefahrenen Gleisen der Vorväter auszubrechen, selbst wenn das heißt, nochmals von vorne anfangen zu müssen?

Es ist fast die Ausnahme, dass begabte und visionäre Leute aus der jungen Generation mit Begeisterung und Elan eine von der älteren Generation vererbte Aufgabe weiterführen. Ich beobachte, dass die Art, wie junge Christen solche Aufgaben und Berufungen erben, genauso wichtig ist wie die Berufungen selbst. Manche älteren Leiter in der Christenheit – wie auch manche Väter! – haben derart Angst davor, anderen, jüngeren Christen das Ruder zu überlassen, dass sie buchstäblich erst dann das Steuerrad übergeben, wenn sie tot umfallen. Wenn junge Christen aber erst dann in Leitungspositionen kommen, wenn der „Senior" tot oder handlungsunfähig ist oder zähneknirschend altersbedingt die Kontrolle abgibt, wird dies eine bitter-süße Erfahrung sein, eben das berühmt-berüchtigte „Ablösungssyndrom".

Ich habe mich oft gefragt, wie sich Jesus bereits mit 33 Jahren – und nicht mit 65 Jahren – in gewissem Sinn von seinem Dienst auf Erden hat „pensionieren" lassen können. Als er seine heilsgeschichtliche Aufgabe am Kreuz getan hatte, konnte er guten Gewissens nach Hause zurückkehren, weil er seine Jünger in das Erbe eingeführt hatte, das Gott der Vater im Himmel für sie bereit hatte. Ich bin mir sehr schmerzhaft dessen bewusst, dass ich sicher nicht der Geeignetste bin, dies zu schreiben, weil ich mir als Vater oft genug wie ein Versager vorkomme. Aber ich spiele ernsthaft mit dem Gedanken, mit 50 Jahren aus meinen Hauptverantwortungen auszusteigen, um dann nicht mit zu Ende gehender Puste, sondern mit aller mir noch zur Verfügung stehender Kraft in die kommende Generation zu investieren und ihnen, so gut ich das kann, ein geistlicher Vater zu sein.

„Sei wie ein Vater zu ihm"

An einem Dezemberabend im Jahre 1996 saß ich mit Rudi Pinke, dem Leiter des Christlichen Zentrums Frankfurt, zusammen. Ich bewundere auf meine Art Rudi, einen früheren Journalisten, und halte ihn für einen dieser neuen, radikalen Gemeindeleiter, die bereit sind, das Undenkbare zu tun. Ich erzählte ihm, was ich in meiner Arbeit als Missionsforscher Gott derzeit in der Welt tun sehe, von der Wiederentdeckung der Hauskirchen, sich multiplizierenden Zellbewegungen, Wundern und neuen strategischen Allianzen. Plötzlich sah er mich an und rief: „Wolfgang, wir sind hier einfach nicht radikal genug!" Ich hätte bei vielen anderen Pastoren leise genickt, vielleicht höflich gelächelt und bei mir gedacht: „Du ahnst gar nicht, wie Recht du hast"; aber dies hier war Rudi Pinke! Und plötzlich erkannte ich: Der Punkt liegt gar nicht darin, ob wir radikal sind oder nicht. Das ist nicht das wirklich ausschlaggebende Element. Und ich erinnerte mich an ein Erlebnis, das ich eigentlich noch nicht wirklich „verdaut" hatte:

Da stand er, nur einen Meter entfernt von mir, blass, steif und irgendwie unfähig sich zu bewegen. Ich hatte gerade in einer anderen reichlich radikalen Gemeinde in Deutschland gepredigt; es war ein typischer Aufruf zur missionarischen Mobilmachung gewesen: Steht auf und macht diese Nation zu Jüngern, tut um Gottes willen das Undenkbare, das Unerhörte, weckt die Toten auf, gründet weitere 50.000 Gemeinden in Deutschland usw. Der Pastor hatte einen Altarruf gemacht. Aus verschiedenen Gründen mag ich Altarrufe nicht besonders, es ist einfach nicht mein Stil, und ich versuche mich dann meistens in einem Winkel zu verstecken. Aber dieser junge Mann hatte mich entdeckt, obwohl ich hinter einer Säule stand. Er kam auf mich zu und stand nun ganz dicht vor mir.

Ich erinnerte mich, dass er einer der Jugendleiter der Gemeinde war, Gott hingegeben, begabt, respektiert und sicherlich vielzitiert in den Gebeten der noch unverheirateten Mädchen der Gemeinde. Er wollte offenbar, dass ich für ihn betete. In solchen Situationen bin ich eigentlich bis heute etwas schüchtern und unsicher. Weil ich nicht genau wusste, was ich nun tun sollte, betete ich, ob Gott mir einen Tipp geben würde. „Sei wie ein Vater zu ihm", meinte ich die Stimme von Gottes Geist zu hören. Und so umarmte ich ihn und betete für ihn so, als ob ihn ein Vater segnen würde. Ich war erstaunt über seine Reaktion. Es war, wie wenn ein Eisblock schmelzen würde, er weinte und weinte und erlebte etwas, was ich damals wohl nicht ganz verstand. Später kam seine Mutter dazu, tat Buße darüber, dass sie ihre eigenen Pläne mit ihrem Sohn hatte, anstatt ihn ganz Gott anzuvertrauen. Da standen wir nun zu dritt; er weinte, sie weinte, ich weinte. Und zum ersten Mal ging mir etwas auf.

Zunächst dachte ich, es sei ein bloßer Zufall, dass das allerletzte Wort des Alten Testaments „Fluch" lautet. Maleachi 3, 23-24 lautet:

> *„Siehe, vor dem großen und schrecklichen Tag des Herrn werde ich den Propheten Elia senden. Er wird die Herzen der Väter zu den Kindern wenden, und die Herzen der Kinder zu den Vätern; sonst werde ich kommen und das Land schlagen mit einem Fluch."*

Was auf diesen Vers folgt, ist eine Jahrhunderte lange scheinbare Abwesenheit Gottes in der Menschheitsgeschichte, eine Geschichte voller Rebellen und politischer Fraktionen, Kriegen und Spannungen, eine führerlose Zeit, über die die Bibel lieber Stillschweigen ergehen lässt. Könnte es sein, dass die gegenwärtige unerlöste Grundbeziehung zwischen den Generationen nicht nur die Neuauflage des altbekannten Generationenkonflikts ist, der sich um Banalitäten wie die neueste Mode, Haarlängen und Musikstile dreht, sondern das Ergebnis dessen, dass Väter ihr Herz vor den Kinder zurückhalten? Die meisten Väter wiederholen dabei nur, was sie selber von ihren eigenen Vätern erlebt haben, und verlängern damit eine gottlose und ausdrücklich verfluchte Tradition. Anstatt Segen zu verbreiten, übertragen wir damit einen ungebrochenen Fluch auf die nachfolgende Generation.

Tränen, die den Fluch brechen

Stellen Sie sich vor, Sie seien ein Sohn, der von einem geistlichen Vater umarmt wird, der Sie bedingungslos lieb hat, Ihnen sagt, dass Sie ein Juwel in seinem Leben sind, etwas, auf das er sehr stolz ist, ein wahr gewordener Traum, und der eine dieser Tränen der Rührung auf ihrer Wange zurücklässt, wenn er Sie aus seinen Armen loslässt. Oder versetzen Sie sich in die Situation eines geistlichen Vaters, der von einem Sohn gedrückt wird, dass Ihnen buchstäblich das Herz warm wird, der Ihnen sagt, wie stolz er auf Sie ist, wie sicher er sich in Ihrer Gegenwart fühlt, der offen Ihre Weisheit bewundert, der Ihnen sein Herz auf einem silbernen Tablett offeriert und sagt: „Sag mir, wie ich so werden kann wie du; was soll ich mit meinem Leben machen?“ In einem solchen Moment geschieht etwas außerordentlich Wichtiges in beiden. Etwas wird zusammengefügt, was der Teufel mit aller Gewalt auseinanderhalten wollte.

Könnte es sein, dass die gegenwärtige unerlöste Grundbeziehung zwischen den Generationen nicht nur die Neuauflage des altbekannten Generationenkonflikts ist, der sich um Banalitäten wie die neueste Mode, Haarlängen und Musikstile dreht, sondern das Ergebnis dessen, dass Väter ihr Herz vor den Kinder zurückhalten?

Eine isolierende Wand aus Glas zwischen den Generationen zerspringt. Der Vater ist plötzlich in der Lage, aufzustehen und trotz seines Alters radikal zu sein, zu vergessen, was die Anderen, etwa die Nachbarn, denken und sagen werden. Er kann nun mutig für das Reich Gottes, dessen Werte und Visionen aufstehen, ganz egal, was geschieht, weil er etwas erlebt hat, das ihm einen fast unglaublichen Auftrieb gibt: Ein Sohn glaubt an ihn und hat ihm sein Herz gegeben.

Ganz ähnlich geht es dem Sohn; in ihm macht ebenfalls etwas „klick“! Er ist plötzlich umgeben von einem Bewusstsein von Sicherheit und Berufung. Er kann mutig aufstehen und durch geschlossene Türen gehen, Tote auferwecken, auf dem Wasser gehen und tun, was noch nie jemand vor ihm sich getraut hat, weil es da einen Vater gibt, der ihn tatsächlich liebt, der an ihn glaubt, das ganz deutlich gesagt und es unter Beweis gestellt hat. In beiden ist ein Fluch zerbrochen und ein Segen an seine Stelle getreten.

Das Hämmern an der Tür

Ich werde nie ein Erlebnis auf einer „Dawn"-Konferenz im englischen Nottingham im Jahre 1995 vergessen. Ich war in einem Seminar zum Thema Jugend-Gemeindegründung. Ein junger Mann, Anfang Zwanzig, stand auf, erzählte von seiner Vision und Passion für seine Generation und berichtete davon, wie er und einige Freunde eine Jugendkirche gegründet hatten. Viele Hunderte hatten sich bekehrt. Plötzlich tat er etwas sehr Ungewöhnliches: Er nahm einen Stuhl und fing an laut zu beten, wobei er den Stuhl immer wieder hart auf den Boden stieß.

Die Reaktion der Seminarbesucher war unterschiedlich. Manche waren einfach indigniert über dieses völlig un-englische und undisziplinierte Verhalten; andere sorgten sich, dass der Stuhl zerbrechen oder der Boden beschädigt werden könnte. Wieder andere waren einfach verwirrt; so eine Art Gebet hatten sie noch nicht erlebt.

Plötzlich verspürte ich, wie Gott mir zu sagen schien: „Sieh, er hämmert an der Tür der Herzen der Väter mit all seiner Kraft. Er hat viele Lehrer, Professoren, Direktoren, Trainer, Prediger erlebt, alles, außer einem geistlichen Vater."

Ein Rebell ist ein Radikaler ohne das Herz eines Vaters

Wenn Väter und Mütter ihre Herzen zu den Söhnen und Töchtern kehren und Söhne und Töchter ihre Herzen zu den Vätern und Müttern wenden – nach dem biblischen Muster sollte dieser Prozess mit den Älteren anfangen! –, werden neue Rahmenbedingungen geschaffen, innerhalb derer sich mutiges, gesundes, radikales, d. h. wurzelverwandtes Christentum entwickeln kann. Wo diese Rahmenbedingungen fehlen, verwandelt sich Mut sehr schnell in Rebellion und die vorhandenen Kräfte werden benutzt, um zu zerbrechen und abzureißen, anstatt aufzubauen und zu vollenden, was andere angefangen haben. In beiden Generationen haben wir heute sehr viele Radikale; aber die meisten von ihnen sind rebellisch. Ein Rebell ist ein radikaler

Sohn ohne das Herz eines Vaters oder ein radikaler Vater ohne das Herz eines Sohnes. Beiden ist ein zentrales Element der Befreiung und des Segens vorenthalten worden. Beide tragen eine der tiefsten Verwundungen und Traumata in sich, die ein Mensch haben kann, und sind ankerlos dem Strom der Generationen ausgeliefert. Sie sind zu geistlichen Waisen oder kinderlosen Eltern geworden.

Wenn wir von der Taufe von Jesus hören, als sich der Himmel öffnete, denken viele instinktiv an die Taube. Aber das war nicht alles. Eine Stimme kam vom Himmel, die Stimme eines Vaters, der sich in aller Öffentlichkeit deutlich und unmissverständlich zu seinem Sohn stellt und sagt: „Dies ist mein geliebter Sohn, an dem ich Wohlgefallen habe!" Könnte es sein, dass dieser Moment der wirkliche Startschuss für den Dienst von Jesus war, der Sohn und Geliebte seines Vaters, dessen größtes Geheimnis möglicherweise in der Aussage lag: „Ich und der Vater sind eins"?

Geistliche Waisen

Wer seine christliche Laufbahn beginnt, ohne dass sich ihm das Herz eines Vaters zugewandt hat, endet möglicherweise sehr schnell als geistlicher Waise. Im Jahr 1975 stellte Pierre Rentchnick eine Studie vor mit dem Titel „Orphans Rule the World" (zu Deutsch: „Waisen regieren die Welt"). Er wies darin nach, dass viele Menschen, die diese Welt nachhaltig geprägt haben, Waisen waren. Fast 300 der einflussreichsten Politiker der Menschheitsgeschichte waren Waisen: Alexander der Große, Julius Caesar, Karl V., Louis XIV., George Washington und Napoleon, genau wie Lenin, Hitler, Stalin und Castro. Das Gleiche gilt für religiöse Führer: Moses, Buddha, Konfuzius und Mohammed waren alle Waisen.

Das Trauma der Vaterlosigkeit hat in ihnen derart viele Energien aufgestaut, dass sie unter einem immensen Druck standen, sich der Welt zu beweisen. Vielleicht fehlte ihnen einfach im entscheidenden Moment ein Vater, der ihnen liebevoll sagt: „Gut gemacht, Sohn!", in dessen Gegenwart sie sich entspannen und innerlich zur Ruhe kommen konnten. Viele Kirchen, Denominationen und Organisationen haben, ohne es zu wollen, eine große Anzahl von Waisenkindern zur Welt gebracht; viele von ihnen wurden vaterlose Leiter, die sich beispielsweise von ihrer Mutterkirche losreißen mussten, um ihrer Lebensberufung zu gehorchen.

Viele Menschen in Europa beklagen, dass die beiden Weltkriege unsere Väter ermordet haben; ganze Generationen wurden weggebombt. Als die Kriege begannen, „sind alle Wagemutigen und Draufgänger an die Front gegangen; viele von ihnen starben dort. Und wer blieb zu Hause? Die cleveren Buchhalter. Heute haben wir ihre Gene geerbt und ertrinken nun in einer Flut von Bürokratie!", scherzte einmal mein Freund Bob Smart mit typisch englischem, schwarzem, treffsicherem Humor. Er machte nur einen Spaß; aber vielleicht ist viel mehr daran wahr, als uns zunächst bewusst wird.

Geistliche Vaterschaft ist eine der größten Bedürfnisse der heutigen „Generation X". Viele dieser Menschen sind zunächst unfähig, an die bedingungslose Liebe des Vaters im Himmel zu glauben, weil sie so schlechte Erfahrungen mit ihren Vätern auf Erden gemacht haben. Sie sind betrunken von pausenloser Unterhaltung, weil sie das Vakuum ausfüllen wollen, das ihre karrierebesessenen Mütter oder Väter hinterlassen haben. Sie sind geistliche Waisen.

Die Herzen zueinander kehren

Im Lukasevangelium, Kapitel 1, steht ein erstaunlicher Vers über Johannes den Täufer: „Er wird vor dem Herrn hergehen in der Kraft und Stärke des Elia, um die Herzen der Väter zu den Kindern zu wenden, und die Ungehorsamen zur Weisheit der Gerechten – um dem Herrn ein bereites Volk zuzurichten." Eine offensichtliche Erfüllung der alttestamentlichen Prophezeiung aus Maleachi 3,23 über den „zweiten Elia"; er legte durch seinen Dienst einen vorbereitenden, vorevangelistischen, roten Teppich für König Jesus.

Ausgerechnet sein eigener Vater zweifelte an dem Auftrag von Johannes, bevor dieser überhaupt geboren wurde. Zacharias fragt: „Woran soll ich das erkennen?" Vielleicht hatte er ganz andere Pläne für seinen zukünftigen Sohn. Zacharias, der Vater von Johannes, war nicht einfach umzustimmen. Auch er brauchte Zeit zu verstehen, dass sein Sohn nicht ihm gehört, sondern Gott. Er musste erst einen radikalen chirurgischen Eingriff an sich und seiner Einstellung erleben, bevor er mit dem Geist Gottes erfüllt wurde und sich seinem eigenen Sohn in dessen prophetischem Dienst anschloss (Lk. 1,76).

Die Lebensbotschaft von Johannes dem Täufer war: „Kehrt um!", wobei er die Väter aufrief, sich von ihren eigenen Sünden und religiösen Traditionen abzuwenden und sich dem kommenden Sohn zuzuwenden, Jesus. Nur Johannes war es, der in Jesus das sah, was damals noch keiner sah: „Siehe, das Lamm Gottes, welches der Welt Sünde trägt" (Joh. 1,29). Johannes hatte den Ruf, die Herzen der Menschen zu dem Vater und seinem Sohn zu kehren; genau das war die Vorbereitung, die nötig war, damit das Volk für Gott bereit wurde, „ein zubereitetes Volk für den Herrn".

Nationen die Freiheit geben

Brian Mills, englischer Fürbitteleiter und väterlicher Freund für viele, ist einer dieser Männer und Frauen, die noch immer unbekümmert und offen weinen können; einer, der Kinder liebt und deshalb mehr geistliche Söhne und Töchter hat als er und Ruth, seine Frau, wahrscheinlich wissen. Als wir zusammen das Thema besprachen, das ich hier anschneide, erzählte er mir, dass England während der Kolonialzeit etwa 44 Nationen „adoptierte". Aber anstatt den kolonialen Kindern das Herz der Mutternation zu geben, nahm Britannien diesen jungen Nationen ausgerechnet das weg, was jeweils das Kostbarste war, die natürlichen und menschlichen Ressourcen, und beanspruchte überdies eine lange politische Vormachtstellung. England beraubte dadurch die eigenen Kinder, anstatt ihnen ein Vater zu sein. Statt sie in die Freiheit zu führen, hat es sie an sich gebunden. Dadurch hat das Land eine große geistliche Schuld auf sich geladen, die es, so sagt Mills, zurückzuzahlen gilt.

Ohne den Segen der Väter wird der Sprössling immer unter einem gewissen Fluch bleiben, der auf ihm lastet und den er an die Kindeskinder weitergeben wird.

Eines dieser Länder ist Indien. Indien feiert noch immer seine Unabhängigkeit von England, muss sich aber nun langsam auf den Weg zur eigentlichen Freiheit machen. Vaterschaft gibt es in den verschiedensten Formen, als Verhältnis einer Nation zur anderen, als körperliche Vaterschaft, als geistliche Vaterschaft, als Mutterdenomination für gewollte oder ungewollte Kinder und als Missionswerk für daraus hervorgehende Sprösslinge. Das Prinzip ist überall dasselbe: Ohne den Segen der Väter wird der Sprössling immer unter einem gewissen Fluch bleiben, der auf ihm lastet und den er an die Kindeskinder weitergeben wird. Aber dort, wo die Väter ihre Herzen zu den Kindern kehren, nicht als kurzer, symbolischer, einmaliger oder diplomatischer Akt, sondern als beständige, ehrliche Haltung, wird das zu einer ungeahnten Befreiung führen, zum Zerbruch eines Fluches, der bereits viel zu lange auf viel zu vielen Nationen, Kirchen, Organisationen und einzelnen Menschen gelegen hat.

Gesunde Radikale fördern

Obwohl es wahrscheinlich für Paulus und auch Jesus völlig normal geklungen hätte, ist es für viele Christen heute noch immer ein etwas radikaler Gedanke, eine ganze Nation dadurch in die Nachfolge von Christus zu rufen, dass überall Hauskirchen entstehen, bis das Land davon übersät ist. Aber die merkwürdigen Radikalen von gestern sind oft zu den geliebten Säulen der Kirche von heute geworden. Wenn wir erleben wollen, wie eine Vielzahl von Christen ihr Erbe im Reich Gottes antreten wollen und sich gemeinsam mit anderen daran machen, ganze Nationen, Volksgruppen, Städte und Regionen „zu Jüngern zu machen", müssen wir für die derzeitigen und kommenden Generationen von Christen ein gesundes Umfeld schaffen. Dazu gehört eine Atmosphäre, in der junge Christen und Neubekehrte gesund aufwachsen können, ohne systematisch zu geistlichen Waisenknaben gemacht zu werden. Das Eltern-Trauma der geistlich Vaterlosen muss geheilt werden. Es geht darum, dass gesunde Radikale gefördert werden, die nichts mehr fürchten als Gott und die Sünde, und die nicht durch gestörte Vaterbeziehungen ein Leben lang verbogen, merkwürdig und rebellisch bleiben und diese Verbogenheit an die kommende Generation weiterreichen.

Die merkwürdigen Radikalen von gestern sind oft zu den geliebten Säulen der Kirche von heute geworden.

Deshalb rufe ich alle derzeitigen und kommenden Väter auf, solche geistlichen Eisbrecher zu sein und ihr Herz den Kindern zu geben. Es muss mit den Vätern anfangen – und wenn nicht in dieser Generation, wann dann? Das wird auch den Kindern ermöglichen, ihre Herzen wiederum den Eltern zu schenken, was zu einer geistlichen Befreiung für eine oft verbitterte und zynische Elterngeneration führen wird.

Die letzte Prophezeiung im Buch Maleachi erscheint mir eine der größten und vermeintlich unmöglichsten Herausforderungen der Bibel zu sein, der jeder Teufel auf Erden bis aufs Blut widerstehen wird, weil er befürchtet bzw. weiß, was geschehen würde, wenn Väter und Söhne gemeinsam versöhnt marschieren. Deshalb müssen wir wie noch nie zu Gott rufen, damit er uns seinen Geist schenkt, der das Unmögliche möglich macht. Nur Gottes Geist kann die Herzen erweichen, das Eis schmelzen, den Damm zwischen den Generationen brechen, den Fluch wegnehmen und menschlich unüberbrückbare Gräben überbrücken. Damit wird die Versöhnung, die Jesus Christus am Kreuz vollbracht hat, nicht mehr nur Einzelne verwandeln, sondern auch die Beziehungen zwischen den Generationen heilen, das Verhältnis der alten und neuen Missionswerke und Kirchen zueinander, und von kolonialisierenden zu kolonialisierten Nationen. Wir müssen zu Gott beten, dass er die nötigen Botschafter beruft, Feuer anzündet, vermeintliche Zufälle arrangiert und vom Himmel her donnert und blitzt und tut, was immer nötig ist, nur damit Väter und Söhne endlich loslaufen und sich versöhnt in die Arme fallen.

„Gesichtslosen" Leitern folgen

Viele Propheten sagen uns, dass die zukünftigen Leiter im Reich Gottes „keine Gesichter und Titel haben werden". Nicht, dass sie unbekannt sein werden, im Gegenteil. Aber im Wesen werden sie alles andere als „charismatische Helden" und „christliche Wichtigtuer" sein, die sich für unersetzlich halten und es daher nicht ertragen können, übergangen zu werden: zerbrechliche und demütige Anti-Leiter, ohne lange und beeindruckende Titel auf ihren Visitenkarten, schwache Diener eines starken Gottes, statt allmächtige und unfehlbare Bühnenstars. Dieser Leitergeneration ist es wichtiger, als zugängliche geistliche Väter und geistliche Mütter einer kommenden Generation zu wirken, statt sich als berühmte geistliche Schlüsselleiter fast unnahbar auf den Podien unserer Konferenzen zu sonnen und schamlos sich selbst zu predigen, indem sie von ihren neuesten Durchbrüchen und den geistlichen Erfolgen der von ihnen entwickelten Programme plaudern.

Dieser selbstbeweihräuchernden unchristlichen Heldenkultur muss ein Ende bereitet werden, denn damit ist dem Lamm Gottes nun lange genug die Ehre gestohlen worden. Die neuen Leiter, von denen die Propheten sprechen, werden nicht an Kontrolle und kirchlicher Macht interessiert sein, schlecht verkaufbare PR-Naivlinge, denen ihr öffentliches Image weniger wichtig ist als ihre persönliche Beziehung zu ihrem Herrn, und die fast taub sind für die christlichen Fans, die nur darauf brennen, ihren nächsten König Saul zu salben, der dann auf einer Welle des menschlichen Applauses in die geistliche Bedeutungslosigkeit reitet und bereits hier auf Erden an Lohn einkassiert, was Gott ihm eigentlich im Himmel zugedacht hatte.

Aber wer hört schon auf Propheten? Haben wir sie nicht schon immer im Namen der guten alten Tradition gesteinigt, durch Rufmordkampagnen verketzert oder, vielleicht das Schlimmste von allem, ignoriert und ganz unblutig totgeschwiegen? Ich weiß von mir selbst genau, dass ich diesem neuen-alten Leiteranspruch, von dem die Propheten und Fürbitter – und auch die Bibel! – sprechen, aus eigener Kraft nicht genügen kann. Und wenn ich einmal unsicher bin und wie ein aufgeblasener Ballon zu schweben beginne, helfen mir meine wunderbare Frau Mercy, meine drei Söhne Jan, Eric und Benjamin und meine engen Freunde und Kritiker dabei, mich wieder auf den Teppich zu bringen.

Drei wichtige Phasen eines Jüngers

Gottes Augen suchen beständig nach Menschen, die er beauftragen und senden kann. Wenn er jemanden findet, der willig und bereit ist, wird er ihn führen und begaben und ihn mit den richtigen Menschen in Verbindung bringen. Ich habe beobachtet – ohne daraus gleich ein neues Programm machen zu wollen –, dass ein Mensch in seiner Jüngerschaft häufig durch folgende drei Phasen geht.

1. Geistlicher Frühlingsputz

Jeder Mensch ist ein Sünder und muss Buße tun – und zwar für alle bekannten Sünden der Vergangenheit. Es geht darum, mit der eigenen Geschichte am Kreuz von Jesus Christus vor Gott ins Reine zu kommen. Die meisten Menschen haben nicht nur selber Sünden begangen, sondern sind auch zu Opfern der Sünden anderer Menschen geworden. Man hat sie übervorteilt, ihnen übel mitgespielt, sie verletzt durch Ärger, Neid, Eifersucht usw. Es kann sein, dass wir Seelsorge brauchen und am inneren Menschen heil werden müssen, sowie denen vergeben, die gegen uns gesündigt haben, und diejenigen segnen, die uns verflucht haben. Wir müssen sehen, dass unsere Beziehungen zu unserem Vater, unserer Mutter oder unseren Kindern bereinigt werden, wie ich es oben versucht habe zu beschreiben. Dann geht es darum, es als gottgegeben und beabsichtigt anzunehmen, wo, wann und wie wir geboren wurden. Es ist Teil von Gottes Plan, dass wir männlich oder weiblich sind, groß oder klein, klug oder eben nicht ganz so blitzgescheit, in Ungarn, Indien, China oder dem Schwabenland geboren und genau die Eltern haben, die wir haben. Es ist wichtig, dass wir Gott für alle diese Dinge, die er in uns investiert hat, detailliert danken. Am Ende dieses Prozesses können wir mit dem Psalmisten sagen: „Ich danke dir, Gott, denn ich bin wunderbar gemacht“ (Psalm 139,14).

Dann sollten wir lernen, Gott für die natürlichen und erworbenen Gaben und Fähigkeiten zu danken – er hat uns nicht beigebracht, wie man schwimmt, um uns dann ertrinken zu lassen. Wir müssen lernen uns die Kerndisziplinen des christlichen Lebens anzueignen und erste Früchte des Geistes zu zeigen: Freude, Friede, Geduld usw. Wenn wir mit unserer eigenen Geschichte versöhnt sind, werden wir eine Zukunft im Heilsplan Gottes haben. Dann müssen wir nicht länger Verletzungen und andere geistliche Hypotheken mit uns herumtragen, die unseren christlichen Dienst beeinträchtigen und andere Menschen verletzen. Ich nenne diese Phase manchmal „geistlichen Frühlingsputz", ein Reinigungsprozess, der entsteht, wenn wir die Erlösung, die Jesus für uns geschaffen hat, akzeptieren und systematisch unser altes Leben aufräumen, neu ordnen. Jesus vergibt unsere Sünde, reinigt uns von aller Untugend und befreit uns oft sogar von den Konsequenzen unserer Sünde. Es ist dann wie im wirklichen Leben: Wenn wir uns gewaschen und gekämmt und eine saubere Kleidung angelegt haben, können wir ans Licht der Welt treten.

2. Geistliche Gaben entdecken – das christliche Handwerkszeug

Jeder Christ hat ab dem Zeitpunkt, als Jesus durch den Heiligen Geist in ihm zu wohnen begann (Röm. 8), eine oder mehrere geistliche Gaben – Charismen – von Gott erhalten (1. Kor. 12-14; Röm. 12). Diese Gaben sind eine übernatürliche Dienstausstattung von Gott, das Handwerkszeug dafür, dass ein Christ zusammen mit anderen Nachfolgern von Jesus, seinem Herrn, nicht als ungelernter Jobber, sondern als geistlicher Facharbeiter dienen kann. Eine bestimmte Zahl von Christen sind zu einem besonderen Dienst berufen und begabt worden, nämlich in eine übergemeindliche, geistliche Ausbilderfunktion, wie sie in Epheser 4,11 beschrieben wird. Sie hören ab einem bestimmten Zeitpunkt auf, eine Gabe zu *haben*, und beginnen, eine Gabe zu *sein*. Es gibt drei einfache Möglichkeiten um die eigenen geistlichen Gaben und Berufungen zu entdecken:

1. *„An ihren Früchten sollt ihr sie erkennen."* Im Kontext einer gesunden christlichen Gemeinde und dem Dienst für Gott können sich Christen gegenseitig dabei helfen, geistliche Begabungen festzustellen, indem sie von den Früchten des anderen kosten und ehrlich sagen, wie diese Früchte schmecken. Dabei wird sehr schnell deutlich, wo eine offenbar von Gott geschenkte Grundbegabung liegt und auf welchem Gebiet eher nicht. Offenkundige Schwächen sind dabei genauso wichtige Indikatoren wie unübersehbare Stärken.

2. *„Gaben-Tests"*, wobei durch einen Prozess der Analyse durch angemessene Hilfsmittel die eigenen Gaben abgefragt und anschlie-

ßend gewichtet und bewertet werden. Solche Handwerkszeuge sind in vielen Nationen inzwischen verfügbar.

❸ *Prophetischer Dienst.* Prophetisch begabte Christen können oft die Begabungen anderer Christen buchstäblich „sehen". Lassen Sie häufig oder immer wieder für sich beten und springen Sie nicht gleich ins Flugzeug, wenn jemand ihnen andeutet, dass Sie die Gabe des Missionars hätten. Fangen Sie klein an und bleiben Sie klein. Gott ist in der Lage, durch zweier oder dreier Zeugen Mund Dinge zu bestätigen, von denen er will, dass Sie sie unmissverständlich hören sollen.

3. *Geistliche Gesellenzeit: praktische, spezialisierte Fachausbildung*

Wer auf einem dieser Wege seine geistliche Grundbegabung und möglicherweise Berufung erkannt oder wenigstens erspürt hat, sollte sich mit einer oder mehreren Personen in Verbindung setzten, die ihm in dieser Begabung um eine Nasenlänge oder auch meilenweit voraus sind. Leben und dienen Sie mit diesem Menschen, lernen Sie in der Praxis so viel wie möglich von ihm, damit von seinem Leben etwas auf Ihr Leben abfärbt. Fragen Sie, so viel Sie können. Seien Sie der Jünger dieser Person, der geistliche Geselle eines Meisters.

Diese Ausbildungszeit kann einige Tage, Monate oder auch Jahre dauern und findet stets im Rahmen einer Beziehung zu einer Person statt, die im Hinblick auf ihre eigene Begabung oder Berufung einen Erfahrungsvorsprung hat. Propheten bilden auf diese Weise Prophetenjünger aus, Apostel bilden Juniorapostel aus – wie Paulus seinen Timotheus und Titus –, reife Evangelisten fördern evangelistische Nachwuchstalente, Lehrer bilden die Lehrer der Zukunft aus. Der geistliche Geselle gießt seinem Meister „Wasser über die Hände" (2. Könige 3,11), teilt mit ihm einen Lebensabschnitt, sieht hinter die Kulissen und begreift durch die Praxis, wie ein solcher Dienst funktioniert. Anstatt einen heiligen Mann aus der Distanz zu bewundern, lernt er ihn als normalen Diener Gottes im Alltag kennen, mit seinen Schwächen und Stärken. Beides ist wichtig. Unnahbare geistliche Superstars und kritikunfähige, vermeintlich über jeden Zweifel erhabene christliche Ikonen haben mehr Schaden angerichtet, als den meisten bewusst sein wird. Durch ihre gekonnten Vorführungen haben sie die geistliche Berufung unzähliger Menschen eher verhindert als gefördert.

Wenn wir jedoch von einer Person lernen, die ähnlich begabt ist wie wir selbst und die eine vergleichbare Dienstberufung wie wir erlebt hat, wird unsere Lernkurve phänomenal steil sein. Wir lernen nämlich in genau dem Bereich, der uns am meisten begeistert und für den wir tatsächlich „wie gemacht" sind. Jeder von uns hat schon Menschen erlebt, die uns merkwürdig kalt lassen, und sind andererseits Menschen begegnet, die uns irgendwie faszinieren. Von diesen Menschen sollen wir möglicherweise lernen, sie „schwingen in einer ähnlichen Frequenz" wie wir. Wenn diese Begegnung von Gott arrangiert ist, wird das für alle Beteiligten, also auch für den geistlichen Meister, eine aufregende Erfahrung sein, und der Jünger ist dann in der Lage, seinen Entwicklungsprozess zum Teil sogar selbst zu steuern und zu bestimmen, wie schnell er lernen möchte. Es kommt nur darauf an, wie gut seine Fragen sind.

Unnahbare geistliche Superstars haben mehr Schaden angerichtet, als den meisten bewusst sein wird. Durch ihre gekonnten Vorführungen haben sie die geistliche Berufung unzähliger Menschen eher verhindert als gefördert.

Dieser Prozess findet am gesündesten im natürlichen Umfeld von Hauskirchen statt, nicht ausschließlich durch Programme, Jüngerschaftskurse und in künstlichen Lehrstätten, die oft „außerkörperliche Erfahrungen" vermitteln. Dadurch, dass in allen Ländern Hauskirchen bereits heute bestehen und sich multiplizieren, gibt es in absehbarer Zeit für jeden von uns genügend Gelegenheiten, die wichtigsten Prozesse aus eigener Anschauung kennenzulernen und sich mit dem „Lebensmuster Hauskirche" infizieren zu lassen. Das Ergebnis wird sein, dass wir diesen gemeinschaftlichen Lebensstil so verinnerlicht haben, dass wir ihn überall, wo wir hingehen, auf ganz natürliche Art multiplizieren können.

Zeit und Finanzen

Viele fragen, wann sie denn mit einem geistlichen Dienst beginnen sollten und wer für einen vollzeitlichen Dienst die Rechnungen bezahlt. Sie sehen keine andere Alternative als die, eine Laufbahn im traditionellen kirchlichen System anzutreten. Dieses Buch ist nicht der Ort, diese Frage ausführlich zu diskutieren. Deshalb nur einige kurze Anmerkungen dazu.

Ein geistlicher Dienst sollte dann begonnen werden, wenn jemand unmissverständlich erkannt hat, dass Gott ihn gerufen hat. Und: Was Gott bestellt hat, bezahlt er auch. Das Problem beginnt oft schon mit dem Schul- und Ausbildungssystem eines Landes. Es ist dazu erschaffen worden, einen jungen Menschen darauf vorzubereiten, eine geeignete Position in der Wirtschaft zu erlangen und sich auf dem Arbeitsmarkt möglichst teuer zu verkaufen, mit anderen Worten: eine gesicherte Position in einem System anzustreben, das auf den Prinzipien des Mammon aufgebaut wurde, einem Wertesystem, aus dem Gott uns erretten möchte. Ein befreundeter Pastor drückte es kürzlich mit folgenden Worten aus: „Die wichtigsten Jahre eines jungen Lebens werden systematisch auf dem Altar der Ausbildung geopfert, wobei oft genug die Eltern so viel Öl auf das Feuer gießen wie nur möglich."

Eine geistliche Ausbildung kann deshalb oft nur unter allerschärfstem Konkurrenzdruck mit der Schule oder dem Studium stattfinden, oder nach Abschluss des Studiums, wenn der Existenzkampf um eine erste Sprosse auf der Karriereleiter bereits begonnen hat. Wenn dann doch Gott unüberhörbar spricht, stehen viele am Ende ihres harten Studiums mit Zertifikaten in der Hand da, die sie nun gar nicht so dringend brauchen, wie man sie immer hatte glauben lassen. Nur allzu viele holen dann tief Luft und erkennen im Rückspiegel ihres Lebens, dass Gott sie schon lange in eine andere Richtung hatte führen wollen, und reden traurig von „verlorenen Jahren".

Aus meinem eigenen Leben und meiner Beobachtung von vielen Menschen, die Gott dienen, kann ich etwas bezeugen und sagen, das ich lange Zeit selbst immer als frommen Spruch ohne praktischen Nährwert betrachtet habe: Gott ist sehr wohl in der Lage, diejenigen zu versorgen, die ihm von ganzem Herzen dienen wollen. „Jeder Arbeiter ist seines Lohnes wert" (Lk. 10,7), und: „Du sollst dem Ochsen, der da drischt, nicht das Maul verbinden" (5. Mose 25,4). Das bedeutet auch, dass Gott uns finanziell versorgen kann und wird. Eine oder zwei Hauskirchen mit jeweils etwa 12 bis 15 Personen sind sehr wohl in der Lage, einen christlichen Vollzeitler zu finanzieren, der dann als Prophet, Evangelist, Apostel, Lehrer oder Hirte den Gemeinden seiner Region oder an einem Ort der Welt dient. Diese Verheißungen kann man nicht theoretisch von anderen übernehmen, man muss sie persönlich erfassen und glauben, um sie zu erfahren.

Sie werden die Verheißung in Matthäus 6,33 eigenhändig erfahren können, wenn Sie selbst ihre ersten eigenen Glaubensschritte machen. Tun Sie es, um Gottes willen!

Kapitel 11

Modelle der Gemeindemultiplikation

Wie man Gemeinden gründet, ohne sie zu fabrizieren

Es wird Sie vielleicht überraschen, aber wenn sich Gemeinden nach Gottes Plan multiplizieren sollen, müssen wir aufhören, „Gemeinden zu gründen". Jesus hat uns nie den Auftrag gegeben hinzugehen und Gemeinden zu gründen. Viele Gemeindegründungsbewegungen und Missionswerke haben sich redlich bemüht, durch biblische Belegtexte nachzuweisen, dass das Neue Testament uns dennoch aufträgt, Gemeinden zu gründen – umsonst. Was nicht dasteht, steht nicht da. Die Lebensbotschaft von Jesus an die Menschheit dreht sich um drei Grundaufforderungen:

- „Tut Buße für eure Sünden."
- „Liebt eure Nachbarn."
- „Geht und macht zu Jüngern alle Nationen."

Das ist unser Part. Und Gottes Part ist: „Ich will vergeben, ich will mich eurer Nachbarn annehmen, ich will meine Gemeinde bauen!" Als Menschen können wir pflanzen und begießen, aber nur Gott selbst schenkt das Wachstum.

Wenn wir den Teil der Arbeit für uns beanspruchen wollen, den Gott sich selbst vorbehalten hat, dann maßen wir uns eine Verantwortung an, die wir nicht haben, nehmen Gott einen Teil der Zügel aus der Hand und gehen davon aus, dass wir hingehen können und – egal wo und wann – damit beginnen können, Gemeinde Gottes zu bauen. Damit dringen wir in ein Gebiet vor, das sich Gott in seiner Souveränität selbst vorbehält.

In dem Moment, wo wir das „Werk Gottes" für den Menschen verfügbar machen, beginnen wir damit, Gemeinden zu „fabrizieren", sie nach unserem eigenen Schema herzustellen wie Akkordarbeiter in einer Fabrik. Bald haben wir regelrechte Fließbänder produziert, kirchliche Hauptquartiere, Verlagshäuser, Bibelschulen und theologische Seminare, mit deren Hilfe wir ekklesiologische Franchising-Projekte betreiben. Auf diese Weise stehen wir in der Gefahr, Dinge herzustellen, die auf den ersten Blick wie Gemeinden aussehen, aber nur menschliche Bauwerke, gutgemeinte Erfindungen und Kopien irgendwelcher Originale sind. „Wenn der Herr nicht das Haus baut, so arbeiten umsonst, die daran bauen" (Psalm 127,1). Schon Saul musste erfahren welchen Preis es kostet, wenn man sich aus Zeitdruck und geistlicher Eifersucht Dienste anmaßt, die uns nicht zustehen – in seinem Fall: als König auf dem Altar zu opfern

Wenn wir das tun, was wir tun sollen, wird Gott tun, was er verheißen hat, und seine Gemeinde bauen.

Aber wenn wir uns Gott zur Verfügung stellen und unseren Teil der Aufgabe ernstnehmen, nämlich Buße zu tun, andere zu lieben und zu Jüngern zu machen, wird Gott uns gemäß der Begabungen und Berufungen, die er uns gibt, dazu gebrauchen können, dass sich Hauskirchen multiplizieren. Wenn wir das tun, was wir tun sollen, wird Gott tun, was er verheißen hat, und seine Gemeinde bauen. In diesem Sinn beginnt echte Gemeindegründung damit, dass wir ohnmächtig vor Gott treten, ihm unsere leeren Hände zeigen und versprechen, Gemeinde nicht nach unserem Plan fabrizieren zu wollen. Der Prozess beginnt in dem Moment, wo wir aufhören, ihn selbst zu initiieren.

Fünf organische Phasen

Völlig entgegengesetzt zum romantischen Bild von der Dorfkirche auf der grünen Wiese, der Kapelle auf dem Berg oder der Stadtkirche, die immer verschlossen zu sein scheint, wenn gerade keine Veranstaltung stattfindet, sollte Gemeinde dort sein, wo die Menschen sind, um die Gesellschaft zu durchsäuern und mit der Gegenwart von Christus zu durchdringen (Mt. 13,33; Röm. 15,18-21). Gemeinde sollte die Präsenz Gottes in allen Wohnvierteln sichtbar machen, und zwar deutlich und authentisch, wie ein Schaufenster, durch das Menschen hereinsehen und ausrufen: „Seht, wie sie sich gegenseitig liebhaben. Das müssen Nachfolger von Christus sein!"

Diese Gegenwart der Gemeinden im Alltag löst einen Kommunikationsprozess aus, der – möglichst – allen Menschen einer Region fassbar und verständlich ermöglicht, selbst entweder Nachfolger von

Jesus zu werden und zu bleiben und dann ebenfalls andere zu Jüngern zu machen oder aber sich bewusst gegen eine Nachfolge von Jesus zu entscheiden.

Da es mir in diesem Kapitel nicht darum geht, kopierbare Modelle der Gemeindegründung vorzustellen, möchte ich die Dynamiken, Prinzipien und Prozesse aufzeigen, die zum Entstehen vieler Gemeinden führen, auch wenn es sicherlich und hoffentlich zu jeder Regel mehrere Ausnahmen gibt. Die meisten Gemeinden gehen durch fünf organische Entwicklungsphasen, die ganz ähnlich verlaufen wie die Wachstumsstadien eines Menschen:

1. *Empfängnis:* Der geistliche Same, der zündende Funke, die Vision einer Gemeindegründung wird entweder von einer einzelnen Person, einer Familie oder einer Gruppe aufgenommen. Die Person oder die Personen sind nun „geistlich schwanger" mit einer noch unsichtbaren Gemeinde. Dieser Funke kann ein direktes Wort von Gott sein, eine Vision, ein Traum, eine wachsende Überzeugung, oder er kann durch jemanden kommen, der diese Vision vermittelt; für manche ist dies dadurch gegeben, dass sie bereits Teil einer gemeindegründenden Bewegung sind.
2. *Die vorgeburtliche Phase:* Während dieser Zeit reift der Same heran, wird bebetet, diskutiert (wer macht wann was, wo und weshalb) und die Geburtsvorbereitungen werden getroffen. Das ist ein guter Zeitpunkt die Zukunft zu planen, genau wie es werdende Eltern tun, wenn sie wissen, dass etwas Kleines unterwegs ist.
3. *Entbindung:* Dies ist der Zeitpunkt, wo die neue Gemeinde geboren und öffentlich wird und als eigenständige organische Einheit zu leben beginnt.
4. *Teenageralter:* In dieser Phase wächst die Gemeinde innerlich und äußerlich heran, reift – wie bei jedem gesunden Erwachsenen – bis das Größenwachstum beendet ist und das Wachstumsmaximum erreicht wurde.
5. *Multiplikation:* Nachdem der Körper aufgehört hat zu wachsen, beginnt er sich zu multiplizieren, wie im richtigen Leben. Während dieses Multiplikationsprozesses entwickelt sich auch bald der fünffältige Dienst, eine Art Team geistlicher Ärzte und Hebammen, die für einen reibungsloses Ablauf sorgen und bei Problemen einspringen können. Wenn nach einiger Zeit keine Multiplikation stattfindet, kommt die Gemeinde gleichsam in eine „geistliche Menopause" und stirbt schließlich, ohne Nachkommen hinterlassen zu haben.

Praktische Modelle der Gemeindegründung

Da es unzählige Kulturen, Subkulturen, Sprach- und Untersprachgruppen gibt, verschiedenste Berufungen und Umstände, gibt es wahrscheinlich auch ebenso viele Möglichkeiten, wie Gemeinden entstehen können. Auch hier sollten wir kreativ sein und nicht blindlings anderer Leute Modelle kopieren, nach Rezepten für geistlichen Erfolg suchen und dabei vergessen, Gott auf unseren eigenen Knien zu suchen. Das ist ja einer der vielen Gründe, weshalb Gott den apostolischen und prophetischen Dienst eingesetzt hat: um die Planungsarbeiten zu tun, in den richtigen Personen Grundsteine zu finden und zu Fundamenten für die Gemeinden zu verbauen. Diese Dienste haben eine von Gott geschenkte Begabung zu initiieren, zu erfinden und als Architekten Gottes schon jetzt das „fertige Haus Gottes" zu sehen, wo andere bisher nur einen grauen Wohnblock erkennen können.

Im Folgenden möchte ich sechs Gemeindegründungsmodelle vorstellen, die ich nicht nur selbst erlebt bzw. beobachtet habe, sondern von denen ich den Eindruck habe, dass sie fast global als Grundraster dafür dienen können, wie derzeit viele Hauskirchen entstehen. Diese Modelle können einige Prinzipien erkennbar machen, sollten aber in keinem Fall als „garantiertes Erfolgsrezept" verstanden werden. Vielleicht mit einer Ausnahme, denn ich weise manchmal scherzhaft darauf hin, dass es, wenn überhaupt, einen strategischen Kerngedanken gibt, einen methodischen Schritt also, der fast garantiert zum Gründen einer Hauskirche führen wird:

> *„Öffnen Sie Ihr Haus, öffnen Sie Ihre Küche, öffnen Sie Ihren Kühlschrank!"*

Wie immer, sollten wir auch hier Gottes schöpferischem Geist freien Raum lassen und darauf achten, welche einzigartigen Wege er möglicherweise gehen möchte, um seine Gemeinde an einem bestimmten Ort zu beginnen. Es kann z. B. sein, dass in einer bestimmten Situation die in Europa derzeit bekannten „Alpha-Kurse" ein guter Weg sind, Hauskirchen zu gründen. Die Gemeindegründungsbewegung in Äthiopien fing beispielsweise damit an, dass ein Engel dem Philippus sagte, er solle sich auf die südliche Wüstenstraße begeben und zum Kämmerer halten. Das heißt aber noch lange nicht, dass wir uns alle jetzt längsseits der Autobahnen aufstellen sollten und per Anhalter reisen – was, je mehr ich darüber nachdenke, vielleicht gar keine so schlechte Idee wäre . . .

1. Das Modell „Haus des Friedens"

In Lukas 10 wird beschrieben, wie Jesus seine Jünger zu zweit aussendet und sie anweist, im Haus eines „Kindes des Friedens" *zu bleiben* – also nicht, dort nur einen kurzen „evangelistischen Besuch" zu machen. Ein „Kind des Friedens" muss nicht notwendigerweise ein Christ sein, sondern einfach ein interessierter und offener Mensch, der Boten des Gottes des Friedens willkommen heißt und bereit ist, sich deren Botschaft unverbindlich anzuhören. Sehr oft, wenn auch nicht immer, führt dies zur Gründung einer Gemeinde im Haus des betreffenden Menschen. Der typische Prozess einer solchen Hauskirchengründung hat oft sieben Phasen:

❶ *Christen teilen das eigene Leben* mit der eingebauten Botschaft des Evangeliums möglichst einige Tage oder Wochen mit diesem „Haus des Friedens" und sind während dieser Zeit so etwas wie ein Familienmitglied oder eben ein Gast. Sie leben bei der Familie, die ihnen das Haus geöffnet hat. Diese Familie kann einfach aus gottesfürchtigen Menschen bestehen oder aus solchen, die bereits durch das Radio, das Fernsehen, ein Traktat, das Lesen der Bibel oder den Besuch einer evangelistischen Veranstaltung hellhörig geworden sind und nun Interesse haben, mehr zu erfahren. Es können auch Menschen sein, in deren Umfeld sich jemand bekehrt hat, auf Gebet hin geheilt wurde, aus denen ein Dämon ausgetrieben wurde, die einen Traum oder eine Vision hatten, oder Menschen, die „wie durch ein Wunder" einen Unfall oder eine Krankheit überlebten und nun fragen, ob möglicherweise Gott dahinter steckte; es können Trauernde sein, die in einer Krise Hilfe suchen, oder einfach Interessierte, die gerne möchten, dass entweder in ihrem Haus oder dem Haus von Nachbarn oder Freunden Hauskirchen entstehen.

❷ *Christen leben modellhaft Hauskirche vor* und üben es mit dieser Familie ein, indem sie miteinander essen, beten, geistliche Erkenntnisse und materielle Dinge teilen und sich gegenseitig beibringen, wie man ganz praktisch ein Leben nach dem Wort Gottes führt.

❸ Christen bitten Gott darum, ihnen *von Anfang an lokale Älteste* zu zeigen, suchen also potenzielle Älteste, widmen sich ihnen ganz besonders und machen sie zu Jüngern. In dieser Phase ist die Gabe der Prophetie und der geistlichen Unterscheidung sehr nützlich; wir können aber auch ganz einfach Menschen beobachten, die von ihrem Umfeld spontan als geistliche Vater- oder Mutterfiguren anerkannt werden.

4. *Inkarnation, nicht Kontextualisierung:* Dies bedeutet darauf zu bestehen, lokale und nicht importierte Gemeindestrukturen zu entwickeln.
5. *Organisch bauen* und darauf achten, dass es zu einer Multiplikation der Hauskirche kommt, bevor sie zu groß wird, das organische Stadium verlässt und beginnt, in der Organisation zu erstarren und zu einem „Kirchenhaus" zu werden. Gute apostolische und pastorale Arbeit achtet darauf und impft allen neuen Christen gleich von Anfang an ein, dass Gemeinden nicht dazu da sind, größenmäßig in den Himmel zu wachsen, sondern sich flächig auszubreiten.
6. Ein *lokales Feiergottesdienst-Modell* fördern, wobei sich möglichst früh einige Hauskirchen zu gemeinsamen regionalen oder stadtkirchlichen Veranstaltungen treffen, die nach und nach auch gemeinsam den fünffältigen Dienst ausbilden.
7. Die Hauskirche nicht sich selbst überlassen, sondern dafür sorgen, dass *weitergehende apostolische Betreuung* geschieht und die entstehende Hauskirche Teil eines Netzwerkes wird, das ihr den fünffältigen Dienst zugänglich macht und ihr dadurch hilft, sich selbst zu multiplizieren.

Wie ich bereits oben gesagt habe, haben Hauskirchen typischerweise zwischen 8 und 15 Mitglieder (plus Kinder) und multiplizieren sich in der Regel alle sechs bis neun Monate. Viele Hauskirchen werden von einem unbezahlten Ältesten „bevatert", der mit anderen Ältesten von Hauskirchen in der Gegend befreundet ist, sich dort auf lokaler oder regionaler Ebene mit Menschen austauscht, die einen der fünffältigen Dienste von Gott anvertraut bekommen haben, wo sie gemeinsam planen, Probleme besprechen und ab und zu Krankenbesuche machen (Jak. 5).

Manche Hauskirchen treffen sich immer am selben Ort, manche an verschiedenen Orten während der Woche, manche rotieren von Haus zu Haus oder kommen ab und zu sogar in Hotelzimmern oder Zelten zusammen, um nicht zu viel Aufmerksamkeit zu erregen. Es gibt Hauskirchen, die eigentlich „Höhlenkirchen" sind, oder die einen Bus mieten und nach außen hin wie eine Ausflugsfahrt erscheinen, während der Reiseführer am Mikrofon gar kein Reiseführer ist, sondern ein durchreisender Apostel, Prophet oder Lehrer, der gerade ein Seminar gibt; es gibt Hauskirchen, die sich nachts in einem Büro treffen, in Botschaften, im Nebenraum eines Restaurants, einem Boot oder fast jedem anderen Ort, und natürlich die afrikanischen „Baumkirchen", die sich eben unter einem schattigen Baum versammeln und dort gemeinsam essen, beten, etc.

Auch den Formen, die die örtlichen Feiergottesdienste annehmen, sind keine Grenzen gesetzt. In manchen Ländern gelingt es den Christen, ihre normalen Häuser zu regionalen *celebrations* umzufunktionieren, wie zum Beispiel die Wohnung von Lalith Mendis in Bambalapittiya, Colombo, Sri Lanka, in der ich zu Gast bin, während ich diese Zeilen schreibe, wo Hunderte von Menschen sich im Verlauf eines Tages treffen und morgens fünf Stunden und abends vier Stunden lang Gottesdienste stattfinden!

Im früher kommunistischen Bulgarien war es keine Seltenheit, dass sich bis zu 250 Personen im selben Haus versammelten, die manchmal schon in den frühen Morgenstunden alleine oder zu zweit kamen, um niemandem aufzufallen, und bis zu zwölf Stunden warteten, bis abends der Feiergottesdienst anfing, und die dann in der späten Nacht wiederum alleine oder in kleinsten Gruppen das Haus verließen, um keine Aufmerksamkeit zu erregen. Es versteht sich von selbst, dass sie einen eher ruhigen Gottesdienst hatten, ohne Trommeln, Orgeln, Gitarren oder lautes Klatschen. Eine Hauskirchenbewegung in China brachte es vor kurzem fertig, in nur einer einzigen Nacht in einem Wohnhaus (!) knapp 1.200 Menschen zu taufen.

2. Ganze Familien gewinnen

Dieses Gemeindegründungsmodell geht davon aus, dass sich nicht nur einzelne Personen, sondern ganze Familien für Christus gewinnen lassen, die dann Hauskirchen werden, ähnlich wie es uns das biblische Modell von Kornelius (Apg. 10) oder Lydia (Apg. 16) zeigt. Das vorgestellte Beispiel habe ich in der islamischen Welt entdeckt und selber praktisch erleben können, es ist aber wiederum nur als Illustration eines dahinter liegenden Prinzips gedacht.

1. Setzen Sie das Gerücht in Umlauf, dass Sie bereit sind, für Menschen mit Problemen kostenlos im Namen von Jesus zu beten. Dazu eignen sich Zeitungsanzeigen oder einfach Mund-zu-Mund-Propaganda.

2. Wenn Sie dann jemand um diesen Dienst bittet – und es gibt *immer* jemanden, der Probleme hat –, dann bitten Sie freundlich darum, dass zwei Bedingungen erfüllt werden, bevor Sie zum Gebet kommen: (1) Sie sind bereit zu kommen, wenn die gesamte (erweiterte) Familie anwesend ist, weil Sie nichts hinter dem Rücken der Familie tun möchten und wollen, dass sich die Familie in ihrer

Gesamtheit sicher fühlt. (2) Bevor Sie kommen, bitten sie um Erlaubnis erklären zu können, was Sie tun, wenn Sie „im Namen von Jesus beten", damit die Familie beruhigt sein kann, dass sie keine Zauberei oder Magie treiben.
Den meisten großfamilien-orientierten Gesellschaften, die etwa traditionell als Moslems, Hindus oder Buddhisten aufgewachsen sind, kommen diese beiden Bedingungen sehr entgegen und entsprechen dem kulturellen Protokoll. Wenn nun ein Hauskirchengründer eingeladen wird, kann er in aller Ruhe das Evangelium vom Reich Gottes erklären; kaum jemand wird ihn unterbrechen, denn er ist ja gekommen, um anschließend zu beten. Danach kann er vor aller Augen – hörbar und möglichst ohne großes Zeremoniell – für die Person beten, die Hilfe braucht; im asiatischen oder afrikanischen Kontext sind das häufig erkrankte oder dämonisch belastete oder auch besessene Personen. Nachdem der Christ gebetet hat, ist es ratsam, sich möglichst sofort zu verabschieden. Denn wenn die betreffende Person geheilt oder befreit wurde, was zwar nicht immer geschehen muss, aber eben häufig genug geschieht, ist es für die versammelte Familie wichtig, das in der Abgeschlossenheit des eigenen Hauses in aller Ruhe und ohne fremde Zuhörer zu verdauen und zu diskutieren, was sie gehört und gesehen haben. Der Christ, der frühzeitig das Haus verlässt, tut das auch deshalb, um die Würde und das Schamgefühl der Familie zu respektieren. Sonst könnte es geschehen, dass besonders bei religiösen Familien die ganze Angelegenheit als Sieg der Christen und als Niederlage der eigenen Religion erlebt werden könnte, was wir um jeden Preis verhindern sollten.

③ Wenn die Familie genug Zeit gehabt hat, das Gehörte und Gesehene zu besprechen – was besonders bei Heilungen oder dämonischen Belastungen verständlicherweise etwas Zeit braucht –, kann es sein, dass sie nochmals den betreffenden Christen rufen und ihn bitten erneut zu kommen. Diesmal gibt es nur eine Bedingung: dass wiederum die ganze (erweiterte) Familie anwesend sein sollte. Wenn er dann eingeladen wird, geht der Christ in der festen Absicht in das Haus, der gesamten Familie zu helfen von nun an Jesus Christus nachzufolgen, sie im Prozess der Bekehrung zu begleiten und in ihrem Haus noch am selben Tag mit einer Hauskirche zu beginnen. In dieser neuen Hauskirche kann er entweder selber Mitglied sein, oder er kann andere Christen aus der Gegend bitten, zusammen mit dieser Familie eine neue Hauskirche zu bilden.

3. Radio-Gemeindegründung

Diese Strategie geht davon aus, dass apostolisch-prophetischer Dienst nicht nur vor Ort, sondern in begrenztem Maße auch über die Medien möglich ist, etwa über das Radio. Es ist hier ganz ausdrücklich nicht an evangelistische Radiosendungen gedacht, die im Blick auf die Gründung neuer Gemeinden nur eine sehr bescheidene Rolle spielen, ähnlich wie traditionelle Veranstaltungsevangelisation nur in Ausnahmefällen zur Gründung neuer Gemeinden führen. Anstatt also die vielen Zuhörer am Radio „zu evangelisieren", um Antwortbriefe der wenigen zu bekommen und diesen dann einen Fernbibelkurs vorzuschlagen oder durch Nacharbeitsmitarbeiter mühsam aufzusuchen, schlägt diese Strategie einen anderen Weg ein.

Das traditionell-evangelistische oder unterhaltend-informierende christliche Radioprogramm produziert typischerweise den ERC, den „Einsamen Radio-Christen".

Es geht um den Aufbau einer strategischen Bewegung, was besonders für dünnbesiedelte Länder oder Regionen mit dörflichem Charakter bzw. für Länder geeignet erscheint, die relativ schwer zugänglich sind oder in denen das Christentum verboten bzw. behindert wird. Gemeindegründung durch das Radio erfolgt in vier voneinander unterscheidbaren Phasen, wie etwa bei FEBC China oder IBRA Radio im Mittleren Osten mit der Sendung „The church in my house".

Phase 1:

Diese Phase existiert bereits, es ist das traditionell-evangelistische oder unterhaltend-informierende christliche Radioprogramm, das typischerweise den ERC produziert, den „Einsamen Radio-Christen". Dieser Mensch hat sich durch das Hören der Radiosendungen entschlossen Jesus nachzufolgen, möglicherweise ein Gebet gesprochen, liest vielleicht in der Bibel und korrespondiert mit der Radiostation, aber er ist immer noch auf sich allein gestellt.

Alleine im Mittleren Osten gehen manche Fachleute davon aus, dass es zwischen drei und fünf Millionen ERCs gibt, die möglicherweise nie im Leben einen anderen Christen zu Gesicht bekommen. Sie werden, wenn nicht ein Wunder geschieht, niemals echte Gemeinschaft mit anderen Christen leben können und bleiben nicht selten in den geistlichen Kinderschuhen stecken, schwach, einsam und traurig. Traditionelle Nacharbeitsmethoden wie Bibelfernkurse und Literatur oder auch Nachbesuche haben die Situation der ERC nicht wesentlich verändert, alles bleibt bei den Millionen von Zuhörern „ein Tropfen auf den heißen Stein".

Phase 2:

Ein zusätzliches Programm wird eingeführt, etwa mit dem Titel „Wie ich ein besserer Christ werde" oder „Wie man Träume auslegt", „Wie man Kinder erzieht", „Wie man eine gute Familie führt", etc. Dabei ist es die ausdrückliche Absicht der Radiomacher, die individualistischen Hörgewohnheiten der ERCs zu durchbrechen. Die Hörer werden deshalb ganz speziell aufgefordert, Freunde und Bekannte, denen sie vertrauen, zu diesem informativen und eben überhaupt nicht evangelistischen Programm einzuladen und es gemeinsam anzuhören. Am Ende des Programms gibt es einige Fragen für die Gruppendiskussion. Die Idee besteht darin, die Gewohnheit des gemeinsamen Radiohörens einzuführen und es ERCs und anderen Hörern leicht zu machen, andere einzuladen und mit ihnen hier und da einige biblische Themen zu besprechen, „weil die halt im Radio kommen".

In manchen Kulturen würde zum Beispiel ein Programm mit dem Titel „Die Josephs-Stunde" für erhebliche Aufmerksamkeit sorgen, wenn darin einfach Träume, Visionen und übernatürliche Erfahrungen der Hörer biblisch erklärt und interpretiert werden, ähnlich wie das der alttestamentliche Joseph beim ägyptischen Pharao tat und dadurch die ganze Geschichte eine neue Wendung bekam.

Phase 3:

Der nächste Schritt ist die Einführung einer „Radiokirche", also eines Radioprogrammes, das das Treffen einer echten oder gespielten Hauskirche überträgt, genau so, wie die Hauskirchen aus der Gegend des Hörerpublikums eben sind. Das kann ein 30-minütiges oder einstündiges Programm sein mit einem Titel wie „Die Gemeinde in unserem Haus" oder welcher Name auch immer kulturell angemessen ist. Das Ziel ist, einer Gruppe von interessierten Hörern zu helfen, für eine kurze Zeit in eine typische Hauskirche hineinzuhören, sie sozusagen ganz risikolos zu „besuchen". Auf diese Weise können die Hörer langsam an eine Form von Kirche herangeführt werden, die ihrem eigenen kulturellen Kontext entstammt, ja möglicherweise in einem Nachbarhaus aufgenommen wurde. Das Programm ist also eine durch das Radio übertragene Hauskirchenzeit, wobei die Zuhörer hier und da aufgefordert werden, sich in ihrer Radiokirchen-Hörergruppe selbst einzubringen und sich in das Lebensmuster einer Hauskirche immer mehr einzufinden. Das Radio nimmt hier zeitweise gleichsam die Rolle des Apostels oder des Ältesten ein.

Nachdem man einen solchen Hauskirchenabend am Radio verbracht hat, ist es möglich, nach einer Pause von 30 Minuten oder einer Stunde, die für ein gemeinsames Essen genutzt werden kann, eine kurze Lehrsendung anzufügen, in der für 15 oder 20 Minuten die Hörer informiert werden, wie man eine Hauskirche gründet. Nach etwa 10 oder 12 solcher Sendungen, die kleine Aufgaben beinhalten, gibt es eine Sendung für diejenigen, die Gefallen an dem neuen Lebensstil gefunden haben, von nun an ernsthaft Jesus nachfolgen wollen und sich von einer „Radiokirche" zu einer Hauskirche entwickeln wollen.

Phase 4:

Diese Gruppen werden dann gebeten, an die Radiostation zu schreiben, die die Adresse der beginnenden Hauskirchen an ein Gemeindegründungsnetzwerk oder eine strategische Partnerschaft von Gemeinden in der betreffenden Region vermittelt. Von dort wird die neue Gruppe dann weiter betreut und gefördert. Die Radiomission FEBC konnte auf eine ähnliche Weise in nur wenigen Jahren etwa 50.000 Hauskirchen in China gründen und hat sogar ein Programm mit dem Titel „China Dawn" eingeführt, welches das verwegene Ziel hat, eine Million weiterer Hauskirchen in China zu gründen.

4. Partnerschaft zwischen Großevangelisation und Gemeindegründung

Einer der größten Verlustfaktoren des evangelistischen Konzepts „Veranstaltungsevangelisation plus Nacharbeit plus Integration in bestehende Gemeinden" liegt bei Phase 3, der Integration in bestehende Gemeinden. Wenn wir genau hier ansetzen, ist es möglich, erheblich effektiver zu evangelisieren und mehr Menschen als bisher in christliche Gemeinden zu integrieren. Wie bereits mehrfach erwähnt, zeigen Evangelisationsforschungen, dass nur etwa 1 Prozent der sogenannten „Neubekehrten" – der Personen also, die „sich entschieden haben", „Jesus aufgenommen haben", „nach vorne gingen", „die Hand hoben" oder „eine Rückmeldekarte ausfüllten" – tatsächlich aktive Mitglieder christlicher Gemeinden werden und so die Phasen 2 und 3 überleben. 99 Prozent dieser Gruppe der „Neubekehrten" bleibt in den Ritzen dieses neuzeitlichen Evangelisationskonzeptes hängen und findet nicht nur nicht den Weg in christliche Gemeinde – oft genug schon abgeschreckt von einem als „Studium" aufgezogenen Nacharbeitskonzept –, sondern sind gewissermaßen „geimpft" gegen weitere evangelistische Versuche. Sie antworten dann oft völlig ernsthaft: „Ich kenne das alles, ich habe es versucht, es hat nichts bewirkt."

Das Problem liegt nicht nur an der schulmeisterlichen Nacharbeitsphilosophie, sondern auch an den Gemeinden, die oft einfach wirklich nicht wissen, wie man mit am Glauben interessierten Menschen auf natürliche Weise umgeht. Dieses Evangelisationskonzept, intern nenne ich es VRENI (VeRanstaltungs-Evangelisation, Nacharbeit, Integration), vereint eine ganze Reihe von kommunikativen, ekklesiologischen und missiologischen Problemen. Ich stelle nun überhaupt nicht in Abrede, dass dadurch immer wieder Menschen zu echten Bekehrungen finden, es wird immer Ausnahmen zur Regel geben. Ich habe mich aber trotzdem oft gefragt, weshalb wir Christen über diese Evangelisationsform fernab aller statistischen Erfahrungen so irreal begeistert sind. Andererseits bin ich mir natürlich im Klaren, dass diese so sehr zur Tradition gewordene Methodik nicht über Nacht verschwinden wird.

Wenn es stimmt, dass in Europa die bestehenden Kirchen selbst ein wichtiger Grund dafür sind, weshalb Menschen nicht Christen werden wollen, dann ist jeder Versuch, Menschen in genau diese Kirchen zu vermitteln, eine strategische Fehlinvestition.

Daher, denke ich, tun wir gut daran, nach Wegen zu suchen, wie diese Evangelisationsform etwa zur Gründung von Hauskirchen beitragen kann. Hier der Vorschlag eines Konzepts, das ich selbst ausprobiert habe und zu dem zwei Dinge nötig sind:

1. Die Offenheit und Bereitschaft des Evangelisten und seines Teams, neue Wege zu gehen und den lokalen Gemeinden in ihrer eigenen Gemeindegründungsvision zu helfen, anstatt nur klassisch zu predigen und wieder zu gehen.
2. Eine Bereitschaft vor Ort dafür, evangelistische Dienste mit lokalen oder regionalen apostolischen Diensten zu verbinden, um eine Vielzahl von neuen Gemeinden zu gründen.

Wenn es stimmt, dass in Europa die bestehenden Kirchen selbst ein wichtiger Grund dafür sind, weshalb Menschen nicht Christen werden wollen, dann ist jeder Versuch, Menschen in genau diese Kirchen zu vermitteln, eine strategische Fehlinvestition. Besser wäre es, diesen entkirchlichten Menschen eine Gelegenheit zu geben, selbst Gemeinde von Anfang an zu gestalten. Das Ziel ist also dies: anstatt zu versuchen, am Evangelium Interessierte in bestehende Gemeinden zu integrieren – bei diesem Prozess gehen eben erfahrungsgemäß sehr viele Menschen nicht mit –, würde man mit ihnen während der evangelistischen Veranstaltung eine Vielzahl von neuen Hauskirchen gründen, also gemeinsam bei Null anfangen, und für diese gemeindegründende Arbeit diejenigen Christen schulen, die bereit sind, Verantwortung in solchen neue Hauskirchen zu tragen. Wie kann man dabei vorgehen?

1. Hauskirchenerfahrene Älteste, Pastoren, Lehrer und Apostel werden die Christen am geplanten Veranstaltungsort darin schulen, Hauskirchen zu gründen. Dieser Prozess sollte möglichst einige Monate vor der geplanten Veranstaltung beginnen. Ziel ist es, eine Vielzahl von potenziellen Hauskirchengründern und Ältesten ausgebildet zu haben, bevor die Evangelisation startet.
2. Bis zu zehn der in der Evangelisation Angesprochenen und Suchenden können nach einem „Altarruf" – oder auch ohne diesen – gebeten werden, sich bei einem der potenziellen Hauskircheneltern zu melden, wobei der Älteste möglichst aus derselben geografischen Wohngegend, demselben Stadtteil oder demselben Dorf wie der Suchende kommen sollte. Der Christ wird dann diesen Menschen direkt am Evangelisationstag zu einem *Abendessen* – und keiner Bibelarbeit! – entweder zu sich oder einem der Interessierten einladen, so dass sich diese Gruppe bereits nach 24 bis 48 Stunden zu einem ersten Hauskirchenabend treffen kann. Ab diesem Moment ist es die Aufgabe des neuen Ältesten, mit den am Christentum Interessierten eine Hauskirche zu bilden und zu tun, was immer nötig ist, um als geistliche Großfamilie zu leben. Es geht also eben nicht um „Nachfolgetreffen", sondern einen Direkteinstieg in die Hausgemeindewelt, wobei die Suchenden eingeladen sind, gestalterisch mitzuwirken und nicht nur passiv an Programmen teilzunehmen. Ein religiöses „Nacharbeitsreffen" lässt oft eine steife fromme Atmosphäre entstehen, weshalb sich Interessierte entschließen, auf keinen Fall christlichen Gemeinden beizutreten. Ein informelles Abendessen ist um ein Vielfaches angemessener. Neu am Christentum Interessierte sind eher auf der Suche nach geistlichen Eltern als nach Lehrern; sie sollten beobachten können, wie ein gemeinschaftlich geführtes christliches Leben aussieht, und nicht einfach nur Lehre in sich aufnehmen.

Wenn all dies auf strategische Weise getan wird, kann die Anzahl der Menschen, die schließlich in lokale Gemeinden integriert werden, erheblich größer werden als bei traditionellen Konzepten. Von etwa 10.000 Suchenden einer großen Evangelisation, die sich aus einer Besucherzahl von etwa 100.000 nach vorne rufen lassen oder die Hände heben, werden beim traditionellen VRENI-System nur etwa 100 Menschen, also 1 Prozent der Suchenden, in bestehende Gemeinden integriert werden können. Die 9.900 anderen werden in aller Regel nirgends wieder gesehen, vielleicht bei der nächsten Evangelisation. Wenn aber die Suchenden sofort in neubeginnende Hauskirchen integriert werden – oder auch in neugegründete traditionelle Gemeinden, wenn das möglich ist –, wird die Rate derer, die sich integrieren lassen, erfahrungsgemäß in die Höhe schnellen. Einige Erfahrungen in dieser Hinsicht sprechen von 10 Prozent bis 15 Prozent der Suchenden, in ganz außergewöhnlichen Fällen bis zu 25 und 30 Prozent. Je mehr Evangelisten sich für diese Form der „Nacharbeit durch Gemeindegründung" öffnen werden, desto mehr Modelle werden wir beobachten können.

Ein ähnlicher Ansatz kann auch in Verbindung mit dem auf dem Lukasevangelium basierenden Jesus-Film praktiziert werden. In manchen Ländern sind zwischen 20 Prozent und 50 Prozent der Zuschauer interessiert, Jesus nachzufolgen, gehen aber durch das traditionell verwendete VRENI-Modell, den Nacharbeitsgruppen und Studienprogrammen, in der Regel nicht weiter. Es wäre denkbar, gemeinsam mit den Filmteams Hauskirchengründungsteams einzusetzen, wobei das Filmteam einfach nur den Film vorzuführen hat. Die Hauskirchengründer würden dann an Ort und Stelle zurückbleiben, bei den neu am Glauben Interessierten wohnen und in den folgenden Tagen und Wochen viele neue Hauskirchen gründen, Älteste einsetzen und eine Bewegung initiieren.

5. Gemeindegründung durch Visionsvermittlung

„Wegen dir bin ich nicht ausgewandert, sondern habe eine christliche Gemeinde im Nildelta gegründet, inzwischen sind es sogar schon zwei Gemeinden", sagte mir ein ägyptischer Christ kürzlich ganz begeistert. Gemeindegründung ist das Werk von Jesus, der dies wiederum durch seinen Heiligen Geist tut. Manche Menschen sind von Gott dazu begabt worden, anderen Menschen Vision zu vermitteln, sie zu inspirieren und zu ermutigen, völlig neue Dinge zu wagen – wie zum Beispiel eine neue Gemeinde zu gründen!

Solche Menschen „machen andere Christen geistlich schwanger", wie der koreanische Pastor David Yonggi Cho auf einer Tagung in Finnland sagte, und neue Gemeinden werden einfach dadurch gegründet, dass andere inspiriert, geschult und ermutigt werden, sich selber dieser Aufgabe zu stellen. Es gibt derartig viele arbeitslose, unentdeckte, uninspirierte und visionslose potenzielle Hauskirchengründer, die auf der Stelle treten, dass es sich lohnt, sie strategisch für diese Aufgabe zu rekrutieren, und sie zu ermutigen, ihr geistliches Erbe anzutreten. Es wird immer Menschen unter uns geben, die dafür besonders begabt sind, vielleicht sind Sie es! Machen Sie sich auf und tun Sie ein Dreifaches: Sie sollten solche potenzielle Gemeindegründer und arbeitslose Älteste finden, fördern und dann freisetzen.

Es gibt derartig viele arbeitslose, unentdeckte, uninspirierte und visionslose potenzielle Hauskirchengründer, die auf der Stelle treten, dass es sich lohnt, sie strategisch für diese Aufgabe zu rekrutieren.

6. Zusammenarbeit mit dem übernatürlichen Wirken des Heiligen Geistes

Die Bekehrung des Kornelius und seinem Haus, der Besuch von Petrus in Lydda und Joppe, Paulus und seine Begegnung mit der Magd mit dem Wahrsagegeist in Philippi, oder auch Philippus und der Kämmerer aus dem Mohrenland – all das sind biblische Beispiele für die Entstehung von Gemeinde, die direkt oder indirekt aus einem übernatürlichen Wirken des Heiligen Geistes initiiert wurde, wobei die beteiligten Menschen jeweils den ihnen zustehenden Part einnahmen.

Diese Gemeindegründungsstrategie bildet flexible Gemeindegründungsteams aus – oder auch Teams des fünffältigen Dienstes –, die schnell und spontan in Gegenden ihres Landes oder der Welt gehen können, in denen der Heilige Geist besonders auffällig wirkt. Ziel ist, die dort momentan bestehende Offenheit zu nutzen und Hauskirchen zu gründen. Dazu ist nur zweierlei nötig:

1. Entweder mit offenen Augen zu sehen, wo Gott im Moment bereits besonders machtvoll wirkt und dann „Öl auf das entstehende Feuer zu gießen", oder Gott zu bitten, auch vor Ort „seine Hand auszustrecken und mächtige Dinge im Namen von Jesus zu tun" (Apg. 4,28-32), etwa zu Menschen durch Träume und Visionen zu sprechen und diese Menschen dann mit Christen in Verbindung zu bringen.

❷ Die Gemeinden oder Christen vor Ort müssen bereit sein, schnell und flexibel auf eine „offene Tür" zu reagieren. Dazu müssen in der Regel Prioritäten verschoben, Menschen speziell ausgebildet und ein Teil unserer bestehenden missionarischen Programme reorganisiert werden.

Für diese Art von Gemeindegründung gibt es viele Beispiele. Die „offenen Türen" können durch Krisen ausgelöst werden, etwa in Erweckungssituationen durch die politische Unterdrückung im Kongo, der Niederlage Argentiniens im Falklandkrieg im Jahre 1982, der kurzen Öffnung Russlands von 1990 bis 1993 nach dem Fall der Mauer, die plötzliche Offenheit in England für Fragen nach Leben und Tod durch den tödlichen Unfall der Prinzessin Diana im Jahre 1998.

„Offene Türen" entstehen aber auch durch Gottes offenkundiges Handeln. So führte zum Beispiel im Jahr 1973 eine von vielen Heilungen begleitete Erweckung in Singapur zu einer großen Offenheit des medizinischen Personals und der Ärzte. Auf ähnliche Weise wurden in Südbulgarien Anfang der 90er Jahre unzählige türkische Moslems offen für das Evangelium, als sie ungewöhnliche Heilungen und Dämonenaustreibungen erlebten.

Eine gute Gelegenheit, nach neuen „offenen Türen" zu suchen, ist der Beginn des neuen Jahrtausends, weil es nicht nur Euphorie geben wird, sondern uns die Trendforscher eine noch nie dagewesene Depressions- und Selbstmordwelle prophezeien. Könnte es sein, dass die christliche Gemeinde diesmal bereit sein wird?

Kapitel 12

Nationen in Bewegung bringen

Wie man eine kritische Masse entwickelt und den Erfolg Gott überlässt

Die Kirchengeschichte hat schon viele Initiativen, Bewegungen und Wellen gesehen, aber nur wenige hatten eine langfristige Wirkung, erreichten eine „kritischen Masse" und lösten dadurch eine anhaltende Bewegung aus. Auch eine große Lawine beginnt oft mit einem kleinen Schneeball, der anfängt zu rollen. Dann nimmt er mehr Schnee und anderes Material in sich auf, wird schneller und erreicht bald, wenn der Schneerutsch nicht gestoppt wird, eine kritische Masse, ab der die Lawine dann unaufhaltsam wird. Das ist es, was unsere Länder brauchen: einen vielleicht ganz kleinen geistlichen Erdrutsch, eine kritische Masse, die zu einer Bewegung wird und eine unaufhaltsame Kettenreaktion auslöst.

Hauskirchen haben die revolutionäre Fähigkeit, eine kritische Masse zu bilden und dadurch zu einer nachhaltigen Bewegung zu führen. Hauskirchen haben das Potenzial sich rapide zu multiplizieren und exponentielles Wachstum zu fördern; sie sind flexibel und können sich extrem schnell auf eine veränderte Situation einstellen. Aber der Hauptgrund, weshalb ich davon überzeugt bin, dass Hauskirchen in vielen Ländern eine evangelistische und reformatorische Bewegung in Gang bringen werden, ist dieser: Hauskirchen sind sehr schwer zu kontrollieren. Sie sind keine pyramidalen Power-Strukturen. Menschen, die kontrollieren wollen, werden den Hauskirchen hilflos gegenüberstehen und sich selbst für eine gewisse Zeit aus dem Prozess heraushalten wollen, eine Zeit, in der Gott wahrscheinlich ihre Herz und ihr Denken verändern wird.

Wenn Gott es wünschen sollte, dass 80 oder 90 Prozent der Bevölkerung einer Stadt, einer Region, eines Landes oder der Welt errettet und in christliche Gemeinden integriert werden, dann wäre derzeit kaum eine kirchliche Struktur der Welt auch nur im Entferntesten darauf vorbereitet. Die gegenwärtigen Weinschläuche, also die landes- und freikirchlichen Strukturen, würden nach wenigen Tagen platzen, der neue Wein würde verschüttet und fast alle Christen würden völlig überrascht vor vollendeten Tatsachen stehen. Nur wenige Christen tragen einen solchen Glauben und eine solche Vision in sich, obwohl ich beobachte, dass ihre Zahl zu wachsen scheint. Ich bin sehr froh, dass Gott selbst genau weiß, was er tut, wann er es tut, und wie er uns darauf vorbereitet, es mit ihm gemeinsam zu tun.

Eine gute Vorbereitung ist, das zu tun, was Jesus schon immer von uns wollte: Buße zu tun, unsere Nächsten zu lieben und andere zu Jüngern zu machen. Wenn wir das eine tun, wird Gott das andere tun und seine Gemeinde bauen. Das bedeutet aber noch lange nicht, dass wir als Christen still in der Ecke sitzen sollten und warten, bis Gott eine Fernsehansprache hält. Er hat bereits laut und deutlich zu uns gesprochen, die einen haben es bereits gehört, die anderen vermuten, dass sie es gehört haben, und wieder andere kratzen sich noch am Kopf und wundern sich. Gott hat das große Ziel längst vorgegeben. Ich glaube, dass es richtig ist, den eigenen Glauben und die Vision, die Gott jedem von uns gegeben hat, durch zielorientiertes und konsequentes Handeln umzusetzen. Ein möglicher Weg dazu ist es, sich klare Ziele zu setzen. Sie fassen das in Worte, was wir im Blick auf die Zukunft glauben, begeisternde, glaubensvolle Ziele, die Energien bündeln und Menschen motivieren. Ziele haben einen mobilisierenden Effekt, da sie Dynamiken anstoßen, die bei einem bloßen Starren auf den vielleicht allzu statischen Status Quo auf Eis liegen bleiben. Eine der erstaunlichsten Entwicklungen ist es deshalb, wenn der Leib Christi einer Region oder einer Nation zusammenkommt, ein gemeinsames Ziel findet, eine gemeinsame Mission definiert – und sich dann gemeinsam daran macht, dieses Ziel in die Praxis umzusetzen.

Stellen wir uns einen kleinen Jungen vor, mit einem Bogen und Pfeilen in der Hand. Er schießt einen Pfeil auf ein Scheunentor, geht dann zum Tor, zückt ein Stück Kreide und malt eine saubere Zielscheibe um den Pfeil, der im Holz steckt. Dann geht er einige Schritte zurück, stemmt sich die Hände in die Hüften und ruft: „Volltreffer, mitten ins Schwarze!“ Es ist völlig in Ordnung, wenn ein kleiner Junge sich auf diese Weise seine Zeit vertreibt; aber wenn die christliche Gemeinde ähnlich verfährt, wird es schwierig. Hebräer 11,1 spricht von einem zukunftsorientierten Glauben, einer Gewißheit über das, was nicht ist, ein Investieren in Dinge, die man nicht sieht. Haben wir ein solches Ziel vor Augen oder holen auch wir am Ende jeden Jahres unsere Kreide aus der Tasche?

Wer beherrscht wirklich die Nationen?

Viele Nationen haben alle Hände voll zu tun, die Spannungen zwischen politischen und religiösen Ideologien zu harmonisieren, mit moralischem Verfall fertig zu werden, dem organisierten Verbrechen, der grassierenden Inflation, der strukturellen Arbeitslosigkeit, den ökologischen und wirtschaftlichen Problemen. Da bleibt die Frage offen: Wer hat das alles noch in der Hand? Wer ist wirklich der Herrscher der Nationen? Unsere Präsidenten, Kanzler und Könige? Die UNO? Die NATO? Der Club of Rome? Die Sieben Weisen? Die Freimaurer? Der Papst? Die Weltbank? Oder gar das Internet? Es gibt eine alte Prophetie:

> *„Bitte mich, so will ich dir Völker zum Erbe geben und der Welt Enden zum Eigentum . . . So seid nun verständig, ihr Könige, und laßt euch warnen, ihr Richter auf Erden. Dient dem Herrn mit Furcht, und küßt seine Füße mit Zittern" (Psalm 2, 8-11).*

Diese Prophetie spricht von Jesus Christus. Und er ist genau derjenige, der zu uns gesagt hat: „Geht hin und macht alle Nationen zu Jüngern." Nur ein Herr der Nationen kann solche Worte sagen. Viele Staatsoberhäupter, Präsidenten, Kanzler, Diktatoren, Könige und Generäle sowie ihre vielen Mitarbeiter wissen genau, was auch Pilatus schon erkennen musste: dass sie keine wirkliche Macht hätten, „wenn sie ihnen nicht von oben gegeben worden wäre" (Joh. 19,11).

Seit den Tagen von Moses und Aaron hat Gott in jeder Generation Propheten berufen, die direkt in das Leben der Nationen sprechen sollten. Auch heute hat Gott Menschen berufen wie Paul Cain (USA), Bernard Ancoma (Großbritannien), Jeremy Sunderraj (Indien), Erich Reber (Schweiz) oder Lalith Mendis (Sri Lanka), die entweder bereits in das Leben von Staatspräsidenten und anderen politischen Landesführer direkt hineingesprochen haben oder dies noch tun werden. In naher Zukunft werden einige Regierungen eine erstaunliche Wahl zu treffen haben, über die sie vielleicht früher noch müde gelächelt hätten, nämlich, wie sie ihre Beziehung zu Jesus Christus klären sollen. Wie Jesus vorausgesagt hat, sind die Sanftmütigen dabei, die Erde zu ererben, weil sie sanftmütig genug sind, sich demütig Gott zu unterstellen.

Nationen zu Jüngern machen

Ein Teil der gottgegebenen Aufgabe der christlichen Gemeinden ist es, „die Nationen zu Jünger zu machen". Viele Christen wissen möglicherweise, wie man eine einzelne Person zu einem Jünger macht; aber wie macht man ein Wohnviertel, ein Dorf, eine Stadt, eine Region, eine Volksgruppe oder eine Nation „zu Jüngern"?

Wie hat Jesus Menschen zu Jüngern gemacht? Er hat alle dazu aufgefordert, aber nur einige wenige gewählt, seine besonderen Vertreter, seine Apostel zu sein. Mit ihnen hat er sein Leben geteilt, ihnen buchstäblich gezeigt, wie man lebt, wie man stirbt und wie man „die Werke Gottes" tut. Das Resultat war durchaus gemischt: Einige Menschen sind ihm gefolgt, wieder andere haben ihn abgelehnt, doch fast jeder wusste von ihm. Ein Jünger ist ein Mensch, der seinem Meister Jesus in der Gemeinschaft mit anderen Jüngern nachfolgt.

Jesus hat sich nie mit einem einzigen Christen identifiziert, aber sehr wohl mit der Gemeinde, seinem Leib auf Erden. Ein einzelner Christ kann deshalb gar nicht „das volle Evangelium", den vollen Christus verkündigen; das Evangelium braucht die Gemeinschaft, die Gemeinde, um wirklich „voll" zu sein. Der einzelne Christ „weiß Stückwerk", er ist ein Mitglied, aber nicht der Repräsentant des ganzen Leibes. Ein einzelner Christi mag als „Botschafter an Christi statt" bei einer besonderen Mission oder Aufgabe auftreten. Das neue Leben im Geist aber ist ein kollektiv gelebtes Leben, nicht das Leben eines Einzelnen. Das ist entscheidend, denn es bedeutet, dass der Ort, wo Menschen zu Jüngern gemacht werden, die lokale Gemeinde ist, nicht die Studierstube. Das hat eine weitere wichtige Konsequenz für unsere oben gestellte Frage, wie nämlich Nationen zu Nachfolgern von Jesus gemacht werden können:

> *Nationen werden zu Jüngern gemacht, indem wir überall christliche Gemeinden gründen, Orte, wo Menschen zu Jüngern gemacht werden, bis Gott stopp sagt.*

Keine Evangelisationen, keine Bibelstudien, keine noch so hervorragenden Jüngerschaftsprogramme werden je das erreichen können, was die lokale Gemeinde tun kann: sich gegenseitig zu Jüngern zu machen, und zwar mitten im Leben, wo man sich gegenseitig hilft zu lernen wie man im Geist und in der Wahrheit lebt, wo man einander die Werte des Reiches Gottes vermittelt und dadurch das Leben verändert, wo man Korrektur, Liebe, Gnade und Vergebung miteinander teilt und sich gegenseitig ermutigt. Nur dadurch wird Jesus transparent werden, sichtbar für einander und unser Umfeld, so dass Menschen nicht nur das Evangelium hören und lesen, sondern es „sehen und verstehen" (Röm. 15).

Eine Gemeinde in Erreichbarkeit jedes Menschen

Damit jeder Mensch das Evangelium vom Reich Gottes, wie es sich durch die lokalen Gemeinden ausdrückt, „sehen und verstehen" kann, muss es überall lebendige Gemeinden geben, und zwar so viele, dass jeder Mensch auf diesem Globus eine dieser Gemeinden zu Fuß erreichen kann. Nur so kann die Gemeinde Teil des Alltags und nicht nur des Sonntags werden. Der Sauerteig des Reiches Gottes muss „den ganzen Teig durchsäuern" (Mt. 13,33). Keine Person sollte außerhalb des Einflussbereichs einer lebendigen christlichen Gemeinde leben, es sollte kein „neutrales Gebiet" mehr geben, in dem Menschen einfach nichts von Christus sehen und hören können.

Solange die Gemeinden sich auf Methoden verlassen, die zu Addition und nicht Multiplikation führen, wird der Missionsbefehl niemals ausgeführt werden können.

Diese Gemeinden müssen nicht perfekt sein; aber sie sollten sich bemühen, so sehr sie können, die Qualitäten des Neuen Testaments widerzuspiegeln. Wenn wir spüren, dass wir deshalb zuerst an der Qualität unserer Gemeinden arbeiten müssen, so sei es! Und wenn wir herausfinden, dass es noch viel zu wenige Gemeinden in unseren Ländern gibt, dann müssen wir eben die notwendige und fehlende Anzahl gemeinsam mit anderen Christen gründen, möglichst als strategischer Prozess.

Um ein Land unüberhörbar in die Nachfolge von Christus zu rufen, brauchen wir die richtige Qualität von Gemeinden in den richtigen Strukturen in genügender Anzahl. Die Bevölkerung der meisten Nationen wächst, weil Familien die grundlegende Einheit des sozialen Gefüges sind, eine Struktur, die multiplizierbar ist. Solange die Gemeinden sich auf Methoden verlassen, die zu Addition und nicht Multiplikation führen, wird der Missionsbefehl niemals ausgeführt werden können.

Ziele vor Methoden

Vor einigen Jahren hat der amerikanische Missionsforscher David Barrett ein Büchlein geschrieben über 700 globale Pläne, die Welt zu evangelisieren. Seither sind noch mehr solcher Welterrettungspläne dazugekommen; die meisten jedoch entpuppen sich nicht als Strategien, sondern einfach als Methoden, zudem noch Methoden, die ihre Rechnung ausgerechnet nicht mit der einzigen Konstanten machen, die Gott zu diesem Zweck bestimmt hat, der lokalen Gemeinde selbst. Der Kern dieser weltmissionarischen Pläne ist es meistens, eine bestimmte evangelistische Methode zu nehmen – etwa den Jesus-Film zu zeigen, Traktate zu verteilen oder Radioansprachen zu halten – und solange nicht zu ruhen und zu rasten, bis diese eine Methode überall auf der Welt praktiziert worden ist; dann hält man das Ziel für erreicht.

Jeder Christ, so sagt Pastor Bill Hybels von der Willow Creek Community Church, Chicago, sollte drei grundlegende Fragen beantworten können: Was, Warum und Wie.

1. Was möchten Sie in Ihrem Leben erreichen? Und wie wollen Sie messen, dass Sie es erreicht haben?
2. Warum wollen Sie genau dieses Ziel erreichen und nicht ein anderes?
3. Wie beabsichtigen Sie, Ihr Ziel zu erreichen? Das heißt, mit welchen Methoden wollen Sie an Ihr Ziel kommen?

„Das Problem besteht darin“, sagt Hybels, „dass die meisten Christen ihr Leben genau falsch herum aufbauen. Sie setzen Methoden an die erste Stelle, finden dafür einige überzeugend klingende Gründe, und bringen deshalb sehr selten das zustande, was sie eigentlich im Leben erreichen wollten.“

Die Methoden haben das Ziel ersetzt und sind nun zum Selbstzweck geworden. Das mag auch ein Grund dafür sein, weshalb manche Menschen die von ihnen „vertretenen“ Methoden verteidigen, als gehe es um ihr Leben. Wir stehen alle in der Gefahr, uns in bestimmte Methoden zu verlieben und zu glauben, die „Missionierung der Welt“ hänge tatsächlich damit zusammen, die eine oder andere evangelistische Technik bis in jeden Winkel der Erde zu verbreiten.

Der ganze Eintopf ist besser als eine spezielle Zutat

Es gibt einen exzellenten Slogan der „Lausanner Bewegung für Weltmission“; er lautet: „Die ganze Kirche bringt das ganze Evangelium der ganzen Welt“. Die Gemeinde selbst, wie wir in der Kirchengeschichte sehen können, ist vielfach der Kern des Problems gewesen. Heute ist Gott dabei, die christliche Gemeinde wieder „ganz“ zu machen, sie zu ihrer organischen Urform zurückzuführen. Damit wird ein fehlendes Puzzlestück im Gesamtbild ergänzt, nämlich die „Ganzheit", die ganzheitliche Natur der Gemeinde.

In vielen Nationen sind sich die Christen darüber im Klaren, „dass Gott dabei ist etwas Neues zu tun". Es scheint so zu sein, als ob Gott die fehlenden Teile ersetzt, damit seine Gemeinde im Wesen (und nicht in allen Details!) wieder dem ursprünglichen apostolischen und prophetischen Original entspricht. Wenn es ein Eintopf wäre, den Gott vor unseren Augen kocht, dann würde er eine Zutat nach der anderen hinzufügen und geduldig warten, bis alles einen abgerundeten, ganzheitlichen Geschmack hat und fertig gekocht ist; erst dann würde er darangehen, die Welt damit zu speisen. Doch wir Menschen haben oft nicht diese Geduld, stehen ungeduldig am Kochtopf, schnappen Gott begeistert eine Prise Salz oder eine andere Zutat aus der Hand, basteln daraus ein neues Modell oder eine geistliche Welle und ziehen dann um die Welt, um dieses oder jenes gute Gewürz anzupreisen. Wir übersehen, dass eine Zutat noch längst keine Suppe macht, ein Teil noch nicht das Ganze ist und auch das beste Gewürz allein nicht auf Dauer befriedigen kann. Ich will damit einfach sagen, dass wir Gott seine Suppe ruhig fertigkochen lassen sollten! Gott scheint dabei zu sein, an vielen Orten der Welt die Qualität seiner Gemeinde wiederherzustellen; wenn diese Qualität ein gewisses Maß erreicht, entwickelt sie ihre eigenen Strukturen und wird sich schnell auf dem Globus verbreiten.

Wir stehen alle in der Gefahr, uns in bestimmte Methoden zu verlieben und zu glauben, die „Missionierung der Welt" hänge tatsächlich damit zusammen, die eine oder andere evangelistische Technik bis in jeden Winkel der Erde zu verbreiten.

Länder zu Jüngern machen, nicht nur „mit Kirchen auffüllen"

Ich bin in Deutschland aufgewachsen und damit an Gegenden gewöhnt, in denen es auf 20.000 Einwohner nicht eine einzige lebendige Gemeinde gibt. Daher meinte ich das Paradies betreten zu haben, als ich zum ersten Mal nach Florida in den USA kam. Ich stellte eine oberflächliche Studie in Sarasota an und fand zu meiner Überraschung heraus, dass es dort eine evangelikale Gemeinde auf jeweils etwa 650 Einwohner gibt, ungefähr 30 mal so viel wie in manchen Gegenden

Europas. Ich hoffe, dass mir das meine amerikanischen Freunde verzeihen, aber man hat den Unterschied zwischen den beiden Welten nicht allzu deutlich gespürt.

„Manche behaupten, dass viele Nationen evangelisiert worden sind – und doch wurden die Menschen nicht zu Jüngern gemacht", sagt der amerikanische Theologe James Engel. Eine viel zu häufig von oben herab operierende christliche Leiterkaste hat große, mächtige Kirchen gebaut, hat aber oft genug dabei versagt, die Menschen zu Jüngern zu machen. Ein afrikanischer Christ brachte es einmal auf den Punkt:

> *„Die Missionare haben uns die Erlösung gepredigt, aber sie haben uns nie gezeigt, wie man lebt!"*

Christlicher Glaube beinhaltet einen Qualitätsanspruch; es geht nicht nur um Bekehrte, Evangelisierte und Erreichte oder gar um Mitgliederzahlen von christlichen Kirchen, sondern um Jünger. Es geht um eine völlig neue Lebensqualität, die uns vom Rest der Welt deutlich unterscheidet, sonst sind wir wahrscheinlich keine Jünger von Jesus Christus, sondern Anhänger einer organisierten Religion. Ich kann mich nicht mehr erinnern, in wie vielen Ländern ich inzwischen von christlichen Verantwortungsträgern etwa Folgendes gehört habe: „Wenn sich nicht die durchschnittliche Qualität der derzeitigen Gemeinden in unserem Lande dramatisch verbessert, dann kann es wohl sein, dass wir das Land mit Kopien dieser Gemeinden füllen werden, aber wir werden damit den Missionsbefehl nicht erfüllen. Auf diese Weise werden wir die Menschen niemals zu Jüngern machen."

Jim Montgomery von „Dawn Ministries" argumentiert, dass wir auf das Ziel hin arbeiten sollten, in einem Land jeweils eine Gemeinde pro 500 oder 1.000 Einwohner zu etablieren. Diese Berechnung geht jedoch von der traditionellen Kirchen- und Gemeindeform aus, die typischerweise etwa 50 bis 100 Besucher zählt. Soziologen weisen darauf hin, dass jeder Mensch nur einen bestimmten Kreis von Menschen mit seinen Ideen und Werten wirklich nachhaltig beeinflussen kann. Bei der Überlegung von Montgomery geht man deshalb berechtigterweise davon aus, dass jeder Christ einen „evangelistischen Radius" von etwa zehn Personen hat, sein persönliches Umfeld, seinen *oikos*. In Zukunft werden in vielen Nationen eine Fülle von Hauskirchen entstehen, was unsere strategischen Überlegungen auf zweierlei Weise beeinflussen wird:

1. Die durchschnittliche Gemeinde wird viel kleiner sein als die traditionelle „Kleingemeinde" von 50 bis 100 Besuchern.

❷ Sie wird aber auch effektiver sein, weil sie stärkere *koinonia* bietet, organischer und multiplikationsfähiger ist, mitten im Alltag und nicht auf den Sonntag platziert ist.

Deswegen bin ich der Meinung, dass es richtig ist, auf ein gewisses „Saturierungs-Ziel" zuzuarbeiten, also auf einen Sättigungsgrad der Bevölkerung durch Gemeinden, wie schon zu Zeiten der Reformation, als eine Kirche in jedem Dorf war, wobei die damalige Dorfgröße etwa 500 oder 600 Menschen betrug. Heute sind dieselben Dörfer oft erstaunlich gewachsen, ihre Einwohnerzahlen haben sich verfünffacht oder verzehnfacht, aber noch immer ist dieselbe gute alte eine Kirche im Dorf. Ich plädiere deswegen dafür, auf das Ziel zuzuarbeiten, eine (Haus-) Gemeinde für jeweils 250 Einwohner eines Dorfes, eines Landes oder einer Nation zu gründen, wobei „die gute alte Kirche" sowie die traditionellen Gemeinden sehr wohl kräftig bei dieser Strategie mitzählen, denn auch dort finden sich Menschen zusammen, die Gott und ihrem Dorf oder ihrer Stadt dienen wollen.

Christlicher Glaube beinhaltet einen Qualitätsanspruch; es geht nicht nur um Bekehrte, Evangelisierte und Erreichte oder gar um Mitgliederzahlen von christlichen Kirchen, sondern um Jünger.

Weil es bei einer solchen Zielsetzung um das Erreichen eines bestimmten Saturierungs-Zieles geht, nennt man diesen Vorgang heute *Saturation Church Planting* – man gründet solange neue Gemeinden, wie es nötig ist, damit wirklich ein Schaufenster Gottes in unmittelbarer Erreichbarkeit *(walking distance)* jedes Menschen existiert. Dabei sollten wir nicht nur rein territorial denken, sondern die ethno-linguistischen und kulturellen Unterschiede sowie unsere „Szenenlandschaft" berücksichtigen, so dass sehr wohl vier Hauskirchen in einem Hochhaus sein können: die einen sprechen türkisch, die anderen schwäbisch, die dritten hochdeutsch und die vierten polnisch.

Saturation Church Planting ist in der Lage, einige sehr wichtige Dynamiken auszulösen, wenn sich eine genügend große Minderheit der Christen daran beteiligt: Es schafft eine zielorientierte Einheit um eine gemeinsame Vision herum, senkt das Konkurrenzdenken, bündelt unsere Energien, bietet allen Christen eine gemeinsame Parole, die wie ein Ventil für angestauten Druck wirken kann, und schafft eine Art nationalen strategischen Rahmenplan, innerhalb dessen alle verschiedenen Kirchen, Gemeinden, Missionswerke und Einzelpersonen mitwirken und ihren Beitrag leisten können.

Ich will versuchen, diesen Gedanken in einigen bildhaften Illustrationen zu vermitteln.

Wie man einen Elefanten isst

Die missionarische Aufgabe, zu der Jesus Christus seine Nachfolger ruft, ist riesig – so groß wie ein Elefant. Allein die Dimensionen sind deprimierend und lähmend. In Afrika gibt es für solche Fälle ein Sprichwort: „Wie isst man einen Elefanten? Ganz einfach, man schneidet ihn in kleine Stücke!"

Für unsere Herausforderung bedeutet das, dass die Aufgabe, alle Nationen zu Jüngern zu machen, indem überall Gemeinden des auferstandenen Christus entstehen, auf viele kleine und große Schultern verteilt werden muss. Jede Person, jede Gemeinde, jede Gruppe arbeitet dort, wo Gott sie hingestellt hat, um das zu tun, was nur sie tun kann und niemand anderes. Die einzelnen Stücke (des Elefanten) sollten genauso groß oder klein sein, wie wir es verkraften können, vielleicht ein ganz wenig größer, damit wir nicht übermütig meinen, es in eigener Kraft zu schaffen.

Das erinnert uns möglicherweise an Nehemia, der das Volk Gottes mit der Vision gewann, die Mauern Jerusalems gemeinsam aufzubauen. Nachdem alle bereit waren mitanzupacken, verteilte er die Arbeit auf das gemeinsame Ziel hin so, dass jede Familie eine Teilaufgabe bekam und alle in Eintracht an derselben Aufgabe arbeiteten. Als Folge davon haben sie nicht nur sinnlos Steine aufeinandergehäuft, sondern tatsächlich eine Stadtmauer gebaut, die wundersamerweise noch am selben Tag fertiggestellt werden konnte, das Amen Gottes zu einer solchen Haltung.

Die Hasenjagd

In der traditionellen Hasenjagd kommen die Jäger auf einem Versammlungsplatz zusammen, um gemeinsam mit ihren Hunden einen losgelassenen Hasen zu jagen. Dort warten sie auf das Signal. Es ist interessant zu beobachten, was die Hunde in der Zwischenzeit tun. Besonders die schlecht erzogenen zeigen Nervosität, bellen, beißen einander ins Ohr und ins Bein, markieren Bäume und Territorien und wirbeln viel Staub um nichts auf. Doch das alles ändert sich in dem Moment, wo das Signal ertönt und der Hase freigegeben wird. Dann sind die Hunde plötzlich wie verwandelt und jagen Schulter an Schulter dem Hasen hinterher. Plötzlich haben sie, was sie vorher nicht hatten: ein gemeinsames Ziel. Wenn ein Hund weiterhin mehr daran interessiert ist, Bäume zu markieren und zu bellen, als den Hasen zu jagen, so stellt er sich selbst ins Abseits.

Genauso ist es mit den Christen! Wir haben eine Fülle von evangelistischen, missionarischen Projekten, Bewegungen, Gemeinden und Kirchen, die in gewisser Hinsicht mehr an die Hunde *vor* dem Start erinnern als an die Hunde *nach* dem Start. Da ist viel Bellen und Beißen, das lächerliche Markieren von Gottes Territorien, und ab und zu viel Staub um nichts. Was diese „Hunde" brauchen, ist letztlich „einen Haseen", ein gemeinsames, spezifisches Ziel, auf das sie gemeinsam Schulter an Schulter zuarbeiten können. Ein Ziel, das fantastisch genug ist, alle Beteiligten durch und durch herauszufordern, ihnen das Letzte und mehr abzuverlangen, besonders die Jungen und Ehrgeizigen zu elektrisieren und zu motivieren, gemeinsam in einen strategischen Prozess einzusteigen mit dem glasklaren Ziel, unsere Nationen durch das flächige Gründen von genügend Gemeinden „zu Jüngern zu machen".

Die streitenden Ameisen

Stellen Sie sich das amüsante Bild vor, zwei kleine Ameisen stünden vor einem riesigen Elefanten und streiten sich, wer von den beiden den Elefanten fressen wird!

Wie wir bereits gesehen haben, hat jede christliche Gemeinde so etwas wie einen „evangelistischen Radius", der etwa zehn mal so groß ist wie die Zahl der aktiven Mitglieder. Eine traditionelle evangelikale Gemeinde hat heute im weltweiten Durchschnitt etwa 100 Besucher, das würde einem evangelistischen Radius von 1.000 Menschen entsprechen. Eine Kleinstadt von 15.000 Einwohnern bräuchte also realistischerweise etwa 15 solcher Gemeinden – und etwa die vierfache Menge, nämlich 60, an Hauskirchen! –, um tatsächlich alle Menschen der Stadt realistisch mit dem Evangelium zu erreichen. Doch man kann an vielen Orten etwas Merkwürdiges beobachten: Wenn es in der besagten Kleinstadt eine Gemeinde gibt und endlich eine zweite gegründet wird, so hat die erste den irrealen Eindruck, plötzlich unter Konkurrenzdruck zu geraten, und böse Worte wie Gemeindespaltung und Schafestehlen machen die Runde. Die Wahrheit ist, dass bei einer solchen Situation die Perspektive nicht mehr stimmt. Anders ausgedrückt: Die Ameisen haben den Elefanten aus den Augen verloren und sehen nur noch die vermeintlich konkurrierende zweite Ameise.

Es muss unsere Umgangskultur werden, uns auch lokal nicht als Konkurrenten zu sehen, sondern zusammenzuarbeiten, und wenn nötig sogar ethische Rahmenbedingungen zu vereinbaren, wie die verschiedenen Gemeinden und Bewegungen miteinander umgehen. Und unsere Kleinstadt? Die Antwort ist klar: Wir brauchen mehr Ameisen, und zwar solche, die sich nicht länger miteinander vergleichen und messen, sondern die sich gemeinsam an die Aufgabe machen, die nötigen 13 Gemeinden oder 55 Hauskirchen in ihrem Umfeld zu gründen. Wenn die Größe der Aufgabe allen Christen klar vor Augen steht, dann reduziert sich der Konkurrenzkampf auf ein Minimum (verschwinden wird er wohl nie . . .) und frühere Konkurrenten werden Kollegen und dann hoffentlich bald Freunde.

MIGS

Wo beginnen wir mit einen solchen nationalen Gemeindegründungsprozess? Jim Montgomery hat zwei Bücher (siehe Anhang) zu diesem Thema geschrieben, so dass ich mich an dieser Stelle kurz fassen kann. Für den Zweck dieses Buches will ich nur vier Schlüsselelemente erwähnen, die bei der Entwicklung eines solchen strategischen, zielorientierten nationalen Rahmenplanes helfen werden:

1. Menschen
2. Information
3. Gebet
4. Strategie

Menschen zuerst – Gottes Methode sind Menschen Gottes

Der Reformator John Knox betete einmal für sein Land: „Gott, gib mir Schottland oder ich sterbe!" Auch heute gibt es in jedem Land der Erde Menschen, die mehr als andere eine besondere Bürde für ihr Land oder ihre Stadt tragen, die einen echten Schmerz vor Gott für ihre Region spüren und die oft einfach mehr weinen als andere, wenn sie in Anlehnung an ein Dichterwort etwa sagen: „Denk ich an Österreich in der Nacht, bin ich um den Schlaf gebracht!"

Oft sind dies Menschen, die im Kern eine apostolische oder prophetische Berufung haben, die von anderen kaum verstanden wird. Sie stehen häufig an der Grenze zum Zerbruch, weinen vermeintlich unmotiviert, sind umgetrieben wie kaum ein anderer in ihrer Umgebung, weil sie jetzige oder zukünftige moderne apostolische Väter und Mütter sind, die schwanger sind mit dem Traum Gottes über einer Nation und bereit, einer nationalen Vision zur Geburt zu verhelfen. Oft sind es Menschen, die bereit sind, das Äußerste auf sich zu nehmen, jede nötige Meile zu gehen, ihr Haus, ihr Auto und ihr geistliches Erstgeburtsrecht zu verkaufen, die unmöglichsten Sachen zu wagen, durchs Feuer und auf Wasser zu laufen, wenn doch nur ihre Nation errettet werden kann.

Wenn die Größe der Aufgabe allen Christen klar vor Augen steht, dann reduziert sich der Konkurrenzkampf auf ein Minimum und frühere Konkurrenten werden Kollegen und dann hoffentlich bald Freunde.

Kirchengeschichtlich entscheidende Bewegungen entstanden fast nie auf den Beschluss eines demokratischen Komitees hin. Sie begannen so gut wie immer mit einer einzelnen, visionären Person, die glaubte, was sonst keiner glaubte. Deshalb muss auch jede nationale oder regionale Gemeindegründungs-Strategie mit solchen Menschen beginnen, sie kann nicht einfach durch einen höflichen Mehrheitsbeschluss verordnet werden. Gott hat, das ist meine langjährige Erfahrung und Überzeugung, bereits zu vielen solcher Menschen gesprochen; sie existieren, wenn auch nicht immer in der Funktion und Position, die sie haben sollten. Sie sind diejenigen, die eine solche Bewegung beginnen werden, indem sie anderen helfen, diese Vision zu verstehen. Gottes Methode ist ein Mensch Gottes. Sind Sie vielleicht selbst solch ein Mensch? Dann beginnen Sie! Oder kennen Sie einen solchen Menschen? Dann dienen Sie ihm und schließen Sie sich ihm an.

Information

„Die Wahrheit wird euch freimachen" (Joh. 8,32). Dem Teufel gefällt es, wenn wir mit Scheinwahrheiten und Teilwahrheiten bewaffnet auf der Stelle treten. Er liebt es, wenn die gesamte christliche Unternehmung in einem dichten und verwirrenden Nebel lebt und nicht mehr weiß, ob wir nach vorne oder nach hinten, nach rechts oder nach links marschieren, wenn wir den Ausgangspunkt nicht mehr sehen und das Ziel aus den Augen verloren haben. Deshalb brauchen wir klare Information. Die Art, wie wir diese Information bekommen, ist zweifach: Wir beten und wir stellen gute Fragen. Im Gebet zeigt uns Gott auf übernatürlichem Weg Dinge, die wir wissen sollten; und der Prozess, systematisch gute Fragen zu stellen, ist als Forschung bekannt.

Genau wie Nehemia sich nachts aufmachte, um das Ausmaß des Schadens an der Mauer zu erkunden, oder wie Kaleb und Josua das verheißene Land ausspionierten und eine Forschungsstudie mit einer klaren Liste von Fragen zu beantworten hatten, brauchen auch wir heute ein klares Bild der „Erntearbeiter" (der Gemeinden) und des „Erntefeldes" (der Welt).

Diese empirischen Studien von dazu besonders begabten Christen helfen auf ganz erstaunliche Weise, die Dimension der noch ausstehenden missionarischen Aufgabe zu erkennen, eine Standortbestimmung zu vermitteln, die als Ausgangspunkt für strategische Zielsetzungen dienen kann. Mit anderen Worten: Sie vertreiben den Nebel. Diese Klarheit brauchen wir, wenn wir die Zeichen der Zeit erkennen wollen, auf Tatsachen beruhende – und nicht gefühlsmäßige – Entscheidungen über unsere Zukunft treffen und zielorientiert darauf zuarbeiten wollen, dass tatsächlich eine lebendige Gemeinde in unmittelbarer Erreichbarkeit jedes Menschen entsteht. Dazu müssen wir beispielsweise wissen, wie viele Gemeinden es bereits gibt, wo sie sind, ob und wie sie wachsen und was geschehen wird, wenn nichts geschieht, also wenn die Entwicklung einfach so weiterläuft wie bisher.

Meistens werden wir mit einem gewissen Schock erkennen, dass wir, wenn wir nur das fördern, was bereits im Gange ist, das große missionarische Ziel, das uns Jesus gestellt hat, verfehlen. „Einsicht ist der erste Schritt zur Besserung", sagt der Volksmund. Deswegen ist es nötig, dass auf koordinierte Weise nicht nur die Situation der Gemeinden in einem Land, sondern auch Zeitungsberichte, Statistiken, demoskopische Trendanalysen und Zukunftsprognosen studiert und ausgewertet werden. Das wird uns helfen, die Natur und Größe der unvollendeten Aufgabe in einer Nation zu erkennen.

Weil wir nicht wirklich lieben können, was wir nicht kennen, erlaubt uns ein besseres Verständnis unseres Landes, dass wir es besser und „gezielter" lieben können, wenn es denn so etwas gibt. Liebe ist ein entscheidender Motivationsfaktor. Wenn ein Nachfolger von Jesus Christus in einer Studie liest, dass in seinem Land noch etwa 10.000 Gemeinden fehlen, um es wirkungsvoll mit dem Evangelium zu erreichen, und er erfährt, dass der derzeitige Kurs der Gemeinden niemals dahin führen wird, dieses Ziel auch wirklich zu erreichen, und er die Studie sinken lassen kann, um unberührt sein Leben weiterzuführen wie bisher – dann hat sich eine solche Person selbst ausgeschlossen, Teil der Lösung für seine Nation zu werden. Sie bleibt Teil des Problems. Sie wird in naher Zukunft wohl kaum an der Spitze derjenigen stehen können, die mit Leidenschaft alles daransetzen werden, die nötigen 10.000 Gemeinden zu gründen. Es mag sein, dass sie später ihre Meinung ändert, aber diejenigen, in denen bereits ein Feuer für ihre

Stadt, Region oder ihr Land brennt, werden solche Zahlen völlig anders aufnehmen. Sie wissen, dass hinter diesen Zahlen Menschen mit konkreten Schicksalen stehen, Menschen mit Gesichtern, Adressen, Schmerzen und Problemen und mit einer ewigen Zukunft, die viel zu viele am falschen Ort verbringen werden, sollten die Kirchen ihren generellen Trott beibehalten. Es gibt Gott sei Dank Christen, die sich durch solche Einsichten mobilisieren lassen, mit kühlem Kopf zu denken und zu planen und andere zu mobilisieren, in Gottes Namen diese oft anklagenden Zahlen zu verändern. Gehören Sie dazu?

Gebet verändert die Welt

Wenn ein Mensch vor Gott kniet, geschehen Dinge, die sonst nicht geschehen würden. Im Gebet ringen wir mit Gott um eine Nation. Gebet ist wie Öl für unsere Vision und geistliche Leidenschaft. Gebet versetzt Berge, weckt die Toten auf, heilt die Kranken, verbindet die Verletzten, segnet die, die fluchen, bittet um Vergebung für Sünden, heilt das Land und berührt das Herz des Vaters im Himmel. Unsere Stärken trennen uns als Menschen oft voneinander; aber Gebet demütigt uns und deshalb vereint es uns auch. Gebet ist nicht nur ein Mittel, um eine „bessere geistliche Arbeit" zu tun – Gott bitten, das zu segnen, was wir sowieso tun –, sondern es ist der Großteil der Arbeit selbst. Ohne eine massive, langanhaltende Gebetsbewegung wird jede missionarische Strategie zur Gründung der nötigen Gemeinden in unseren Nationen im Sande verlaufen. Gott beruft heute Menschen, die nichts anderes tun, atmen, denken und handeln als Gebet, Fürbitte und wieder Gebet.

Gebet ist im Kern eine Zwei-Wege-Kommunikation zwischen Menschen und Gott. Wir sprechen mit Gott und er mit uns. Wenn wir beginnen, dafür zu beten, dass unsere Nationen mit lebendigen Gemeinden durchdrungen werden, allein und gemeinsam, wird Gott beginnen auch zu uns zu sprechen. Ob wir in Hauskirchen, traditionellen Kirchen, Missionsorganisationen oder in „Häusern des Gebets für alle Nationen" beten – Orten also, an denen 24 Stunden am Tag für die Nationen gebetet wird –, ob wir es in unseren Hütten, Häusern und Palästen tun, unseren Autos und Bussen, unseren Feiergottesdiensten, Gemeindeverbänden und Netzwerken, Gott wird reagieren – und zu uns sprechen.

Fast immer sind es Propheten, die als Erste spüren, was Gott sagen möchte (Amos 3,7-8). Weil sie aber durch die gesamte Geschichte hindurch oft als merkwürdige Randsiedler behandelt wurden, werden früher oder später andere neben sie treten, ähnliche Zusammenhänge im Wort Gottes entdecken, die wir „viel zu lange übersehen" haben, und immer mehr Menschen werden sich rufen lassen zu beten und Gott zu suchen. Ein wachsender Prozentsatz von Menschen wird Träume und Visionen haben, bis Gott schließlich „seinen Heiligen Geist auf alles Fleisch ausgießt" und uns alle wachrüttelt, um an die Aufgabe zu gehen, die uns Gott für unsere Zeit bestimmt.

Strategie

Strategie ist ursprünglich Feldherrenkunst; in unserem Sinne ist es der weitsichtige, ökonomische und effiziente Gebrauch beschränkter Ressourcen, um ein bestimmtes Ziel zu erreichen, wozu ein langfristiger Rahmenplan entworfen wird, in dem verschiedenste kurzfristige Taktiken und Methoden Platz haben. Strategie bündelt Energie zu einem bestimmten Zweck. Als gute Haushalter Gottes müssen wir lernen mit unseren Talenten zu wuchern; ganz anders als beim Geben sollte es bei unserer Arbeit eben nicht so sein, dass die linke Hand nicht weiß, was die rechte tut.

Um eine nationale Bewegung zu fördern, sollten wir diejenigen Menschen finden, die von Gott für genau diesen Zweck berufen und begabt worden sind. Wir werden sie leicht an ihrer geistlichen Last erkennen. Wir müssen dafür sorgen, dass die von Gott berufenen Gebetsleiter regionale und nationale Initiativen entwickeln, die nicht Selbstzweck sind, sondern Teil eines missionarischen Rahmenplanes. Wir müssen einen Forschungsprozess in Gang setzen, der die Faktenlage klärt und Licht ins Dunkel unserer Unternehmungen bringt. Je mehr wir uns auf diese Weise Gott zur Verfügung stellen, Hand anzulegen für unser Land oder unsere Region, desto mehr kann es sein, dass Gott beginnt uns allen einen prophetischen Weg zu zeigen, der bewirkt, dass ein Ruck durch die Reihen geht, sich von Hauskirche zu Hauskirche fortpflanzt, in den Konferenzen und Gottesdiensten und im Blätterwald Fuß fasst, mit dem einen Ziel, dass das Volk Gottes nicht mehr in alle möglichen Richtungen durcheinanderläuft, sondern für ein gemeinsames Vorgehen in eine Richtung mobilisiert werden kann.

„Finde Sinn, die Mittel werden folgen", verkündet ein riesiges Werbeplakat gegenüber meinem Büro in Madras. Wenn der Leib Christi einer Nation die eigene Berufung entdeckt und wahrnimmt, so können wir es getrost Gott überlassen, die nötigen Ressourcen wie Leiter, Ausbilder, Trainer, Geld, Pläne, Methoden usw. zu beschaffen und zu mobilisieren. Er hatte an dieser Stelle schon immer den Überblick.

Der Teppich

Ich glaube nicht, dass Gott von irgendeinem Menschen erwartet, alle diese komplexen strategischen Zusammenhänge zu verstehen. Es kann wahrscheinlich sogar gefährlich werden, wenn wir zu viel wissen und zu verstehen meinen. Ich selber habe längst aufgehört, alle diese Zusammenhänge verstehen zu wollen, und sicher – oder hoffentlich! – haben Sie beim Lesen dieses Buches gespürt, wie fragmenthaft vieles letztlich bleibt.

Ich halte es an dieser Stelle wie die Ehefrau von Albert Einstein. Man fragte sie einmal, ob sie die Relativitätstheorie verstehe. „Nein", antwortete sie. „Aber ich vertraue Albert!" Mir ist klar geworden, dass diejenigen, die Gott ganz praktisch zutrauen, dass er die letzte Übersicht und die letzte Verantwortung für dieses übernatürliche missionarische Unternehmen hat, mit ihm entspannt zusammenarbeiten können, weil sie wissen, dass er weiß, was wir nicht wissen. Er kennt den nächsten Schritt, auch wenn wir im Moment nicht weiterwissen. Diese Erkenntnis beruhigt ungemein und nimmt uns alle ungesunde Hektik und jeden aktivistischen Stress. Deshalb können wir fröhlich unseren Teil der Aufgabe tun und Gott vertrauen, dass er es mit dem Rest seiner Arbeit, die durch andere getan wird, verbinden wird. Wir werden genug damit zu tun haben, uns (und unsere Kirchen und Organisationen?) selbst zu verleugnen, unser Kreuz zu tragen und ihm die Ehre und den Ruhm zu überlassen.

Vielleicht webt Gott gerade jetzt einen Teppich, wo ein Faden zum anderen kommt, bis der ganze Teppich fertig ist. Ich kann mir vorstellen, dass sich einige von uns überrascht die Hand vor den Mund halten, wenn wir feststellen, dass alle diese Kontakte, Freundschaften, Beziehungen und – manchmal wirklich merkwürdigen – Begegnungen gar keine Zufälle waren. Wir sehen, dass Gott all diese Jahre hindurch uns zu einem großen Teppich verwoben hat, und das Problem war eigentlich nur, dass wir den Teppich immer von der falschen Seite sahen, ein Chaos von Knoten und Fäden. Dann, in einem wunderbaren Moment der Geschichte, wird Gott diesen Teppich umdrehen und jeder wird erstaunt sein über das geniale Design.

Umso mehr werden wir erstaunt sein, wenn wir erkennen, dass dieser Teppich Teil des „roten Teppichs" ist für die Wiederkunft von Jesus Christus als dem Messias der Welt, der kommen wird, um sein Erbe anzutreten. Was ist schöner als der Moment, wo er an unserer Gruppe vorbeikommt, einen kurzen Moment innehält, uns anlächelt und sagt: „Gut gemacht, ihr treuen Knechte!"

Anhang

Empfehlenswerte Literatur

Donald McGavran, *Founders of the Indian Church*, CGAI, POB 512, 13/2 Aravamuthan Garden Street, Egmore, Chennai 600 008, Indien

Christian A. Schwarz, *Die natürliche Gemeindeentwicklung*, C & P Verlag, Diedersbüller Str. 6, 25924 Emmelsbüll, Deutschland, Fax (+49)-4665-252, E-mail: Verlag@CundP.de

Barney Coombs, *Apostles Today*, Sovereign World Ltd., PO Box 77, Tonbridge, Kent TN11 9XT, Großbritannien

Patrick Johnstone, *The Church is Bigger than You Think*, Christian Focus Publications, Geanies House, Fearn, Ross-shire, IV20 1TW, Großbritannien

Kari Törmä, *Whole Marriage Ministry*, Keinutie 8.i.54, 00940 Helsinki, Finnland, E-mail: kari.torma@ymca.inet.fi

Roger Ellis & Chris Seaton, *New Celts*, Kingsway Publications, Eastbourne, PO Box 827, BN21 3YJ, Großbritannien

Larry Crabb, *Connecting*, Word Publishing, Nashville, USA

Steve Smith, *The Quality Revolution*, Management Books 200 and S. Abdul Majeed & Co., Malaysia

James C. Collins & Jerry I. Porras, *Built to Last*, Successful Habit of Visionary Companies, Century Ltd, Random House, 20 Vauxhall Bridge Road, London SW1V 2SA, Großbritannien

Wolfgang Simson, *Wie christlich ist Deutschland?* Eine empirische Studie zur kirchlichen Lage in Deutschland, One Way Verlag, Wuppertal, Deutschland

Literatur zum Thema Hauskirchen

Bob Fitts, *The Church in The House*, 5851 Kuakini Hwy. #107, Kaulua-Kona, HI 96740, USA, Fax (+1)-808-334-9673, Email BobFitts@compuserve.com

Met Castillo, *The Church in Thy House*, Alliance Publishers, 13 West Capitol Drive, Pasig, Metro Manila, Philippinen

Steve Atkerson, Editor, *Towards a Theology of Housechurch*, New Testament Restoration Foundation, 2752 Evans Dale Circle, Atlanta GA 30340, USA

Frank A. Viola, *Rethinking The Vineskin*, Present Testimony Ministry, 1405 Valley Place, Brandon FL 33510, USA

Robert & Julia Banks, *The Church Comes Home,* Hendrickson Publishers, PO Box 3473, Peabody, Mass 09161-3473, USA

Hans-Herman Pompe, *Der erste Atem der Kirche,* Aussaat Verlag, Neukirchen-Vluyn, Deutschland

Material von der DAWN-Bewegung

Das *DAWN Freitagsfax:* wöchentlich eine Seite „einseitige positive" Berichterstattung über die ermutigenden Dinge, die Gott weltweit tut. Herausgeber: Wolfgang Simson. Erhältlich per Abonnement in einer Fax-, Post- oder E-mail-Version. Zu beziehen über: Focusuisse, Postfach 212, CH-8212 Neuhausen 2, Fax: (+41)-52-6201606, Email: Atelier.fuer.kommunikation@schaffhausen.ch

Brian Mills, *Strategisch beten lernen,* Material zum Aufbau einer gemeindegründungsfördernden Gebetsarbeit, vom ehemaligen Fürbitteleiter Billy Grahams in England, Focusuisse, Postfach 212, CH-8212 Neuhausen 2

Jim Montgomery, *Eine ganze Nation gewinnen* – Die DAWN Strategie, One Way Verlag, Wuppertal, Deutschland

Jim Montgomery, *Then the End Will Come,* Folgebuch zu „Eine ganze Nation gewinnen"

Roy Wingerd, *DAWN Research Handbook*

Cathy Schaller, *Dawn Intercession Handbook*

DAWN Report, vierteljährlich erscheindende kostenlose Zeitschrift (nur in Englisch) über die Arbeit von Dawn Ministries

Die letzten vier Titel sowie der DAWN Report sind alle erhältlich bei: Dawn Ministries, 5775 N. Union Blvd., Colorado Springs, CO 85918, USA, Fax (+1)-719-548-7475, Tel. 719-548-7460

Literatur über Zellkirchen

Ralph W. Neighbour, *Wie geht es weiter?*, Dynamis Verlag, Schweiz

Larry Kreider, *House to House,* House to House Publications, 1924 West Main Street, Ephrata, PA 17522, USA

William A. Beckham, *Die Zweite Reformation,* CMA, Trützschlerstr. 10. 68199 Mannheim, Deutschland

Church Growth and the Home Cell System, Church Growth International, Yoido PO Box 7, Seoul 150-600, Südkorea

Howard Astin, *Body and Cell,* Making the Transition to Cell Church a First-Hand Account, Monarch books, Broadway House, The Broadway, Crowborough, East Sussex TB6 1HQ, Großbritannien

Larry Stockstill, *The Cell Church,* Regal, USA

DAWN INTERNATIONAL NETWORK

Das *DAWN International Network* ist keine traditionelle kirchliche oder missionarische Organisation, sondern ein weltweites offenes Forschungs- und Strategienetzwerk, das auf einer gemeinsamen Vision und freundschaftlichen Beziehungen beruht. Es hat eine bewusst flache Struktur ausgebildet, kennt keine Präsidenten und Direktoren und arbeitet föderalistisch. Das Ziel des Netzwerkes besteht darin, nationale und regionale Gemeindegründungsbewegungen zu fördern, das sogenannte *Saturation Church Planting,* mit dem Ziel, dass noch in dieser Generation im Umfeld jedes Menschen der Welt eine Gemeinde existiert, die er zu Fuß erreichen kann. Geleitet werden solche Initiativen stets von den Menschen, Gruppen oder Bewegungen, die Gott in den verschiedenen Regionen der Welt zu diesem Zweck berufen und begabt hat. Es ist das Ziel des Netzwerkes, „Öl auf das Feuer solcher Personen zu gießen" und sie darin zu unterstützen, die ihnen von Gott gegebene Vision in die Praxis umzusetzen. Das *DAWN International Network* baut dabei auf drei Grundüberzeugungen auf:

1. *Gemeinsame Vision verbindet.* Als Teil dieses Netzwerkes sind alle Personen, Kirchen, Organisationen und Bewegungen willkommen, die die Vision und praktische Überzeugung vertreten, dass der Missionsauftrag von Jesus Christus nur durch die lokale Gemeinde (in genügender Qualität und Quantität) umgesetzt werden kann, das sogenannte *Saturation Church Planting.* Das Netzwerk steht dabei in freundschaftlicher Beziehung zu anderen und ähnlichen Netzwerken, Organisationen und Bewegungen, wie der Weltweiten Evangelischen Allianz, der AD 2000 Bewegung, DAWN Ministries, AWEMA, AFNET, ALBA 2000, der Lausanner Bewegung, Kingdom Ministries und anderen.
2. *Kontrolle ist gut, Vertrauen ist besser.* Innerhalb des Netzwerkes ist es Kultur, sich als Freunde zueinander zu verhalten, nicht als formelle Kollegen. Kollegialität ist für eine christliche Partnerschaft einfach nicht gut genug. Das Herzstück der gemeinsamen Vision besteht darin, neutestamentliche Gemeinden zu multiplizieren mit dem Ziel, „eine ganze Nation zu Jüngern zu machen". Diesem Ziel sollten sich letztlich alle organisatorischen und denominationellen Ziele unterordnen lassen, was nur in einer Atmosphäre gegenseitigen Vertrauens möglich ist. Bei *DAWN International Network* gibt es keine formelle Mitgliedschaft, sondern es funktioniert als dynamisches Beziehungsnetz, innerhalb dessen jede Per-

son oder Bewegung selbst definiert, wie viel oder wie wenig sie beitragen, geben und empfangen möchte.

3. *Synergie: Das Gesamte ist besser als die Summe seiner Teile.* Jeder Teilnehmer am Netzwerk bringt eine bestimmte Kernkompetenz, Begabung oder Erfahrung ein. Das kann moralische, finanzielle oder administrative Unterstützung sein oder besondere Dienste und Begabungen im Rahmen der Forschung, des Gebets, des Schreibens oder einem der in Epheser 4,11 genannten Dienste. Jeder wird ausdrücklich ermutigt, im Rahmen seiner Dienste, Fähigkeiten und Berufungen zu arbeiten.

Sie können mit uns in Kontakt treten über folgende Adresse: Dawn International Network, Postfach 212, CH 8212 Neuhausen 2, Schweiz, Fax (+49)-7745-919 531, Tel (+49)-7745-919 528, Email: 100337.2106 compuserve.com, Internet: www.dawn.ch

Über den Autor

Wolfgang Simson arbeitet als Strategieberater, Forscher und Journalist innerhalb des *DAWN International Network.* Aufgewachsen in Stuttgart, arbeitete er als Taxifahrer und Sozialarbeiter unter Alkoholkranken. Später studierte er Theologie und Missionswissenschaft in der Schweiz, Belgien und den USA. Seit 1985 untersucht er wachsende Gemeinden und Gemeindegründungsbewegungen. Er ist Vorstandsmitglied der „British Church Growth Association", der deutschen AGGA (Arbeitsgemeinschaft für Gemeindeaufbau) und Herausgeber des DAWN Freitagsfaxes. Wolfgang Simson ist ungarischer, deutscher und jüdische Abstammung, und verheiratet mit Mercy, einer gebürtigen Inderin. Sie haben drei Söhne, lebten in England und Indien und wohnen seit kurzer Zeit wieder in Deutschland.